U0678548

　　本书是国家社会科学基金项目"制造业服务化转型对就业结构的影响效应与优化对策研究"(18BGL192)的结项成果。

制造业服务化
驱动就业结构优化研究

RESEARCH ON
THE OPTIMIZATION OF
EMPLOYMENT STRUCTURE DRIVEN
BY MANUFACTURING SERVICE

罗军 著

社会科学文献出版社
SOCIAL SCIENCES ACADEMIC PRESS (CHINA)

序

　　当前，我国就业的主要矛盾形式已经发生了根本性变化，从过去的总量矛盾转化为结构性矛盾，如劳动力供给与岗位需求不匹配、就业市场"大学生就业难与民工荒"并存等。就业结构性矛盾产生的深层次原因在于，以低要素成本优势嵌入全球价值链的中国制造业国际分工地位较低，产业结构与就业结构不相适应。"微笑曲线"的中间是附加值较低的生产、组装环节，以需求低技能劳动力为主，而处于价值链两端的高附加值的生产性服务业，虽然可以为社会提供大量高技能就业岗位，却主要被发达国家的跨国企业所掌控。因此如果不尽快促进我国产业升级和提升国际分工地位，一方面，我们很难创造足够的研发、设计、管理等高技能就业岗位以解决大学生就业难问题；另一方面，各种加工、组装等低技能工作机会也面临被其他发展中国家分流的风险。据此，推动微笑曲线的不断演化，加快发展现代生产性服务业，使产业结构朝着与劳动力供给结构相匹配的方向发展，就是优化就业结构的关键。以制造业服务化转型为着力点，引领我国制造业进入全球价值链分工高端环节，向劳动力市场供给更多的研发、设计、战略规划、营销策划、管理咨询等高技能就业岗位，将成为促进我国就业结构优化的重要手段。

　　罗军博士在此背景下，以国家社科基金项目和中国博士后科学基金项目为依托，超前、系统、深入研究了制造业服务化转型对就业结构的影响及相应的应对策略，从产业关联、空间互动以及全球价值链三个视角，探究了制造业服务化转型影响就业结构的机制，利用微观企业、中观产业、宏观区域三个层面数据进行实证检验，全面评估中国制造业服务化转型对就业结构的影响效应，并依据研究结论，提出促进制造业服务化转型与就业结构优化协调发展的政策建议。因此，我认为本书能够对有关学者研究就业结构性问题和制造业服务化的就业效应提供有益的参考，可以为有关部门解决就业结构性矛盾实践提供理论依据。

本书的研究表明，中国参与经济全球化，其实就是参与全球就业岗位的争夺。过去中国与全球竞争制造业就业岗位，并取得了巨大的成功。现在我们要进行产业升级，提升国际分工地位，就是参与全球服务业就业岗位的竞争，以适应我国人口红利逐步消失、人才和知识红利优势逐步突出的竞争优势。我国只有不断地攀升全球价值链的高端环节，才能匹配和适应未来我国知识经济和人才发展的要求，广大的知识型人才才能找到真正的用武之地。

众所周知的是，由于国际政治经济形势的变化，过去中国参与的经济全球化方式和形式正在发生重大的变化，中国国际分工地位的提升和全球价值链嵌入环节的改变，更多地需要在国内循环主导国际经济循环的新发展格局中实现，国内市场环境的优化以及循环的畅通高效状态，直接决定产业升级目标的实现。正如罗军博士的研究指出的那样，打通资源配置扭曲的堵点，顺利实现制造业服务化转型，就业结构性矛盾就会得到有效缓解，就业结构能够得到不断的优化，这也将促进中国迈向人力资本大国。同时，持续优化的就业结构通过推动人力资本不断积累，又为制造业服务化转型提供源源不断的智力支持，进一步加快制造业服务化转型，促进国际分工地位升级。因此制造业服务化转型与就业结构优化两个系统之间，制造业服务化转型能够带动就业结构优化，优化的就业结构又能为制造业服务化转型提供人才支撑，两个系统协同演进，进而实现制造业服务化转型与就业结构优化协同发展，这是中国迈向制造强国和人力资本大国的关键。

未来，我国产业升级和提升国际分工地位，必须充分考虑下一阶段的逆全球化趋势以及发达国家跨国企业采取的"China＋1"战略的挑战。离开这个大背景，就业结构优化也是空中楼阁。这个趋势表现为，一是在全球产业链的形态上，将会呈现为纵向缩短的趋势，企业组织由跨越全球各国的纵向非一体化状态，向邻近国家的纵向非一体化状态变化。其中地缘政治、技术变化是导致其变化的主因。后者如3D打印等新的制造技术，将使生产与消费的枢纽更靠近本国。这对中国来说，将面临发达国家制造业回流或外资企业再配置的竞争。二是在空间上，全球产业链的地理重组将呈现为区域化集聚的态势，从而过去中间投入品供应商（国际代工者）竞争"链主"订单和技术的全球竞争方式，将让位于产业集群之间的竞争以及全球产业链集群之间的竞争，这对中国利用国内强大市场塑造全球产业链集群问题提出新要求。三是全球产业链数字化重组的趋势，将使全球产业链中的信息传递更加透明，信息传输效率不断提升，由此将极大地缓解产业链上的"长鞭效应"，中国应及早做好准备抓住提升产业链效率、增强自身竞争力的机遇。四是全球产业链绿色化重组的趋势，通过碳边境调节税等手段，促使全球价值链的参与国必须大力发展新能源产业。如果继续沿用传统能源，中国出口的外贸产品将因被征收碳边境调节税而缺乏足够的现实竞争力。五是全球产业链按价值观主导重组的趋势，将有可能在一些重要的战略性产业方面出现排挤中国的效应，迫使中国参与的全球产业链脱钩、解构和被边缘化。由此，需要防止全球价值链的分工格局从过去的嵌入状态，演变成平行化的两大集团之间的竞争的不良格局。中国过去是经济全球化的被动参与者，现在已经成为全球化的坚定提倡者、支持者、维护者和一定程度上的领导者。由此，我国应该重新思考和设计新的适应双循环型发展格局的经济政策。如我们要主动采取更加开放的战略，不能自我设限，更不能主动降低与国外的垂直专业化联系。同时，也要在不断开放中主动塑造和拉长国内价值链，让一些产业循环留在国内，增强自主可控能力。未来，上述几个趋势将会极大地影响中国就业结构和劳动力市场，如全球价值链区域化集聚的态势，将会极大地影响我国产业集群的配置方式和国际竞争力，也会对区域化的产学研合作、劳动力的就业方式、劳动力市场流动等产生深刻的影响；又如随着数字技术的广泛应用以及数字经济的迅速发展，如何深度调整劳动力市场以适应新的技术——经济范式，是我国实现更加充分更高质量发展的关键所在。

因此，希望罗军博士能够在现有成果的基础上，进一步深耕该领域的相关研究工作并产出更多的高质量研究成果。

南京大学长江产业经济研究院院长、长江学者特聘教授

2022 年 12 月于南大和园

目　录

第一章 导论

第一节 研究背景

就业是最大的民生，坚持就业优先战略，实现更高质量和更充分就业始终是中国各级党和政府工作的重心。目前，就业的主要矛盾已从总量矛盾转为结构性矛盾，劳动力资源供给与岗位需求不匹配，"有人无岗"与"有岗无人"现象并存。就业结构性矛盾表现为以下方面，一方面存在大学毕业生供给与需求之间的结构矛盾，表现为大学生培养体系滞后于经济社会发展的需求变化，部分专业人才紧缺与部分专业毕业生供给过多的结构性问题比较突出。1999 年中国大学扩招以后，大学毕业生人数不断增长，2000 年全国大学毕业生为 94.98 万人，2021 年全国大学毕业生达到 909 万人，大学生就业难主要体现在劳动力供给侧没有适应需求侧转型升级的要求。另一方面存在低学历、低技能劳动力与需求结构之间的结构性矛盾，表现为传统行业劳动力向新经济部门转移过程中存在知识、技能与新岗位不匹配。传统劳动密集型行业受人工智能和工业机器人应用等影响，通过"机器换人"和"智能制造"推进转型升级，挤出大量低技能劳动力转向数字经济、零工经济、平台经济等新型经济形态。然而这些新经济形态是基于互联网为代表的新一轮技术革命，对劳动力计算机、软件操作水平有一定要求，转移劳动力不适应新岗位对技能的要求，导致出现就业结构性矛盾。

以大学生为代表的高学历、技能型劳动力资源错配，以及以农民工为代表的低学历、低技能劳动力就业结构性问题，产生这些就业结构性矛盾的深层次原因在于，以低要素成本优势嵌入全球价值链的中国制造业国际分工地位较低，产业结构与就业结构不相适应，两者没有协调发展。具体而言，中国长期以劳动密集型加工贸易参与全球价值链分工，有被发达国家跨国公司与国际大买家低端锁定的风险，近年来随着要素成本上升，同时面临来自价值链上发达国家和发展中国家的双重挤压与竞争。如果不能尽快实现全球价值链地位升级，从供给侧来看，难以创造足够的研发、设计、管理等高技能就业岗位以解决大学生就业难问题，同时加工、组装、制造环节也面临发展中国家日趋激烈的要素成本竞争，挤出农民工等低技能劳动力就业机会。由此，提升制造业全球价值链地位，促进产业结构升级，为缓解就业结构矛盾提供了可能。制造业服务化发展是提升国际分工地位，占据价值链高端的重要趋势（刘斌等，2016）。2014年国务院印发了《关于加快发展生产性服务业促进产业结构调整升级的指导意见》（国发〔2014〕26号），明确指出要加快生产性服务业创新发展，向价值链高端延伸，推动我国制造业从生产制造型向生产服务型转变。制造业通过服务化转型向全球价值链上游和下游攀升，不仅提高了制造业附加值，更重要的是进入价值链劳动分工高端环节，能够向劳动力市场供给更多的研发、设计、战略规划、营销策划、管理咨询等高技能就业岗位。因此，该指导意见以制造业服务化转型为着力点，引领产业结构升级进入价值链分工高端环节，将成为促进就业结构优化的重要手段。

基于以上出发点，本书拟从产业关联、空间互动以及全球价值链三个视角，探究制造业服务化转型影响就业结构的机制，利用微观企业、中观产业、宏观区域三个层面数据进行实证检验，全面评估中国制造业服务化转型对就业结构的影响效应，并依据三个视角下的研究结论，提出促进制造业服务化转型与就业结构优化协调发展的精准政策。

第二节　研究意义

改革开放以后，中国依靠劳动力等要素的成本优势嵌入全球价值链，取得了巨大的经济成就。然而，长期形成的低要素成本依赖路径可能导致价值链地位与就业岗位的双重"低端锁定"。主要从事加工、组装等生产环节无法向就业市场供给高质量工作岗位，就业质量较低使大学生就业困难，就业结构长期处于较低水平又会影响到制造业价值链地位升级甚至制造强国战略的实现。关于制造业服务化的效应研究鲜有涉足就业市场，就业结构影响因素研究也没有从制造业服务化转型视角切入。中国就业矛盾已经从总量矛盾转向结构性矛盾，解决全球价值链下迈向制造强国进程中的劳动力资源错配，既关系到更高质量和更充分就业战略的实现，也为从制造大国迈向制造强国提供人力资源支撑。制造业服务化转型既是攀升全球价值链，迈向制造强国的重要路径，也将深入影响中国在国际劳动分工中的位置。因此，中国大力推动生产型制造向服务型制造转型升级过程中，会对劳动力就业的技能结构、行业结构、区域结构产生怎样的影响？产业关联、空间互动以及全球价值链三个不同视角下，制造业服务化的就业结构影响效应有哪些差异？背后的机制是什么？如何实现制造业服务化转型与就业结构优化协调发展？深入研究这些问题具有重要意义。

一　理论意义

（1）随着以物联网、大数据、云计算等新一代信息通信技术为代表的新兴生产性服务业发展，测度制造业服务化的方法还是基于旧分类标准。在《生产性服务业分类（2015）》新标准下研究测度制造业服务化水平的方法，既可准确反映中国制造业服务化转型程度，又为促进其融合发展提供方法论支持。

（2）区分生产性服务业种类，根据生产性服务业融入制造业不同环节，从产业关联、空间互动以及全球价值链三个视角，分析了制造业服务化对就业结构的影响机制，弥补了缺乏相关理论机制分析的遗憾。

（3）基于开放经济视角，区分制造业服务投入国别来源和出口中内含服务国别来源，弥补现有文献只关注封闭条件下制造业与生产性服务业互动发展的就业效应，为准确评估制造业服务化的就业结构效应提供新的视角。

二 现实意义

（1）供给侧改革下中国面临制造业转型升级与就业结构优化双重压力，本书为相关部门制定政策，以制造业服务化转型升级为契机，优化就业结构，解决"大学生就业难"与"民工荒"等就业结构性问题提供理论支持和经验证据。

（2）为劳动力提升自身素质适应制造业服务化转型升级需求，制造业利用优化的就业结构促进服务化转型，提高产业结构与劳动力供给结构的匹配度，寻找可行的方式和路径。

第三节 研究框架与技术路线

一 研究框架与内容安排

本书沿着典型事实、理论分析、实证检验和提出对策的思路构建研究框架，主要研究内容包括以下六部分：第一，文献综述，梳理相关文献和理论，找出既有文献缺憾，明确本书研究目标和内容；第二，《生产性服务业分类（2015）》标准下中国制造业服务化水平、就业结构及协调程度的测度，凝练出中国产业结构与就业结构匹配特征和发展趋势；第三，产业关联视角下中国制造业服务化转型对就业结构的影响研究；第四，空间互动视角下中国制造业服务化转型对就业结构的影响研究；第五，全球价值链视角下中国制造业服务化转型对就业结构的影响研究；第六，从产业关联、空间互动、全球价值链三个视角，构建促进制造业服务化转型与就业结构优化协调发展的精准政策。

（一）文献综述

文献综述为第二章内容。基于本书研究对象和内容，重点对与研究内容相关的文献进行归纳总结，找出既有文献的缺憾，明确本书需要进一步探索的方向和内容。分别从就业及其结构变动影响因素研究、制造业服务化转型研究、制造业服务化转型对劳动力市场的影响研究三个方面梳理国内外相关文献，发现制造业服务化测度研究没有基于新标准，制造业服务化转型研究鲜有关注对就业市场的影响，更没有从产业关联、空间互动以及全球价值链三个视角全面评估制造业服务化转型对就业结构的影响并提出优化对策的文献。通过文献综述，导出本书研究的出发点与归宿点，即从产业关联、空间互动以及全球价值链三个视角探究中国制造业服务化转型对就业结构的影响机制和影响效应，据此提出实现制造业服务化与就业结构优化协同发展，解决产业升级问题与就业结构矛盾的可能性和可行性。

（二）《生产性服务业分类（2015）》标准下中国制造业服务化水平、就业结构及协调程度测度

本书第三章研究内容。基于《生产性服务业分类（2015）》标准，测算中国制造业服务化水平和就业结构，并测度制造业结构、服务业结构与就业结构的协调程度，凝练出中国产业结构与就业结构匹配特征和发展趋势。具体研究内容如下。①中国制造业服务化发展水平测度。从产业关联、空间互动、全球价值链三个视角测算分析中国制造业服务化水平，全面认识制造业服务化转型过程中存在的问题。产业关联视角的制造业服务化水平测度从投入服务化和产出服务化两个方面进行，空间互动视角制造业服务化水平测算从省级层面和城市层面进行，全球价值链视角下制造业服务化水平测算包括进口服务化和出口服务化两个方面。②中国就业结构现状分析。为了全面描述生产性服务业就业及结构特征，从总量和细分行业测算生产性服务业就业吸纳能力，同时从就业

的年龄结构、学历结构、性别结构、空间分布四个方面测度分析生产性服务业就业结构。制造业就业特征描述包括总量变动分析及按要素密集度分组分析，制造业就业结构分析主要从年龄结构、学历结构、性别结构、空间分布四个方面展开。为了更加直观反映就业年龄结构的变动趋势，分别绘制了制造业和生产性服务业就业年龄人口金字塔图。为了更好地展现制造业和生产性服务业就业的空间分布变动趋势，使用 Arc-GIS 软件绘制了就业人数的空间分布图。③中国制造业结构、服务业结构与就业结构协调程度分析。使用结构偏离度、就业弹性系数、结构吻合度、协调系数四个指标，测度制造业结构、服务业结构与就业结构的协调程度，凝练出中国产业结构与就业结构匹配特征和发展趋势。

（三）产业关联视角下中国制造业服务化转型对就业及其结构的影响研究

本书第四章和第五章研究内容。基于产业关联视角，从服务投入和服务产出两个方面考察制造业服务化转型对就业结构的影响。主要研究内容如下。①探讨制造业投入服务化对就业技能结构的影响，理论分析了投入服务化影响就业技能结构的直接效应和间接效应，并考虑了生产性服务效率与服务贸易自由化在投入服务化影响就业技能结构中的调节效应。之后对理论分析提出的研究假设进行实证检验，为了得到更为细化的结论，考虑了制造业要素密集度异质性以及投入服务异质性，并分别以生产性服务效率和服务贸易自由化为门槛变量建立门槛模型，考察生产性服务效率以及服务贸易自由化在制造业投入服务化影响就业技能结构中的调节效应。②考察投入服务化对制造业就业的影响，基于理论机制，实证分析了服务投入对总体制造业及不同要素密集度制造业的就业净增长率、高技能劳动力就业净增长率、低技能劳动力就业净增长率影响，并考虑了技术创新与服务创新的调节效应。③为了刻画产业链下游变化，探讨了制造业产出服务化对就业及技能结构的影响，在梳理嵌入服务化与混入服务化影响就业及技能结构基础上，从企业所有制、所处行业、所在地区、企业规模四个方面实证检验，并比较分析了产出服务化、嵌入服务化、混入服务化的就业影响效应。然后，建立中介效应模型，从利润、交易成本和工资三种路径，考察制造业企业产出服务化影响就业的作用机制。最后，利用调节效应模型检验企业市场化程度和国际化程度两个指标分别在产出服务化、嵌入服务化、混入服务化影响就业中的调节效应。

（四）空间互动视角下中国制造业服务化转型对就业及其结构的影响研究

本书第六章和第七章研究内容。基于空间互动视角，考察制造业服务化对本地就业影响的乘数效应和对周边地区就业结构影响的空间溢出效应。本部分内容包括以下几方面。①制造业服务化对本地服务业就业创造的乘数效应研究。首先理论分析制造业服务化转型对可贸易服务业就业和不可贸易服务业就业的影响机制，并考虑了城市特征的调节效应。然后基于地级市面板数据，实证检验制造业服务化对本地服务业就业的影响效应，并考虑了服务业异质性、区域异质性。之后分析了城镇化率、城市规模和市场化程度三种城市特征在制造业服务化影响本地服务业就业中的作用机制。②制造业服务化对就业影响的空间溢出效应研究。从空间维度厘清了制造业服务化转型对就业结构影响的空间溢出机制，基于三种空间权重矩阵，采用空间面板杜宾模型，实证检验中国城市制造业服务化转型对就业结构的空间溢出效应，得出了空间溢出效应的区域边界。

（五）全球价值链视角下中国制造业服务化转型对就业及其结构的影响研究

本书第八章和第九章研究内容。基于全球价值链视角，从进口服务化和出口服务化两个方面分析对就业及其结构的影响。主要内容包括如下几方面。①生产性服务进口对就业结构的影响研究。以履行加入WTO服务贸易领域开放的各项承诺这一政策作为准自然实验，利用双重差分法系统识别生产性服务进口对制造业就业结构的影响效应及其作用机制。为验证DID估计有效性，采用平行趋势检验和安慰剂检验，使用假设政策实施时间点前移和随机抽取实验组两组方式进行安慰剂检验。为得到精准结论，区分了进口生产性服务种类。②制造业出口服务化对就业结构的影响研究，包括对就业技能结构和就业学历结构的影响两个方面。使用多区域投入产出（MRIO）模型和贸易增加值核算方法测度制造业出口的服务含量及其来源国。制造业出口增加值中包含国内服务要素和国外服务要素，出口服务化体现在出口国内服务化和出口国外服务化两个方面。实证研究基于分解的制造业出口服务增加值，比较分析了制造业出口国内服务和出口国外服务的就业结构影响效应。

（六）构建制造业服务化转型与就业结构优化协调发展的政策体系

本书第十章研究内容。构建促进制造业服务化转型与就业结构优化协调发展的策略体系并设计政策。梳理本书研究结论，从产业关联、空间互动、全球价值链三个视角，提出促进制造业服务化转型与就业结构优化协调发展的精准政策。

二 技术路线

本书研究的技术路线如图1-1所示。

第四节 研究方法

第一，数据处理中，采用多种统计分析技术，使用SPSS、Stata软件处理相关数据，进行深度挖掘与加工，筛选出符合研究需要的样本。

第二，指标测度中，采用投入产出分析、增加值贸易核算方法，用于从产业关联、空间互动和全球价值链三个视角对中国制造业服务化转型进行测度，并构建了制造业协调系数和生产性服务业协调系数，凝练出中国产业结构与就业结构的匹配特征和发展趋势。

第三，实证检验时，采用多种流行、前沿的计量分析方法，使用Stata、Matlab、ArcGIS等软件，利用空间计量模型、门槛效应模型、中介效应模型、调节效应模型、因果推断计量方法、系统GMM法等模型

研究思路　　　　　　　　　研究内容　　　　　　　　　研究方法

导论 ⇒ 导论

研究背景　研究意义　研究框架　创新之处

文献综述 ⇒ 制造业服务化与就业结构变化的文献综述

就业结构影响研究　制造业服务化的就业效应　制造业服务化研究　⇐ 文献归纳

现状分析 ⇒ 中国制造业服务化转型与就业结构变化的典型事实

服务化现状　协调程度　就业结构特征　⇐ 数理推导 指标测度 比较分析

产业关联视角　空间互动视角　全球价值链视角　结构偏离度 就业弹性系数 结构吻合度 协调系数　行业结构　年龄结构　教育结构　性别结构　空间结构

产业关联视角制造业服务化驱动就业结构优化研究

投入服务化
作用机理：要素投入结构和GVC地位
影响效应：要素密集度和服务投入异质性
调节效应：服务效率、贸易自由化

产出服务化
作用机理：嵌入服务化和混入服务化
影响效应：所有制、行业、区域、规模
机制检验：利润、交易成本、工资
调节效应：市场化程度、国际化程度

就业结构优化　⇐ 投入产出 门槛模型 中介效应 调节效应

空间互动视角制造业服务化驱动就业结构优化研究

本地就业效应
作用机理：可贸易服务和不可贸易服务
影响效应：服务异质性、区域异质性
城市特征的门槛效应检验

空间溢出效应
实现机制：技术创新、服务创新、成本降低、产业关联、模仿竞争、要素流动
影响效应：利用SDM模型估计空间效应
测算空间溢出效应的区域边界

就业结构优化　⇐ 门槛模型 莫兰指数 空间SDM 偏微分矩阵

全球价值链视角制造业服务化驱动就业结构优化研究

进口服务化
生产性服务进口驱动机理
自然实验：使用DID法评估服务贸易自由化的政策效应

出口服务化
出口服务化驱动机理
出口服务化驱动效应：国内服务与国外服务的比较分析

⇐ 政策评估 双重差分 安慰剂检验 增加值贸易 投入产出

就业结构优化

策略设计 ⇒ 制造业服务化驱动就业结构优化的政策体系构建

政策体系　产业政策 区域政策 贸易政策　结构性就业矛盾　大学生就业难 民工荒　目标　制造强国 人力资本大国

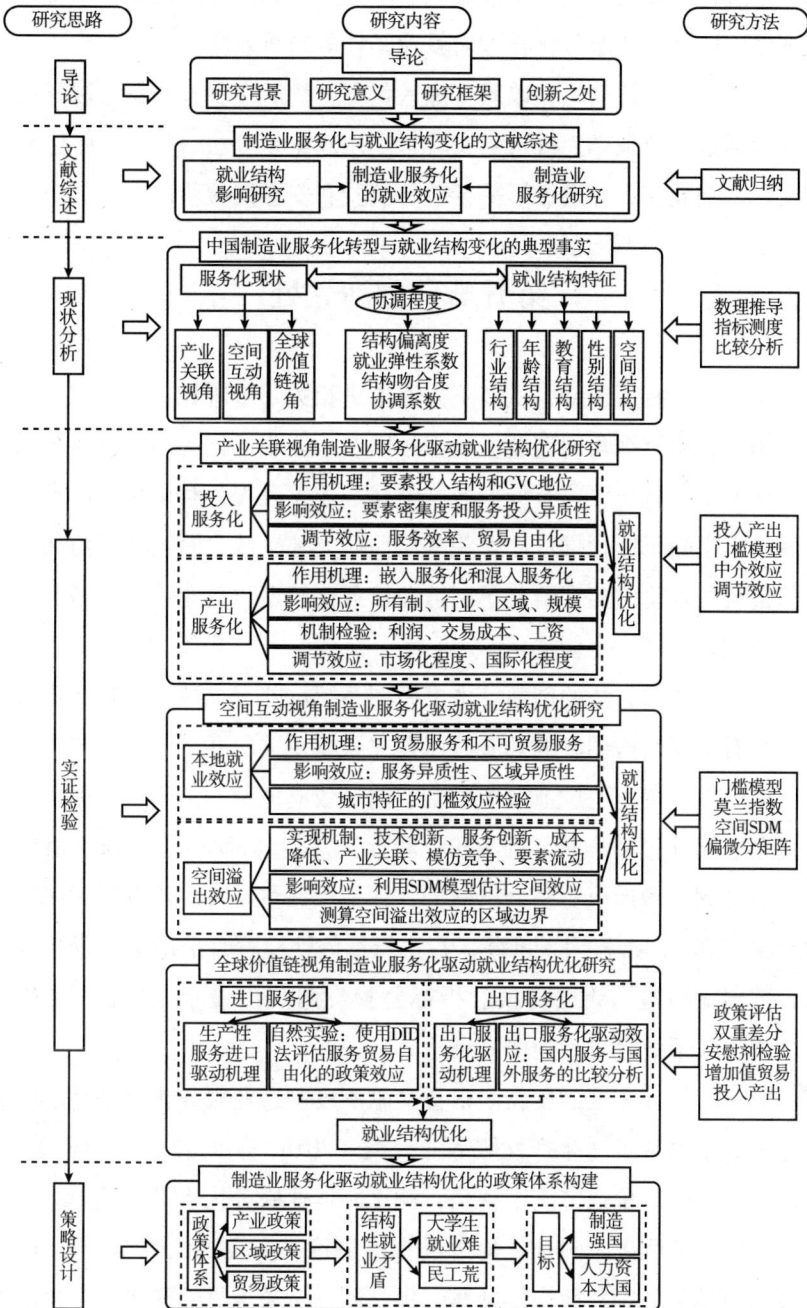

图1-1　本书研究的技术路线

或方法进行实证研究，从产业关联、空间互动和全球价值链三个视角全面评估中国制造业服务化转型对就业结构的影响效应。

第四，政策评估时，以履行加入世贸组织后在服务贸易领域开放的各项承诺这一政策作为准自然实验，利用双重差分法（DID）评估政策的实际影响效应，并进行了平行趋势检验和安慰剂检验。

第五节　创新之处

本书力求有所创新，从以下方面推进相关领域研究。

第一，研究视角的创新。关于中国制造业服务化转型对就业结构影响的研究十分匮乏，仅有极少数文献从产业关联视角利用总体样本进行考察，本书除了细化推进产业关联层面研究外，从空间互动视角和全球价值链视角理论与实证研究了制造业服务化转型对就业结构的影响，为相关研究提供了一个新视角。

第二，研究方法的创新。本书力图系统反映三个视角下制造业服务化转型对就业结构的影响效应，产业关联视角下研究采用投入产出分析法、中介效应模型、调节效应模型、门槛效应模型，空间互动视角下研究使用空间计量经济学分析法和空间杜宾模型（SDM），全球价值链视角下研究利用增加值贸易分析框架，评估服务贸易自由化政策时使用双重差法（DID）进行因果推断，在进行稳健性检验时采用了平行趋势检验、安慰剂检验、数据替换、指标替换、两阶段最小二乘法（2SLS）等，得出了系统且可靠的研究结论。

第三，统计测度的创新。以往文献测度制造业服务化都是基于旧分类标准，本书基于《生产性服务业分类（2015）》标准，从产业关联、空间互动和全球价值链三个视角，测度制造业服务化水平、就业结构以及两者的协调程度，弥补按原分类标准测度没有反映大数据、云计算、研发与设计服务等新业态的缺憾，提高测度结果可靠性和研究结论的准确性。

第二章　制造业服务化与就业结构
变化的文献综述

本书主要研究制造业服务化转型对就业结构的影响机制，评估制造业服务化转型的就业结构影响效应，并依据相关研究结论提出促进制造业服务化转型与就业结构优化协调发展的精准政策。与本书研究相关的文献主要有三类，一是就业及其结构变动的影响因素研究文献，二是制造业服务化研究文献，三是制造业服务化转型对劳动力市场的影响研究文献。下面沿着这三条主线梳理相关文献，并进行简要述评。

第一节　就业及其结构变动的影响因素研究

就业及其结构变动受到技术变革、产业升级、开放程度以及宏观政策等因素的影响，接下来从技术进步、产业结构升级、国际贸易、国际投资、全球价值链参与、金融发展以及环境规制政策七个方面，梳理就业及其结构的影响因素研究文献，以找出值得进一步探索的研究领域。

一　技术进步对就业的影响研究

技术进步会对就业数量、就业质量以及就业结构产生影响。关于技术进步对就业数量的影响研究引起了学者们的激励争论，但并没有达成一致。技术进步会促进经济增长，对劳动力就业产生"资本化"效应和"创造性毁灭"效应，表现为一方面对就业有创造作用，另一方面则会破坏就业（杨惠馨和李春梅，2012）。技术进步存在"就业破坏"（Aghion 和 Howitt，1994）和"就业补偿"（Brouwer，1993）两个作用方向相反的机制，是技术进步能否增加就业这一分歧的根本原因。

一部分研究支持技术进步促进就业数量增长的观点，认为一旦发生技术更替，只要对就业人员加强培训与教育，使技能结构与需求结构实现匹配，就能把技术进步的就业破坏作用降到最低（杨伟国、邱子童、吴清军，2018）。技术进步可能会暂时替代一部分劳动力就业，然而技术进步带来的生产效率提升效应会抵消替代效应，总体上技术进步能够促进就业增长（Alexopoulos 和 Cohen，2016）。Pissarides（1990）认为技术创新通过"资本化效应"促进经济增长，促使企业利润提升，为就业市场提供更多就业岗位，从而增加就业人数。Martin Carnoy（1997）研究发现，虽然在微观企业层面技术创新对劳动力就业有一定减少作用，但技术创新带来的产出增长足以抵消甚至超过就业负向效应，最终实现就业正向增长。高春明等（2020）考察了人工智能对就业的影响，认为技术进步会对经济结构产生影响，导致劳动力短期内结构性失业和技术性失业，但长期而言随着技术进步带来的生产规模扩大、产业结构优化和人力资本形成，人工智能将促进更多就业岗位出现。

另外一些学者认为技术进步的"就业破坏"作用占据主导地位。张军（2003）研究发现，技术进步提升了制造业企业的资本密集度，就业弹性不断降低，失业压力越来越大。Kahn 等（2013）研究认为碳税政策使美国东部区域损失了 4.7 万个工作岗位，导致加州地区有 0.66 万人失业。Picado（2017）发现，2000~2010 年美国有 570 万个制造业工作岗位消失，而高达 87% 的工作岗位消失是由于使用自动化技术导致劳动生产率大幅提高。闫雪凌等（2020）认为工业机器人使用每增加 1%，就业岗位供给就会降低 4.6%，对就业数量增长有不利影响，要正确认识人工智能对就业带来的负向影响，制定相关政策确保就业稳定。

还有一些文献发现技术进步的就业数量影响作用不明显。朱轶和熊思敏（2009）认为中国制造业技术创新没有明显促进就业增长，服务业的技术进步则会抑制就业增长。方建国和尹丽波（2012）基于技术—劳动力的替代关系假设，认为只有在短期才会发生技术进步替代型劳动力失业，长期而言技术进步对就业数量的影响效应总体不明显。Kristina等（2017）认为技术进步对劳动力就业同时有"替代作用"与"补偿作用"，总效应取决于两个作用的比较，具有不确定性。Acemoglu和Restrepo（2017）认为，新技术在给传统就业岗位带来冲击的同时，也会通过效率提升衍生出新的工作机会。Graetz和Michaels（2018）通过对17个国家考察后认为，工业机器人虽然提高了劳动生产率水平，对就业影响却并不明显。

技术进步的就业结构影响研究也同样受到学者关注。一个重要的影响就是技术进步带来的劳动力就业"极化"现象（Autor，2014）。Autor和Dorn（2008）利用美国数据考察发现，过去美国由于非中性的技术进步，减少了就业市场中的中等收入工作岗位，增加了高技能和低技能工作岗位供给，出现所谓就业"极化"现象。主要原因是中等技能的劳动力从事的大多是一些程序性的常规工作，比如银行柜员、公司文员等容易被人工智能替代，但低技能的保洁、家政等体力劳动者需要与人互动，高技能的科学研究、医生以及律师等脑力工作对人的创新能力要求较高，低端和高端两类工作在短期内还难以被机器替代（Autor等，2006；Goos，2007）。Dauth等（2017）对德国工业机器人应用考察后认为，工业机器人并没有显著减少就业岗位，但是制造业工作人数明显降低，服务业从业人数有一定增加，改变了就业行业结构。数字技术进步会减少低技能劳动力需求，进而优化就业结构（Lordan和Neumark，2018）。戚聿东等（2020）研究认为数字经济发展有利于就业结构优化，为了促进高质量就业，要引导劳动力向数字经济领域有序转岗。

二 产业结构升级对就业的影响研究

产业部门是吸纳就业的载体，其结构变化会引起劳动力在产业间流动，导致就业结构变化（Kuznets，1973）。于晗（2015）认为中国产业结构有不断优化的特征，劳动力将从低效率产业向高效率产业流动，短期来说就业结构的变化要滞后于产业结构，但长期而言就业结构将实现与产业结构匹配。景跃军和张昀（2015）基于结构偏差系数考察发现，第二、三产业增加值多但劳动力占比较低，第一产业增加值少但劳动力就业比重高，中国劳动力就业结构调整速度大大落后于产业结构变化。景建军（2016）得出了相似结论，认为就业结构升级滞后于产业结构，第一产业还有大量剩余劳动力没有转移。单良和张涛（2018）基于"协调系数"和"标准差椭圆"模型，发现中国产业结构和就业结构协调系数呈"U"形特征，说明两者关系逐步呈健康化与协调化趋势，尤其是东部沿海地区产业结构与就业结构协调性最好。胡永远等（2018）关注了产业结构变化对中国大学生就业的影响，从两者互动来看产业升级促进了中国大学生就业，特别是经济发达地区产业高级化发展更能吸纳大学生就业。俞伯阳和丛屹（2020）考察了京津冀产业结构和就业结构协调发展机理，认为京津冀产业结构和就业结构联动发展水平较高，北京与天津的第二、三产业吸纳第一产业转移劳动力就业的能力不强，而河北第二、三产业劳动力缺口较大。夏四友等（2020）从时空耦合视角研究了中国产业结构和就业结构协调性，发现产业结构与就业结构协调性有"先低后高"特征，呈现东部、中部和西部地区依次递减趋势，且各地区之间有明显空间正相关关系。

三 国际贸易对就业的影响研究

国际贸易对就业的影响研究文献主要包括两类，一类是国际贸易对就业数量的影响研究，另一类是国际贸易对就业结构的影响研究。

（一）国际贸易对就业数量的影响

关于国际贸易对就业数量的影响文献，传统贸易理论认为各国依据劳动生产率和资源禀赋参与贸易，出口具有比较优势的产品，能够促进就业增长（Jenkins，2003；Humphrey 和 Schmitz，2002；陈昊和刘骞文，2014）。然而进口则表示国内对进口竞争部门产品需求减少，会导致生产规模降低，吸纳劳动力就业人数减少（Autor 等，2013；Mendez，2015）。大部分学者认为出口能够促进就业增长，Krueger（1970）认为出口导向型的贸易政策促进了发展中国家就业的增长。李小萌等（2016）研究认为出口贸易明显促进了劳动力就业，但进口贸易没有拉动劳动力就业。盛斌和马涛（2008）考察发现中间品出口贸易促进了劳动力就业，中间品进口却降低了就业水平。毛其淋和许家云（2016）将中国加入 WTO 作为准自然实验，认为中间产品贸易自由化提高了企业的就业净增长，良好的地区制度环境能够强化中间产品贸易的就业促进作用。苏丹妮和邵朝对（2021）通过建立服务业开放对制造业企业就业影响的理论模型，认为服务业开放对制造业企业就业的影响存在异质性，促进了高生产率企业的就业创造。

传统贸易核算方式下进口贸易一般会降低进口国就业数量。Bernard 等（2006）认为从 1977 年到 1997 年，美国进口发展中国家的产品使就业岗位降低了 14%。Balsvik 等（2015）、Autor 等（2016）研究了进口中国产品对美国、挪威以及墨西哥劳动力就业的影响，认为进口中国产品导致进口国失业劳动力增长。但在全球价值链生产背景下，产品的生产链条被切割成不同环节分布在全球各国，在形成最终产品前中间产品要经历多次进出口，进口中间产品的目的是生产最终产品，进口是为了扩大出口。因此，在增加值贸易核算方式下研究发现进口贸易也可能促进就业增加。进口促进就业增加的渠道主要包括两条。一是进口中间产品，增加了企业中间投入品种类，提高了中间投入品质量，有利于提升最终产品国际市场竞争力，促进劳动力就业增长。二是进口贸易对国内相关企业会产生竞争效应，倒逼国内进口竞争企业科技创新和技术进步，提升产品国际竞争力，创造更多就业岗位。魏浩和李晓庆（2018）认为同时从事进出口贸易的企业就业规模最大、就业增长最快以及就业创造最多，用于加工贸易的进口对就业增长促进作用最为明显。魏浩和连慧君（2020）认为进口来源于美国的产品提升了中国制造业企业的就业吸纳能力。

（二）国际贸易对就业结构的影响

关于国际贸易对就业技能结构的影响，部分观点认为进出口贸易能够优化就业技能结构。刘玉海和张默涵（2017）认为，进出口贸易中技术含量的提高促进了制造业就业技能结构的优化升级。Bloom 等（2016）认为进口中国产品促进了美国企业技术创新能力提升，进而提高对高技能劳动力的就业吸纳能力，优化就业技能结构。Kasahara 等（2016）认为印度尼西亚通过进口贸易促进了受过高等教育的劳动力就业率提升。然而，也有部分研究认为进口能否优化就业技能结构，取决于进口产品来源国家。如张志明和崔日明（2014）认为，服务出口显著优化了中国服务业就业结构，但服务进口没有能够促进服务业就业结构优化升级。唐东波（2012）考察了垂直专业化贸易如何影响就业结构，认为进口来源于发达国家的中间品促进了高技能劳动力就业比重增加，而进口来源于发展中国家的中间品会降低就业技能结构水平。

也有一些学者关注国际贸易对正规就业与非正规就业结构的影响，主流观点是贸易自由化促进了非正规就业。Acosta 和 Montes-Rojas（2014）对阿根廷制造业考察后发现，降低进口产品关税提高了非正规就业的比重。曾湘泉和杨涛（2018）研究了贸易开放对不同地区非正规就业的影响后，认为劳动力从事非正规就业概率在高贸易开放地区比低贸易开放地区要更高，贸易开放促进了低技能劳动力从事非正规就业概率的提升。胡翠等（2019）建立模型探究了贸易自由化影响非正规就业占比的机制，认为贸易自由化促进了个人从事非正规就业并提升了非正规就业占比。何冰和周申（2019）认为中间产品贸易自由化和最终产品贸易自由化都对就业市场空间变动有明显影响作用，贸易自由化程度越高，对非正规就业的拉动作用就越显著。不过也有少数研究持不同观点，认为贸易自由化对非正规就业影响不明显，甚至会减少非正规就业。比如 Goldberg 和 Pavcnik（2003）认为，贸易自由化没有促进巴西非正规就业占比上升，进口关税降低只是轻微提升了哥伦比亚的非正规就业比重。Paz（2014）认为降低进口关税的贸易自由化政策明显减少了非正规就业。

四　国际投资对就业影响研究

国际直接投资对就业的影响研究包括两方面，一是外商直接投资（FDI）的就业影响研究，二是对外直接投资（OFDI）的就业影响研究。

（一）外商直接投资对就业的影响研究

外商直接投资对东道国就业的影响受到学者广泛关注，部分研究认为 FDI 促进了东道国就业（Boren 等，1998；王美今和钱金保，2008）。Nunnenkamp 等（2007）认为墨西哥 FDI 明显促进了蓝领和白领劳动力就业增长。毛日昇（2009）认为 FDI 增加了国内销售与出口销售，提高了制造业就业吸纳能力。李杨等（2017）认为中国服务业 FDI 明显提升了就业水平，提出应加快服务业 FDI 引进力度，优化东部沿海地区服务业 FDI 结构。许建伟和郭其友（2016）认为 FDI 进入减小了中国就业压力，尤其是中西部地区的 FDI 为当地创造了大量就业机会，加快了剩余劳动力转移速度。

也有研究持不同观点，认为 FDI 通过挤出东道国资本以及技术外溢效应等渠道减少了东道国就业，FDI 能否促进东道国就业取决于两种效应比较。Ernst（2005）认为 FDI 进入方式会影响 FDI 对墨西哥、巴西和阿根廷三个国家就业的作用方向，总体就业效应不明确。Jenkins（2006）认为 FDI 对越南国内投资有挤出效应，对越南就业具有抑制作用。丁翠翠和郭庆然（2014）认为总体上 FDI 对中国就业存在较强的挤出效应，只有滞后一期的 FDI 拉动了中部地区当年就业增长，引进

FDI 不能有效缓解国内就业压力。郑月明和董登新（2008）研究认为，流向中国东部地区的外商直接投资抑制了当地就业水平提升，流向中西部地区的外商直接投资也没能促进劳动力就业。李捷瑜和王美今（2009）厘清了 FDI、技术进步与就业的相互关系，研究认为低收入国家 FDI 不利于技术进步，却能拉动就业，而高收入国家 FDI 不能促进就业增长，却可以提升技术创新能力。

还有一些文献关注 FDI 对东道国就业结构的影响，大部分研究认为 FDI 对东道国就业结构有一定优化作用。Feenstra 和 Hanson（1997）认为 FDI 流入墨西哥增加了高技能劳动力需求和工资份额，促进了墨西哥国内就业技能结构优化。黄乾（2009）考察发现技术密集型 FDI 以及东、中部地区 FDI 增加了对中国高技能劳动力的需求，而劳动密集型 FDI 提高了低技能劳动力就业水平，整体而言，FDI 有利于中国就业技能结构升级。孙庆刚（2009）认为 FDI 通过资本积累和提高劳动效率两条渠道促进了中国就业结构优化。殷德生等（2021）研究发现 FDI 通过技术溢出和竞争效应促进了中国高技能劳动力就业。罗军和陈建国（2014）则认为，FDI 能否促进高技能劳动力就业，实现就业结构优化关键在于人力资本发展阶段，只有顺利进入人力资本较高阶段，FDI 才能发挥其优化就业技能结构的应有作用。张志明和崔日明（2014）考察了中国服务业 FDI 对服务业就业结构影响后认为，服务业 FDI 能够促进中低技术行业就业结构优化，但没有促进较高技术行业的就业结构优化。然而，李志龙（2019）研究认为，FDI 促进了低技能劳动力就业，但抑制了高技能劳动力就业，不利于就业技能结构优化，FDI 水平效应是恶化就业技能结构的主要原因。

（二）对外直接投资对就业的影响研究

对外直接投资的母国就业效应，也是学者关注的重点。一些学者认为对外直接投资替代了部分母国就业（Stevens 和 Lipsey，1992；Konings 和 Murphy，2006）。Jasay（1960）最早研究了对外直接投资的就业"挤出效应"，发现企业输出资本到国外会明显降低母国就业水平。Kravis 和 Lipsey（1993）认为发达国家 OFDI 目的地为发展中国家时，会引起国内"产业空心化"，不利于母国就业水平提升。Mariotti 等（2003）使用意大利数据考察发现，投资目的国是发展中国家的垂直型 OFDI 抑制了意大利国内就业。Elia 等（2009）认为对外直接投资降低了意大利国内低技能劳动力就业水平，在高收入国家的对外直接投资还抑制了国内高技能劳动力就业。

然而，也有研究认为对外直接投资通过开拓国际市场为母国创造了更多就业机会，优化了就业结构（Desai 等，2009；刘海云和廖庆梅，2017）。韩先锋等（2019）研究认为中国 OFDI 拉动了国内就业水平提升，尤其是东部沿海地区 OFDI 的就业促进作用比较显著。贾妮莎等（2019）考察了 522 家中国企业 OFDI 对国内就业影响后，发现 OFDI 总体上提升了企业在国内的就业吸纳数量。Braconier 等（2000）认为 OFDI 会促进跨国公司技术进步，不断创造出新的就业岗位，从而提高国内就业水平。王艳和张洪振（2017）认为中国 OFDI 促进了国内小微企业就业水平提高，其中 OFDI 对各地区就业拉动作用依次为东部地区、中部地区和西部地区。李磊等（2016）基于微观企业数据研究认为，中国企业 OFDI 明显促进了国内就业增长，正向影响与 OFDI 次数正相关，且促进作用不会受到东道国收入以及企业所有制类型影响。蒋冠宏（2016）认为，中国 OFDI 总体拉动了国内就业水平提升，商贸服务型 OFDI 以及对发达国家的 OFDI 对国内劳动力就业有较强拉动作用，中国企业大规模 OFDI 有助于解决国内就业问题。宋林等（2017）基于中国省级层面数据考察认为，OFDI 对中国国内就业总体影响为正，但对就业水平提升作用出现东、中、西部逐渐减弱特征。李宏兵等（2017）研究认为 OFDI 整体上提高了母国就业市场劳动力吸纳能力，但对不同技术水平企业的就业影响效应存在差异，OFDI 显著提高了在高技术和低技术企业就业的劳动力数量，但没有明显影响中等技术企业的就业水平，存在 OFDI 影响就业的极化现象。

第三种观点认为对外直接投资对母国就业影响效应不确定，取决于 OFDI 的"就业创造"效应和"就业替代"效应的综合（Blomstrom 等，1997；Lee 等，2015）。Slaughter（1995）、Lipworth 和 Bayoumi（1997）分别对美国和日本 OFDI 的母国就业效应研究后认为，两国 OFDI 并没有导致国内出现"产业空心化"问题，未对母国就业产生替代现象。Campbell（1994）指出，跨国公司 OFDI 对母国在就业数量和就业质量影响中既有积极作用也有消极作用。张建刚等（2013）研究认为，中国各地区 OFDI 对就业的影响存在差异，东部沿海省份 OFDI 对国内就业创造能力大于就业挤出效应，中部省份 OFDI 对就业的两种效应相互抵消，导致总效应不明确，而西部地区 OFDI 对就业影响主要表现为挤出效应。

五 参与全球价值链的就业效应研究

国际分工进入产品内分工后，最终产品的形成是由位于价值链上各环节的国家共同参与的结果，过去用出口最终产品总额衡量一国贸易利得的方法受到挑战。因此，一国嵌入全球价值链对就业的影响效应也会发生变化。随着 Koopman 等（2014）在全球价值链分工背景下提出"贸易增加值"方法，剔除掉一国出口中来源于进口的部分后，才是真实的出口贸易增加值，其对劳动力就业的影响逐渐被关注。

（一）嵌入全球价值链的就业效应

关注嵌入全球价值链的就业效应研究的学者较多，基本观点是嵌入全球价值链能否促进就业及结构优化，取决于嵌入全球价值链的环节、嵌入方式、嵌入时间以及嵌入企业类型等因素。Harrigan 和 Reshef（2015）认为，一国参与全球价值链的不同环节对劳动力技能需求是有差异的，参与研发、设计、品牌等环节，对高技能劳动力需求较大，参与加工和组装等生产环节，需要大量廉价低技能劳动力。Hijzen 等（2005）对发展中国家考察后认为，参与价值链中的劳动密集型生产制造环节，吸收了国内大量低技能劳动力就业，但由于过于依赖发达国家中间品，导致对国内上、下游相关产业拉动作用有限，不能有效促进国内其他环节就业。李强（2014）认为中国企业通过以"产业型"与"贸易型"方式嵌入全球价值链，促进了企业吸纳就业能力的提升，"产业型"嵌入全球价值链有助于提高对高技能劳动力的需求。李磊等（2017）认为中国企业参与全球价值链总体上促进了劳动力就业，拉动就业作用呈先大后小趋势，对低技能与女性劳动力就业促进作用最为明显。刘会政和丁媛（2017）分析了不同全球价值链参与模式对就业的影响效应，认为中国制造业以后向模式参与全球价值链主要拉动低技术劳动力就业，服务业以前向模式参与全球价值链主要拉动了高技能劳动力就业。赵玉焕等（2019）测度了中国不同行业参与全球价值链的程度、生产长度以及位置，并考察了参与全球价值链对就业的影响，得出了较为复杂的结论，认为整体行业全球价值链地位提高反而抑制了劳动力就业，但制造业以及高技术行业全球价值链地位提高会促进就业增长。吕越等（2018）认为嵌入全球价值链促进了企业就业，且促进作用与嵌入价值链时间成正比，资本和技术密集型企业、东中部企业以及民营企业价值链嵌入对就业的提升作用最为明显。

（二）增加值贸易的就业效应

由于增加值贸易的核算框架建立时间较短，关于全球价值链下增加值贸易的就业效应研究相对较少。Shen 和 Silva（2018）认为中国增加值出口如何影响美国就业市场取决于中国制造业行业参与全球价值链中的具体位置。杨继军等（2017）基于 WIOD 数据利用非竞争性投入产出模型，发现就边际产出的就业促进效应而言，单位增加值的就业拉动作用更大，中高端制造业和服务业耦合能够显著促进就业水平提升。张志明等（2016）利用 MRIO 模型考察了增加值出口贸易对就业的影响，认为增加值出口对大多数行业就业的促进作用不断提高，主要通过拉动中、低技能劳动力就业实现。

六 金融发展对就业的影响研究

金融发展不仅是经济增长的重要动力（Goldsmith，1969），也是影响就业的重要因素（Merton，1992；Rajan 和 Zingales，1998）。融资约束是很多企业特别是中小企业达到最优生产规模面临的瓶颈之一，影响了企业扩大生产以及就业吸纳能力（Nykvist，2008）。金融发展可以通过规模渠道和数量渠道助力企业向劳动力市场创造就业机会（Klapper等，2007；Benmelech 等，2011）。Mckinnon（1973）认为金融自由化和金融深化促进了企业产出的增长，进而提升就业率。Gross（2002）认为，通过有效缓解金融市场资源配置扭曲，增加企业获取资金渠道和提高资金筹措能力，能够促进经济增长和就业增加。Bianchi（2010）利用理论模型分析发现，通过增加企业的金融可得性可以有效缓解融资约束，促进企业数量增长，进而创造出大量工作岗位，向劳动力提供就业机会。Brown 和 Earle（2017）发现美国对中小企业每发放 100 万美元贷款，可以为 3~4 个人提供就业岗位。Bruhn 和 Love（2014）对墨西哥一家从事贷款业务的银行进行自然实验，认为增加企业金融可得性能够提高就业水平，且促进效应在金融发展程度较低地区作用更加明显。

随着中国金融发展水平的提升，国内学者也逐渐关注金融发展的就业影响效应。肖龙铎和张兵（2017）利用中国家庭金融调查（CHFS）数据考察发现，地区金融可得性增加 1%，非农就业率就会增加 1.74%，这说明金融可得性的增加确实有利于农户非农就业水平提高。李巍和蔡纯（2013）认为金融发展有利于提高各省的就业水平，金融发展协同性促进不同区域就业水平提升中存在显著的门槛效应。孙平和侯风云（2019）利用沪深 A 股上市公司数据，认为金融负债渠道促进了就业，金融资产渠道没有明显提升劳动力就业水平，而股东价值导向渠道抑制了就业增长。杨恺钧等（2015）认为金融效率促进了中国三次产业就业水平提升，但金融规模对第一和第二产业就业有负向影响。

唐时达等（2015）研究了金融结构、劳动力市场特征与就业的关系后，认为增加市场主导型融资比重能够提高劳动力就业，但银行集中度提高不利于劳动力就业。

近年来，随着普惠金融的发展，学者们逐渐关注普惠金融与就业的关系。徐章星等（2020）利用数字普惠金融指数与上市公司数据匹配后研究认为，企业信贷错配抑制了劳动力就业规模扩大，但数字金融发展减轻了信贷错配对就业的不利影响，促进了就业规模扩大。方观富和许嘉怡（2020）认为发展数字普惠金融有利于就业率提升与收入增加，覆盖广度与使用深度能够显著提高居民就业水平，数字普惠金融对就业的提升作用主要表现在非农就业、低技能劳动力就业、女性就业、城市就业以及中西部就业等方面。林春等（2019）利用空间模型考察普惠金融的就业空间溢出效应，发现发展普惠金融提高了第一、三产业就业率，总体上促进了就业率增加，但普惠金融发展通过空间溢出效应抑制了其他地区劳动力就业。

七 环境规制政策对就业的影响研究

随着资源、环境承载力达到极限，大部分国家相继出台了一些环境规制政策，这会对就业产生什么影响呢？越来越多学者关注环境规制政策带来的就业影响效应，形成了三种不同观点。

一是环境规制对就业有正向促进作用（Mishra 和 Smyth，2012）。Gray 等（2014）利用双重差分法评估了美国制浆与造纸业政策实施的就业影响效应，认为并没有明显降低就业水平，相反促进了就业率的提升。Bezdek 等（2008）评估了美国环境保护投资政策，认为虽然会抑制部分行业就业，但同时更大程度上"创造"出大量就业岗位，总体来看还是吸纳了更多劳动力就业。孙文远和周寒（2020）考虑了环境规制影响就业结构的空间溢出效应，发现实施环境规制政策不仅促进了当地就业结构高级化发展，还对周边其他地区产生空间溢出效应，带动了周边其他地区就业结构优化，表明通过环境规制政策的实行，能够收获"环境保护"与"就业结构优化"双重红利。

二是环境规制政策抑制了就业。环境规制政策实施会提高企业生产经营成本，降低企业国际竞争能力，产品销售减少，导致企业压缩生产规模，解雇部分劳动力，对就业产生挤压作用（Henderson，1997；Greenstone，2002）。Curtis（2014）系统研究了NO_x排污权交易的政策影响效应，认为这一排污权交易的环境政策使至少10万人丢失工作。Greenstone（2002）对《美国清洁空气法案》进行准自然实验后认为，环境规制政策在实行后导致美国就业岗位供给在15年里缩减了59万个，空气污染行业就业规模缩小15%。Dissou和Sun（2013）认为碳减排政策减少了加拿大就业岗位，导致工人非自愿失业。范洪敏（2017）认为提高环境规制强度减少了农民工城镇就业机会，尤其在高收入城市表现更为明显。王勇等（2019）评估了排污费修订政策的就业影响效应，发现排污费修订政策提高了企业环境成本，导致企业就业吸纳能力降低，对就业抑制趋势呈现先增强后减弱的倒"U"形，其中劳动密集型企业和小规模企业的就业损失更为明显。

三是环境规制政策对就业影响作用不明确，呈现非线性关系（Berman和Bui，2001；王勇等，2013；李珊珊，2015）。Morgenstern等（2002）研究认为，提高环境保护支出并没有明显促进就业增长，每增加100万美元的环境支出只能向就业市场提供1.5个工作岗位，就业提升效应几乎可以忽略不计。闫文娟等（2012）认为环境规制对就业的影响存在产业结构门槛效应，如果产业结构水平低于一定门槛值时，环境规制政策会减少就业岗位供给，只有当产业结构发展水平跨越一定门槛值后，环境规制政策才能转变为正向促进就业增长。穆怀中和范洪敏（2016）认为环境规制会产生就业"极化"现象，提高对高技能与低技能劳动力需求，降低中等技能就业岗位供给。李珊珊（2016）考察了环境规制对就业技能结构的影响后发现，对高污染工业进行环境规制后就业结构出现倒"U"形发展趋势，但对低污染工业进行环境规制后就业技能结构没有显著变化。李梦洁和杜威剑（2014）研究了污染投入规制弹性与就业的关系后发现，只有跨过了"U"形关系的拐点后才能获得环境改善和就业双重红利，然而中国目前只有东部地区越过了拐点，中部地区仍处于拐点附近，而西部地区更是位于拐点的左侧，只要加快产业结构调整，把环境规制水平定在合理区间，就可获取就业增长与环境保护双重红利。蒋勇（2017）认为环境规制的就业效应存在地区差异，环境规制政策实施促进了东部地区就业增长，但抑制了中西部地区劳动力就业。王群勇和陆凤芝（2019）从空间视角考察环境规制对农民工城镇就业的影响后，认为环境规制政策既会抑制当地农民工就业，也会减少周边其他地区农民工就业，存在明显的空间外溢效应，东部地区可以同时获得环境保护和就业双重红利，但中部和西部地区环境规制会减少劳动力就业。朱金生和李蝶（2020）发现环境规制对劳动力就业呈先减少后拉动的作用，环境规制对污染密集型行业滞后期就业有正向促进作用，但对其他行业就业影响是呈"U"形，需要通过增强中低技术行业的环境规制提升对就业的正向促进作用。李斌等（2019）构建中国地级市层面面板数据，以"两控区"政策的实施进行研究发现，环境规制的就业影响有明显的时空与行业异质性，环境规制明显促进了酸雨控制区就业数量的增长。

综上所述，本书梳理出了影响就业及其结构的七个影响因素，围绕这七个因素对就业结构的影响，学者们进行了大量富有成效的研究，这些文献系统探讨了这七大因素对就业结构的影响机制及影响效应。然而在中国大力推进制造业从生产型向服务型转变的过程中，会对劳动力就业市场产生很大冲击，但遗憾的是，鲜有研究把制造业服务化转型作为就业结构的影响因素进行考察，这是一个值得开拓的新研究领域。

第二节　制造业服务化研究

制造业服务化问题引起学者们重点关注，他们从制造业服务化的原因、测度方法、模式、影响效应等方面进行了探究。通过梳理制造业服务化相关文献，本书把有关研究归纳为以下几个方面：一是制造业服务化的原因研究，二是制造业服务化的测度研究，三是制造业服务化的路径与模式研究，四是制造业服务化的影响效应研究。

一 制造业服务化的原因研究

自从 Vandermerwe 和 Rada（1988）首次提出"制造业服务化"概念以来，学者们对制造业服务化的驱动原因进行了一系列探索，分为外在驱动因素和内在驱动因素。外在驱动因素是促使制造业企业进行服务化转型的外部环境，包括经济结构转型升级和环境保护等（Cook 等，2006）。内在驱动因素是驱使制造业企业服务化转型的内在动力，包括增强企业竞争力、加强客户关系管理和提高收益等（Oliva 和 Kallenebrg，2003；Datta 和 Roy，2011）。下面从外在驱动因素和内在驱动因素两个方面对制造业服务化原因的研究文献进行梳理。

（一）外在驱动因素

1. 经济结构转型

目前，各国经济结构呈现由"制造型经济"转为"服务型经济"的新趋势，发达国家的产业结构呈现"两个 70%"特征，即服务业占GDP 的比重为 70%以及生产性服务占服务业的比重为 70%（刘斌等，2016）。随着互联网以及信息技术的发展与应用，服务要素在制造业活动中发挥日益重要的作用，从"生产型制造"向"服务型制造"转变已成为制造业新的发展趋势（耿伟和王亥园，2019）。生产性服务是制造业"聪明的脑袋"和"腾飞的翅膀"，要以发展高级生产性服务来推动制造业的结构转型升级（刘志彪，2008）。制造业服务化对于制造业升级、生产性服务业发展以及经济结构转型发挥了重要作用。制造业服务化既是经济结构转型升级的典型特征（刘斌和赵晓斐，2020），也是促进国际竞争力提高的重要渠道（邹国伟等，2018）。制造业服务化是数字经济下制造业发展的必然趋势，制造业企业利用大数据整合线上线下关于消费者偏好、关注、购买、收藏等方面的信息，优化产品及服务与市场的匹配程度，在为消费者提供个性化产品与服务的同时，促进企业转型并提高企业利润（徐振鑫等，2016）。

部分学者在开放经济条件下探讨经济结构转型导向的制造业服务化原因。刁莉和朱琦（2018）认为服务化是制造业转型升级的重要路径，但中国生产性服务业结构有待优化，通过进口发达国家高级生产性服务，提高服务投入和服务产出效率，是制造业服务化的重要渠道。邹国伟等（2018）认为服务业扩大开放，既增加了服务中间投入种类，也提升了服务质量，中国服务贸易开放促进了制造业服务化水平提高，但不同服务行业开放程度促进制造业服务化水平提升效应上存在区别，提出应当适时、稳步推进服务业开放，实现制造业服务化战略目标。陈丽娴和魏作磊（2020）利用沪深 A 股上市公司数据研究认为，加快制造业产出服务化是深化供给侧改革解决出口疲软的重要手段。

2. 环境保护

与传统制造业生产模式相比，制造业服务化转型在生产过程中投入更多服务要素，产品中内含更多服务内容，有利于制造业企业转变资源利用模式，缓解经济增长和生态环境之间的矛盾，制造业企业进行服务化转型是环境保护的需要（陈艳莹和叶良柱，2009）。Agrawal 等（2012）认为租赁服务具有"绿色"环境效益，主要是因为租赁服务企业既会提高产品循环使用率，也能够促进产品质量和耐用性提升，降低产品被淘汰概率，避免资源的消耗与浪费。饶畅（2013）指出，虽然短期来看，加大服务要素投入会降低碳生产率，然而如果从长期来看，制造业企业服务化转型确实能够提升碳生产率，获得服务化转型升级带来的生态效益。方鸣（2015）把服务投入分解为在岸服务投入和离岸服务投入，分析了它们的环境技术效率，认为总体服务投入及其分解服务均明显促进了环境技术效率提升，但离岸服务的环境改善效应要更为明显。闵连星等（2016）把企业服务化模式划分为生产导向型、服务增强型、销售支持型以及解决方案型，发现制造业企业无形服务要素投入替代有形物质要素投入能够减少环境污染物的排放。梁敬东和霍景东

（2017）认为中国经济发展中面临生产性服务发展水平不高以及资源环境约束等问题，服务化转型能够促进制造业企业实现节能减排目标。

（二）内在驱动因素

1. 增强企业竞争力

随着市场竞争日趋激烈，顾客的需求偏好越来越个性化，企业只有对顾客的需求变化做出应对，处理好服务文化植入、产品与服务整合等问题，才能有效提升企业竞争力。Vandermerwe 和 Rada（1988）认为产品的个性化服务提高了竞争对手模仿难度，使企业在市场上获取不完全竞争优势成为可能（Porter，1985）。Baines 等（2009）认为制造业服务化，是基于客户需求偏好视角下制造业企业实施的服务化战略转型，通过加大服务投入和增加产品中服务内涵，能提高企业组织绩效并建立差异化的竞争优势。Panzar 和 Willig（1981）认为服务化过程能够促进制造业企业实现范围经济和规模经济，范围经济有利于减小制造业企业经营风险，规模经济有利于制造业企业降低生产成本，而经营风险和生产成本的降低都能够促进企业市场竞争力提升。Francois（1990）指出制造业企业能够通过服务化实现生产业态创新，利用范围经济和规模经济提高企业核心竞争力。Dyer 和 Singh（1998）认为通过在产品中嵌入服务，使客户对企业可能产生心理上的依附需求，加强客户和企业间的联系，构建一个具有稳定信任关系的隐形契约，为企业创造更多的销售机会。

2. 提高企业收益

制造业服务化转型升级有利于传统制造业企业脱离竞争困境，建立差异化的竞争优势，促进制造业企业改善经营绩效（Mathieu，2001；Salonen，2011）。Gebauer 等（2005）认为推动制造业服务化的原因是产品中内含服务能够使企业获得稳定和高边际利润的收入。Bikfalvi 等（2013）发现制造业服务化能够帮助传统制造业企业实现卓越的财务绩效，以客户需求为导向的服务化转型，使客户满足感增强并提高对产品的忠诚度，从而对价格变得不敏感，使企业有获取高额利润收益的可能。Wise 和 Baumgartner（1999）发现产品中包含通信设备升级、航空引擎检修等售后维修的制造业企业，所获得的市场销售收入比没有这些服务产品收入的企业更高。周大鹏（2013）认为制造业企业能够通过服务化转型升级增加自身利润：一是制造业通过服务化向价值链两端升级过程中，会逐渐增加高附加值服务要素投入，最终传导到产品上提高企业利润；二是通过加大服务投入，使价值链上的生产、制造、组装和服务环节的链接更加顺畅，降低价值链各环节成本，从而提高企业利润。Mathieu（2001）基于股东视角，认为企业增加服务要素投入和服务产出，能够明显提高现金流的稳定性，实现股东价值并提高制造业企业利润。

二　制造业服务化测度研究

近年来关于制造业服务化测度研究引起了学者们极大关注。制造业服务化，从服务化方向来看，包括向价值链上游延伸的投入服务化与向价值链下游延伸的产出服务化两大类，下面从投入端服务化和产出端服务化两个方面梳理相关文献。

（一）投入端制造业服务化测度研究

投入服务化是制造业生产过程中服务要素投入逐渐增加，是向价值链上游环节延伸。关于制造业投入服务化测度主要是基于投入产出分析方法，利用直接消耗系数或完全消耗系数作为衡量指标（Park，1994；顾乃华和夏杰长，2010）。直接消耗系数是制造业生产单位产品所直接消耗的服务数量，是制造业服务直接投入与总投入之比（Lay 等，2010）。完全消耗系数是制造业生产单位产品所消耗的服务总数量，包括直接消耗和间接消耗，是制造业服务完全投入与总投入之比（刘斌等，2016；许和连等，2017）。对制造业投入服务化水平进行测度主要围绕三条主线展开：一是微观企业层面关于投入服务化的测算，二是中观区域产业层面关于投入服务化的测算，三是全球价值链层面关于投入服务化的测算。

1. 微观企业层面投入服务化的测算

微观企业层面制造业投入服务化水平测算，一直是学者关注的重点，但由于数据可得性原因，相关研究不多。高翔和袁凯华（2020）利用投入产出法和贸易增加值法，测度了中国企业投入服务化水平、国内服务化程度以及国外服务化程度，认为从事加工贸易与一般贸易的两类制造业企业服务化水平呈小幅上升趋势，制造业国内服务化水平不断提高。姜铸和李宁（2015）利用西安制造业企业数据，测算了制造业企业服务化水平，投入服务化维度的测算包括服务要素数量、成本以及重视程度三个指标。

2. 中观区域产业层面投入服务化的测算

中观层面制造业服务化水平测算，也引起了学者关注。陈丽娴和魏作磊（2019）利用省级投入产出表以及城市数据，在省级制造业服务化数据基础上构建了城市层面制造业服务化指标。胡晓丹和顾乃华（2020）借鉴 Park（1994）方法，用城市各行业产值作为权重，计算出城市层面的制造业服务化水平。聂飞（2020）以中国省级层面投入产出表测度了各省份的制造业服务化水平，指标采用每个部门的完全消耗系数加权平均得到。刘奕辰等（2018）发现中国中西部省份的服务化水平明显落后于东部省份。

3. 全球价值链层面投入服务化的测算

国际分工进入全球价值链时代以来，从全球价值链视角对制造业服务化水平进行测算具有重要意义，很多学者对此进行了富有成效的探究。关于制造业服务投入中的进口服务测度，文献主要测算制造业进口服务投入来源及含量，用一国制造业服务投入中来源于国外服务要素比重衡量进口服务化程度。陈启斐和刘志彪（2014）借鉴 Feenstra 和 Hanson（1997，1999）做法，利用 2002 年与 2007 年投入产出表、国研网等数据，匹配了服务贸易数据与投入制造业的服务业数据，测算了中国制造业使用的服务进口量并构造出最终的服务进口指数。舒杏和王佳（2018）利用 Novy（2013）提出的相对贸易模型测算生产性服务贸易成本的关税等值，并利用直接消耗系数衡量制造业中的生产性服务进口投入对制造业的渗透率。王厚双等（2020）利用增加值数据作为衡量生产性服务进口的指标，并对生产性服务进口贸易进行三元分解，对服务进口贸易增长来源及其结构进行了详细分析。杨玲（2015）基于非竞争性投入占用产出模型，建立生产性服务进口贸易投入率和需求率两个指标，测度生产性服务进口贸易对制造业的前向影响效应和后向影响效应。

（二）产出端制造业服务化测度研究

近年来，随着数据可得性的增强，越来越多的学者从产出端测度制造业产出服务化（肖挺等，2014；刁莉和朱琦，2018；张伯超和靳来群，2020）。产出服务化是制造业企业下游产品内容发生变化，从以提供实物产品向提供"产品+服务"包转变，是企业向价值链下游的营销、售后、品牌、个性化定制等服务环节延伸。制造业产出服务化测度研究有两条主线，部分研究沿着企业和产业层面展开，另一些文献侧重测度全球价值链视角下出口产品中内含服务价值。

1. 企业层面和产业层面产出服务化测度

制造业产出服务化衡量指标通常采用制造业企业产品中的服务含量表示。Falk 和 Peng（2011）基于投入产出分析方法，对欧洲国家制造业企业产品服务密度考察后认为，大部分欧洲国家制造业的产品服务密度有增加趋势。陈漫和张新国（2016）把制造业产出服务化分为嵌入式服务化转型和混入式服务化转型，认为嵌入服务化是企业进入与既有产品具有战略匹配关系的服务，混入服务化是企业进入与现有产品没有匹配关系的服务，并利用 CSMAR 上市公司数据库从企业层面测度制造业产出服务化、嵌入服务化以及混入服务化，深化了制造业产出服务化测度研究。陈丽娴和魏作磊（2020）认为产出服务化表现为，制造业企业的主营业务结构类型出现变化，服务产值在总产值中占比不断提高，并利用沪深两股市 A 股上市制造业企业数据从制造业产出服务化虚拟变量和制造业产出服务化程度两个方面测度了企业产出服务化水平。徐振鑫等（2016）、张伯超和靳来群（2020）使用其他业务收入代表企业服务业务收入，用其他业务收入与营业收入之比表示企业服务化程度。肖挺（2018）设置了服务化介入的虚拟变量和服务化程度变量，服务化程度变量用服务收益在总营收中占比表示，并选择 CSMAR 等数据库中上市企业数据进行测算，认为企业介入服务化影响因素包括高管团队人员结构、年龄、任职期和学历结构。乔小勇和凌鑫（2020）也从产出端对制造业服务化水平进行测度，认为中国制造业 18 个部门的产出服务化程度均比较低，进行跨国比较分析发现日本、美国等发达国家产出服务化水平要高于中国，遗憾的是中国大多数制造业行业产出服务化水平有一定下降趋势。

2. 全球价值链视角下产出服务化测度

国际分工进入全球价值链时代后，更多学者关注制造业出口产品中内含的服务价值。制造业出口产品中内含的服务价值越高，表示出口服务化水平越高。但是出口产品中服务价值包含国内服务和国外服务，需要对出口产品中服务价值来源进行分解，即进行出口国内服务化程度测度和出口国外服务化水平测度。

程大中和程卓（2015）基于增加值贸易核算法，利用 TiVA 数据和跨国—投入产出表对中国出口产品的服务要素含量测算发现，出口中的国内服务占比呈下降趋势，由于出口中的国外服务要素中来源于美国、德国、日本和韩国的数量较多，国外服务要素含量有上升趋势。戴翔（2016）基于 KPWW 法建立投入产出模型，利用 WIOD 数据测算了中国制造业出口内含的服务增加值，认为制造业出口产品中内含的服务增加值有逐渐增加趋势，虽然出口国内服务增加值占比较高，但有"弱化"趋势，而出口国外服务增加值有上升趋势。李俊和马风涛（2015）根据 Timmer 等（2014）从产出端，利用世界投入产出表测算了中国制造业产品的服务增加值比例及其来源，发现 2005 年后大部分制造业行业产品中服务增加值都呈快速增加趋势，但 2011 年受到金融危机的冲击，从服务增加值来源来看，产品中国内服务增加值含量波动较大，产品中国外服务增加值比重不断上升。

也有学者得出了与上述学者不一样的结论。彭水军等（2017）考虑了中国出口的二元结构特征，利用多区域投入产出（MRIO）模型和OECD-ICIO数据测算中国制造业服务化水平发现，考虑中国贸易的二元结构特征后，不存在服务化悖论，虽然出口中内含的服务价值增长较慢，但国内服务价值比重上升较快，出现"国内服务替代国外服务"的发展特征。吴永亮和王恕立（2018）基于增加值核算方法，从产出视角测算了制造业产品中服务增加值在总投入中比重，并对服务增加值按国别来源划分为国内服务增加值和国外服务增加值，分别测算在总投入中占比，发现中国制造业服务化发展呈先降低后升高的"U"形特征，转折点出现在2008年，产出中国内服务要素占比大于国外服务要素占比。

三 制造业服务化路径与模式研究

（一）制造业服务化路径

根据价值链中的制造业升级方向，服务化路径可以划分为价值链上游服务化、价值链下游服务化、价值链上下游服务化以及完全去制造化四种路径（简兆权和伍卓深，2011）。价值链上游服务化，是制造业企业改变要素投入结构，向价值链上游服务环节延伸，进入价值链上游研发、设计等高附加值环节（Davies，2003）。价值链下游服务化，是制造业企业向价值链下游品牌、营销、售后服务环节延伸，改变产品内容，从仅提供"实物产品"向提供"产品+服务"转变（Wise和Baumgartner，1999；陈漫和张新国，2016）。价值链上下游服务化，是制造业企业既开展上游投入服务化，又向下游产出服务化拓展（刘继国和李江帆，2007）。完全去制造化，是企业在控制了价值链上、下核心服务环节后，完全退出加工、生产等制造环节，是服务化的最高级阶段（简兆权和伍卓深，2011）。

类似地，陈丽娴等（2019）把制造业服务化路径划分为投入端服务化、产出端服务化以及生产过程服务化三种类型，在制造环节的上游和中游分别是投入服务要素的投入端服务化和生产过程服务化，在制造环节的下游是增加服务业务的产出端服务化。周大鹏（2013）基于投入视角，认为制造业可以按服务要素投入多少进行演化路径划分：一是以制造为主，服务要素投入逐步缩减，业务模式以制造为中心；二是制造业开展多元化业务，要素投入多元化，制造业与服务业产业融合；三是服务要素投入持续增加，从单纯提高产品向提供服务为主转变，制造业企业逐渐向服务业企业转型。夏杰长等（2007）认为制造业企业的产出服务化进程包含有形产品、内含服务的有形产品、混合产品、依托于产品的服务以及纯服务五个阶段。姚小远（2014）认为从产品制造商转变为整体解决方案供应商以及综合服务提供商，有三种发展路径：一是以促进先进制造业发展为契机，二是对传统制造业进行升级提高产品附加值，三是把企业盈利重心从生产环节转向服务环节。罗建强等（2013）提出了以 SOM 为方向的生产型制造商向服务型制造商转型路径，包括四个层级：第一层级是企业提供产品售后服务，是企业以成本和质量为中心的制造优势塑造；第二层级是企业提供差异化服务，是以时间和柔性为指标的延迟策略实施；第三层级是企业提供顾客能够参与的增值服务，是以顾客价值创造为主题的延迟战略实施；第四层级是企业提供基于产品的体验服务，是企业成长为提供整体解决方案的服务供应商。徐振鑫等（2016）依据制造业服务化演化路径特点，提出中国传统产品型制造业企业服务化升级路径要经历三个阶段：一是 ICT、大数据以及智能化产业快速增长阶段，二是创新主导型产业优先进行服务化后再带动其他产业服务化升级，三是实现生产型制造向服务型制造的转型升级。

部分学者从服务化对企业经营绩效方面探讨制造业服务化路径。杨蕙馨等（2020）认为制造业服务化对制造业转型升级的影响有成本降低效应、技术创新效应、价值增值效应三条渠道。成本降低效应是通过服务化降低生产成本和交易成本，进而促进企业绩效改善（许和连等，

2017；罗军，2018），技术创新效应是通过服务化转型，加大生产性服务投入促进技术创新能力提升（刘维刚和倪红福，2018），价值增值效应是通过增加产品中服务内容提高产品特色和产品价值，促进制造业企业价值链分工地位升级。

（二）制造业服务化模式

Livesey（2006）按照服务提供与生产成本收益之比把服务化分成四种模式：一是服务领导的生产者，二是服务制造商，三是产品制造商，四是系统整合者。Toffel（2008）认为制造业服务化是一种与传统销售模式不一样的业务模式，有三大发展模式：一是产品延伸服务模式，企业定位依旧是生产者，只是基于既有价值链向上下游服务环节延伸；二是产品功能服务模式，生产者提供产品功能，客户主要购买产品的功能而不仅仅局限于产品本身；三是整合解决方案，企业提供的是符合客户需求的包含产品、服务与系统等要素在内的一整套解决方案。安筱鹏（2012）根据制造业服务化的初级阶段和高级阶段对制造业服务化模式进行划分，属于制造业服务化初级阶段的模式有三种，制造业服务化进入高级阶段后，制造业企业从产品制造商向解决方案供应商转变，从基于产品的服务向基于需求的服务模式转型。林风霞和刘仁庆（2017）依据服务种类提出了六种制造业服务化模式，并总结出了三种中国制造业服务化模式选择方案：一是要选择与产品和顾客特征相符合的服务化模式，二是需依据企业核心能力选择适当的服务业务模式，三是要重视服务化业态和模式创新。陈丽娴等（2019）从产出服务化视角出发，把服务化模式归结为定制化模式、集成化模式、租赁化模式、智能化模式以及组合模式五种。李天柱等（2020）通过典型案例，提出产品延伸服务化、产品增强服务化、主导产品服务化、业务单元服务化以及核心能力服务化等五类制造业服务化模式。

四　制造业服务化影响效应研究

（一）制造业服务化的绩效影响效应

制造业服务化对企业绩效的影响没有形成一致观点，有研究认为制造企业通过增加研发投入，增加产品服务含量，实行差异化竞争，提高了企业绩效（顾乃华，2010；Lodefalk，2014）。Wolfmayr（2008）对奥地利企业进行研究，认为制造业增加服务要素投入促进了企业生产效率提升。Grossman 和 Rossi-Hansberg（2008）考察认为，制造业企业通过投入优质服务要素降低了产品成本，促进制造业企业全要素生产率提高。Crozet 和 Milet（2014）对法国制造业企业考察认为，制造业服务化能够促进企业技术进步，有利于企业的成长。同样，来自中国的一些实证研究也得出了相似结论。陈丽娴和沈鸿（2017）使用托宾 Q 值作为衡量企业绩效的指标，利用中国上市公司数据进行实证研究发现，制造业企业服务化转型明显提高了企业绩效，从不同所有制企业来看，民营企业服务化转型的绩效提升效应要大于国有企业和外资企业。吕越等（2017）考察发现，嵌入全球价值链程度越高的企业，服务化转型对制造业企业全要素生产率提升的促进作用越明显，电信服务投入对提升制造业企业全要素生产率作用最大。舒杏和王佳（2018）从微观层面研究认为，生产性服务贸易自由化提高了制造业企业生产率，主要影响路径是中间产品贸易、产品资源重置以及技术创新，相关影响效应存在规模、所有制、生产率分布的异质性。耿伟和王亥园（2019）利用扩展的 M-O 模型考察认为，服务化通过提升产品质量路径促进了出口企业加成率提高，实证研究发现服务要素投入对竞争行业、劳动密集型行业、非国有企业的加成率提升作用最为明显。李方静（2020）把企业创新活动分为创新决策、创新投入以及创新产出三类，基于中国工业企业数据和 WIOD 数据研究发现，投入服务化促进了制造业企业三类创新活动，且具有非常好的稳健性。

然而，也有学者持不同观点，认为制造业企业服务化升级使企业内部资源重组进入新的领域，给企业带来巨大的管理挑战（Foot 等，2001；Zeithaml 等，2014），将产生巨大的政治成本和竞争成本（Cook，2006），企业绩效与服务化程度之间呈负相关（Neely，2009），企业升级过程中出现"服务化悖论"（Gebauer，2005）。在制造业企业服务化转型早期，服务要素与内部资源配置矛盾将增加企业成本（Mathieu，2001），服务化过程会增加企业成本管理难度，降低企业生产经营效率（Mo，2012）。制造业服务化存在销售风险效应，服务化商品价格较高容易导致市场接受程度不高，出现销售困难（Barquet 等，2013；Nudurupati 等，2016）。制造业服务化延长了企业获得利润的时间，使企业利润和现金流具有不确定性，增加企业经营风险（Benedettini 等，2017）。Oliva 和 Kallenberg（2003）发现企业在开展服务化活动中会出现客户抵触心理、增加成本、风险提高、组织对抗等多种困难，使企业不能达到既定目标。简兆权等（2017）认为制造业服务化转型过程中要破除"服务化悖论"的关键在于合理的组织设计。

还有研究认为，服务化对制造业企业绩效的影响呈非线性关系（陈洁雄，2010），短期来说如果企业服务化收益不能抵消服务化成本，就会陷入"服务化陷阱"，只有成功跨越服务化初级阶段，制造业企业绩效才能最终得以改善（Kastalli 和 Looy，2013）。Reinartz 和 Ulaga（2008）认为只有在充分得到发展的制造业企业，服务化转型才能促进企业绩效提升，所以长期来看服务化转型和企业绩效的关系呈"U"形。Kohtamäki 等（2013）采用芬兰制造业企业数据考察后发现，服务化程度和企业产品销售值之间具有先降后升的"U"形关系特点。周念利等（2017）研究认为制造业服务化与企业全要素生产率是倒"U"形关系。肖挺和蒋金法（2016）基于主要制造业国家数据考察发现，制造业服务化对制造业行业绩效的影响呈"双刃剑"式特征，能否提升行业绩效和全要素生产率取决于行业是否通过产业调整促进增长。夏秋和胡昭玲（2018）利用跨国面板数据研究发现，制造业服务化对全要素生产率的影响呈非线性，表现出先抑制后促进特征，拐点出现在服务投入在制造业总投入中占比 83% 处。张伯超和靳来群（2020）认为服务化只在一定适度范围内能够促进企业研发创新，如果不处于该区间范围，制造业服务化不能有效提升企业创新能力，国有企业、技术密集型企业、中部地区企业以及大中型企业服务化率的适度范围较小。

（二）制造业服务化的产业升级效应

制造业服务化对产业升级的影响有人力资本深化、专业化分工、降低交易成本、增强创新能力、产品差异化竞争五条渠道（Grubel 和 Walker，1989；Jones 和 Kierzkowski，1988；Arndt 和 Kierzkowski，2001；Imbriani 等，2011）。

大部分学者研究认为制造业服务化促进了产业结构升级（Francois 和 Hoekman，2010）。Robinson 等（2002）认为制造业加大创新性服务要素投入既改进了产品品质，也加速了新产品研发，促进了企业国际竞争力升级。Lodefalk（2014）也认为服务要素投入强度越大，制造业企业产品的国际竞争力越强。周大鹏（2013）认为制造业利用服务化，可以提高产品内含知识型服务的密集度，增加产品种类达到范围经济，减轻产业链各生产工序间的组织协调成本，促进产业结构优化升级。Arnold 等（2016）认为制造业服务化促进了企业出口产品种类增加和技术复杂度升级，实现出口从规模到质量的跃升。刘斌和王乃嘉（2016）发现投入服务化通过促进生产率增加、技术创新、范围经济和规模经济渠道优化了制造业企业出口"二元边际"。胡昭玲等（2017）利用世界投入产出数据研究后发现，制造业服务化促进了产业结构升级，影响路径是技术进步，制造业服务化转型中投入的服务要素越高端，对产业升级的促进作用就越大。陈启斐和刘志彪（2014）认为通过投入进口生产性服务，有效增强了制造业企业的出口产品在国际市场上的竞争力，提升作用与生产性服务进口来源国的技术水平正相关。宣烨和陈启斐（2017）对 55 个国家考察后发现，总体而言生产性服务进口技术复杂度能够提升高科技行业技术创新能力，但存在行业异质性和国别异质性。马盈盈和盛斌（2018）利用前向关联和后向关联两个出口复杂度测度指标，考察发现制造业服务化总体上促进了制造业出口产品技术复杂度提高，对出口技术复杂度的提升作用，从技术密集型、资本密集型、劳动密集型依次增强。龙飞扬和殷凤（2019）利用工业企业数据、海关数据以及 WIOD 数据进行实证检验发现，制造业投入服务化通过作用于生产效率和创新效率，明显促进了企业出口产品质量升级，但影响效果会随企业贸易方式、所有制、要素密集度以及空间分布等不同而出现差异。石敏俊等（2020）发现服务业参与度能够提高制造业劳动生产率，制造业服务化促进制造业劳动生产率升级有门槛效应，跨国数据考察表明，服务化对传统制造业劳动生产率提升作用更大，高收入国家服务化促进制造业劳动生产率提高作用小于中等收入国家。王思语和郑乐凯（2018）利用 WIOD 数据测度了制造业出口中内含的服务要素价值，经验考察分析后发现制造业出口国内服务化和出口国外服务化都促进了出口技术复杂度水平升级，尤其是出口通信服务和金融服务对出口技术复杂度提升作用最为明显。

但也有部分研究认为制造业服务化对制造业升级可能有不利影响。Arnold 等（2007）认为如果制造业与生产性服务业发展步伐不协调，投入服务要素可能不利于制造业发展。夏秋（2020）发现制造业服务化对出口市场扩展边际、商品类别扩展边际以及价格边际的影响呈倒"U"形特征，对出口数量边际有负向影响。钱学锋等（2020）认为由于中国经济特殊性，制造业服务化对出口的影响呈非线性的"U"形关系，在制造业服务化水平较低阶段，服务化不能有效降低成本、提高劳动生产率，促进出口升级作用不显著。李宏和刘玲琦（2019）从服务投入来源分解来看，认为出口国外服务化促进了出口产品质量升级，出口国内服务化却阻碍了出口产品质量提升，出口产品质量低端锁定的原因可能来自国内服务化，要通过引进国外服务突破产品质量低端锁定。陈启斐、张为付和唐保庆（2017）从省级层面利用投入产出表考察了本地服务要素供给对高技术产品出口的影响，认为本地服务要素供给增加对高技术产品出口的影响关系呈"U"形特征，随着服务要素供给的提高，高技术产品出口先下降，当服务要素供给持续增加突破某一临界值后，高技术产品出口就会出现上升趋势。刘慧等（2020）研究发现，生产性服务资源环节偏好与制造业出口国内附加值率的关系是倒"U"形，呈先促进后降低趋势，生产性服务资源在核心技术与零部件上对制造业的支持不足，提高生产性服务资源配置效率将助力制造业走出核心中间品短缺的困境。

（三）制造业服务化的价值链升级效应

从全球价值链视角来看，可以把相关研究分为制造业投入服务化的价值链升级效应以及制造业产出服务化的价值链升级效应两类文献。

1. 制造业投入服务化的价值链升级效应

关于制造业投入服务化的价值链升级效应，大部分学者认为制造业投入服务化提高了企业附加值，促进了价值链地位升级。制造业增加投入运输服务能够提高物流效率，降低出口产品运输时间成本和出口风险，增加出口产品附加值和利润（Moreno 等，2002）。Correa 等（2013）认为制造业分销投入服务化转变了传统以生产为核心的模式，把顾客偏好纳入研发环节，对客户开展体验式营销，实现从仅提供产品向提供"产品+服务"包转型，促进了价值链地位升级。杜运苏和彭冬冬（2018）基于社会网络分析法，发现制造业服务化增强了对全球增加值贸易网络中核心资源的控制能力，提高了贸易网络地位。杨仁发和刘勤玮（2019）考察认为生产性服务投入能够提升高技术行业全球价值链地位。杜新建（2019）研究认为制造业服务化总体上既深化了全球价值链参与度，也促进了制造业在价值链分工中地位升级，其中制造业信息服务化对制造业价值链升级作用最强，资本密集型制造业攀升效应最显著。

也有学者认为投入服务化对全球价值链地位影响效应不确定。许和连等（2017）利用 WIOD 数据、中国工业企业数据以及海关数据进行合并，研究认为投入服务化对制造业企业出口国内增加值率的影响呈"U"形特征，具有显著的异质性。刘斌和赵晓斐（2020）认为制造业投入服务化与服务贸易壁垒是全球价值链分工进程放缓的重要原因，作用路径是通过缩短生产步长与增加中间投入品价格。刘玉荣和刘芳（2018）考察认为，目前中国制造业服务化没有能够有效促进产业价值链升级。

　　然而，在开放经济条件下，一国制造业投入的服务要素不仅来源于国内，还可能从国外进口，服务要素来源于不同国家时，制造业投入服务化对价值链升级的影响存在差异。戴翔等（2019）利用WIOD数据实证分析发现，整体上投入服务化转型对制造业价值链地位没有显著提升作用，但如果对服务要素进行国别划分，来源于国内的服务要素投入实现的制造业服务化明显促进了企业价值链地位升级，而依托于国外服务要素实现的制造业服务化甚至对企业价值链升级产生抑制作用。

2. 制造业产出服务化的价值链升级效应

　　从产出端考察制造业服务化的价值链升级效应，主要是考察出口产品中内含的服务对价值链地位的影响。一些学者认为制造业出口服务化是全球价值链升级的关键，能够提高制造业的全球价值链地位（Low，2013；Nordas和Kim，2013）。发达国家出口产品中内含的服务要素占出口总额的1/3，而发展中国家出口产品中服务要素含量占比只有1/4，这是导致发展中国家全球价值链分工地位远低于发达国家的重要原因（Lanz和Maurer，2015）。吕云龙和吕越（2017）基于跨国面板数据发现，制造业出口服务化促进了制造业国际竞争力的提升，在岸服务外包对国际竞争力的提升作用大于离岸服务外包。戴翔和李洲（2017）通过行业和国别层面的实证研究发现，中国服务出口增加值虽仍较低，但近年来占比一直呈上升趋势，意味着中国服务增加值出口还有很大的上升空间，能够成为中国"稳增长"的潜在动力源。张娟（2019）基于TiVA数据库核算了中国服务业与服务业出口增加值内含的服务，发现虽然服务要素对中国出口增加值的贡献率呈上升趋势，但相比发达国家和新兴市场国家还有一定差距，提高出口增加值中知识、技术密集型服务含量，是促进价值链地位升级的关键渠道。戴翔、李洲和何启志（2018）认为在全球价值链分工下，中国制造业出口面临"天花板约束"，提出发展国内生产性服务业，增加出口中内含的服务要素，是提升制造业出口国内增加值率和全球价值链地位的有效途径。杜运苏和彭冬冬（2018）从出口增加值视角考察了内含服务对中国制造业全球价值链分工地位的影响后发现，制造业出口增加值中服务要素含量相比德国和日本等国家虽然处于较低水平但一直保持增长，出口服务化特别是出口内含服务要素增长能够促进制造业价值链分工水平升级，今后应加快国内生产性服务业和引进国外高级生产性服务两方面相结合，为提高出口服务化特别是国内服务化水平促进制造业全球价值链地位升级提供有力支撑。

（四）制造业服务化的资源与环境影响效应

当前关于制造业服务化效应研究主要集中在经济效应，制造业服务化在提高企业绩效、促进产业升级和攀升全球价值链等方面发挥了显著作用。随着近年来各国对环境保护和可持续发展的关注，制造业服务化的资源与环境影响效应逐渐引起了学者们关注，对建设资源节约型和环境友好型社会具有重大意义（刘继国和李江帆，2007）。制造业服务化的环境改善效应表现在产品的生产、流通以及消费三个环节（李元旭和黄平，2011）。一方面，制造业服务化可以通过减少实物投入降低生产对环境的破坏。Reiskin 等（2000）认为在产品生命周期范围内，相比传统的生产制造模式，制造业服务化模式下实物产品生产对环境的破坏作用更小。Rothenberg（2007）发现制造业通过加大投入知识、技术等高端生产性服务，降低了制造中的实物消耗，具有更高的环境效益。另一方面，制造业服务化通过加快企业技术进步促进环境改善。Doni 等（2019）考察认为服务化转型衍生出的技术进步，提高企业单位产品投入产出效率，减少资源消耗和环境代价。

关于制造业服务化的资源配置效应，学者们观点比较一致，认为制造业服务化能够提高资源配置效率。Kommerskollegium（2012）研究认为，制造业服务化通过产品差异化与质量改进，提高了企业价值链分工地位，有利于提高资源配置效率。Antonelli（1998）认为，制造业服务化转型是制造部门和服务部门相互协调配合的过程，知识密集型服务导入生产制造环节通过专业化分工提高了企业生产效率。祝树金等

（2020）基于中国省级层面数据研究发现，制造业服务化通过要素投入结构、技术进步以及规模扩大的中介效应降低了能源强度，但节能效果有区域和要素密集度异质性。胡晓丹和顾乃华（2020）考察了中国城市层面制造业服务化的资源配置效应，发现总体上制造业服务化提高了资源配置效率，服务化转型对东部地区城市资源配置效率提升作用大于中西部地区，金融保险服务投入对资源配置扭曲的纠正作用最大。王向进等（2018）构建制造业服务化碳排放效应理论模型，利用 WIOD 数据实证检验发现，制造业服务化转型带来的产业结构优化能够明显促进行业碳减排，相比制造业上游服务化转型，制造业下游服务化转型的碳排放降低效果更好，应加大价值链下游营销、物流等服务要素投入。

通过系统梳理制造业服务化研究的相关文献，这些研究考察了制造业服务化的原因、路径、模式、效应以及测度方法，为了解制造业服务化转型提供了非常有用的信息，但缺乏关于中国制造业服务化转型的就业效应研究。另外，在制造业服务化测度文献中，视角比较单一，对制造业服务化测度没有基于《生产性服务业分类（2015）》标准。本书拟采用《生产性服务业分类（2015）》标准，从产业关联、空间互动和全球价值链三个视角重新测度中国制造业服务化程度，以系统评估制造业服务化转型的就业结构影响效应。

第三节　制造业服务化转型对劳动力市场的影响研究

从上述文献梳理可以看出，制造业服务化效应研究集中于对企业绩效、产业升级、全球价值链分工、资源与环境等方面的影响，关于制造业服务化转型过程中的劳动力市场影响效应关注不够，文献比较匮乏。然而制造业服务化转型作为产业升级和高质量发展的重要推手，必将引起劳动分工环节在国家、地区、行业以及企业间的重新分配，对劳动力就业和工资产生深远影响。只有几位学者注意到制造业服务化对劳动力就业的影响效应。肖挺（2015）基于中国投入产出表，使用产业融合度作为制造业服务化衡量指标，研究认为制造业服务化带动了金融、批发零售、物流等服务业就业，但对租赁服务业就业人数有抑制作用。张志明和代鹏（2016）分析认为，总体来说出口增加值促进了中国就业结构优化，资本、技术密集型制造行业和服务业出口增加值对就业结构优化作用较为显著，但没有区分出口增加值的要素国家来源。杜传忠和金文翰（2020）探讨了中国生产型制造向服务型制造转型对就业规模的影响后发现，随着服务要素投入的增加，总体就业和高技能劳动力就业均呈明显的增加趋势，存在服务化水平对制造业就业规模影响的技术门槛效应，技术水平越高，制造业服务化对就业规模的拉动作用越明显。

制造业服务化对劳动力工资的影响也仅有少数学者关注。周昕（2017）发现制造业服务化提高了制造业的技能劳动力可替代性，导致技能劳动力工资水平降低，特别是国内中间服务投入降低技能劳动力工资的作用更大。唐志芳和顾乃华（2018）从全球价值链分工角度，考察发现制造业服务化对劳动收入份额的影响是非线性的"U"形关系，金融服务化、电信服务化以及分销服务化促进了劳动收入份额提升，但运输服务化没有明显提升劳动收入份额，制造业服务化对劳动收入份额的提升作用主要是通过影响高技能劳动力实现。马述忠和许光建（2019）利用微观匹配数据，考察了中国制造业企业服务化对劳动力工资的影响机制，发现服务化能够提高企业劳动力的实际工资，但不同服务行业投入对劳动力工资提升作用存在较大差异，分销服务投入的劳动力工资提升作用最为明显，信息服务投入的劳动力工资促进作用最小。陈丽娴和魏作磊（2019）认为，制造业服务化会提升制造业劳动力和高技能劳动力的工资收入，但对服务业劳动力和低技能劳动力工资收入没有显著促进作用。

虽然近年来出现以上少数探讨制造业服务化对工资、收入分配和就业规模等劳动力市场的影响研究文献，但缺乏多视角、全方位、深层次、多路径系统探讨制造业服务化的就业结构影响效应研究文献。

第四节 研究述评

总体而言，关于就业及其结构影响因素研究，现有文献主要从技术进步、产业结构升级、国际贸易、国际投资、全球价值链参与、金融发展以及环境规制政策等方面着手，探讨这些经济指标变化对劳动力就业市场的影响。但遗憾的是，在中国推动生产型制造向服务型制造转型的大背景下，研究制造业服务化转型对劳动力就业的影响效应及其机制的文献非常少。虽然中国制造业服务化转型问题也引起了众多学者关注，涌现出大量关于制造业服务化驱动因素、制造业服务化测度、制造业服务化路径与模式、制造业服务化效应等方面的研究，这些研究考察了服务化促进制造业升级的原因、渠道、绩效等问题，为了解中国制造业服务化转型问题提供了非常有用的信息，但缺乏关于中国制造业服务化转型的就业效应研究文献。制造业服务化转型过程中对就业及其结构的影响效应是什么？具体影响机制有哪些？在不同的研究视角下又有什么区别？如何制定促进制造业服务化转型与就业结构优化协调发展的精准政策？

因此，为弥补现有研究的缺憾，本书着力解决如下问题：第一，目前对中国制造业服务化进行测度还是基于生产性服务业旧分类标准，没有反映大数据、云计算、研发与设计服务等新业态，这会影响测度结果和研究结论的准确性；第二，大部分文献关注制造业与生产性服务业交互作用的就业效应，鲜有研究从融合视角探讨制造业服务化转型的就业结构效应；第三，目前少数几篇关于制造业与生产性服务业互动的就业效应研究大多基于投入服务化视角，忽略了在产出服务化、空间互动、全球价值链视角下制造业服务化转型对就业及其结构的影响效应研究。

本书从产业关联、空间互动以及全球价值链三个视角，构建了制造业服务化转型影响就业及其作用机制的分析框架，基于《生产性服务业分类（2015）》标准，从三个视角六个维度测度了中国制造业服务化转型程度，实证分析了投入服务化、产出服务化、进口服务化、出口服务化、服务空间溢出等制造业服务化类型对就业结构的影响，并给出不同研究视角下促进制造业服务化转型与就业结构优化协调发展的精准政策。

第三章　中国制造业服务化转型与就业结构变化的典型事实

第一节　制造业服务化概念界定

制造业服务化这一概念最早是由 Vandermerwe 和 Rada 在 1988 年提出，他们发现越来越多企业从只提供实物产品向提供产品—服务"包"转型，这个"包"含有产品、服务、支持、自我服务以及知识。Reiskin 等（2000）认为，制造业服务化是制造业企业从物品提供商变成服务提供商的一个过程。Toffel（2008）认为服务化是一种新的商业模式，具有四个特征：一是厂商出售的是产品的功能而非产品本身，二是厂商不转让产品的所有权，三是消费者依据产品使用状况进行费用支付，四是顾客无须支付产品维修费用。Szalavetz（2003）认为制造业服务化有两层含义：一是开发、设计等内部服务效率已超过运作效率、资产等传统因素成为决定制造业企业竞争力的关键因素，二是与产品有关的维修、融资、安装等外部服务对顾客来说日益重要，提高了物品的价值和销量。Gregory（2007）指出制造业服务化是以顾客为中心，以服务为导向来提升企业竞争力和绩效。刘继国和李江帆（2007）把制造业服务化划分为两个层次：一是服务要素在制造业总投入中的比例逐渐增加的投入服务化，二是服务产品在制造业总产值中比例逐步提高的业务服务化。夏杰长等（2007）从企业供给内容视角，指出制造业服务化是企业从一个仅提供产品向提供包括产品、服务、信息支持以及自我服务等要素的综合包转变的动态过程。周大鹏（2013）认为制造业服务化，从微观层面上是企业向服务型制造转变的经营策略，从中观层面上是制造业向价值链高附加值两端升级的战略，从宏观层面上是"工业型经济"向"服务型经济"转变的新趋势。李天柱、刘小琴和李潇潇（2018）认为制造业服务化内涵界定时要强调产品的基础性、价值的创新性以及二元的统一性。有关文献从产品视角、制造业企业定位视角以及企业战略视角理解制造业服务化内涵，是企业从生产纯产品向提供"产品+服务"包转变，是企业向服务提供商转变，是企业向主营业务多元化转变（李天柱、刘小琴和李潇潇，2020；Gustafsson 等，2005）。

学者们对制造业服务化内涵的理解随着企业发展、产业结构升级不断变化，经历了一个从现象到本质的认识过程，对制造业服务化定义也加入新的发展趋势理念。通过梳理国内外学者对制造业服务化内涵和外延的定义，结合本书研究的实际需要，本书认为制造业服务化的定义应从产业关联、空间互动以及全球价值链三个视角进行理解。

第一，产业关联视角下的制造业服务化。制造业服务化是企业从生产型制造向服务型制造转变的过程，是制造业与服务业在价值链上融合发展的一种新模式。从价值链"微笑曲线"来看，制造业可以分别与价值链上游和下游的服务业融合实现制造业服务化，包括制造业投入服务化和制造业产出服务化两种类型。制造业投入服务化是企业从实物要素投入逐渐转向服务要素投入的过程，刻画的是价值链上游的变化。制造业企业通过增加研发、设计等生产性服务要素投入占比，促进了制造业技术进步和价值链升级。制造业产出服务化是从提供实物类产品向提供服务类产品转型，刻画的是价值链下游的变化。制造业企业通过提高产品中服务内容含量，增加品牌、售后等在产品定价中的比重，主动开展与产品匹配的服务业务，通过产出服务化促进企业从传统制造环节向价值链下游的高附加值服务环节延伸。

第二，空间互动视角下的制造业服务化。随着中国区域经济一体化进程的推进，过去阻碍产品和要素流动的制度藩篱逐渐被破除，劳动、资本、技术以及产品的跨区域流动日益频繁，地区之间经济发展存在空间联动性。一个地区制造业服务化除了会带动本地制造业转型和服务业发展以外，还会对相邻地区甚至不相邻地区的制造业和服务业发展产生影响，即存在空间外溢效应。然而令人遗憾的是，过去对制造业服务化的内涵理解缺少从空间互动视角展开讨论。因此，有必要把制造业服务化研究拓展到空间视角。空间互动视角下，当本地区服务业发展相对滞后，不足以支撑制造业服务化转型时，制造业投入服务化中需求的研发、设计、物流、金融、品牌等服务要素可能来自其他地区，在带动周边地区服务业发展的同时，也促进本地区制造业服务化转型升级。本地区制造业产出服务化中的"产品+服务"包，也会流向其他地区，在影响其他地区制造业和服务业发展的同时，深化本地区制造业服务化转型。

第三，全球价值链视角下的制造业服务化。随着通信信息技术发展和交通运输工具的改进，国际分工进入全球价值链时代后，服务要素的使用具有全球化特征，制造业服务化转型不仅仅依托于国内服务要素投入，还依托于国外服务要素供给。服务要素来源于不同国家的制造业服务化转型效果存在差异，故有必要考虑服务要素的全球性特征，在全球价值链视角下重新定义制造业服务化。全球价值链下制造业服务化包括进口服务化和出口服务化两个方面。进口服务化就是制造业中间投入中来自国外服务投入比重逐渐增加的过程。当一国缺乏知识、技术密集的高级生产性服务时，制造业投入服务化过程中使用的服务要素可以通过进口贸易获取，从而提高投入的生产性服务质量，加快制造业服务化转型进程。出口服务化就是制造业出口价值呈现服务化特征，出口内容中服务要素不断提升的过程。制造业出口服务化能间接带动国内服务要素出口，促进国内生产性服务业发展，是促进制造业价值链升级的重要途径。因此，进口服务化和出口服务化是制造业服务化在全球价值链视角下内涵的拓展。

第二节　制造业服务化测度方法

本书从产业关联、空间互动以及全球价值链三个视角研究制造业服务化对就业结构的影响，故本书从产业层面、空间层面以及全球价值链层面对中国制造业服务化程度进行测算，掌握制造业服务化发展现状。

一　产业关联视角下制造业服务化测度方法

产业关联，是指产业间以各种投入品和产出品为连接纽带的技术经济联系（刘志彪，2020）。制造业和服务业之间互为投入品和产出品，相互间的联系方式具有多样性。目前，产业关联分析主要借助于里昂惕夫（Leontief）提出的投入产出法。用投入产出法分析制造业服务化，一方面是服务作为中间要素投入品与制造业融合，即制造业通过投入服务化与服务业实现联系，另一方面是服务作为制造业产品内容的一部分，即制造业通过产出服务化与服务业建立关联。因此，产业关联视角下制造业服务化程度测度包括制造业投入服务化和制造业产出服务化两个维度。

（一）制造业投入服务化测度方法

本书使用 Leontief（2010）提出的投入产出分析法测度制造业投入服务化，使用各制造业行业对服务业的直接消耗系数与完全消耗系数两个指标来衡量制造业投入服务化。直接消耗系数即投入系数，是为了生产某一种产品对另一种产品或服务的第一轮直接消耗程度，直接消耗系数计算公式为：

$$a_{ij} = \frac{q_{ij}}{x_j}, i,j = 1,2,\cdots,n \tag{3.1}$$

直接消耗系数 a_{ij} 反映生产 j 行业产品对 i 行业服务的直接消耗程度。x_j 是制造业 j 的产量，q_{ij} 是制造业 j 对服务业 i 的总直接消耗数量。直接消耗系数可以组成直接消耗系数矩阵，即：

$$A = \begin{bmatrix} a_{11} & a_{12} & \cdots & a_{1n} \\ a_{21} & a_{22} & \cdots & a_{2n} \\ \vdots & \vdots & \ddots & \vdots \\ a_{n1} & a_{n2} & \cdots & a_{nn} \end{bmatrix} = \begin{bmatrix} q_{11} & q_{12} & \cdots & q_{1n} \\ q_{21} & q_{22} & \cdots & q_{2n} \\ \vdots & \vdots & \ddots & \vdots \\ q_{n1} & q_{n2} & \cdots & q_{nn} \end{bmatrix} \begin{bmatrix} x_1^{-1} & 0 & \cdots & 0 \\ 0 & x_2^{-1} & \cdots & 0 \\ \vdots & \vdots & \ddots & \vdots \\ 0 & 0 & \cdots & x_n^{-1} \end{bmatrix} \quad (3.2)$$

制造业对服务业除了直接消耗外，还存在对服务业的间接消耗，即对其他行业消耗的过程中引致的服务业消耗。直接消耗和间接消耗的总和，即构成制造业对服务业的完全消耗，完全消耗系数计算公式为：

$$b_{ij} = a_{ij} + \sum_{k=1}^{n} a_{ik}a_{kj} + \sum_{k=1}^{n}\sum_{s=1}^{n} a_{is}a_{sk}a_{kj}$$
$$+ \sum_{k=1}^{n}\sum_{r=1}^{n}\sum_{s=1}^{n} a_{ir}a_{rs}a_{sk}a_{kj} + \cdots, i,j = 1,2,\cdots,n \quad (3.3)$$

b_{ij} 是完全消耗系数，表示制造业 j 的投入服务化水平。a_{ij} 为制造业 j 对服务业 i 的直接消耗，$\sum_{k=1}^{n} a_{ik}a_{kj}$ 是第一轮间接消耗，$\sum_{k=1}^{n}\sum_{s=1}^{n} a_{is}a_{sk}a_{kj}$ 为第二轮间接消耗，依此类推，第 n+1 项表示第 n 轮间接消耗。

完全消耗系数写成矩阵形式为：

$$B = A + A^2 + \cdots + A^k + \cdots = (I-A)^{-1} - I \quad (3.4)$$

$$即 \quad B = \begin{bmatrix} 1-a_{11} & 1-a_{12} & \cdots & 1-a_{1n} \\ 1-a_{21} & 1-a_{22} & \cdots & 1-a_{2n} \\ \vdots & \vdots & \ddots & \vdots \\ 1-a_{n1} & 1-a_{n2} & \cdots & 1-a_{nn} \end{bmatrix}^{-1} - \begin{bmatrix} 1 & 0 & \cdots & 0 \\ 0 & 1 & \cdots & 0 \\ \vdots & \vdots & \ddots & \vdots \\ 0 & 0 & \cdots & 1 \end{bmatrix} \quad (3.5)$$

完全消耗系数是对行业间直接、间接联系的反映，能够更全面体现制造业与服务业之间的相互依赖关系，故使用完全消耗系数测度制造业投入服务化。

（二）制造业产出服务化测度方法

制造业产出服务化是制造业企业向价值链下游延伸，发展价值链下游的品牌管理、维修和支持服务、系统解决方案等服务业务，企业产出内容从实物产品转向服务产品。借鉴 Fang 等（2008）、陈漫和张新国（2016）的方法，可以使用服务业务收入在总收入中的比重来衡量制造业企业产出服务化程度。因此，测度制造业企业产出服务化程度的关键在于识别出服务业收入及其特征。如果企业没有服务业收入，说明制造业企业没有进行产出服务化转型，若企业有来源于服务业的收入，则说明制造业企业正在进行产出服务化转型。

按照以下步骤识别出制造业是否从事服务业以及服务业的类别。第一，根据国民经济行业分类（GB/T 4754-2017）标准，识别出企业来自服务业的收入，用来源于服务业收入在总收入中占比来衡量制造业企业产出服务化程度。第二，把产出服务化分解为嵌入服务化和混入服务化。本书把制造业从事价值链下游与产品有战略匹配关系的服务称为嵌入服务化。一般而言，家政、餐饮、娱乐、休闲等消费性服务业，以及医疗、教育等公共服务业，与制造业企业现有产品在战略上无密切的匹配关系，本书把制造业从事价值链下游与现有产品无战略匹配关系的服务称为混入服务化。用与企业产品战略上匹配的生产性服务业收入在总收入中占比来测度嵌入服务化程度，用与企业产品战略上无匹配关系的消费性服务业收入与公共服务业收入之和在总收入中占比来测度混入服务化程度。根据上述分析，本书提出如下公式，用于计算制造业企业产出服务化、嵌入服务化以及混入服务化程度。

制造业企业产出服务化：

$$SEROUT = income\_S/income\_T \tag{3.6}$$

其中，$SEROUT$ 代表制造业企业产出服务化，$income\_S$ 是制造业企业来源于服务业的收入，$income\_T$ 为制造业企业的总收入。

制造业企业嵌入服务化：

$$SEROUTqr = income\_Sqr/income\_T \tag{3.7}$$

其中，$SEROUTqr$ 代表制造业企业嵌入服务化，$income\_Sqr$ 是制造业企业来源于与产品有匹配关系的服务收入。

制造业企业混入服务化:

$$SEROUThr = income\_Shr/income\_T \qquad (3.8)$$

其中,$SEROUThr$ 代表制造业企业混入服务化,$income\_Shr$ 是制造业企业来源于与产品无匹配关系的服务收入。

二　空间互动视角下制造业服务化测度方法

在中国大力推进区域经济一体化进程下,阻碍地区间经济联系的行政壁垒被逐渐消除,存在大量产品和要素的跨区域流动。制造业服务化转型过程中投入的生产性服务不仅来源于本地区内部,也会大量使用来自其他地区的服务要素。同时,制造业产出服务化中内含的本地服务要素也可能随着产品销往其他地区,间接带动本地区服务要素流动。因此,在空间互动视角下,制造业服务化转型的效应不会仅仅局限于本地区,必须纳入空间溢出效应测度制造业服务化转型。

空间互动视角下,本书主要计算省级和地级市层面的制造业服务化程度。城市制造业服务化,是城市制造业对服务业的总消耗,包括直接消耗与间接消耗。直接消耗指直接投入制造业生产过程中的某一服务数量,间接消耗指对某一服务行业直接消耗引致的另一服务业的消耗,两者总和为制造业对服务业的完全消耗。参考陈丽娴和魏作磊(2019),构建城市制造业服务化测度指标分为两个步骤。

首先,计算省级层面制造业服务化程度,用完全消耗系数表示,计算公式为:

$$Servitization_{fm}^{p} = a_{fm}^{p} + \sum_{k=1}^{n} a_{fk}^{p} a_{km}^{p} + \sum_{k=1}^{n} \sum_{s=1}^{n} a_{fs}^{p} a_{sk}^{p} a_{km}^{p}$$
$$+ \sum_{k=1}^{n} \sum_{s=1}^{n} \sum_{r=1}^{n} a_{fr}^{p} a_{rs}^{p} a_{sk}^{p} a_{km}^{p} + \cdots, f, m = 1, 2, \cdots, n \qquad (3.9)$$

$Servitization_{fm}^{p}$ 表示 p 省制造业 m 的投入服务化水平,a_{fm}^{p} 为 p 省制造业

m 对服务业 f 的直接消耗，$\sum_{k=1}^{n} a_{fk}^{p} a_{km}^{p}$ 是第一轮间接消耗，$\sum_{k=1}^{n} \sum_{s=1}^{n} a_{fs}^{p} a_{sk}^{p} a_{km}^{p}$ 为第二轮间接消耗，依此类推，第 $n+1$ 项表示第 n 轮间接消耗。

其次，用省级制造业服务化程度 $Servitization_{fm}^{p}$ 乘以城市制造业产值 $output_{m}^{c}$，得到城市 c 制造业 m 的服务投入数量，再除以城市 c 的地区生产总值 GDP^{c}，得到城市 c 制造业服务化程度，计算公式为：

$$Servitization_{fm}^{c} = (output_{m}^{c} \cdot Servitization_{fm}^{P}) / GDP^{c} \tag{3.10}$$

三 全球价值链视角下制造业服务化测度方法

全球价值链视角下，本书测度制造业服务化，包括制造业进口服务化和制造业出口服务化两个方面。

（一）制造业进口服务化测度方法

全球价值链视角下制造业服务化，首先表现为制造业生产中投入的进口生产性服务，即制造业进口服务化。测算制造业投入的进口生产性服务，需要分为三个步骤：第一，计算某种进口生产性服务在总服务投入中比重；第二，测算制造业细分行业中某种服务投入在该制造业中间服务投入中占比；第三，用某种进口生产性服务在总服务中占比乘以某种服务投入在制造业中间服务投入中占比，可得到制造业细分行业投入的进口生产性服务。根据这一思路，借鉴 Feenstra 和 Hanson（1999）的方法，使用以下公式测度中国制造业中投入的进口生产性服务：

$$SIMTrade_{it} = \sum_{m} \left(\frac{M_{m}}{T_{m} + M_{m} - E_{m}} \right) \left(\frac{N_{im}}{Q_{i}} \right) \tag{3.11}$$

其中，M_{m} 为生产性服务产品 m 的总进口额，T_{m} 为国内生产性服务 m 的总产出额，E_{m} 为生产性服务 m 的总出口额，N_{im} 为制造业 i 投入的生产性服务 m 的总额，Q_{i} 为制造业 i 投入的生产性服务总额。在计算 $SIMTrade_{it}$ 指数时，M_{m} 和 E_{m} 数据能够从联合国 Comtrade 数据库获得，T_{m} 也可从历年《中国统计年鉴》获得，关键在于 N_{im} 和 Q_{i} 的求解。本书采用陈启斐和刘志彪（2014）的方法，测度 N_{im}，先利用中国投入产出表，计算制造业 i 中的生产性服务 m 投入额占生产性服务 m 总产出额的比重，再用该比重乘以每年生产性服务 m 的总产出额。测度 Q_i，先利用中国投入产出表，计算制造业 i 中的生产性服务投入额占该行业总产出额的比重，再用该比重乘以每年该行业的总产出额。

（二）制造业出口服务化测度方法

全球价值链视角下制造业服务化的另一个方面体现在出口服务化。制造业出口服务化是制造业出口中内含的服务要素比重，一国制造业出口产品中内含服务价值越多，出口服务化程度就越高。由于服务要素来源具有国际化特征，计算制造业出口产品中内含的国内服务要素占比，即为出口国内服务化测度，计算制造业出口产品中内含的国外服务要素比重，即为出口国外服务化测度。制造业出口国内服务化和出口国外服务化对价值链升级、参与国际分工环节影响存在显著差异，因此如何有效计算制造业出口产品中的服务要素含量，并对服务要素来源的国家进行有效分解是关键。本书基于多区域投入产出（Multi-Regional Input and Output，MRIO）模型，借鉴 Koopman 等（2014）、王直等（2015）以及彭水军等（2017）关于出口增加值及其分解的基本框架。假设参与全球价值链的国家有 M 个，每个国家有 N 个行业，每个行业的产品产出用途有两类，一是作为产品被本国和国外消费，二是作为中间产品，被本国和国外再次投入生产。因此，基于 MRIO 模型可得：

$$\begin{bmatrix} X^1 \\ X^2 \\ \vdots \\ X^M \end{bmatrix} = \begin{bmatrix} Y^1 \\ Y^2 \\ \vdots \\ Y^M \end{bmatrix} + \begin{bmatrix} A^{11} & A^{12} & \cdots & A^{1M} \\ A^{21} & A^{22} & \cdots & A^{2M} \\ \vdots & \vdots & \ddots & \vdots \\ A^{M1} & A^{M2} & \cdots & A^{MM} \end{bmatrix} \begin{bmatrix} X^1 \\ X^2 \\ \vdots \\ X^M \end{bmatrix} \quad (3.12)$$

其中，$X^1 = \sum_{r=1}^{M} X^{1r}$，表示国家 1 的所有 N 个行业的总产出价值，X^{1r} 表示国家 1 向国家 r 出口的产品总价值。$Y^1 = \sum_{r=1}^{M} Y^{1r}$，表示国家 1 出口的最终产品价值，$Y^{1r}$ 表示国家 1 向国家 r 出口的最终产品价值。

A^{mr} 表示国家 r 对国家 m 的直接消耗系数矩阵。因此，（3.12）式的含义是一国某行业的总产出，一部分作为最终产品被价值链上各国消费［式（3.12）右边第一项］，另一部分作为中间产品被价值链上各国投入再生产［式（3.12）右边第二项］。对（3.12）式进一步变换可得：

$$
\begin{bmatrix} X^1 \\ X^2 \\ \vdots \\ X^M \end{bmatrix} = \begin{bmatrix} I-A^{11} & -A^{12} & \cdots & -A^{1M} \\ -A^{21} & I-A^{22} & \cdots & -A^{2M} \\ \vdots & \vdots & \ddots & \vdots \\ -A^{M1} & -A^{M2} & \cdots & I-A^{MM} \end{bmatrix} \begin{bmatrix} Y^1 \\ Y^2 \\ \vdots \\ Y^M \end{bmatrix}
$$

$$
= \begin{bmatrix} B^{11} & B^{12} & \cdots & B^{1M} \\ B^{21} & B^{22} & \cdots & B^{2M} \\ \vdots & \vdots & \ddots & \vdots \\ B^{M1} & B^{M2} & \cdots & B^{MM} \end{bmatrix} \begin{bmatrix} Y^1 \\ Y^2 \\ \vdots \\ Y^M \end{bmatrix} \tag{3.13}
$$

矩阵 B 为 $MN \times MN$ 的里昂惕夫逆矩阵，即完全消耗系数矩阵，不仅包含对要素的直接消耗，也包含间接消耗。在得到各行业的总产出分解框架后，容易得到总产出的增加值分解框架：

$$
\hat{V}X - \hat{V}BY = \begin{bmatrix} \hat{V}_1 & 0 & \cdots & 0 \\ 0 & \hat{V}_2 & \cdots & 0 \\ \vdots & \vdots & \ddots & \vdots \\ 0 & 0 & \cdots & \hat{V}_M \end{bmatrix} \begin{bmatrix} B^{11} & B^{12} & \cdots & B^{1M} \\ B^{21} & B^{22} & \cdots & B^{2M} \\ \vdots & \vdots & \ddots & \vdots \\ B^{M1} & B^{M2} & \cdots & B^{MM} \end{bmatrix} \begin{bmatrix} Y^1 \\ Y^2 \\ \vdots \\ Y^M \end{bmatrix}
$$

$$
= \begin{bmatrix} \hat{V}_1 B^{11} Y^1 & \hat{V}_1 B^{12} Y^2 & \cdots & \hat{V}_1 B^{1M} Y^M \\ \hat{V}_2 B^{21} Y^1 & \hat{V}_2 B^{22} Y^2 & \cdots & \hat{V}_2 B^{2M} Y^M \\ \vdots & \vdots & \ddots & \vdots \\ \hat{V}_M B^{M1} Y^1 & \hat{V}_M B^{M2} Y^2 & \cdots & \hat{V}_M B^{MM} Y^M \end{bmatrix} \tag{3.14}
$$

其中，$\hat{V}$ 为 $MN \times MN$ 的对角阵，对角项为各国不同行业的增加值系数。为了得到出口中的增加值分解框架，用出口向量 E 替换（3.14）式中的最终需求向量 Y，可以得到出口贸易的增加值分解框架：

$$\hat{VBE} = \begin{bmatrix} \hat{V_1}B^{11}\hat{E^1} & \hat{V_1}B^{12}\hat{E^2} & \cdots & \hat{V_1}B^{1M}\hat{E^M} \\ \hat{V_2}B^{21}\hat{E^1} & \hat{V_2}B^{22}\hat{E^2} & \cdots & \hat{V_2}B^{2M}\hat{E^M} \\ \vdots & \vdots & \ddots & \vdots \\ \hat{V_M}B^{M1}\hat{E^1} & \hat{V_M}B^{M2}\hat{E^2} & \cdots & \hat{V_M}B^{MM}\hat{E^M} \end{bmatrix} \qquad (3.15)$$

上式中，行向量表示增加值的去向，列向量表示增加值的来源。第 1 列为国家 1 的出口增加值来源，第 M 列是国家 M 的出口增加值来源。为了追踪出口增加值中的服务要素来源，我们从列向量着手，以第 1 列为例，第 1 行元素是国家 1 的出口增加值中来源于本国的国内增加值，第 2 行元素是国家 1 出口增加值中来源于国家 2 的增加值，依此类推，因此从第 2 行至第 M 行的元素是来源于国外的总增加值。然而，第 1 列出口增加值既包括制造业出口增加值，也包含服务业出口增加值，本研究用 i 表示制造业，j 代表服务业。因此，制造业出口增加值中既包括制造要素的国别来源，也包含服务要素的国别来源，用上标 c 表示本国，本国制造业出口增加值可以表示为：

$$e_i^c = \sum_{i \in \Psi} v_i^c b_{ii}^{cc} e_i^c + \sum_{d \neq c} \sum_{i \in \Psi} v_j^d b_{ii}^{dc} e_i^c + \sum_{j \in \Omega} v_j^c b_{ji}^{cc} e_i^c + \sum_{d \neq c} \sum_{j \in \Omega} v_j^d b_{ji}^{dc} e_i^c \qquad (3.16)$$

其中，$\sum_{i \in \Psi} v_i^c b_{ii}^{cc} e_i^c$ 和 $\sum_{d \neq c} \sum_{i \in \Psi} v_j^d b_{ii}^{dc} e_i^c$ 分别为制造业出口增加值中包含的国内制造要素和国外制造要素，$\sum_{j \in \Omega} v_j^c b_{ji}^{cc} e_i^c$ 和 $\sum_{d \neq c} \sum_{j \in \Omega} v_j^d b_{ji}^{dc} e_i^c$ 分别为制造业出口增加值中包含的国内服务要素和国外服务要素。Ψ 是制造业集合，Ω 是服务业集合。根据服务要素来源的不同，得到制造业出口增加值中服务要素比重 $SVAR$、国内服务要素比重 $SDVAR$ 和国外服务要素比重 $SFVAR$：

$$SVAR = \left(\sum_{j \in \Omega} v_j^c b_{ji}^{cc} e_i^c + \sum_{d \neq c} \sum_{j \in \Omega} v_j^d b_{ji}^{dc} e_i^c \right) / e_i^c \qquad (3.17)$$

$$SDVAR = \sum_{j \in \Omega} v_j^c b_{ji}^{cc} e_i^c / e_i^c \qquad (3.18)$$

$$SFVAR = \sum_{d \neq c} \sum_{j \in \Omega} v_j^d b_{ji}^{dc} e_i^c / e_i^c \qquad (3.19)$$

制造业出口服务化用制造业出口增加值中服务要素比重 $SVAR$ 表示，制造业出口国内服务化用国内服务要素比重 $SDVAR$ 表示，制造业出口国外服务化用国外服务要素比重 $SFVAR$ 表示。

第三节　产业关联视角下中国制造业服务化发展现状

本书从产业关联、空间互动以及全球价值链三个视角，对中国制造业服务化发展现状进行描述分析，力图呈现其发展特征和趋势。在产业关联视角下，对中国制造业服务化发展现状描述分析，包括制造业投入服务化和产出服务化两个方面。空间互动视角下，描述分析中国制造业服务化发展从省级和地级市两个层面展开。全球价值链视角下，对中国制造业服务化发展的描述从进口服务化和出口服务化两个方面进行。

一　中国制造业投入服务化发展现状

（一）中国制造业细分行业的投入服务化水平及变动特征

如图 3-1 所示，从 2002 年、2007 年、2012 年以及 2017 年四个年份的中国制造业细分行业[①]投入服务化水平来看，制造业各行业投入服务化水平基本上低于 50%，而发达国家制造业服务化水平普遍在 70% 左右，表明中国制造业投入服务化水平与发达国家相比还有一定差距，仍有进一步提升的空间。从按要素密集度划分的制造业来看，发现以下投入服务化特征。

[①]　根据国民经济行业分类（GB/T 4754-2017）标准，对制造业进行行业分类。食品制造及烟草加工业（C13~16），纺织品（C17），纺织服装鞋帽皮革羽绒及其制品（C18~19），木材加工品和家具（C20~21），造纸印刷和文教体育用品（C22~24），石油、炼焦产品和核燃料加工品（C25），化学产品（C26），非金属矿物制品（C30），金属冶炼和压延加工品（C31~32），金属制品（C33），通用、专用设备（C34~35），交通运输设备制造业（C36~37），电气、机械及器材制造业（C38），通信设备、计算机及其他电子设备制造业（C39）。资源密集型制造业包括 C25、C30、C33。劳动密集型制造业包括 C13~16、C17、C18~19、C22~24。资本密集型制造业包括 C20~21、C31~32，技术密集型制造业包括 C26、C34~35、C36~37、C38、C39。

第一，2002~2017 年，制造业细分行业服务投入水平呈"先降后升"，在波动中提高。相比 2002 年，各细分制造业行业服务投入水平在 2007 年有所降低，与这段时期我国刚加入 WTO，制造业主要通过加工、组装等生产环节参与全球价值链有关。而在 2012 年和 2017 年，制造业细分行业的服务投入水平基本呈增长趋势，除了食品制造及烟草加工业（C13~16）、金属冶炼和压延加工品（C31~32）以及金属制品（C33）三个行业外，其他制造业细分行业投入服务化程度均在 2017 年达到峰值，这说明随着中国制造业全球价值链参与程度不断加深，通过服务化转型向全球价值链两端进行功能升级甚至链条升级已经成为建设制造强国的重要路径，各制造业行业都认识到生产性服务是将人力资本和技术导入制造业的飞轮，不断增加制造业中间投入中的生产性服务占比。

第二，技术密集型制造业投入服务化水平较高。技术密集型制造业的生产性服务投入明显高于资源密集型制造业、劳动密集型制造业以及资本密集型制造业。通用、专用设备（C34~35），交通运输设备制造业（C36~37），电气、机械及器材制造业（C38），通信设备、计算机及其他电子设备制造业（C39）四个细分制造业行业的服务投入水平进入前五位，并且通信设备、计算机及其他电子设备制造业（C39）是唯一投入服务化达到 50% 的行业。原因是技术密集型制造业生产结构中，知识、技术所占比重大，为了保持核心竞争力和领先优势，会加大研发、设计、科技成果转化以及知识产权等服务投入。

第三，劳动密集型制造业服务投入水平变动差异较大。纺织品（C17）、纺织服装鞋帽皮革羽绒及其制品（C18~19）、造纸印刷和文教体育用品（C22~24）三类劳动密集型制造业服务投入水平增长较快，在 2002 年投入服务化水平处于 35% 以下，但到了 2017 年投入服务化水平基本接近或超过 40%，纺织服装鞋帽皮革羽绒及其制品（C18~19）行业投入服务化水平达到 49% 以上，排名制造业行业第二。然而，食品制造及烟草加工业（C13~16）服务投入水平呈下降趋势，2017 年降至 21.06%。

第四，2002~2017 年，虽然资源密集型制造业服务投入水平总体呈波动中增长，但增长幅度较小。2002 年，石油、炼焦产品和核燃料加工品（C25），非金属矿物制品（C30），金属制品（C33）三类资本密集型制造业服务投入水平分别为 26.38%、36.88% 和 35.76%，2017 年分别仅提高至 27.75%、38.72% 和 38.12%，说明资源密集型制造业服务投入水平还有较大增长空间。

第五，就资本密集型制造业服务投入水平变动来看，木材加工品和家具（C20~21）行业有一定提高，2017 年服务投入水平达到 42.52%。但 2002~2017 年，金属冶炼和压延加工品（C31~32）行业，服务投入水平几乎没有变化，仍维持在 32% 上下。

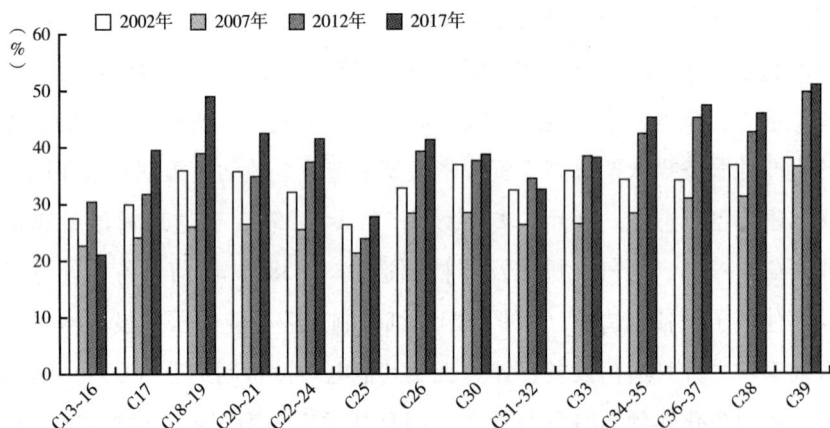

图 3-1　中国制造业细分行业的服务投入水平及变动趋势

资料来源：根据《中国投入产出表》测算。

（二）中国制造业投入不同类型服务的结构及变动特征

生产性服务业种类较多，中国制造业偏好于投入哪种生产性服务呢？图 3-2 反映了制造业生产性服务投入的结构及变动情况。

第一，中国制造业投入占比较大的是批发与贸易经纪代理服务业，交通运输、仓储和邮政业以及金融业三类生产性服务业，对信息传输、软件和信息技术服务业，科学研究和技术服务业两类知识密集型生产性服务投入水平较低。这说明，虽然中国制造业投入中的生产性服务占比不断提升，但生产性服务投入的内部结构有待优化。偏好于投入批发与贸易经纪代理服务业，交通运输、仓储和邮政业两类劳动密集型生产性服务，这会影响中国制造业全球价值链地位升级。主要原因是，首先，中国传统制造业位于全球价值链加工、组装环节，受到"两头挤压"，一头受到来自价值链两端发达国家的挤压，另一头受到比中国生产要素更加低廉的发展中国家的挤压，这导致一部分价值链功能升级无望的制造业企业把重心放在不断降低产品成本上，比如投入交通、仓储和邮政以及贸易代理等服务，以降低产品物流成本和交易成本，使劳动密集型生产性服务投入占比较高。其次，另一些现代制造业虽然有研发、设计、软件开发、信息系统服务等知识密集型生产性服务需求，但中国知识密集型生产性服务发展水平与发达国家相比存在一定差距，进口生产性服务成本较高，导致制造业知识密集型生产性服务投入水平不高。

第二，金融业、租赁和商务服务业、科学研究和技术服务业在制造业服务投入中占比增长较快。表明虽然知识密集型服务投入依然偏低，但幸运的是中国政府及企业认识到发达国家之所以能够成为全球价值链的治理者，就是由于掌握科技、金融、品牌等生产性服务环节，近年来随着加快生产性服务发展以及增加制造业服务投入的一系列政策措施，提高了中国制造业中的知识密集型服务投入比重。

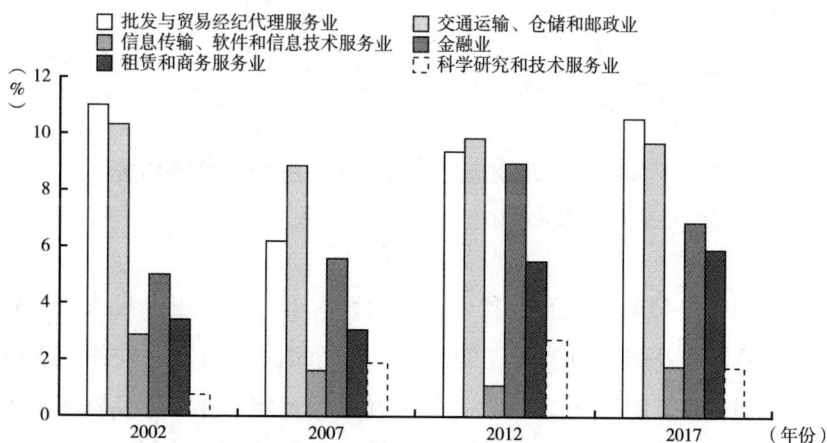

图 3-2　中国制造业投入不同类型服务的结构及变动趋势

资料来源：根据《中国投入产出表》测算。

（三）中国制造业细分行业投入服务化的服务构成特征

从图 3-3 可知，技术密集型制造业细分行业偏好投入知识密集型生产性服务，劳动密集型制造业细分行业偏好投入劳动密集型生产性服务。技术密集型制造业行业服务投入中，知识密集型生产性服务占比高于劳动密集型生产性服务。通用、专用设备（C34~35），交通运输设备制造业（C36~37），电气、机械及器材制造业（C38），通信设备、计算机及其他电子设备制造业（C39）四个技术密集型行业中，科学研究和技术服务，信息传输、软件和信息技术服务投入比重最大，说明中国在交通运输设备、通信设备、机械制造等领域国际分工地位逐步提升，进入全球价值链高附加值环节。

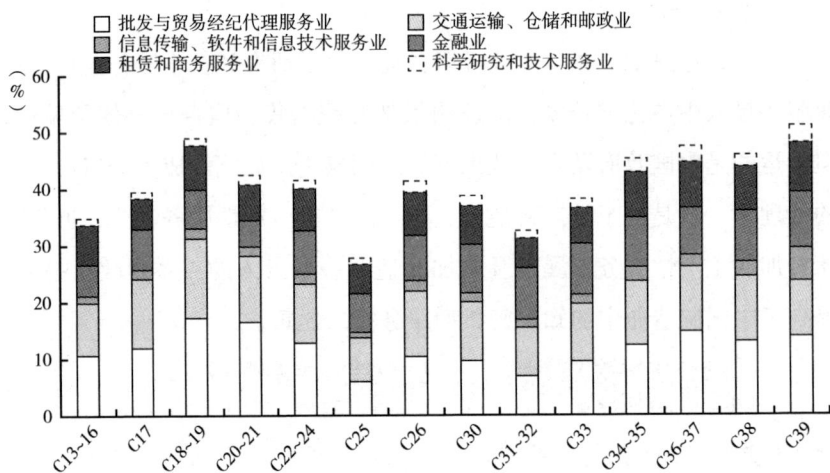

图 3-3　2017 年中国制造业细分行业投入服务化的服务构成

资料来源：根据《中国投入产出表》测算。

劳动密集型制造业服务投入中劳动密集型生产性服务投入比重较大。食品制造及烟草加工业（C13~16）、纺织品（C17）、纺织服装鞋帽皮革羽绒及其制品（C18~19）等劳动密集型制造业，以及资本密集型制造业中的木材加工品和家具（C20~21）行业，服务投入以批发与贸易经纪代理服务，交通运输、仓储和邮政等劳动密集型生产性服务为主，表明中国传统劳动密集型制造业一方面面临发展中国家低要素价格竞争，另一方面还没有能够通过功能升级突破发达国家掌控的高附加值环节，主要依靠投入运输、仓储等生产性服务降低产品成本与发展中国家进行价格竞争，还无法通过建立品牌优势与发达国家在高附加值环节展开竞争。

二　中国制造业产出服务化发展现状

（一）总体制造业企业产出服务化水平及构成的变动特征

从图 3-4 可知，2004～2013 年，中国制造业企业产出服务化水平变动特征呈波动中增加趋势，中国制造业企业产出服务化水平经历一段时间起伏后，最终还是实现了增长。具体而言，2004～2010 年，中国制造业企业产出服务化水平从 5.09% 降至 4.98%，说明这段时期制造业企业提供产品中服务业务内容有所降低。可能的原因是加入 WTO 初期，中国制造业企业主要通过加工、组装等低端环节嵌入全球价值链参与国际分工，大量制造业企业从事代工生产，虽然暂时获得了一定收益，但依赖于跨国公司的设计和品牌。一方面跨国公司不允许制造业企业向价值链下游高附加值服务环节延伸，另一方面制造业企业缺乏向下游延伸的动力，导致产品中服务要素内容呈下降趋势。2010 年后，制造业企业产出服务化水平开始提高，这主要是由于中国政府出台了一系列政策推动生产型制造向服务型制造转变，制造业企业也认识到"产品+服务"是提升企业附加值和价值链地位的重要方式。

从对产出服务化分解的变动趋势来看，制造业企业产出服务中嵌入服务占比较高，混入服务占比较低，比如 2013 年嵌入服务占产出服务的比重达到 73.16%，这说明制造业企业提供的服务业务内容大部分与产品有匹配关系，为现有产品提供相关配套服务。原因是混入服务化是制造业企业进入新的服务业态，对制造业企业来说具有较大风险，而中国制造业企业嵌入全球价值链时间较短，沿着嵌入价值链下游进行服务化升级将更有利于国际分工地位提升。

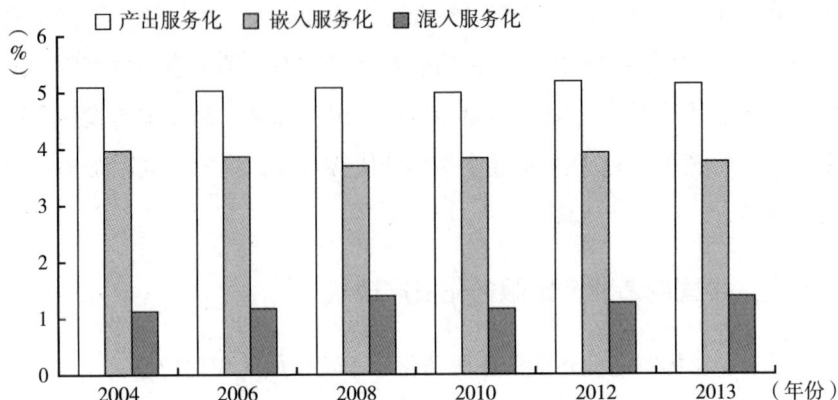

图 3-4 总体制造业企业产出服务化水平及构成的变动特征

资料来源：根据"中国工业企业数据库"测算。

（二）分地区制造业企业产出服务化水平及构成的变动特征

图 3-5 报告了 2004~2013 年中国八大经济区制造业企业产出服务化水平及构成的变动特征。

第一，各地区制造业企业产出服务化水平变动具有不同趋势。相比2004 年，2013 年制造业企业产出服务化水平提高的地区主要是南部沿海地区以及长江中游地区，而东北地区、北部沿海地区、黄河中游地区、西南地区、西北地区的制造业企业产出服务化水平都有不同程度的下降，东部沿海地区的制造业企业产出服务化水平在经历了一段时间波动后基本保持不变。

第二，东部沿海地区和南部沿海地区制造业企业产出服务化水平较高，混入服务比重较大。作为中国经济一体化程度最高、民营经济最发达的区域，东部沿海地区和南部沿海地区的制造业企业产出中的服务业务内容最多，说明这两大区域制造业企业非常注重用户体验，积极打破产品与服务的边界向下游服务端延伸，为用户提供个性化的服务。从制造业企业提供的服务业务内容分解来看，东部沿海地区和南部沿海地区的混入服务化水平要高于其他地区，2013 年东部沿海地区和南部沿海地区混入服务业务内容占比分别达到 31.71% 和 32.61%，说明以上海、苏州、南京、杭州和宁波为代表的东部沿海地区制造业企业，以及以广州、深圳、佛山和东莞为代表的南部沿海地区制造业企业，向"产品+服务"转型过程中，非常重视涉足与已有产品无关联匹配关系的服务业，通过增加服务种类实现资源重组、扩大经营范围以及降低市场风险。

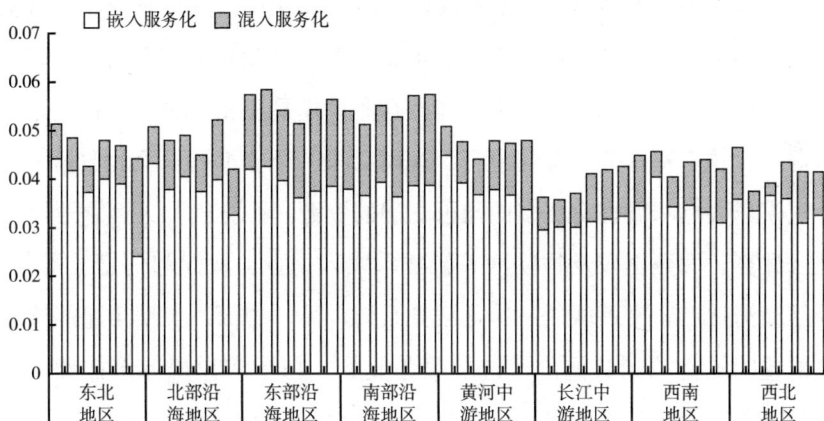

图 3-5　分地区制造业企业产出服务化水平及构成的变动特征

注：每个地区对应的六根柱状图从左至右分别是 2004 年、2006 年、2008 年、2010年、2012 年、2013 年的产出服务化水平及服务构成。

资料来源：根据"中国工业企业数据库"测算。

（三）不同规模制造业企业产出服务化水平及构成的变动特征

图 3-6 报告了不同规模制造业企业产出服务化水平及构成的变动趋势，具有以下特征。

第一，不同规模制造业企业产出服务化变动趋势有所不同。2004～2013 年，由于嵌入产品中的服务业务内容逐渐增加，小型制造业企业产出服务化水平在波动中呈上升趋势。小企业资源有限，也不具备跨界整合服务业务与产品的能力，更多依靠既有价值链进行服务业务内容拓展，通过向用户提供产品及其服务包的形式，提升企业产出服务化水平。大型制造业企业和中型制造业企业产出服务化水平有些波动，呈现"先降后升"特征，说明中国大型制造业企业和中型制造业企业在向价值链下游的品牌、售后服务端延伸，在进入其他价值链中服务业务时，会面临价值链治理者的阻挠，产出服务化水平波动是升级与反升级、控制与反控制的博弈结果。

第二，随着企业规模扩大，制造业企业产出服务化水平不断提升，产品中混入服务业务内容逐渐提高。2004～2013 年，制造业企业产出服务化平均水平从大到小依次为大型企业、中型企业和小型企业，这表明制造业企业产出中的服务业务内容与企业规模是正相关关系。企业是人力资本、物质资本等资源的集合，规模反映了企业掌握资源的数量，企业规模越大意味着拥有更多的与可支配的资源。一方面，大型企业可以把云计算、大数据以及物联网等新技术融入企业，构建起信息、资源、产品和消费者紧密关联的一体化服务系统；另一方面，大型企业能够通过配置闲置资源到其他价值链上服务业务，拓展客户群体多样性。因此，随着企业规模扩大，制造业企业服务化水平不断提升。

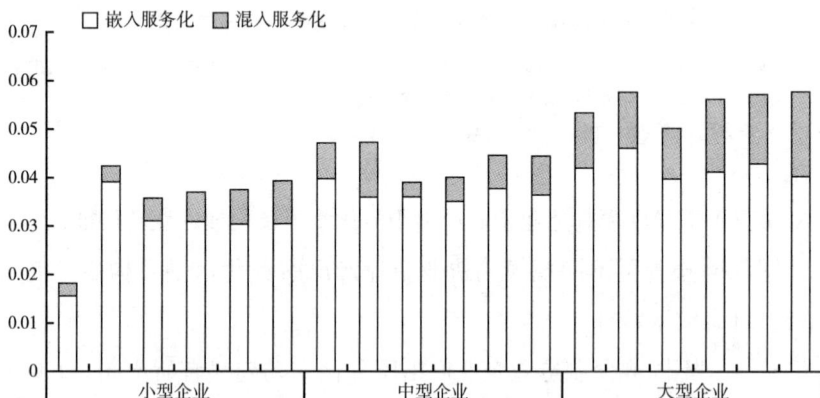

图 3-6　不同规模制造业企业产出服务化水平及构成的变动特征

注：每种规模企业对应的六根柱状图从左至右分别是 2004 年、2006 年、2008 年、2010 年、2012 年、2013 年的产出服务化水平及服务构成。

资料来源：根据"中国工业企业数据库"测算。

（四）不同要素密集度制造业企业产出服务化水平及构成的变动特征

图 3-7 报告了不同要素密集度制造业企业产出服务化水平及构成的变动趋势特征。

首先，不同要素密集度制造业企业产出服务化水平变动趋势存在异质性。资本密集型制造业企业和技术密集型制造业企业的产出服务化水平基本呈逐渐提高趋势，但劳动密集型制造业企业产出服务化水平呈持续降低特征。这说明中国通信、计算机、电气、机械等技术密集型制造业正在努力把服务定制融入产品，加强产品与用户互动，满足不同情景中用户服务需求，同时积极拓展服务业务形式和内容。然而食品、纺织、服装等劳动密集型制造业长期从事贴牌生产（OEM），生产与产品研发设计分离，没有形成自主优势品牌，远离全球价值链服务端，加工、组装产品中来自国内的服务业务较少。

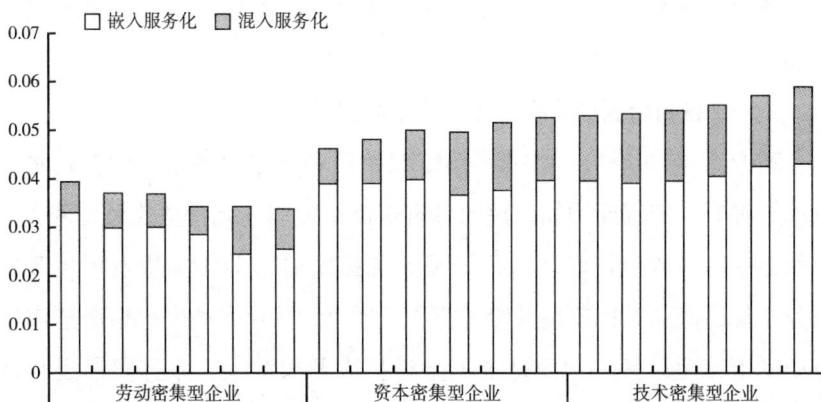

图 3-7　不同要素密集度制造业企业产出服务化水平及构成的变动特征

注：每种要素密集度企业对应的六根柱状图从左至右分别是 2004 年、2006 年、2008 年、2010 年、2012 年、2013 年的产出服务化水平及服务构成。

资料来源：根据"中国工业企业数据库"测算。

其次，技术密集型制造业企业嵌入服务化水平和混入服务化水平持续提升，资本密集型制造业企业混入服务化水平稳定增长，这说明通信、计算机、电气、机械等技术密集型制造业企业一方面向嵌入价值链下游延伸至相关服务环节，另一方面也跳跃至其他价值链服务环节，正在从产品升级向功能升级和链条升级转变。资本密集型制造业企业产出服务化水平的提高主要是通过混入服务增加拉动的，说明资本密集型制造业企业投资大、资本有机构成较高，在混合经营其他服务业务上有一定的资金优势。

第四节　空间互动视角下中国制造业服务化发展现状

一　省级层面制造业服务化发展现状

表3-1报告了2007年和2017年中国各省、自治区和直辖市的制造业服务化发展水平，这十年间各省份制造业服务化水平变动呈现以下特征。

（一）各省份制造业服务化水平不断提升

2007年至2017年，中国各省、自治区和直辖市制造业服务化水平总体上都有一定程度增加，说明各省份制造业服务化转型效果显著。一方面是中国各省份较好地执行了国务院提出的《关于加快发展生产性服务业促进产业结构调整升级的指导意见》，不断推动生产型制造向服务型制造转型；另一方面是中国坚持扩大开放政策，服务贸易逐年递增，各省份制造业服务化投入中来源于国外的服务要素含量不断增加。2007年至2017年这十年间，从各省份制造业服务化程度增长幅度来看，东部沿海地区的广东、上海、浙江、江苏、福建、海南以及西部地区的重庆增长速度较快。中国制造业服务化水平提升比较慢的省份主要位于东北地区、西北地区和西南地区，这些省份普遍存在生产性服务发展落后以及产业结构升级困难的问题。

表 3-1 省级层面制造业服务化水平

省份	2007 年	2017 年	省份	2007 年	2017 年	省份	2007 年	2017 年
北京	0.3955	0.4561	浙江	0.2652	0.3756	海南	0.0381	0.1658
天津	0.0809	0.1565	安徽	0.1208	0.2014	重庆	0.0967	0.1985
河北	0.0691	0.0845	福建	0.1214	0.2542	四川	0.1227	0.2017
山西	0.0635	0.1356	江西	0.0782	0.1627	贵州	0.1254	0.2015
内蒙古	0.1293	0.1845	山东	0.0791	0.1954	云南	0.1584	0.2123
辽宁	0.0725	0.1123	河南	0.0735	0.2089	陕西	0.1223	0.1654
吉林	0.1196	0.1245	湖北	0.0898	0.1946	甘肃	0.1156	0.1546
黑龙江	0.1424	0.1687	湖南	0.0963	0.2135	青海	0.1623	0.1268
上海	0.2974	0.4126	广东	0.1689	0.3125	宁夏	0.1416	0.1357
江苏	0.2578	0.3321	广西	0.0915	0.1456	新疆	0.1965	0.1689

注：由于西藏自治区、台湾地区、香港特别行政区、澳门特别行政区缺乏数据，本书测算得到 30 个省、自治区、直辖市的制造业服务化水平。

资料来源：根据《中国地区投入产出表》测算。

（二）东部沿海地区制造业服务化水平较高

从各地区制造业服务化水平来看，东部沿海地区的北京、上海、浙江、江苏以及广东是第一梯队，代表了中国省份制造业服务化的最高水平。这些省份属于中国经济最发达地区，有完善的产业分工体系，具备制造业服务化转型的基础和条件。

首先，这些省份发达的生产制造体系，为制造业服务化奠定了坚实基础。北京在智能制造系统、集成电路、新能源智能汽车以及通用航空与卫星应用等领域具有竞争优势，上海在智能制造装备、生物医药与高性能医疗器械、新能源与智能网联汽车、航空航天、海洋工程装备等制造业领域具有较大优势，浙江在精密设备、电动机、金属切削机床等制造行业实力位居首位，江苏在民用船舶、发动机、集成电路和计算机等制造行业具有很强竞争力，广东在家用电器、汽车工业、半导体产业等方面具有显著优势。完善的制造业体系，为以上省份服务化发展奠定了坚实基础。

其次，这些省份相对完善的生产性服务网络，是制造业服务化发展腾飞的"翅膀"。如果说制造业是服务化转型的基础，那么生产性服务业就是制造业转型的"翅膀"，制造业服务化水平要实现跃升，需要发达的生产性服务支撑。北京集中了全国最优质的高校和人才资源，在研发与设计、信息技术、金融、商务咨询等生产性服务领域具有领先优势。上海是中国的经济中心，高效的政府服务效率和开放的市场环境，奠定了上海在人工智能、云计算、大数据等新经济领域优势。浙江是数字经济的"领跑者"，大力发展互联网、物联网、大数据、人工智能等新技术，2020年新经济对经济增长的贡献率达到37.1%。江苏是教育大省和人才强省，具有发展高级生产性服务的优势。广东通过建立生产性服务业功能区，形成了发达的生产性服务网络，为制造业通过服务化攀升全球价值链插上了"翅膀"。

最后，这些省份积极出台政策支持制造业服务化转型。北京市政府制定制造业发展相关政策推动制造业转型升级，明确指出鼓励制造业企业延伸产业链条和开展跨界合作，加快向服务化制造和个性化服务方向转型，建立服务型制造体系。上海市政府提出把服务化作为发展方针，加快制造与服务的系统集成与融合发展，重点实施两化融合推进工程和传统产业提升工程。浙江省把发展数字经济当作"一号工程"，借助阿里巴巴、网易、海康威视等龙头企业引领制造业服务化转型。江苏通过建成面向主导产业、覆盖全省以及实施先进服务方式的生产性服务业资源库，提供优质高效服务产品助力制造业服务化、高质量发展。广东提出要在先进制造业价值链两端，支持一批骨干企业发展研发设计、咨询调研、投资融资、运营管理等一体化服务，打造一批具有较强集成服务能力的生产性服务供应商。

（三）中西部地区制造业服务化转型面临困境

中国制造业服务化水平低、转型慢的省份集中在东北地区和西北地区。东北三省辽宁、吉林和黑龙江制造业服务化水平普遍偏低。一方面，东北三省制造业以能源重化工业为主，产品以再次进入生产流程的中间品为主，服务投入水平较低；另一方面，产业结构升级缓慢，以数字经济为代表的新经济、新业态尚未形成，生产性服务业发展滞后。宁夏、青海等西北地区省份制造业服务化水平也较低，原因是这两个省份制造业和生产性服务业发展相对落后，产业融合非常有限。华北地区的河北和山西两省制造业服务化水平也很低，河北的问题在于钢铁、水泥等传统制造业产能过剩，服务化转型困难，山西主导产业是煤炭、电力等能源行业，先进制造业和现代生产性服务业基础薄弱，产业融合发展基础与条件没有优势。以上省份不仅制造业服务化水平较低，增长幅度也较小。要促进这些省份制造业转型升级，在强化自身生产性服务发展的同时，要大力引进其他地区乃至国外生产性服务，依靠高质量服务投入引领制造业升级和产业结构优化。

二 地级市层面制造业服务化发展现状

表 3-2 和表 3-3 分别报告了 2007 年和 2017 年中国地级及以上城市的制造业服务化发展水平。2007 年至 2017 年，这十年间各地级及以上城市的制造业服务化水平变化特征表现为以下几方面。

（一）城市制造业服务化水平不断提升

从 2007 年至 2017 年这十年期间，中国城市制造业服务化水平呈不断提高趋势，这说明各城市都在加快发展生产性服务业，大力提高制造环节生产性服务投入比重，促进了各城市制造业服务化水平提升。制造业服务化转型较快的城市主要集中在东南沿海地区和中部地区，就制造业服务化水平增速而言，中小城市要快于大城市。三明、莆田和肇庆等东南沿海城市制造业服务化水平提高幅度都在 0.2 以上，是增幅最大的几个城市。中部地区的湘潭、益阳、鹤壁等城市制造业积极进行服务化改造，保持了较快增速。郑州、杭州、宁波、长沙和广州等经济体量较大城市制造业服务化水平提升幅度处于第二梯队，涨幅在 0.15 以上。中国城市制造业服务化水平增幅较慢的地级市主要位于西北地区和东北地区，说明这些城市的制造业转型升级滞后，原因是这些城市制造业多为传统制造业，一方面自身生产性服务业相对落后，另一方面地处偏远，难以获得北京、上海、杭州、广州、深圳等城市的生产性服务空间溢出效应，导致制造业服务化转型困难。

表 3-2　2007 年城市层面制造业服务化水平

城市	服务化	城市	服务化	城市	服务化	城市	服务化	城市	服务化
北京	0.3955	营口	0.0507	宿迁	0.2163	九江	0.0833	周口	0.0625
天津	0.0809	阜新	0.0832	杭州	0.2987	新余	0.0988	驻马店	0.0600
石家庄	0.0701	辽阳	0.0933	宁波	0.2675	鹰潭	0.1010	武汉	0.0983
唐山	0.0754	盘锦	0.0602	温州	0.2622	赣州	0.0640	黄石	0.0953
秦皇岛	0.0510	铁岭	0.0582	嘉兴	0.2898	吉安	0.0667	十堰	0.0864
邯郸	0.0690	朝阳	0.0645	湖州	0.2770	宜春	0.0786	宜昌	0.0948
邢台	0.0741	葫芦岛	0.0622	绍兴	0.2937	抚州	0.0731	襄阳	0.0783
保定	0.0652	长春	0.1179	金华	0.2622	上饶	0.0717	鄂州	0.0932
张家口	0.0589	吉林	0.0830	衢州	0.2566	济南	0.0778	荆门	0.0684
承德	0.0739	四平	0.1224	舟山	0.2117	青岛	0.0694	孝感	0.0713
沧州	0.0680	辽源	0.1189	台州	0.2605	淄博	0.0869	荆州	0.0602
廊坊	0.0743	通化	0.1302	丽水	0.2251	枣庄	0.0859	黄冈	0.0597
衡水	0.0650	白山	0.1377	合肥	0.1361	东营	0.1025	咸宁	0.0751
太原	0.0616	松原	0.0972	芜湖	0.1585	烟台	0.0820	随州	0.0790
大同	0.0533	白城	0.0851	蚌埠	0.1088	潍坊	0.0782	长沙	0.1066
阳泉	0.0600	哈尔滨	0.1424	淮南	0.1529	济宁	0.0744	株洲	0.1016
长治	0.0605	齐齐哈尔	0.1286	马鞍山	0.1826	泰安	0.0755	湘潭	0.0899
晋城	0.0646	鸡西	0.1210	淮北	0.1563	威海	0.0831	衡阳	0.0772
朔州	0.0616	鹤岗	0.1634	铜陵	0.1883	日照	0.0684	邵阳	0.0589
晋中	0.0558	双鸭山	0.1645	安庆	0.1150	莱芜	0.0888	岳阳	0.0935
运城	0.0549	大庆	0.3267	黄山	0.1031	临沂	0.0686	常德	0.0813
忻州	0.0526	伊春	0.1429	滁州	0.1147	德州	0.0746	张家界	0.0458
临汾	0.0657	佳木斯	0.0801	阜阳	0.0926	聊城	0.0794	益阳	0.0605
吕梁	0.0699	七台河	0.1991	宿州	0.0835	滨州	0.0833	郴州	0.0971
呼和浩特	0.1376	牡丹江	0.1319	六安	0.1042	菏泽	0.0651	永州	0.0543
包头	0.1331	黑河	0.0612	亳州	0.0807	郑州	0.0777	怀化	0.0646
乌海	0.1695	绥化	0.0921	池州	0.1046	开封	0.0635	娄底	0.0972

城市	服务化	城市	服务化	城市	服务化	城市	服务化	城市	服务化
赤峰	0.1227	上海	0.2974	宣城	0.1088	洛阳	0.0893	广州	0.1938
通辽	0.1199	南京	0.3162	福州	0.1249	平顶山	0.0921	韶关	0.1642
鄂尔多斯	0.1423	无锡	0.2751	厦门	0.1427	安阳	0.0887	深圳	0.2296
呼伦贝尔	0.0856	徐州	0.2470	莆田	0.1476	鹤壁	0.0925	珠海	0.1871
巴彦淖尔	0.1227	常州	0.2807	三明	0.1163	新乡	0.0786	汕头	0.1793
乌兰察布	0.1233	苏州	0.2997	泉州	0.1587	焦作	0.0965	佛山	0.2188
沈阳	0.0820	南通	0.2666	漳州	0.1160	濮阳	0.0957	江门	0.1884
大连	0.0728	连云港	0.2198	南平	0.1018	许昌	0.0942	湛江	0.1572
鞍山	0.0730	淮安	0.2264	龙岩	0.1352	漯河	0.0985	茂名	0.1397
抚顺	0.0807	盐城	0.2210	宁德	0.1022	三门峡	0.0969	肇庆	0.1148
本溪	0.0589	扬州	0.2682	南昌	0.0849	南阳	0.0763	惠州	0.1997
丹东	0.0566	镇江	0.2813	景德镇	0.0878	商丘	0.0618	梅州	0.1470
锦州	0.0729	泰州	0.2740	萍乡	0.0956	信阳	0.0593	汕尾	0.1576
河源	0.1810	百色	0.1060	乐山	0.1364	昭通	0.1236	白银	0.0835
阳江	0.1326	贺州	0.1038	南充	0.0980	丽江	0.0942	天水	0.0561
清远	0.1841	河池	0.0951	眉山	0.1209	思茅	0.0842	武威	0.0533
东莞	0.1925	来宾	0.0832	宜宾	0.1285	临沧	0.0942	张掖	0.0555
中山	0.2062	崇左	0.0709	广安	0.0953	西安	0.1504	平凉	0.0597
潮州	0.1944	海口	0.0385	达州	0.0960	铜川	0.1265	酒泉	0.0682
揭阳	0.1851	三亚	0.0295	雅安	0.1170	宝鸡	0.1303	庆阳	0.0890
云浮	0.1510	重庆	0.0967	巴中	0.0559	咸阳	0.1002	定西	0.0344
南宁	0.0962	成都	0.1311	资阳	0.1066	渭南	0.1021	陇南	0.0550
柳州	0.1220	自贡	0.1168	贵阳	0.1407	延安	0.1785	西宁	0.1456
桂林	0.0897	攀枝花	0.1750	六盘水	0.1321	汉中	0.0879	银川	0.1747
梧州	0.1086	泸州	0.1092	遵义	0.1046	榆林	0.1644	石嘴山	0.1735
北海	0.0840	德阳	0.1348	安顺	0.0904	安康	0.0694	吴忠	0.1367
防城港	0.1016	绵阳	0.1100	昆明	0.1672	商洛	0.0804	固原	0.0513
钦州	0.0787	广元	0.0877	曲靖	0.1554	兰州	0.1209	中卫	0.1088
贵港	0.0816	遂宁	0.1041	玉溪	0.1740	嘉峪关	0.1226	乌鲁木齐	0.1870
玉林	0.0778	内江	0.1208	保山	0.0800	金昌	0.1268	克拉玛依	0.2113

资料来源：根据《中国地区投入产出表》《中国城市统计年鉴》测算。

（二）各地区城市制造业服务化程度差异较大

2017 年中国城市制造业服务化水平差异较大，北京和东南沿海地区城市制造业服务化水平最高，西北地区和东北部分地区城市制造业服务化水平最低。具体来看，北京、上海、杭州、苏州、广州、深圳、佛山以及东莞等城市的制造业服务化水平较高，是中国打造生产性服务产业集群、助力制造业转型升级样板的重点区域。比如杭州提出了"浙江大学+杭州城西科创大走廊"，东莞重点推进松山湖科技产业园区等科技服务基地建设，深圳服务业占 GDP 比重已经达到 60%，现代服务业在服务业中占比也达到 70% 以上，接近发达国家产业结构的两个70% 水平。形成鲜明对比的是，陇南、平凉、固原等西北城市以及白城、朝阳、丹东等东北城市制造业服务投入水平依然较低，且差距有进一步拉大的趋势，这与当地生产性服务发展滞后以及市场开放度不高有关。

（三）中国城市制造业服务化水平依然偏低

2017 年全国仅有北京和上海制造业服务化系数超过 0.4，浙江、江苏和广东等东部省份城市的制造业服务化系数也仅处于 0.3~0.4 区间，绝大部分省份城市低于 0.3，表明我国城市与发达国家城市的制造业服务化水平还有一定差距。主要原因是：首先，各城市制造业企业主要参与全球价值链低端的加工制造环节，产品技术含量与附加值较低，生产性服务需求主要为批发、仓储、物流等，对研发、设计、品牌等高级生产性服务需求不足；其次，各城市制造业企业参与全球价值链的时间、深度、广度与发达国家有一定差距，在产品个性化服务、集成服务以及整体解决方案等服务的提供能力上存在缺陷，制造业服务化转型能力不足；再次，各城市制造业企业长期通过"三来一补"业务（即来料加工、来件装配、来样加工和补偿贸易）参与全球价值链分工，导致沿海城市对通过生产制造环节参与全球价值链产生路径依赖，不需要考虑产品设计和市场销售，只要按照跨国公司与国际大买家要求进行产品制造，即可获得一定组装、加工费用和企业利润，缺乏进行服务化转型动力，往往不倾向于通过服务化来攀升全球价值链；最后，城市间行政分割和市场壁垒阻碍了生产性服务要素流动，生产性服务要素跨省市流通不畅导致不能充分发挥对周边地区辐射作用，制造业服务化空间溢出效应不足。

表 3-3　2017 年城市层面制造业服务化水平

城市	服务化	城市	服务化	城市	服务化	城市	服务化	城市	服务化
北京	0.4561	营口	0.1050	宿迁	0.3702	九江	0.1578	周口	0.2228
天津	0.1565	阜新	0.0958	杭州	0.4447	新余	0.2001	驻马店	0.2098
石家庄	0.1193	辽阳	0.1359	宁波	0.4343	鹰潭	0.1704	武汉	0.2276
唐山	0.1235	盘锦	0.1185	温州	0.3546	赣州	0.1656	黄石	0.2317
秦皇岛	0.0703	铁岭	0.0816	嘉兴	0.3988	吉安	0.1704	十堰	0.2373
邯郸	0.0860	朝阳	0.0766	湖州	0.3950	宜春	0.1427	宜昌	0.2209
邢台	0.0712	葫芦岛	0.1195	绍兴	0.4195	抚州	0.1761	襄阳	0.2139
保定	0.0976	长春	0.1315	金华	0.3024	上饶	0.1589	鄂州	0.2080
张家口	0.0774	吉林	0.0870	衢州	0.4073	济南	0.2195	荆门	0.2078
承德	0.0914	四平	0.1284	舟山	0.3000	青岛	0.1580	孝感	0.1825
沧州	0.0995	辽源	0.1462	台州	0.3882	淄博	0.2052	荆州	0.2052
廊坊	0.0768	通化	0.1036	丽水	0.3181	枣庄	0.2103	黄冈	0.1749
衡水	0.0955	白山	0.1304	合肥	0.2329	东营	0.2499	咸宁	0.2260
太原	0.1415	松原	0.1075	芜湖	0.2186	烟台	0.1980	随州	0.1889
大同	0.1493	白城	0.0341	蚌埠	0.1933	潍坊	0.1894	长沙	0.2717
阳泉	0.1646	哈尔滨	0.1859	淮南	0.1765	济宁	0.1953	株洲	0.2438
长治	0.1468	齐齐哈尔	0.1493	马鞍山	0.2106	泰安	0.1686	湘潭	0.2948
晋城	0.1175	鸡西	0.2362	淮北	0.2300	威海	0.1876	衡阳	0.2498
朔州	0.1450	鹤岗	0.1251	铜陵	0.2488	日照	0.1976	邵阳	0.2511
晋中	0.1238	双鸭山	0.1488	安庆	0.1707	莱芜	0.2202	岳阳	0.2109
运城	0.1108	大庆	0.3235	黄山	0.1214	临沂	0.2031	常德	0.2577
忻州	0.1218	伊春	0.1316	滁州	0.2568	德州	0.1962	张家界	0.0851
临汾	0.0847	佳木斯	0.1343	阜阳	0.1376	聊城	0.1778	益阳	0.2568
吕梁	0.1088	七台河	0.2164	宿州	0.1501	滨州	0.1742	郴州	0.2280
呼和浩特	0.1202	牡丹江	0.1832	六安	0.1703	菏泽	0.1918	永州	0.2144
包头	0.1972	黑河	0.1589	亳州	0.1657	郑州	0.2522	怀化	0.1077
乌海	0.2795	绥化	0.1343	池州	0.1937	开封	0.1563	娄底	0.2834

续表

城市	服务化	城市	服务化	城市	服务化	城市	服务化	城市	服务化
赤峰	0.1839	上海	0.4126	宣城	0.1582	洛阳	0.1686	广州	0.3564
通辽	0.1661	南京	0.2844	福州	0.2449	平顶山	0.2319	韶关	0.2319
鄂尔多斯	0.1626	无锡	0.3091	厦门	0.2780	安阳	0.2015	深圳	0.2614
呼伦贝尔	0.2240	徐州	0.3231	莆田	0.3617	鹤壁	0.2739	珠海	0.3036
巴彦淖尔	0.1725	常州	0.3467	三明	0.3629	新乡	0.1916	汕头	0.3179
乌兰察布	0.1826	苏州	0.3538	泉州	0.3748	焦作	0.1899	佛山	0.3641
沈阳	0.0980	南通	0.3411	漳州	0.3035	濮阳	0.2031	江门	0.3140
大连	0.0961	连云港	0.3321	南平	0.3227	许昌	0.2504	湛江	0.2853
鞍山	0.1258	淮安	0.3284	龙岩	0.3522	漯河	0.2745	茂名	0.3144
抚顺	0.1450	盐城	0.3639	宁德	0.3416	三门峡	0.2011	肇庆	0.3268
本溪	0.1198	扬州	0.3584	南昌	0.1895	南阳	0.1510	惠州	0.3586
丹东	0.0790	镇江	0.3483	景德镇	0.1687	商丘	0.1964	梅州	0.2705
锦州	0.1224	泰州	0.3778	萍乡	0.1879	信阳	0.1995	汕尾	0.2828
河源	0.3452	贺州	0.1580	眉山	0.2035	丽江	0.1527	武威	0.0934
阳江	0.2561	河池	0.0887	宜宾	0.2204	普洱	0.1946	张掖	0.0690
清远	0.2321	来宾	0.1346	广安	0.1939	临沧	0.1665	平凉	0.0701
东莞	0.3208	崇左	0.1850	达州	0.1407	西安	0.2661	酒泉	0.0759
中山	0.3320	海口	0.1582	雅安	0.1622	铜川	0.1682	庆阳	0.1532
潮州	0.3330	三亚	0.1742	巴中	0.1880	宝鸡	0.2188	定西	0.0875
揭阳	0.3771	重庆	0.1985	资阳	0.2480	咸阳	0.2356	陇南	0.0401
云浮	0.3123	成都	0.2126	贵阳	0.2279	渭南	0.1520	西宁	0.1311
南宁	0.1555	自贡	0.2225	六盘水	0.2105	延安	0.1425	海东	0.0967
柳州	0.2227	攀枝花	0.2810	遵义	0.1869	汉中	0.1665	银川	0.1440
桂林	0.1320	泸州	0.2492	安顺	0.1753	榆林	0.1944	石嘴山	0.1463
梧州	0.2195	德阳	0.2136	毕节	0.1436	安康	0.1437	吴忠	0.1453
北海	0.2406	绵阳	0.1975	铜仁	0.1788	商洛	0.1430	固原	0.0643
防城港	0.2331	广元	0.2216	昆明	0.2145	兰州	0.1963	中卫	0.0906
钦州	0.1406	遂宁	0.1977	曲靖	0.2320	嘉峪关	0.1695	乌鲁木齐	0.1731
贵港	0.1495	内江	0.1912	玉溪	0.2610	金昌	0.1814	克拉玛依	0.2165
玉林	0.1478	乐山	0.2224	保山	0.1760	白银	0.1474	吐鲁番	0.0741
百色	0.1948	南充	0.1899	昭通	0.2412	天水	0.1186	哈密	0.1679

资料来源：根据《中国地区投入产出表》《中国城市统计年鉴》测算。

第五节　全球价值链视角下中国制造业
服务化发展现状

一　中国制造业进口服务化发展现状

（一）进口生产性服务投入水平不断提高

从图3-8可知，2002~2017年，制造业服务投入中来源于国外的生产性服务不断增加，但增幅有所差异。劳动密集型制造业和技术密集型制造业服务投入中来源于国外的生产性服务占比和增幅相对较大。纺织服装鞋帽皮革羽绒及其制品（C18~19）制造业投入进口生产性服务占中间投入比重最高，超过5%，这说明国内相关行业认识到提高行业附加值关键在于引进国外高级生产性服务，通过引进国外服装设计团队紧跟服装、鞋帽行业潮流前沿，进口国外商务、咨询服务培育自主品牌和建设营销网络，依托于国外高级生产性服务促进纺织服装等行业全球价值链地位升级。交通运输设备制造业（C36~37），电气、机械及器材制造业（C38），通信设备、计算机及其他电子设备制造业（C39）等技术密集型制造业来源于国外的生产性服务投入占比也超过4%，原因是交通设备、电子元器件、半导体等技术密集型制造产品竞争力的关键是技术，而我国科学研究、产品设计能力与发达国家还有一定差距，通过进口发达国家研发、设计相关生产性服务，有助于打造技术密集型产品核心竞争力。

然而资源密集型制造业和资本密集型制造业中间投入中来源于国外的生产性服务占比和增幅相对较小。石油、炼焦产品和核燃料加工品（C25），非金属矿物制品（C30）等资源密集型制造业来源于国外的服务投入明显偏低，其中石油、炼焦产品和核燃料加工品（C25）制造业增幅最小，国外服务投入占比低于2.4%。金属冶炼和压延加工品（C31~32）资本密集型制造业来源于国外的服务投入占比也仅为

2.64%，这说明石油加工、炼焦以及金属冶炼等对资源投入要求较高的行业，竞争关键在于资源的开采和获取，对包括国外生产性服务在内的服务需求有限。

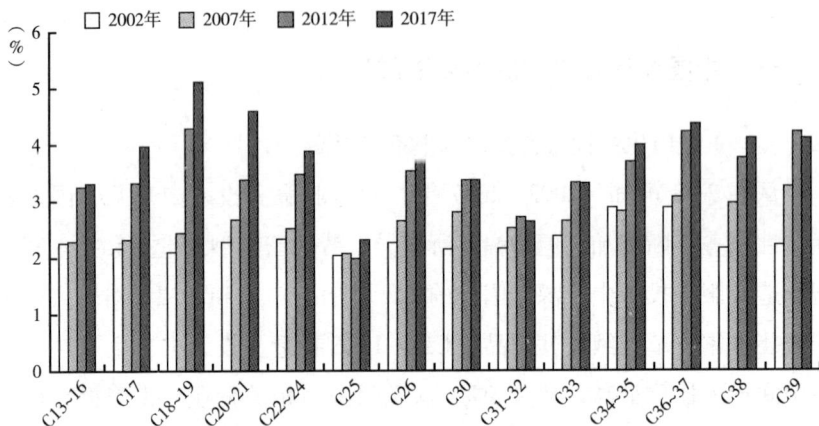

图3-8　中国制造业细分行业的生产性服务进口指数及变动趋势

资料来源：根据《中国投入产出表》《中国统计年鉴》以及联合国 Comtrade 数据库测算。

（二）进口生产性服务投入结构有待改善

从制造业进口生产性服务投入结构来看，中国制造业投入的进口生产性服务主要是批发与贸易经纪代理服务，交通运输、仓储和邮政服务，而对促进制造业功能升级有重要作用的科学研究和技术服务，信息传输、软件和信息技术服务投入较少，这说明中国制造业能够在国际市场顺利购买到国外贸易经纪代理、货物运输服务、商务服务等价值链非核心控制环节，但对威胁到全球价值链治理地位的科学研究、工业设计、软件开发以及信息技术等生产性服务，被发达国家跨国公司严格控制，由于出口管制等原因，进口这些知识、技术密集型生产性服务面临较大困境。因此，虽然中国制造业中间投入中来源于国外的生产性服务占比逐年递增，但进口生产性服务投入结构存在低端化问题，要从制造大国迈向制造强国，需要给予制造业引进国外知识、技术密集型生产性服务资金和政策支持，不断优化生产性服务的进口结构。

二　中国制造业出口服务化发展现状

（一）出口服务化水平呈不断提高特征

图 3-9 报告了中国各制造业行业出口中服务要素含量、来源及变动趋势。2000～2011 年，中国绝大部分制造业细分行业出口中服务要素含量不断提高。技术密集型制造业出口中服务要素含量最高，其中通用、专用设备（C34～35），交通运输设备制造业（C36～37），通信设备、计算机及其他电子设备制造业（C39）三个制造业行业出口中服务要素含量均超过 28%，表明技术密集型制造业出口服务化水平较高。原因是制造业出口服务化可以通过增加附加值、增强产品差异化、降低生产交易成本和提高供应链效率显著促进制造业国际分工地位提升（吕云龙和吕越，2017），中国技术密集型制造业深刻认识到研发、设计、品牌建设等服务要素的关键作用，积极加大出口产品中服务要素含量。但劳动密集型制造业出口中服务要素含量最低，纺织品（C17）、纺织服装鞋帽皮革羽绒及其制品（C18～19）制造业的出口中服务要素含量均低于 24.5%，说明中国劳动密集型制造业出口中服务要素偏低。中国纺织、服装、鞋帽等行业虽然有成本优势，但是产品设计能力较低，品牌建设相对落后，大多从事代加工贸易和贴牌生产，产品中服务含量较少，不利于劳动密集型产品的国际竞争力提升。

（二）国内服务逐渐取代国外服务

从制造业出口中服务来源结构看，2000～2006 年，制造业出口中国外服务要素平均含量要大于国内服务要素平均含量，2006 年之后制造业出口中国内服务要素含量反超国外服务要素含量，国内服务占比逐渐提高，国外服务占比相对下降，出现国内服务替代国外服务趋势。原因是，2006 年以前国内生产性服务发展相对落后，制造业出口对国外生产性服务依赖度较高，之后中国生产性服务业发展迅速，国内服务要素供给条件和供给质量持续提升（高翔和袁凯华，2020），为中国制造业出口中内含的国内服务要素占比提高提供支撑和保障。

从按要素密集度分类的制造业细分行业出口中服务来源构成及变动趋势来看，技术密集型制造业和资源密集型制造业的出口中国内服务要素较高，劳动密集型制造业的出口中国内服务要素含量增长较快，资本密集型制造业的出口中国内服务要素含量增幅较小。具体来看，非金属矿物制品（C30）、金属制品（C33）等资源密集型制造业出口的国内服务要素含量最高分别达到16.80%和14.44%，化学产品（C26），通用、专用设备（C34~35），交通运输设备制造业（C36~37），电气、机械及器材制造业（C38），通信设备、计算机及其他电子设备制造业（C39）等技术密集型制造业出口的国内服务要素含量都在15%以上，其中化学产品（C26）出口的国内服务要素含量高达19.40%，同时出口的国外服务要素含量有所下降，说明出口中国内服务要素提高是制造业出口服务化水平提升的原因。2000年，食品制造及烟草加工业（C13~16）、纺织品（C17）、纺织服装鞋帽皮革羽绒及其制品（C18~19）三类制造业出口的国内服务要素含量分别只有6.91%、6.72%和6.65%，在2011年分别增长至13.93%、13.89%和13.97%，同时出口的国外服务要素含量出现了不同程度下降，说明劳动密集型制造业总体出口服务化水平的提升是由出口国内服务拉动。资本密集型制造业出口的国内服务要素含量增幅相对较小，出口的国外服务要素含量降幅也很小，2000~2011年，木材加工品和家具（C20~21）制造业国内服务要素含量仅增加3.62个百分点。

上述现象表明，总体上中国制造业及细分行业的出口服务化水平不断提升，虽然不同要素密集度制造业行业出口服务化水平变动趋势存在一定差异，但出口国内服务要素含量提高是出口服务化水平提升的主要原因，出口服务化出现"国内服务替代国外服务"的现象。

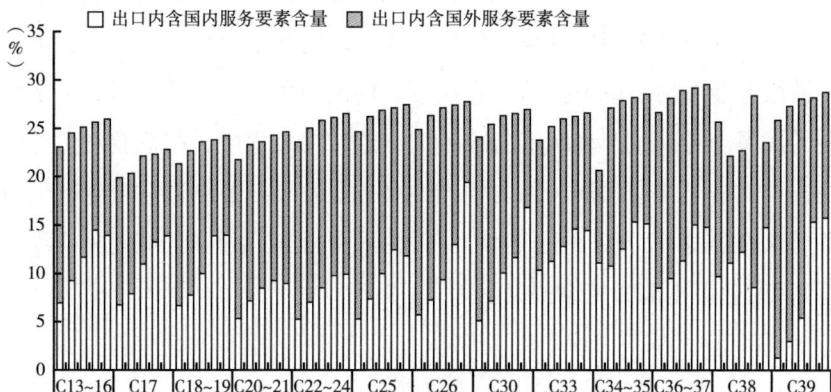

图 3-9　中国各制造业行业出口中服务要素含量、来源及变动趋势

注：每类制造业行业对应的五根柱状图从左至右分别是 2000 年、2003 年、2006 年、2009 年、2011 年出口中内含的服务要素及来源。

资料来源：根据世界投入产出数据库（WIOD）测算。

第六节　中国生产性服务业的就业特征

一　生产性服务业就业吸纳能力持续提高

2003~2019 年，中国生产性服务业城镇单位吸纳就业人数呈不断增长趋势，在就业人员中比重稳中有升（见图 3-10）。虽然在 2003~2005 年中国生产性服务业从业人员有过轻微的减少，但这种情况在 2006 年之后发生转变。可能的原因是在加入 WTO 的初期，中国服务业特别是金融、交通、物流、信息等生产性服务业开放程度较低，国际竞争力不高，导致制造业对国内生产性服务需求有限，加上受到国外高级生产性服务业进口冲击，多种因素叠加致使加入 WTO 初期生产性服务业就业吸纳能力出现短暂的下降。2006 年之后，生产性服务业就业吸纳能力发生彻底改变，就业吸纳能力逐年提升，在 2019 年达到最高值，生产性服务业城镇单位共吸纳就业人数 4350 万人。可能的原因是随着中国服务领域开放水平的持续扩大和开放程度的深化，国内逐渐认识到生产性服务业在产业升级中的重要作用，各级政府相继出台了一系列促进生产性服务业发展的政策措施，在这一时期国内生产性服务业得到一定程度的发展。另外生产型制造向服务型制造转变过程中，制造业对生产性服务投入需求快速增加。国内生产性服务业发展以及制造业对生产性服务需求急剧扩大，双重因素使生产性服务业成为重要的就业"蓄水池"，就业吸纳能力持续提高。

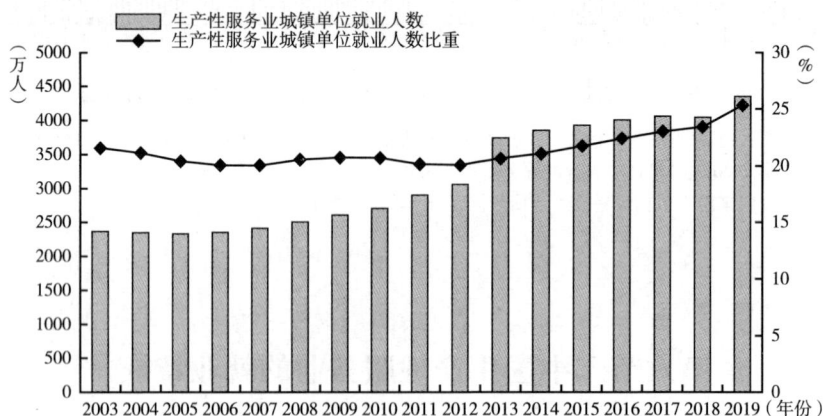

图 3-10　中国生产性服务业城镇单位就业人数、比重及变动趋势

资料来源：根据国家统计局统计数据库、《中国人口和就业统计年鉴》测算。

2003～2019 年，生产性服务业城镇单位就业人数比例在波动中增长。2003～2012 年，生产性服务业城镇单位就业人数比例在20.5%上下浮动，原因是在此期间制造业与生产性服务业吸纳就业人数都呈增加趋势，使生产性服务业就业人数虽然增长，但在城镇单位就业比重变化不明显。然而 2013 年之后，由于制造业就业吸纳人数开始下降，而生产性服务业就业吸纳能力持续提升，故生产性服务业城镇单位就业人数比重开始出现增长，并在 2019 年达到25.35%，为历史峰值。

二　各细分生产性服务业就业吸纳能力在波动中提高

从生产性服务业吸纳就业的内部结构来看，2003~2019 年，各细分生产性服务业行业吸纳就业人数在波动中实现增长（见图 3-11）。其中，金融业，信息传输、软件和信息技术服务业，租赁和商务服务业以及科学研究和技术服务业四个行业吸纳就业人数增长较快，尤其是金融业、租赁和商务服务业。2003 年，金融业、租赁和商务服务业吸纳就业人数在生产性服务业内部分别排第三和第五，分别为 353 万和 183 万城镇单位就业人员提供就业岗位，到了 2019 年，吸纳就业人数分别达到 826 万和 660 万，排名分别上升至第二和第四。金融业，科学研究和技术服务业，信息传输、软件和信息技术服务业等知识密集型生产性服务业就业吸纳能力提升，原因是这一时期我国研发设计水平不断提高，数字经济、互联网金融等新兴业态出现，创造出了大量就业岗位，金融分析师、软件工程师、数据分析师等职位成为热门就业选择。批发与贸易经纪代理服务以及交通运输、仓储和邮政业就业吸纳能力有些波动。在 2012 年以前，批发与贸易经纪代理服务吸纳就业人数变动很小，而

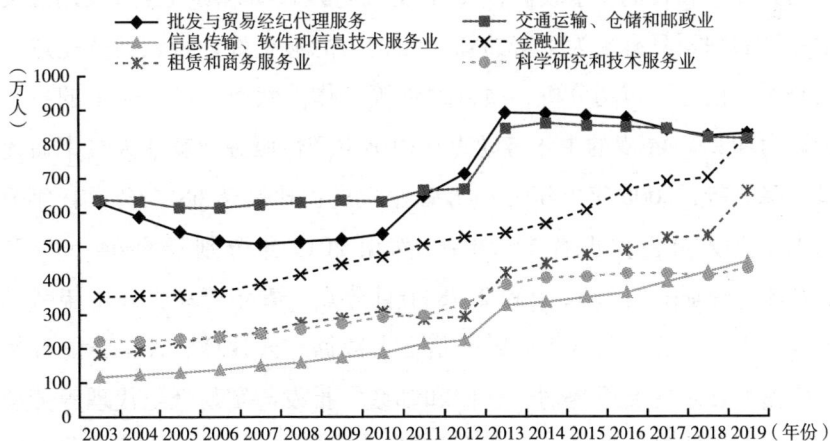

图 3-11　中国生产性服务业各细分行业就业吸纳能力变化趋势

资料来源：根据国家统计局统计数据库、《中国人口和就业统计年鉴》测算。

交通运输、仓储和邮政业吸纳就业人数先下降再增长，2012 年恢复到 2003 年就业吸纳水平。2013 年批发与贸易经纪代理服务以及交通运输、仓储和邮政业吸纳就业人数跳跃式增长，达到峰值之后则出现轻微下跌，在 2019 年交通运输、仓储和邮政业就业吸纳人数已低于金融业，位居第三。

三　生产性服务业就业人员年龄结构呈现高龄化倾向

借鉴解韬和任拓宇（2020）对劳动年龄结构的划分方法，16 ~ 24 岁为青年劳动力，25 ~ 44 岁为中年劳动力，45 ~ 64 岁和 65 岁及以上为老年劳动力。从表 3-1 可知，2005 ~ 2019 年，中国生产性服务业就业人员的年龄结构出现高龄化倾向，老年劳动力占比持续提高，中青年劳动力比重不断走低。45 ~ 64 岁的生产性服务业老年劳动力，2005 年占比为 19.51%，此后一直处于上升过程，2019 年生产性服务业就业人员中 45 ~ 64 岁老年劳动力占比达到 25.97%，增加了 6.46 个百分点。同样，65 岁及以上老年劳动力占比也从 2005 年的 0.48% 上升到 2019 年的 0.62%。原因是金融业、科学研究和技术服务业等生产性服务业对劳动力知识和技能要求较高，45 岁及以上的老年劳动力经过长期的技术和经验积累具有更为丰富的知识结构，能够更好地带领团队完成产品研发、设计、市场分析、项目融资等工作。然而，16 ~ 24 岁的青年劳动力和 25 ~ 44 岁的中年劳动力在中国生产性服务业就业人员中占比呈下降趋势，2005 年中年劳动力就业人员占比高达 68.47%，青年劳动力就业人员占比也有 11.54%，然而 2019 年分别降为 64.65% 和 8.76%，分别降低 3.82 个和 2.78 个百分点。青年劳动力和中年劳动力就业人员占比不断减少的原因是，大数据、云计算、人工智能等新一代信息技术在交通运输、仓储和邮政，批发与贸易经纪代理等劳动密集型生产性服务业的应用越来越普遍，降低了这些行业对中青年劳动力的需求，越来越多的中青年劳动力转移到外卖、主播、网约车等消费者服务业（见表 3-4）。

表 3-4　中国生产性服务业就业人员的年龄构成

单位：%

年龄段	2005 年	2010 年	2015 年	2019 年
16~24 岁	11.54	12.20	10.94	8.76
25~44 岁	68.47	64.99	64.94	64.65
45~64 岁	19.51	22.45	23.70	25.97
65 岁及以上	0.48	0.36	0.42	0.62

资料来源：根据《中国劳动统计年鉴》数据测算得到。

为了更清晰地反映中国生产性服务业就业人员的年龄构成变化，本书绘制了 2005 年、2010 年、2015 年以及 2019 年的就业人员年龄金字塔（见图 3-12、图 3-13、图 3-14、图 3-15）。2005 年，我国生产性服务业吸纳的就业人员年龄结构呈"上小下大"的结构，中年劳动力和青年劳动力是生产性服务业就业的主力，45 岁及以上老年劳动力占比较低。然而在 2010 年，中年劳动力就业人员占比出现下降，尤其是 30~39 岁年龄段的中年劳动力就业人员占比显著降低，但 45~49 岁年龄段和 55~59 岁年龄段的老年劳动力就业人员占比明显提升，从而提高了老年劳动力就业人员比重。2015 年继续延续了中年劳动力就业人员占比降低趋势，青年劳动力就业比重也开始下降，老年劳动力就业人员占比则不断攀升。到了 2019 年，中国生产性服务业就业人员年龄金字塔顶部持续变宽，意味着老年劳动力就业人员占比进一步扩大，尤其是 50~59 岁年龄段增幅较大，与之形成鲜明对比的是 30~44 岁年龄段的中年劳动力与 16~19 岁年龄段的青年劳动力就业人员的比重持续降低。以上关于中国生产性服务业就业人员的年龄构成发展趋势表明，随着中年劳动力和青年劳动力就业人员比重不断降低，老年劳动力就业人员占比持续提升，中国生产性服务业就业人员的年龄结构趋于高龄化。

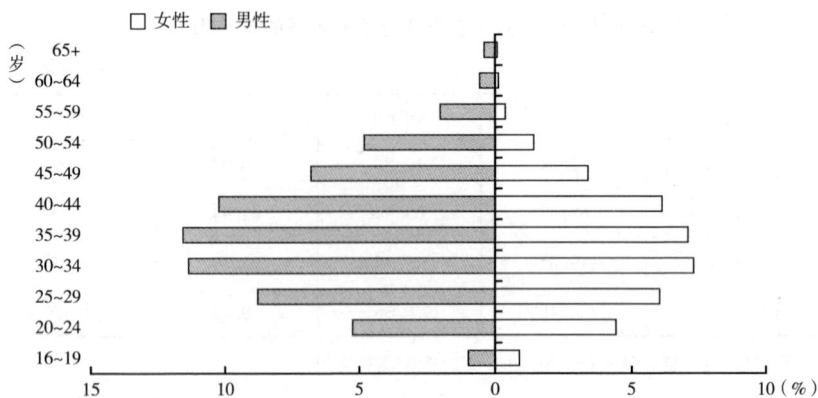

图 3-12　2005 年生产性服务业就业人员年龄金字塔

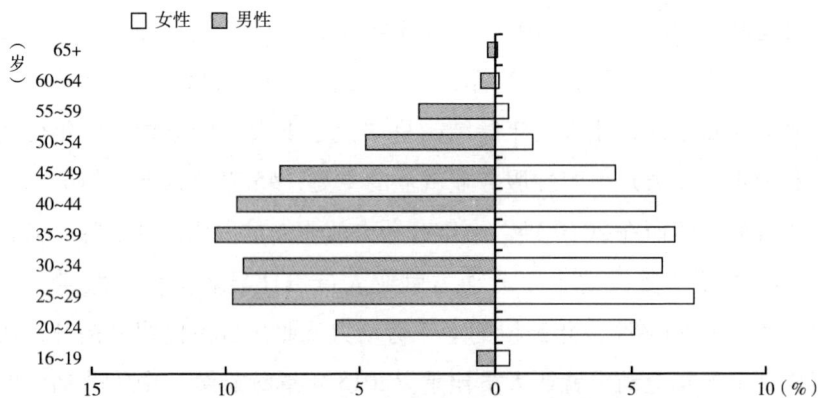

图 3-13　2010 年生产性服务业就业人员年龄金字塔

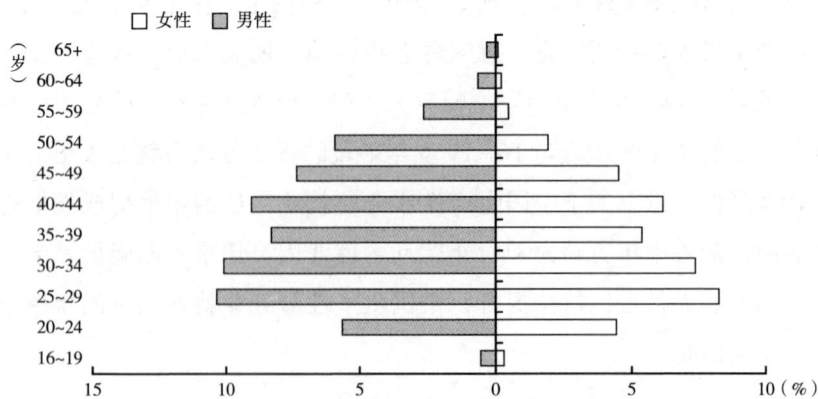

图 3-14　2015 年生产性服务业就业人员年龄金字塔

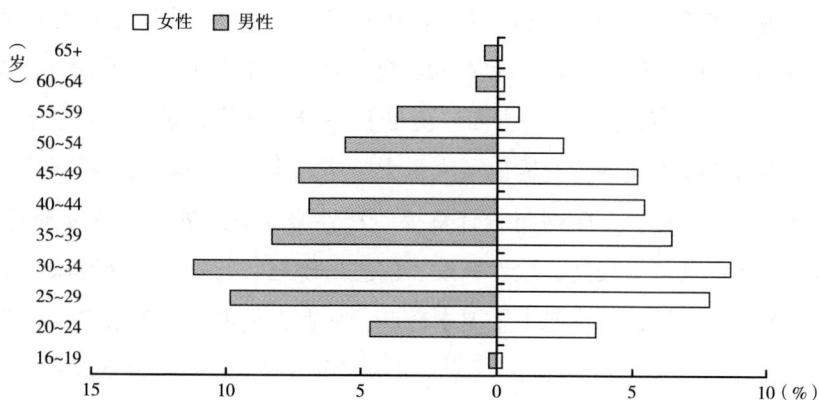

图 3-15　2019 年生产性服务业就业人员年龄金字塔

资料来源：根据《中国劳动统计年鉴》数据测算得到。

四　生产性服务业就业人员受教育程度持续提高

表 3-5 和图 3-16 报告了 2003~2019 年中国生产性服务业就业人员的受教育构成状况。从生产性服务业就业人员的受教育程度构成趋势变化可知，2003~2019 年，高中及以下学历的低学历就业人员占比呈不断下降趋势，2003 年低学历就业人员占比接近 80%，但之后不断降低，到 2019 年减少至不到 50%，特别是初中学历就业人员占比降幅达到 16.76 个百分点，高中、小学以及未上过学三种低教育程度就业人员占比分别下降 5.85 个、6.11 个和 0.88 个百分点。低教育程度的从业人员在生产性服务业就业人员中占比持续降低，一方面是由于我国教育事业取得了巨大进步，劳动力的学历水平有较大幅度提高，另一方面是仓储、装卸搬运、包装等劳动密集型生产性服务逐渐普及人工智能技术，减少了对高中及以下劳动力需求。

形成鲜明对比的是大学专科及以上学历的高学历就业人员在生产性服务业就业人员中的比重不断攀升，从 2003 年占比 20.51% 上升到 2019 年占比超过 50%，上涨幅度接近 30 个百分点。从高学历就业人员内部来看，高教育程度中的各学历层次就业人员占比都有不同幅度增加，大学专科、大学本科和研究生学历就业人员在生产性服务业就业人员的比重分别提高 9.53 个、17 个和 3.08 个百分点，在 2019 年占比分别达到 23.43%、23.18% 和 3.51%。高教育程度的从业人员在生产性服务业就业人员中所占比例的提高，一方面，获益于 1999 年的高校扩招，向包括生产性服务业在内的各行业输出了大量大学毕业生；另一方面，我国信息技术、交通运输、互联网与云计算等生产性服务业发展水平持续提升，在国际市场竞争力较高，软件开发、信息系统运行与维护、金融服务等工作对劳动力知识和技能水平要求较高，从业人员需要具备较高的受教育程度，从而为大学扩招后的劳动力市场创造了大量高技能就业岗位。

表 3-5　2003~2019 年中国生产性服务业就业人员的受教育程度构成

单位：%

受教育程度	2003 年	2005 年	2007 年	2009 年	2011 年	2013 年	2015 年	2017 年	2019 年
未上过学	1.03	1.00	0.57	0.49	0.29	0.25	0.40	0.22	0.15
小学	8.99	8.81	7.37	5.43	5.04	4.42	3.86	3.37	2.88
初中	39.58	36.88	37.35	33.23	31.40	31.43	26.23	24.17	22.82
高中	29.88	26.91	26.88	28.01	27.44	27.22	24.20	24.46	24.03
大学专科	13.90	15.61	16.42	18.21	19.00	19.08	22.67	22.84	23.43
大学本科	6.18	9.62	10.20	13.26	14.63	15.41	20.07	22.08	23.18
研究生	0.43	1.17	1.22	1.38	2.20	2.18	2.57	2.86	3.51
合计	100	100	100	100	100	100	100	100	100

资料来源：根据《中国劳动统计年鉴》数据测算得到。

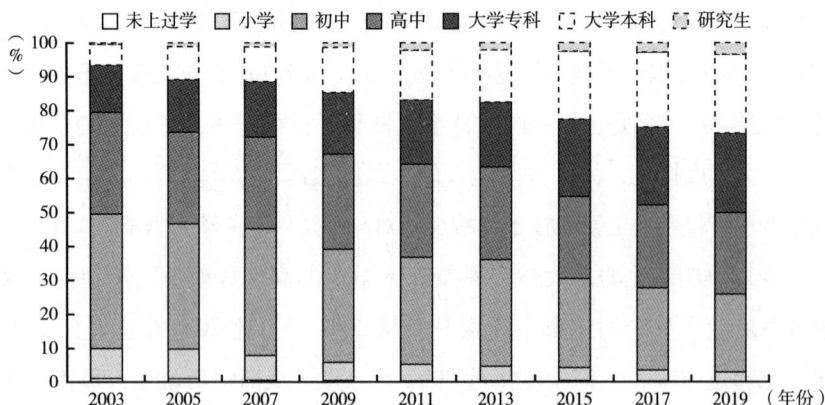

图 3-16　中国生产性服务业就业人员的受教育程度构成状况及变动趋势

资料来源：根据《中国劳动统计年鉴》数据测算得到。

五　生产性服务业就业呈男性为主的性别构成特征

2003~2019 年，生产性服务业就业人员性别比都是男性比例大幅度高于女性，但性别比变化有些波动（见图 3-17）。2003~2007 年，生产性服务业就业人员性别比有所提高，然而之后呈不断下降趋势，2019年降低至 143.69，但男性是生产性服务业就业人员的主力军这一格局并没有发生改变。从生产性服务业内部细分行业就业人员性别比来看，金融业、批发与贸易经纪代理服务业两个就业人员性别比最低的行业在2003 年性别比分别为 114.77 和 124.08，之后就业性别比一直呈下降趋势。金融业就业人员性别比在 2011 年之后得到彻底改变，2011 年金融业就业人员性别比降为 96.77，说明女性首次超越男性成为金融业就业的主力，2019 年更是低至 79.16，这与金融业服务品质提升需要大量女性劳动力有关。批发与贸易经纪代理服务业就业人员性别比在 2015 年之后也发生扭转，2015 年就业人员性别比减少为 97.61，女性从业人员

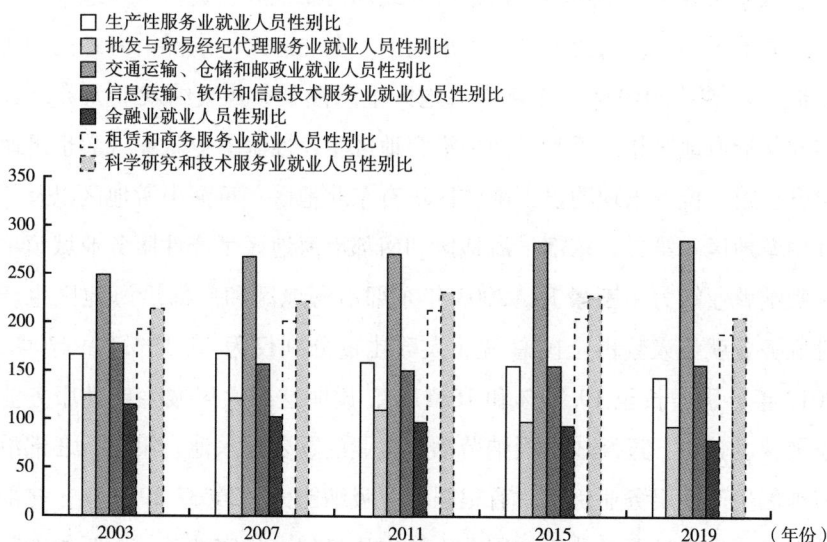

图 3-17　中国生产性服务业就业性别比及变动趋势

资料来源：根据《中国劳动统计年鉴》数据测算得到。

首次超过男性成为就业主力，2019 年继续降低至 93.07。交通运输、仓储和邮政业是就业性别比最高的生产性服务行业，2003 年已经高达 248.77，就业人员中男女比例失衡状况继续扩大，2019 年攀升至 285.76，说明这些行业对身体素质和体能有一定要求，相比女性而言男性更加适合。信息传输、软件和信息技术服务业，租赁和商务服务业以及科学研究和技术服务业三类服务业就业人员性别比处于中间位置，就业人员性别比变化趋势有些波动，科学研究和技术服务业、租赁和商务服务业两类生产性服务业就业人员性别比呈"先升后降"趋势，而信息传输、软件和信息技术服务业就业人员性别比则出现"先降后升"现象。

六　生产性服务业从业人员的空间分布变动明显

图 3-18 反映了 2003~2019 年中国八大经济区生产性服务业就业人数占比变动趋势特征，可知，第一，各地区生产性服务业城镇单位吸纳就业人数占比出现一定波动。2003 年生产性服务业城镇单位就业人数在总就业人数中比重从高到低依次为北部沿海地区、黄河中游地区、东部沿海地区、长江中游地区、西南地区、东北地区、南部沿海地区和西北地区。到了 2019 年，东部沿海地区生产性服务业吸纳就业人数已经与北部沿海地区相差无几，南部沿海地区生产性服务业就业人数也迅速攀升至第三位，出现明显下降的区域有东北地区、黄河中游地区以及长江中游地区。第二，东部沿海地区和南部沿海地区生产性服务业城镇单位吸纳就业能力不断攀升。2003 年东部沿海地区和南部沿海地区生产性服务业就业人数占全国总就业人数比重分别仅为 14.13% 和 9.70%，2019 年分别增长至 19.77% 和 16.11%，说明这两大区域生产性服务业发展速度较快，逐渐成为吸纳劳动力就业的重要蓄水池。第三，北部沿海地区生产性服务业仍然具有很强就业吸纳能力。2003~2019 年，北部沿海地区生产性服务业吸纳就业人数占比虽然有一定波动，但吸纳的就业人员占比依旧是最多的，说明以北京和天津为代表的北部沿海地区生产性服务业发展势头强劲，集中了大量的科研院所和企业总部，在研

发、设计、品牌等服务环节具有天然优势。第四，东北地区、长江中游
地区和黄河中游地区生产性服务业吸纳就业人员比重有一定下降。东北
地区和黄河中游地区问题在于传统制造业产能过剩以及产业结构升级缓
慢，长江中游地区经济发展重心放在承接长三角和珠三角地区转移的制
造业，因此生产性服务业发展以及吸纳劳动力就业人数占比有所下降。

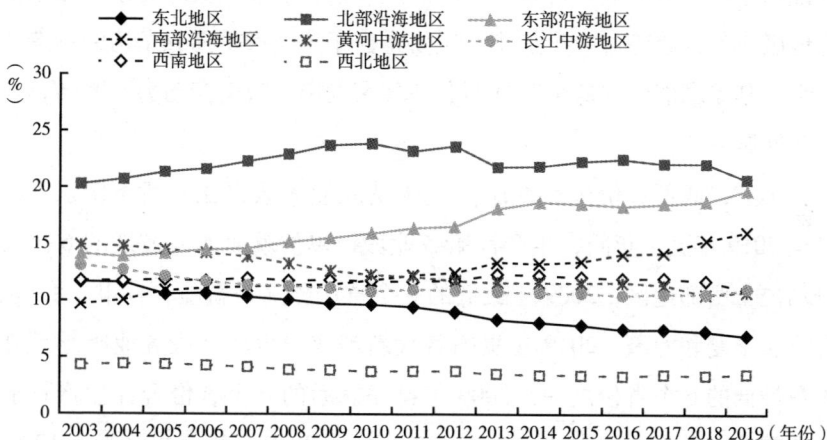

图 3-18　中国八大经济区生产性服务业城镇单位就业人数占比及变动趋势

资料来源：根据《中国劳动统计年鉴》数据测算得到。

进一步从省级层面来看，表 3-6 报告了 2009 年和 2019 年省级层面
生产性服务业城镇单位就业人数情况。对比发现，2009 年至 2019 年这
十年间生产性服务业就业人员的省级空间分布发生了一些变化，呈现以
下特征。

第一，各省份生产性服务业城镇单位吸纳就业人员均快速增长。
2009 年至 2019 年这十年间各省份的生产性服务业吸纳的就业人数都增
加了，生产性服务业城镇单位就业人数超过 100 万的省份从 2009 年的
7 个增加到 2019 年的 15 个，超过 200 万的省份从 2009 年的 1 个增加到
2019 年的 6 个。2009 年至 2019 年这十年间生产性服务业吸纳就业人数
增长超过 100 万的有 4 个省市，分别为广东、上海、江苏和北京，生产

性服务业就业增长处于 50 万~100 万区间的省份有 7 个。

第二，生产性服务业就业人员集聚趋势明显。从生产性服务业城镇单位就业人数空间分布的格局来看，北京、上海、广东、江苏、浙江和山东是生产性服务业从业人员最多的省份，2009 年这 6 个省份生产性服务业就业人员占全国比重为 41.47%，而在 2019 年攀升至 47.72%，这说明生产性服务业具有空间集聚发展特征，从业人员向北京、东南沿海地区流动的趋势进一步加剧。主要是由于这些省份拥有发达的制造业体系，其需求能够支撑生产性服务业集聚发展，吸引劳动力不断转移至生产性服务业。

第三，西部省份生产性服务业吸纳就业人数占比有所下降。2009年至 2019 年这十年间，生产性服务业城镇单位就业人数最低的 6 个省份均位于西部地区，2009 年最低的 6 个省份分别是新疆、甘肃、海南、青海、宁夏和西藏，2019 年贵州替代新疆成为生产性服务业吸纳就业人数最低的 6 个省份之一。2009 年排序靠后的 6 个省份合计生产性服务业就业人员在全国占比仅为 4.43%，然而 2019 年进一步降为 4.12%，说明生产性服务业就业空间分布进一步失衡，生产性服务业人才不断向东部地区集聚。原因是西部地区承接了大量东部地区转移制造业，为了服务于转移过来的制造业企业，生产性服务业总体就业仍是增长，但是增速要慢于东部地区，故西部省份生产性服务业就业占比有所降低。

表 3-6　省级层面生产性服务业城镇单位就业人数

单位：万人

省份	2009 年	2019 年	省份	2009 年	2019 年	省份	2009 年	2019 年
北京	286.1021	419.9883	安徽	57.3704	114.7542	四川	87.6870	156.7879
天津	53.5551	94.3276	福建	62.2861	115.1330	贵州	37.1610	57.4871
河北	92.5793	130.4319	江西	45.7139	74.6353	云南	54.7791	72.5390
山西	70.3042	90.3649	山东	137.7988	209.1271	西藏	3.2454	10.3504
内蒙古	45.7970	68.5131	河南	119.7815	171.3602	陕西	68.0746	117.1160
辽宁	98.4711	124.6508	湖北	88.9342	143.7629	甘肃	31.9814	45.3671

省份	2009 年	2019 年	省份	2009 年	2019 年	省份	2009 年	2019 年
吉林	50.1048	66.1376	湖南	75.9968	121.1454	青海	11.0562	14.9728
黑龙江	84.8000	94.2753	广东	198.3889	522.54	宁夏	10.3898	15.3700
上海	132.0328	354.5040	广西	57.4323	75.912	新疆	35.9844	59.9533
江苏	114.8618	259.4989	海南	13.8596	26.2647			
浙江	126.0628	200.6167	重庆	47.3856	92.2335			

注：由于台湾地区、香港特别行政区、澳门特别行政区缺乏数据，本书测算得到 31 个省、自治区、直辖市的制造业服务化水平。

资料来源：根据《中国劳动统计年鉴》数据测算。

第七节　中国制造业的就业特征

一　制造业就业吸纳能力有所降低

2003~2019 年，中国制造业城镇单位吸纳就业人数呈"先升后降"特征，在就业人员中比例呈波动中下降趋势（见图 3-19）。制造业城镇单位吸纳的就业人数变化趋势分为两个阶段，2003~2013 年为就业人数不断增加阶段，2003 年制造业城镇单位吸纳就业人数为 2980.5 万人，2013 年达到峰值，共吸纳了 5257.9 万人就业。原因是加入 WTO 之后，我国大力发展加工贸易，制造业规模不断扩大，建立起了全球最完善的制造业体系，同时制造业全球价值链分工地位也有所提高，为劳动力市场创造了大量就业机会。2013 年之后，制造业城镇单位吸纳就业人数出现下降趋势，2019 年吸纳就业人数减少为 3832 万人，降至 2011 年以前的就业吸纳水平。原因包括：第一，技术进步与工业机器人的应用使制造业劳动生产率提升，导致用工规模不断减少；第二，数字经济、平台经济快速发展促进服务业逐渐成为就业蓄水池，吸引、转移了大量制造业劳动力从事服务类工作；第三，传统劳动密集型制造业面临人工成本增加和产能过剩等问题，部分企业缩减产能，还有一些企业搬迁到生产成本较低的发展中国家，降低了制造业就业吸纳人数。

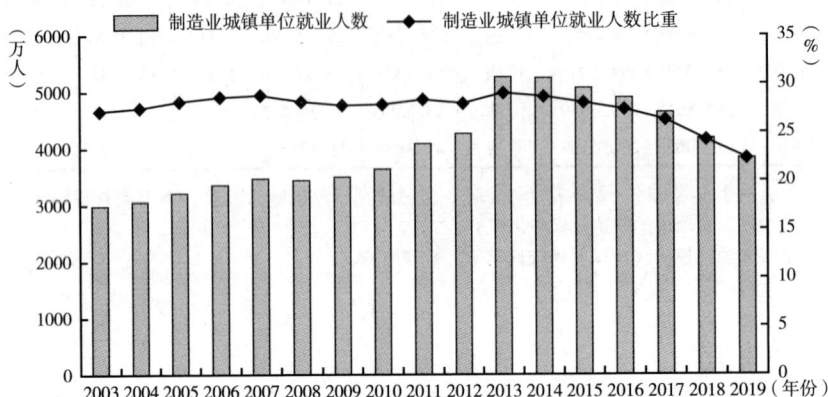

图 3-19　中国制造业城镇单位就业人数、比重及变动趋势

资料来源：根据《中国劳动统计年鉴》数据测算。

2003~2019 年，制造业城镇单位就业人数占比呈波动中下降的趋势。2003~2013 年，制造业城镇单位吸纳就业人数虽然呈上升趋势，制造业城镇单位就业人员在总就业人员中占比却没有太大变化，只是在 28% 上下浮动，这是由于同期服务业吸纳就业人数也一直呈增长趋势，抵消了制造业就业人数增长效果，导致制造业就业人数占比没有显著变化。但 2013 年之后，制造业就业人员占比就开始明显降低，2019 年降低至历史最低点，只有 22.33%，原因是，2013 年之后制造业城镇单位吸纳就业人数呈不断减少趋势，而服务业从业人员却不断增长，故制造业就业占比持续降低。反映了目前中国就业结构的趋势是制造业吸纳就业占比持续减少，生产性服务业吸纳就业占比不断增加，劳动力从制造业不断向服务业转移。

二　制造业按要素密集度分组行业的就业人数及其占比变动的特征

制造业按要素密集度可以分为资源密集型、劳动密集型、资本密集

型以及技术密集型四类（郭克莎，2005；沈能等，2014）。2003～2019
年制造业按要素密集度划分的行业吸纳就业人数及其在总就业人数中占
比变化情况如图 3-20 所示。制造业按要素密集度划分的行业吸纳的就
业人数变化趋势呈"先升后降"，这与制造业总体吸纳就业人数变化特
征一致，2003～2013 年，制造业各细分行业吸纳的就业人员逐渐递增，
在 2013 年到达峰值后开始下降。

制造业按要素密集度划分的行业在制造业就业中占比变化则出
现不同特征。技术密集型制造业吸纳就业人数占比持续提高，从
2003 年占比 42.69%攀升至 2019 年占比 53.82%，增长 11.13 个百
分点，这主要得益于在这一时期中国通用设备、专用设备、交通运
输设备、通信设备等技术密集型制造业迅速发展，通过带动上下游
产业链创造了大量工作岗位。劳动密集型制造业和资本密集型制造
业吸纳就业人数占比变化趋势是波动中下降，特别是劳动密集型制
造业就业人数占比下降较为明显，从 2003 年的 29.10%降为 2019 年
的 23.03%，下降了 6.07 个百分点，说明中国劳动密集型制造业面
临产能过剩，正在进行产业结构升级，清理"僵尸企业"淘汰过剩
产能，推进供给侧改革。资源密集型制造业吸纳就业人数占比则围
绕 13.5%上下浮动，没有明显偏离。从各要素密集度制造行业吸纳
就业占比来看，技术密集型制造业吸纳就业人数占比不断增加，劳
动密集型制造业吸纳就业人数占比的波动下降趋势，表明中国产业
结构正处于优化升级过程，这将有助于吸纳更多高学历、高技能劳
动力就业，优化就业结构。

三　制造业就业人员年龄结构呈现高龄化倾向

2005～2019 年，中国制造业就业人员的年龄结构出现高龄化倾向，
老年劳动力（45 岁及以上）占比持续提高，青年劳动力（16～24 岁）
比重不断降低，中年劳动力（25～44 岁）比例变化不大（见表 3-7）。
具体而言，45～64 岁的制造业老年劳动力，2005 年占比为 16.31%，此

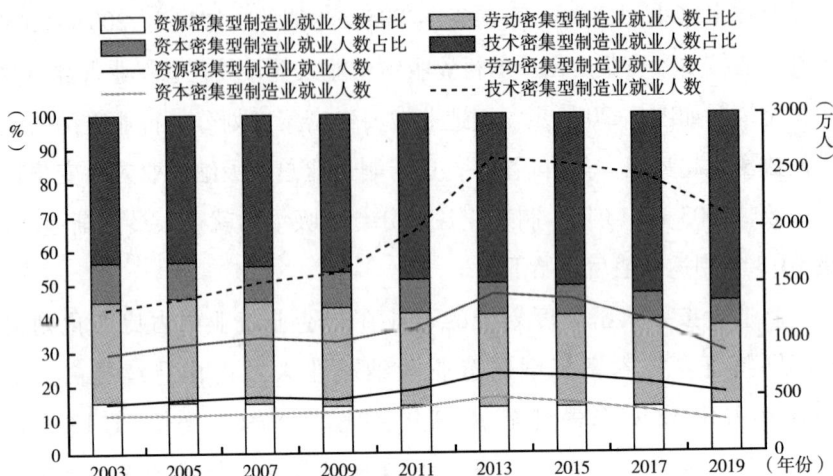

图 3-20 中国制造业按要素密集度分组行业的就业人数、比重及变动趋势

资料来源：根据《中国劳动统计年鉴》数据测算。

后不断攀升，2019 年在制造业总就业人数中占比达到 31.23%，增加了 14.92 个百分点。同样，65 岁及以上老年劳动力占比也从 2005 年的 0.41%上升到 2019 年的 1.24%。然而，16~24 岁的青年劳动力在制造业中就业占比从 2005 年的 22.12%降至 2019 年的 7.32%，降幅达到 14.8 个百分点。同时，中年劳动力就业占比变化不大，保持在 60%上下。这说明，一方面制造业对年轻人的吸引力正在减弱，另一方面中国劳动年龄人口开始出现下降趋势。

为了更清晰地反映中国制造业就业人员的年龄构成变化特征，本书绘制了 2005 年、2010 年、2015 年以及 2019 年的就业人员年龄金字塔（见图 3-21、图 3-22、图 3-23、图 3-24）。2005 年，中国制造业吸纳的就业人员年龄结构呈"上小下大"的结构，制造业吸纳的劳动力主要是 44 岁及以下中年劳动力和青年劳动力，45 岁及以上老年劳动力占比较低。2010 年，中年劳动力和青年劳动力依然是制造业就业市场的主力军。但到了 2015 年，制造业吸纳的 45~49 岁和 50~54 岁两个年龄段的老年劳动力增长较快，占比分别达到

12.88%和8.19%，提升了老年劳动力在制造业中就业比重。到了2019年，中国制造业就业人员年龄金字塔顶部持续变宽，意味着老年劳动力就业人员占比进一步扩大，制造业从业人员中各年龄段老年劳动力占比都出现增长。形成鲜明对比的是中年劳动力以及青年劳动力就业人员占比持续降低。以上关于中国制造业就业人员的年龄构成发展趋势表明，随着青年劳动力就业人员占比不断降低和老年劳动力就业人员占比持续提升，中国制造业就业人员的年龄结构趋于高龄化。

表3-7　中国制造业就业人员的年龄构成

单位：%

年龄段	2005 年	2010 年	2015 年	2019 年
16~24 岁	22.12	21.65	12.08	7.32
25~44 岁	61.16	59.1	61.79	60.21
45~64 岁	16.31	18.84	25.57	31.23
65 岁及以上	0.41	0.41	0.56	1.24

资料来源：根据《中国劳动统计年鉴》数据测算得到。

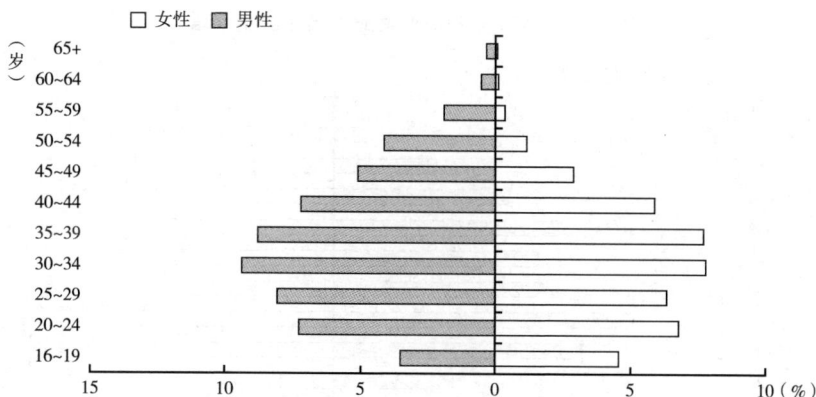

图3-21　2005 年制造业就业人员年龄金字塔

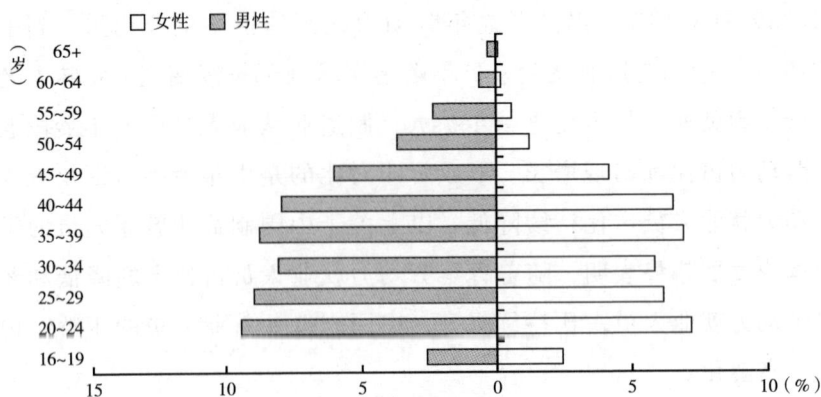

图 3-22 2010 年制造业就业人员年龄金字塔

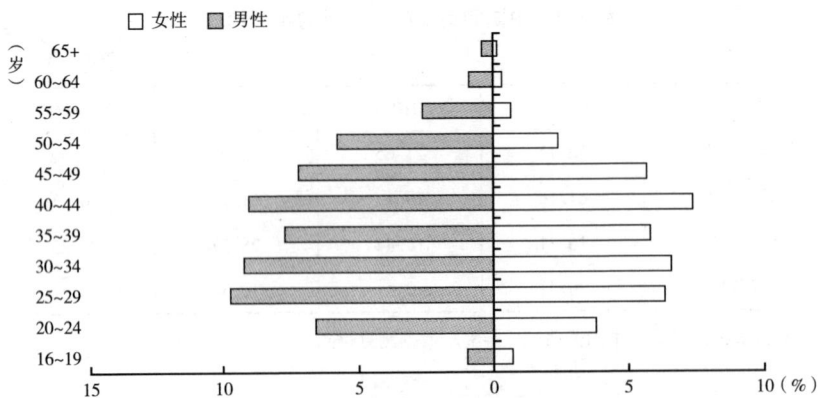

图 3-23 2015 年制造业就业人员年龄金字塔

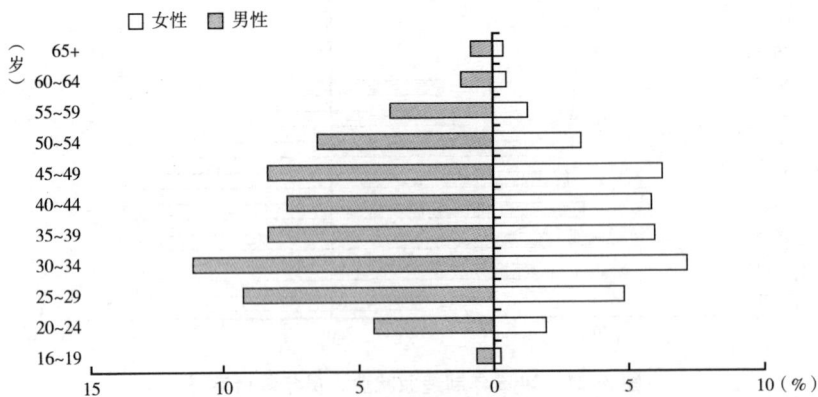

图 3-24 2019 年制造业就业人员年龄金字塔

资料来源：根据《中国劳动统计年鉴》数据测算得到。

四　制造业就业人员受教育程度提高

表 3-8 和图 3-25 报告了 2003~2019 年中国制造业就业人员的受教育构成状况。从生产性服务业就业人员的受教育程度构成趋势变化可知，2003~2019 年大学专科及以上学历的高学历就业人员占比呈持续增长特征。2003 年高学历就业人员占比只有 6.5%，到 2019 年高学历就业人员在制造业中占比达到 26.3%，增长了 19.8 个百分点。形成鲜明对比的是，高中及以下学历的低技能劳动力在制造业中占比不断减少，从 2003 年的 93.5% 降为 2019 年的 73.7%。从制造业低学历就业人员内部来看，小学和初中两类受教育程度劳动力就业占比下降最为明显，分别下降 7.6 个和 12.3 个百分点，高中学历劳动力就业占比变化不大。这说明制造业从业人员受教育程度不断提高，就业学历结构持续优化。一方面，中国制造业服务化转型以及工业机器人的应用减少了加工、组装等生产流水线对低技能劳动力需求；另一方面，制造业向研发、设计、品牌以及营销等环节实现功能升级甚至链条升级过程中必然增加对高学历劳动力需求。

表 3-8　中国制造业就业人员的受教育程度构成情况

单位：%

受教育程度	2003 年	2005 年	2007 年	2009 年	2011 年	2013 年	2015 年	2017 年	2019 年
未上过学	1.5	1.65	0.9	0.7	0.4	0.5	0.52	0.4	0.4
小学	15.1	16.33	11.3	10.3	7.8	7.5	7.08	6.5	7.5
初中	53.8	55.83	52.4	52.2	45.4	45.3	44.27	43.5	41.5
高中	23.2	19.8	25.4	24.7	28.9	27.5	25.78	24.8	24.3
大学专科	4.7	4.49	7	8.1	11.7	12.3	13.7	14.9	15.4
大学本科	1.7	1.75	2.9	3.6	5.5	6.3	7.87	8.9	9.9
研究生	0.1	0.14	0.2	0.3	0.4	0.5	0.79	0.91	1
合计	100	100	100	100	100	100	100	100	100

资料来源：根据《中国劳动统计年鉴》数据测算得到。

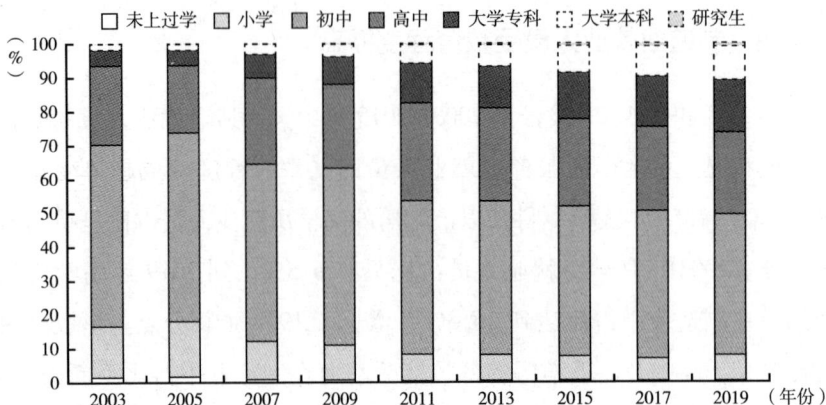

图 3-25　中国制造业就业人员受教育程度构成及变动趋势

资料来源：根据《中国劳动统计年鉴》数据测算得到。

五　制造业就业人员的性别比持续提高

2003～2019 年，制造业就业人员性别比都是男性比例大幅度高于女性，但性别比变化有些波动（见图 3-26）。2003～2011 年，制造业就业人员性别比有所提高，然而 2015 年就业性别比有所降低，2019 年又升至 164.73，达到峰值。虽然制造业就业人员性别比有些波动，但男性是制造业就业人员的主力军这一格局并没有发生改变。从按要素密集度分组的制造业就业人员性别比来看，资本密集型制造业是唯一保持就业性别比持续提高的行业，资源密集型、劳动密集型以及技术密集型三类制造业的就业性别比都是波动中提高，并且均在 2019 年达到各自行业就业性别比最大值。特别是化学纤维、黑色金属冶炼等资本密集型制造业和石油加工、非金属矿物制品等资源密集型制造业，就业人员性别比最高，2019 年男女比分别达到 354.68 和 213.48，远高于劳动密集型制造业和技术密集型制造业。制造业及各行业就业性别比在波动中提高这一现象表明，中国制造业以男性为主这一格局不仅没有改变，而且男女比呈不断扩大趋势，女性劳动力正不断从制造业向服务业转移。

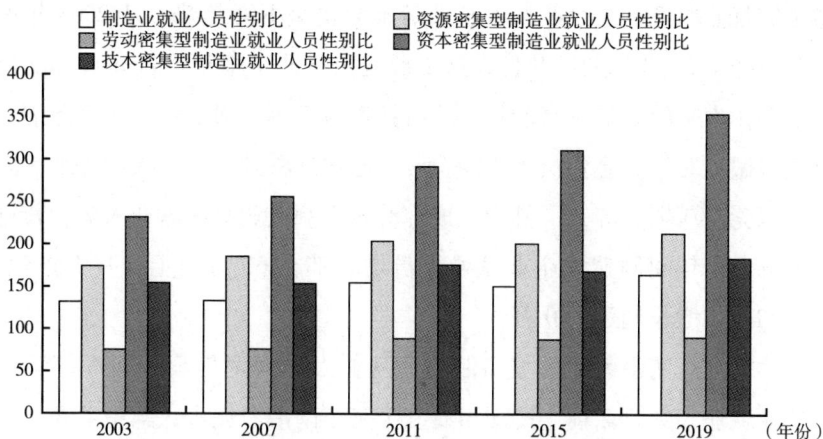

图例：
- □ 制造业就业人员性别比
- ▨ 劳动密集型制造业就业人员性别比
- ■ 技术密集型制造业就业人员性别比
- ▨ 资源密集型制造业就业人员性别比
- ▨ 资本密集型制造业就业人员性别比

图3-26　中国制造业就业人员的性别比及变动趋势

资料来源：根据《中国劳动统计年鉴》数据测算得到。

六　制造业就业的空间分布特征

表3-9和表3-10分别展现了2008年和2018年中国地级及以上城市制造业城镇单位就业人数情况。通过对比发现这十年间制造业城镇单位就业人数的空间分布发生了一定变化，具有如下变动特征。

第一，各城市制造业吸纳就业人数变动趋势差异较大。2008~2018年这十年间，接近一半的城市制造业吸纳劳动力就业的能力出现下降，另一部分城市制造业从业人员不断增加。制造业就业人员下降排序靠前的分别是温州、哈尔滨、北京、泉州、青岛、大连等城市。温州市2008年制造业从业人员排全国第13位，2019年降至第43位，十年间制造业城镇单位就业劳动力减少了27.11万人，减少人数为全国第一，原因是温州在这十年间发生了民间借贷危机，社会资金"脱实向虚"导致制造业在经济中占比快速降低，大量外来制造业工人离开温州。哈尔滨和大连制造业就业人数排序从2008年的第17、19位分别下降到2018年的第59、33位，说明这两个以重工业为主的城市转型升级较慢，传统制造业转型中分流出大量劳动力，先进制造业发展缓慢没有创造足够就业岗位。北京制造业从业劳动力也呈下降趋势，从 2008 年的第 2 位降至 2018 年的第 8 位，这主要是由于北京稳步推进非首都功能疏解工作带来的影响，高能耗、非科技创新型等一般制造业作为疏解对象逐步搬离北京，企业员工跟随企业一起被迁移到河北、天津等地。同时，东莞、深圳、苏州、佛山、成都等城市制造业吸纳就业人数增长排名前五，十年间制造业企业从业人员增长都在 60 万以上，其中东莞、深圳和苏州增长超过 100 万。

第二，东南沿海地区城市制造业从业人员高度集聚。2008 年吸纳制造业就业人数排名前十的城市有 6 个是东南沿海城市，其中上海、深圳、泉州、广州分列第 1、3、4、5 位，到了 2018 年制造业就业吸纳人数前五位分别是深圳、苏州、东莞、上海、佛山，均为东南沿海城市。这说明以上海、苏州为代表的长三角城市以及以深圳、东莞、佛山为代表的珠三角城市仍是中国制造业集聚区，劳动力流向这两大地区制造业核心城市趋势并没有转变。深圳是中国首个工业增加值超 9000 亿元的城市，华为、中兴、大疆等一大批制造业企业以及围绕它们形成的产业链、供应链吸纳了大量劳动力就业。上海作为中国经济总量第一城，在汽车、电子通信制造以及高端装备制造等领域具有非常强的竞争力，制造业就业总人数位居全国前列。苏州通过打造高端工业制造基地，制造业吸纳就业人数从 2008 年排第 6 位跃升至 2018 年的第 2 位。东莞是世界工厂和制造业之都。佛山在工业机器人、家用电器、陶瓷建材、家具制造等行业优势明显，十年间就业人员迅速增长。

第三，长江中游城市群、成渝城市群、中原城市群制造业吸纳就业人口的能力不断增强。2008～2018 年十年间，长江中游城市群的长沙、南昌、九江、襄阳、宜昌等城市制造业就业人口增长较快。长沙的工程机械产业集群、生物医药产业以及电子信息产业具有极强竞争优势，并且长沙房价一直维持在合理水平，为制造业发展吸引了宝贵的资源和人才，十年间制造业从业人员增长了 6.42 万人。南昌在汽车和新能源汽车产业、电子信息产业方面表现较为突出，尤其是汽车和新能源汽车产业，形成了以江铃集团为龙头，一大批零部件配套企业为补充的完整产业链，制造业就业人口十年间增长了 8.97 万人。九江和宜昌属于长江沿岸重要城市，便捷的地理位置和交通运输条件有利于承接东部地区转移的制造业，九江是中部地区先进制造业基地，宜昌被誉为"世界水电之都"，为制造业发展奠定了良好的能源条件，宜昌和九江两市制造业吸纳就业人数十年间分别增长了 18.15 万人和 2.07 万人。襄阳集聚了不少制造业和中央企业，是重要的汽车制造基地和纺织名城，辐射带动了一大批配套产业发展，制造业就业人数屡创新高，十年间增长了 20.39 万人，排在全国第 11 位。

第四，东北地区城市制造业从业人员数量下降明显。2008～2018 年，东北地区几乎所有地级及以上城市制造业吸纳就业人数呈下降趋势，说明东北城市面临传统重工业产能过剩和转型升级困境，先进制造业体系尚未建立，吸纳劳动力就业能力逐步减弱。哈尔滨十年间制造业从业人数减少了 25.75 万人。大连也面临制造业转型困难和劳动力人口大量流失的困境，2008～2018 年，制造业就业人数减少了 10.96 万人，降幅在全国排第 7 位。以上东北地区城市制造业从业人员十年间变动情况说明，东北地区城市制造业衰退不是局部、单个现象，而是多点、全面遭遇困境。2008～2018 年，东北地区城市制造业吸纳就业劳动力人数减少了 81.59 万人，占全国制造业就业减少人数的 21.12%。

表 3-9　2008 年城市层面制造业城镇单位就业人数

单位：万人

城市	就业人数	城市	就业人数	城市	就业人数	城市	就业人数	城市	就业人数
北京	96.31	营口	4.97	宿迁	4.17	九江	8.77	周口	7.69
天津	72.71	阜新	1.86	杭州	70.98	新余	10.39	驻马店	7.00
石家庄	24.72	辽阳	5.99	宁波	51.79	鹰潭	1.83	武汉	45.50
唐山	22.89	盘锦	3.90	温州	51.79	赣州	11.36	黄石	11.24

续表

城市	就业人数	城市	就业人数	城市	就业人数	城市	就业人数	城市	就业人数
秦皇岛	7.84	铁岭	1.99	嘉兴	49.04	吉安	1.31	十堰	16.06
邯郸	10.10	朝阳	4.99	湖州	16.73	宜春	5.89	宜昌	10.96
邢台	5.51	葫芦岛	8.11	绍兴	37.99	抚州	4.56	襄樊	15.36
保定	16.70	长春	26.37	金华	11.65	上饶	6.44	鄂州	6.08
张家口	7.38	吉林	10.20	衢州	5.32	济南	30.36	荆门	11.06
承德	4.88	四平	4.64	舟山	3.74	青岛	71.72	孝感	16.96
沧州	6.36	辽源	0.94	台州	16.73	淄博	26.70	荆州	11.89
廊坊	5.94	通化	4.99	丽水	3.17	枣庄	5.98	黄冈	6.15
衡水	4.05	白山	1.84	合肥	15.69	东营	8.70	咸宁	7.58
太原	22.33	松原	1.61	芜湖	9.66	烟台	40.40	随州	2.24
大同	4.90	白城	1.62	蚌埠	4.77	潍坊	30.63	长沙	20.47
阳泉	2.14	哈尔滨	45.44	淮南	2.55	济宁	12.47	株洲	12.23
长治	7.90	齐齐哈尔	10.39	马鞍山	6.82	泰安	14.61	湘潭	8.39
晋城	2.37	鸡西	2.04	淮北	1.42	威海	21.34	衡阳	9.15
朔州	1.18	鹤岗	1.30	铜陵	4.91	日照	7.60	邵阳	2.60
晋中	7.46	双鸭山	1.63	安庆	2.91	莱芜	6.77	岳阳	9.29
运城	9.50	大庆	9.06	黄山	1.18	临沂	14.28	常德	7.30
忻州	2.11	伊春	2.78	滁州	3.60	德州	13.16	张家界	0.34
临汾	6.33	佳木斯	3.64	阜阳	3.22	聊城	12.60	益阳	4.50
吕梁	6.30	七台河	0.59	宿州	2.06	滨州	22.37	郴州	3.78
呼和浩特	5.77	牡丹江	4.80	六安	2.41	菏泽	5.39	永州	4.32
包头	12.18	黑河	1.12	亳州	2.37	郑州	18.81	怀化	3.16
乌海	2.21	绥化	3.50	池州	1.02	开封	6.91	娄底	5.68
赤峰	3.51	上海	143.04	宣城	2.72	洛阳	15.46	广州	84.51
通辽	1.82	南京	38.18	福州	38.95	平顶山	10.46	韶关	9.75
鄂尔多斯	2.78	无锡	36.27	厦门	42.89	安阳	9.38	深圳	91.09
呼伦贝尔	2.35	徐州	11.57	莆田	15.21	鹤壁	3.36	珠海	36.40
巴彦淖尔	2.10	常州	17.01	三明	6.08	新乡	12.76	汕头	9.30
乌兰察布	1.14	苏州	83.46	泉州	87.08	焦作	10.60	佛山	25.97
沈阳	30.54	南通	30.35	漳州	16.87	濮阳	2.95	江门	20.28
大连	41.49	连云港	7.91	南平	7.74	许昌	7.45	湛江	7.76
鞍山	14.69	淮安	14.35	龙岩	7.02	漯河	8.80	茂名	3.86
抚顺	8.87	盐城	15.28	宁德	1.92	三门峡	3.44	肇庆	10.34

续表

城市	就业人数	城市	就业人数	城市	就业人数	城市	就业人数	城市	就业人数
本溪	9.26	扬州	13.28	南昌	15.36	南阳	16.19	惠州	51.89
丹东	4.69	镇江	17.05	景德镇	5.78	商丘	3.22	梅州	3.88
锦州	5.58	泰州	13.41	萍乡	2.95	信阳	5.74	汕尾	3.65
河源	9.60	贺州	0.98	眉山	2.52	临沧	1.93	张掖	1.38
阳江	2.86	河池	2.41	宜宾	9.00	拉萨	0.36	平凉	0.84
清远	11.13	来宾	2.25	广安	0.34	西安	45.49	酒泉	1.45
东莞	6.96	崇左	2.84	达州	2.52	铜川	1.34	庆阳	0.30
中山	13.81	海口	3.92	雅安	1.48	宝鸡	11.28	定西	0.91
潮州	3.50	三亚	0.21	巴中	0.74	咸阳	9.75	陇南	0.59
揭阳	3.29	重庆	55.97	资阳	3.13	渭南	6.42	西宁	5.46
云浮	6.68	成都	41.24	贵阳	15.96	延安	1.13	银川	4.83
南宁	12.55	自贡	6.34	六盘水	2.73	汉中	5.74	石嘴山	2.94
柳州	12.60	攀枝花	7.92	遵义	5.50	榆林	1.49	吴忠	1.80
桂林	6.71	泸州	4.66	安顺	1.18	安康	0.95	固原	0.08
梧州	3.11	德阳	7.65	昆明	19.32	商洛	0.90	中卫	0.87
北海	2.11	绵阳	12.25	曲靖	7.21	兰州	12.89	乌鲁木齐	8.34
防城港	0.91	广元	1.57	玉溪	4.98	嘉峪关	2.92	克拉玛依	2.92
钦州	1.54	遂宁	3.06	保山	2.00	金昌	4.34		
贵港	2.72	内江	5.30	昭通	1.30	白银	3.98		
玉林	4.21	乐山	10.48	丽江	0.75	天水	3.43		
百色	2.81	南充	1.43	思茅	2.86	武威	1.68		

资料来源：根据《中国劳动统计年鉴》数据测算。

表3-10　2018年城市层面制造业城镇单位就业人数

单位：万人

城市	就业人数	城市	就业人数	城市	就业人数	城市	就业人数	城市	就业人数
北京	74.4135	营口	5.4782	宿迁	14.2655	九江	10.8366	周口	15.8904
天津	68.9562	阜新	1.0271	杭州	61.8609	新余	4.1736	驻马店	12.9924
石家庄	18.7606	辽阳	6.019	宁波	64.2136	鹰潭	5.4941	武汉	43.7442
唐山	19.9485	盘锦	3.1387	温州	24.6838	赣州	13.7913	黄石	9.5843
秦皇岛	5.9388	铁岭	1.2625	嘉兴	41.4824	吉安	12.8947	十堰	23.6129

续表

城市	就业人数	城市	就业人数	城市	就业人数	城市	就业人数	城市	就业人数
邯郸	8.6774	朝阳	2.5321	湖州	17.0605	宜春	14.1979	宜昌	29.1055
邢台	5.5708	葫芦岛	4.3796	绍兴	25.5897	抚州	4.4091	襄阳	35.7516
保定	15.5555	长春	33.4134	金华	13.0655	上饶	6.4735	鄂州	7.9195
张家口	3.8124	吉林	8.8778	衢州	4.6667	济南	25.1033	荆门	14.702
承德	3.1093	四平	1.6997	舟山	3.0565	青岛	52.0944	孝感	27.1228
沧州	5.5318	辽源	1.0091	台州	30.7556	淄博	24.2583	荆州	8.4536
廊坊	8.815	通化	3.4568	丽水	3.0697	枣庄	6.5147	黄冈	21.3112
衡水	2.6533	白山	1.1615	合肥	36.1224	东营	7.0294	咸宁	2.9621
太原	19.462	松原	1.9818	芜湖	20.5525	烟台	40.2872	随州	3.133
大同	4.0915	白城	1.6094	蚌埠	5.8086	潍坊	32.1263	长沙	26.8864
阳泉	2.1068	哈尔滨	19.6931	淮南	2.196	济宁	18.769	株洲	11.5116
长治	6.9437	齐齐哈尔	5.2906	马鞍山	8.8392	泰安	11.5051	湘潭	6.2524
晋城	5.7114	鸡西	0.708	淮北	2.8828	威海	27.9879	衡阳	6.5439
朔州	1.0983	鹤岗	0.6588	铜陵	6.0057	日照	9.076	邵阳	4.2923
晋中	3.8991	双鸭山	0.2072	安庆	11.1757	莱芜	6.923	岳阳	9.9558
运城	7.8669	大庆	5.7108	黄山	1.8442	临沂	24.228	常德	7.2688
忻州	1.0476	伊春	0.9764	滁州	10.7314	德州	15.4933	张家界	0.4891
临汾	3.2846	佳木斯	1.1368	阜阳	7.2572	聊城	10.6362	益阳	3.6482
吕梁	4.8232	七台河	0.4507	宿州	4.838	滨州	22.1646	郴州	4.7495
呼和浩特	5.6135	牡丹江	1.1775	六安	19.87	菏泽	7.108	永州	4.6315
包头	10.19	黑河	0.4659	亳州	6.3857	郑州	48.3048	怀化	1.6896
乌海	2.7066	绥化	2.0554	池州	2.5623	开封	9.9868	娄底	5.8117
赤峰	2.6763	上海	161.723	宣城	7.1316	洛阳	22.6343	广州	74.3799
通辽	2.7349	南京	44.4778	福州	34.7275	平顶山	8.1859	韶关	7.1766
鄂尔多斯	4.3228	无锡	60.6509	厦门	45.5171	安阳	10.9241	深圳	221.8756
呼伦贝尔	1.01	徐州	16.689	莆田	23.4071	鹤壁	4.7328	珠海	36.9398
巴彦淖尔	0.6397	常州	30.4762	三明	4.2357	新乡	9.9943	汕头	18.9073
乌兰察布	0.8496	苏州	193.2744	泉州	66.0623	焦作	12.0001	佛山	107.0486
沈阳	26.9895	南通	39.3688	漳州	23.5495	濮阳	3.5612	江门	28.5722
大连	30.5318	连云港	9.0137	南平	4.9217	许昌	19.1114	湛江	6.3816
鞍山	11.9825	淮安	14.3871	龙岩	5.9446	漯河	19.9227	茂名	5.3643
抚顺	5.3839	盐城	16.8998	宁德	5.8862	三门峡	3.0848	肇庆	15.532
本溪	6.2297	扬州	21.7631	南昌	24.3278	南阳	14.6804	惠州	61.3887

续表

城市	就业人数	城市	就业人数	城市	就业人数	城市	就业人数	城市	就业人数
丹东	3.7245	镇江	14.1962	景德镇	5.8048	商丘	15.8485	梅州	5.6636
锦州	3.4239	泰州	22.1222	萍乡	4.0703	信阳	8.7048	汕尾	8.8683
河源	11.4159	河池	1.6071	广安	6.7294	昌都	0.0764	张掖	0.7713
阳江	2.3325	来宾	1.6502	达州	6.8003	山南	0.0619	平凉	0.4196
清远	11.9039	崇左	1.62	雅安	1.2467	那曲	0.024	酒泉	1.9085
东莞	185.4191	海口	4.1777	巴中	3.8192	西安	43.995	庆阳	0.2827
中山	51.4708	三亚	0.2581	资阳	3.125	铜川	1.5128	定西	0.9342
潮州	7.2058	重庆	79.8603	贵阳	11.9467	宝鸡	14.1009	陇南	1.28
揭阳	9.4693	成都	105.7504	六盘水	2.0927	咸阳	9.1584	西宁	5.1154
云浮	4.6566	自贡	2.8427	遵义	0	渭南	8.2114	海东	0.7887
南宁	9.8458	攀枝花	7.5327	安顺	3.4361	延安	2.8025	银川	5.6631
柳州	13.4904	泸州	2.3384	昆明	16.2235	汉中	5.1597	石嘴山	1.95
桂林	4.6296	德阳	10.3123	曲靖	8.849	榆林	6.0805	吴忠	1.6284
梧州	4.0826	绵阳	10.5772	玉溪	7.6238	安康	1.9369	固原	0.1708
北海	2.8126	广元	0.9917	保山	3.9996	商洛	2.3158	中卫	0
防城港	0.6749	遂宁	3.3955	昭通	1.2107	兰州	8.7594	乌鲁木齐	6.2303
钦州	1.9264	内江	5.6196	丽江	0.4999	嘉峪关	3.4861	克拉玛依	2.5192
贵港	2.6174	乐山	3.7228	普洱	3.1798	金昌	3.9378		
玉林	4.3527	南充	5.6733	临沧	2.1573	白银	2.1888		
百色	2.4505	眉山	3.491	拉萨	1.1923	天水	3.3288		
贺州	0.8993	宜宾	9.9503	日喀则	0.0753	武威	1.1409		

第八节 中国制造业服务化与就业结构的协调程度

一 结构偏离度

中国为了实现从制造大国向制造强国转变，一方面需要进行制造业服务化转型，推动制造业从生产型向服务型转变；另一方面需要就业结构与之匹配，形成相互促进协调发展格局。但是产业结构与就业结构的变动可能不完全同步，二者之间可能存在偏离。为了衡量中国制造业、生产性服务业与就业结构是否匹配，本书测算了制造业就业结构偏离度与生产性服务业就业结构偏离度。

本书定义某行业就业结构偏离度=某行业增加值占比/某行业就业占比-1。当行业就业结构偏离度等于0时，说明该行业吸纳就业劳动力人数与行业产值是匹配的。如果行业就业结构偏离度大于0，表明行业产值占比大于就业占比，应该吸纳更多外部劳动力就业。当行业就业结构偏离度小于0时，说明行业产值占比小于就业占比，该行业从业人员已经处于饱和，需要转移一部分劳动力出去。表3-11测算的结构偏离度系数，反映出中国制造业就业结构与生产性服务业就业结构变动趋势具有以下特点。

第一，制造业结构偏离度为正，呈"先降再升"变动趋势，未来仍具有一定吸纳劳动力就业潜力。2003~2019年，制造业结构偏离度一直为正，表明制造业在经济中产值比重要高于制造业吸纳劳动力就业比重，意味着制造业吸纳的就业劳动力数量与其经济地位不匹配，未来应当从外部吸收更多劳动力就业。从制造业结构偏离度变动趋势来看，2003~2016年，结构偏离度从2003年的0.1739降至2016年的0.0194，这说明制造业吸纳就业能力逐渐与其产值规模匹配。然而2016~2019年，制造业结构偏离度又一次增加，制造业未来具备吸纳更多劳动力就业的潜力。制造业结构偏离度变动趋势背后的原因是，在加入WTO初期，中国制造业企业从加工、组装等劳动密集型环节嵌入全球价值链，吸纳了大量农村剩余劳动力转入就业，使制造业就业占比与制造业产值占比差距逐渐缩小，匹配度得到不断提高。然而人工智能、工业机器人等技术对低技能劳动力替代进程加速，虽然对高技能劳动力需求大幅增加，但短期难以与岗位要求匹配，制造业吸纳就业人数占比相较产值占比出现下降，结构偏离度再次上升。

第二，生产性服务业平均结构偏离度大于制造业平均结构偏离度，具有较大吸纳劳动力就业空间。2003~2019年，除了2003年外其他年份生产性服务业结构偏离度系数均为正数，变动趋势为波动中上升。在2007年以前，生产性服务业结构偏离度系数比较小，且要小于制造业结构偏离度系数，说明生产性服务业虽然还有吸纳劳动力就业空间，但能够提供的岗位有限。之后生产性服务业结构偏离度系数大幅提高且高于制造业结构偏离度系数（除2008年外），吸纳劳动力就业的空间不断扩大，这说明随着生产性服务业在中国经济中比重不断提升，其具备未来吸纳更多其他产业转移劳动力的能力。生产性服务业未来要吸收更多劳动力就业是中国制造业在全球价值链中位置变动的结果，发达国家有两个"70%现象"，即服务业在经济中比重占70%，生产性服务业在服务业中比重占70%，中国相继出台了一系列促进生产性服务业发展的政策，提高了生产性服务业在GDP中比重，但劳动力从其他行业进入生产性服务业需要进行知识、技能学习和岗位培训，就业结构变动会滞后于生产性服务业发展，因此表现为生产性服务业结构偏离度较大，但也意味着未来有更大的就业吸纳空间。

　　第三，生产性服务业细分行业结构偏离度差异较大。批发与贸易经纪代理服务结构偏离度系数始终为正，在波动中上升，说明产品批发与贸易经纪代理服务是劳动密集型服务业，结构偏离度为正意味着应该吸纳更多劳动力就业，使就业吸纳能力与行业发展一致。交通运输、仓储和邮政业结构偏离度系数绝对值较小，这说明物流、运输等服务行业从业人员与生产规模基本匹配，没有出现就业与产业的大幅度偏离现象。信息传输、软件和信息技术服务业结构偏离度系数为正，但有减小趋势，这说明信息传输、软件等行业在2003年后的一段时间结构偏离度过高，行业产值占比与吸纳就业规模不匹配，然而随着劳动力不断进入，结构偏离度快速下降，就业规模与产值不匹配程度得到缓解。金融业结构偏离度系数较大，表明从2004年后金融业应吸纳的就业人数小于实际吸纳的就业人数，原因是加入WTO后金融市场体系不断得到完善，金融业在国民经济中比重不断提高，但劳动力进入要滞后于行业发展，这意味着金融业是未来吸纳就业的重要行业。租赁和商务服务业结构偏离度系数较小且大部分为负，需要转移小部分过剩劳动力。科学研究和技术服务业结构偏离度系数为负，但绝对值不断减小，就业结构失衡现象得到缓解，说明中国科学研究和技术服务业需要转移出去的低技能劳动力越来越少，就业需求结构发生改变，未来需要更多研发、设计等高技能劳动力。

综上，制造业已经吸纳了大量劳动力就业，未来仍有一定吸收其他行业转移劳动力的空间。生产性服务业就业吸纳空间要大于制造业，是中国未来"稳就业"的基础，尤其是批发与贸易经纪代理服务业，信息传输、软件和信息技术服务业以及金融业是生产性服务业拉动就业增长的主力军，科学研究和技术服务业应把重点放在如何促进高技能就业上面。

表 3-11　2003~2019 年中国制造业结构偏离度与生产性服务业结构偏离度

年份	制造业	生产性服务业	批发与贸易经纪代理服务	交通运输、仓储和邮政业	信息传输、软件和信息技术服务业	金融业	租赁和商务服务业	科学研究和技术服务业
2003	0.1739	−0.0382	0.2677	−0.0832	1.3774	−0.0552	−0.0502	−0.5038
2004	0.1695	0.0555	0.4748	0.0186	1.3272	0.0600	−0.0846	−0.4500
2005	0.1801	0.0777	0.5512	0.0958	1.2807	0.0800	−0.1668	−0.4498
2006	0.1754	0.1115	0.6570	0.1273	1.1218	0.2766	−0.2586	−0.4517
2007	0.1569	0.1576	0.7389	0.1106	0.8691	0.5974	−0.2864	−0.4373
2008	0.1763	0.1589	0.9689	0.0112	0.9171	0.3709	−0.2019	−0.3832
2009	0.1435	0.1676	1.0513	−0.0283	0.7342	0.4561	−0.2195	−0.3552
2010	0.1605	0.1782	1.1713	−0.0071	0.5437	0.4440	−0.2000	−0.3742
2011	0.1450	0.2312	1.0494	0.0217	0.4210	0.5126	0.0044	−0.2745
2012	0.1286	0.3045	0.9901	0.0036	0.5031	0.9044	0.0957	−0.2635
2013	0.0780	0.3110	0.9307	−0.0582	0.2736	1.3223	−0.0559	−0.1599
2014	0.0598	0.3330	0.9943	−0.0659	0.3599	1.3251	−0.0230	−0.1488
2015	0.0246	0.3614	0.9637	−0.0694	0.3933	1.4995	−0.0473	−0.1210
2016	0.0194	0.3392	0.9626	−0.0529	0.4743	1.2326	−0.0469	−0.1481
2017	0.0682	0.2993	0.9884	−0.0593	0.4294	1.0486	−0.0891	−0.1598
2018	0.1410	0.2928	1.0341	−0.0728	0.2618	0.9010	0.0420	−0.0784
2019	0.2009	0.2112	1.0057	−0.0945	0.2824	0.5998	−0.1418	−0.0904

资料来源：根据《中国工业统计年鉴》《中国第三产业统计年鉴》《中国劳动统计年鉴》数据整理测算得到。

二　就业弹性系数

上述结构偏离度分析表明，制造业、生产性服务业的就业占比与产值占比都存在一定程度错配，制造业与生产性服务业都还有继续吸纳劳动力就业的空间。接下来的一个问题是制造业和生产性服务业是否发挥了吸纳就业的作用？如果能够拉动就业，主要是通过哪些细分行业实现的？本书用就业弹性系数作为衡量某行业产值增长对劳动力吸纳能力影响的指标，计算公式为某行业就业弹性系数＝某行业就业增长率/某行业产值增长率。就业弹性系数为正，说明行业就业增长率与产值增长率同方向变动，该行业产值增长能够拉动就业增长。就业弹性系数为负，表明行业就业增长率与产值增长率反方向变动，该行业产值增长会抑制劳动力就业。

表 3-12 报告了 2004~2019 年中国制造业就业弹性系数，可知在这期间就业弹性系数有些波动。2004~2008 年，制造业就业弹性系数为正，说明加入 WTO 初期制造业起到了拉动就业作用，制造业吸纳就业潜力得到释放，转换为促进就业增长的动力。然而 2009 年后，制造业就业弹性系数有些年份出现负值，表明虽然制造业还有基于产值增长的吸纳就业空间，但是产值增长有些年份甚至抑制了就业，可能的原因是工业机器人、人工智能等技术的应用挤出了部分低技能劳动力就业。从不同要素密集度制造业来看，劳动密集型制造业和资源密集型制造业大部分年份就业弹性系数为正，说明 2004~2019 年这两个行业对劳动力就业有一定促进作用。资本密集型制造业和技术密集型制造业，在 2004~2010 年产值增长都能拉动劳动力就业增长，但 2011 年后出现波动，有些年份会挤出就业，可能是由于这两个行业技术进步较快产生的就业毁灭效应，需要向外部转移过剩低技能劳动力。再看不同受教育水平劳动力[①]

[①] 初中及以下学历为体能型劳动力，高中、中专、大学专科学历为技能型劳动力，大学本科及以上学历为知识型劳动力。

就业弹性系数，制造业产值增长在绝大部分年份挤出了体能型劳动力就业，但在大部分年份促进了技能型劳动力就业与知识型劳动力就业增长，特别是对知识型劳动力的就业促进作用最显著。这说明有些年份制造业产值增加抑制了就业增长，主要是因为挤出了体能型劳动力就业。

表 3-12　2004~2019 年中国制造业就业弹性系数

年份	制造业	不同要素密集度制造业				不同受教育水平劳动力		
		劳动密集型制造业	资本密集型制造业	技术密集型制造业	资源密集型制造业	体能型劳动力	技能型劳动力	知识型劳动力
2004	0.2077	0.1806	0.0490	0.7748	0.0863	−0.0361	0.1057	0.1779
2005	0.4102	0.3980	0.3182	0.4876	0.3204	−0.0282	0.0760	0.1667
2006	0.2659	0.2795	0.1431	0.3260	0.2120	−0.1250	0.3005	1.0113
2007	0.4236	0.2123	0.2207	0.3758	0.2256	−0.5041	1.2324	1.5439
2008	0.3617	0.4081	0.4060	0.6645	0.0919	−0.0265	0.0265	0.2760
2009	−0.0242	−0.3080	0.1858	0.0824	0.0669	−0.2031	0.0997	2.3897
2010	0.2911	0.1434	0.2841	0.4310	0.2579	−0.0264	−0.0305	0.7706
2011	−0.2253	0.4550	−0.1016	−0.0378	−0.3529	−0.8076	1.3697	1.2752
2012	0.2794	0.2856	0.8090	0.2359	0.3043	−0.1860	0.1231	0.8448
2013	0.2951	0.3447	0.6960	0.2245	0.2995	−0.2078	0.1987	0.4187
2014	0.3394	0.2750	−0.1123	0.3629	0.3955	−0.4067	0.3500	0.9007
2015	−0.7454	−0.3221	1.0698	−0.1938	0.5190	−1.0381	0.4325	4.4794
2016	−0.5215	0.6270	−3.6498	−0.2382	0.8097	−0.2347	0.0868	0.9465
2017	2.3151	0.9250	−0.7669	3.0703	2.7216	0.3970	−0.2166	−1.1295
2018	1.3619	0.7759	0.5811	1.1668	1.7869	0.3382	−0.2602	−0.5325
2019	0.1249	0.9485	−0.4198	−5.7343	0.3815	−2.3547	1.4812	4.6289

资料来源：根据《中国工业统计年鉴》《中国劳动统计年鉴》数据整理测算得到。

表 3-13 报告了 2004~2019 年生产性服务业就业弹性系数变动特征。整体而言，2004~2019 年，生产性服务业劳动力就业弹性系数和高技能劳动力就业弹性系数绝大部分年份为正值，这表明生产性服务业产值增长不仅对总体劳动力就业有拉动作用，且对高技能劳动力就业的促进作用更大。加入 WTO 之后，中国生产性服务业得到快速发展，生产性服务业内部产生了产值规模与就业吸纳规模的结构偏离，但是很快生

产性服务业就业吸纳潜力就转换为拉动就业动力，促进了包括高技能劳动力在内的总体劳动力就业增长。值得关注的是，生产性服务业高技能劳动力就业弹性系数更大，说明生产性服务业产值增长不仅提高了就业总量，还优化了就业结构。接下来看细分生产性服务业就业弹性系数变动情况。批发与贸易经纪代理服务业劳动力就业弹性系数呈正、负交替变动特征，表明该行业对劳动力就业影响效应不稳定，高技能劳动力就业弹性系数在大部分年份为正，说明对拉动高技能劳动力就业有一定作用。交通运输、仓储和邮政业劳动力就业弹性系数和高技能劳动力就业弹性系数有正有负，促进就业增长效应不显著，产值增长没能有效促进就业增长。信息传输、软件和信息技术服务业以及金融业产值增长既拉动了高技能劳动力就业增长，也促进了就业总量增长，说明这两个行业，一方面对知识、技能型劳动力需求大，另一方面产业关联强，既优化就业结构也促进就业增长。租赁和商务服务业产值增长促进了就业增长尤其是高技能劳动力就业增长，中国制造业升级需要咨询、调查、投资与资产管理等服务，拉动了该行业就业增长，但该行业也存在一些实物租赁服务劳动力需要转移出去。科学研究和技术服务业高技能劳动力就业弹性系数大于劳动力就业弹性系数，说明该行业产值增长不仅促进高技能劳动力就业增长，也能拉动总体劳动力就业。

表 3-13　2004~2019 年中国生产性服务业就业弹性系数

年份	生产性服务业		批发与贸易经纪代理服务		交通运输、仓储和邮政业		信息传输、软件和信息技术服务业	
	劳动力	高技能	劳动力	高技能	劳动力	高技能	劳动力	高技能
2004	−0.0218	−0.0864	−0.1408	−0.3569	−0.0160	−0.1456	0.1408	0.0934
2005	−0.0874	2.4167	−0.8442	0.3500	−0.1731	−0.0922	0.3855	1.2754
2006	0.0329	0.4325	−0.3597	−0.0241	−0.0107	0.7889	0.5228	0.8188
2007	0.0996	0.0394	−0.0795	−0.0255	0.0876	−0.1096	0.6912	0.5081
2008	0.1641	0.3693	0.0356	0.2638	0.0611	1.0480	0.1935	0.3055
2009	0.3939	0.6730	0.1272	0.4039	0.5010	2.9446	2.4383	3.3790
2010	0.1874	1.5873	0.1152	0.5502	−0.0329	3.3908	0.7840	3.1505
2011	0.4069	−0.6078	0.9720	0.7028	0.2940	1.0388	1.4351	−5.9075

年份	生产性服务业		批发与贸易经纪代理服务		交通运输、仓储和邮政业		信息传输、软件和信息技术服务业	
	劳动力	高技能	劳动力	高技能	劳动力	高技能	劳动力	高技能
2012	0.2722	0.0858	0.6835	1.2760	0.1280	-1.2969	0.2274	1.8933
2013	1.5640	2.1239	1.9414	0.3279	2.7665	3.0424	2.8510	4.3830
2014	0.2328	0.8474	-0.0206	0.9762	0.1878	1.0002	0.1710	1.0235
2015	0.1596	1.2170	-0.1120	0.0785	-0.1166	-0.8416	0.2548	5.1589
2016	0.2659	0.8415	-0.1175	0.3231	-0.0555	0.5782	0.2212	0.4082
2017	0.1377	0.2681	-0.4095	-0.2903	-0.0567	-0.0567	0.4143	0.4460
2018	0.0096	0.2535	-0.1638	-0.0902	-0.3479	0.0151	0.8308	0.8489
2019	0.9064	1.9982	0.1121	1.6923	-0.0925	2.9333	0.4510	0.7760

年份	金融业		租赁和商务服务业		科学研究和技术服务业	
	劳动力	高技能	劳动力	高技能	劳动力	高技能
2004	0.0166	-0.2416	0.1450	0.2507	0.0273	0.1660
2005	0.0497	1.7375	1.1885	1.3664	0.0806	0.7389
2006	0.0644	0.2195	0.6512	0.8495	0.1755	0.3287
2007	0.1099	0.0458	0.2815	0.3601	0.1588	0.2323
2008	0.6251	0.6407	0.2328	0.2537	0.1579	0.2687
2009	0.3796	0.7225	0.5245	0.5169	0.3414	0.3268
2010	0.2586	0.7143	0.2679	1.1883	0.3591	2.3677
2011	0.3928	-0.6632	-0.3561	-0.5677	0.0872	0.3064
2012	0.1111	0.1890	0.0906	-0.6402	0.5547	0.4921
2013	0.1110	0.4871	2.3558	3.4332	0.5422	1.3316
2014	0.3916	0.7916	0.4395	0.4218	0.4575	0.9005
2015	0.3016	0.9385	0.4634	-0.0058	0.0733	0.3557
2016	1.7020	1.4754	0.2131	0.5749	0.2657	1.1323
2017	0.5162	0.2768	0.5811	1.0058	0.0216	0.2756
2018	0.1820	0.4668	0.0386	0.1819	0.0387	0.0508
2019	2.2745	2.6633	2.2805	2.9495	0.1745	0.7780

资料来源：根据《中国第三产业统计年鉴》《中国劳动统计年鉴》数据整理测算得到。

综上，2004~2019 年，制造业产值增长在大部分年份都能促进制造业就业增长，且对总体就业增长的拉动作用主要是通过吸纳技能型劳动力就业和知识型劳动力就业实现，制造业产值增长拉动就业增长的主力军是劳动密集型制造业和资源密集型制造业。生产性服务业产值增长既拉动了高技能劳动力就业增长，也促进了总体劳动力就业增长，生产性服务业产值增长促进就业增长主要通过信息传输、软件和信息技术服务业，金融业以及租赁和商务服务业，拉动高技能劳动力就业增长主要依赖信息传输、软件和信息技术服务业，金融业，租赁和商务服务业，科学研究和技术服务业。

三　结构吻合度

结构吻合度是系统与系统在结构上的相似性与匹配度，借鉴克鲁格曼（2000）、王志华和董存田（2012）的方法，设定行业就业结构吻合度指标为：

$$M = \left(1 - \sum_{j=1}^{j=n} |x_{1j} - x_{2j}|/2\right) \times 100 \tag{3.20}$$

其中，x_{1j} 是行业结构指标，x_{2j} 是就业素质结构指标，j 表示行业。行业就业吻合度的值处于区间 [0，100]，值越大表明行业结构与就业劳动力素质结构吻合度越高，吻合度值为 100 说明行业结构与劳动力素质结构完全匹配，为 0 则是行业结构与劳动力素质结构完全不匹配。

表 3-14 报告了 2003~2019 年制造业劳动力素质结构吻合度系数和生产性服务业劳动力素质结构吻合度系数。制造业劳动力素质结构吻合度系数在波动中上升，2003~2019 年，制造业劳动力素质结构吻合度系数增长了 35.70%。生产性服务业劳动力素质结构吻合度系数虽然有些波动，但总体而言还是呈增长趋势特征，17 年间生产性服务业劳动力素质结构吻合度系数增长了 3.02%，说明中国人才供给侧改革和制造业服务化升级取得明显效果，人才结构、人才素质与制造业企业、生产性服务业企业日益匹配。对比发现，制造业劳动力素质结构吻合度系数要低于生产性服务业劳动力素质结构吻合度系数，2019 年生产性服务业劳动力素质结构吻合度系数比制造业劳动力素质结构吻合度系数高了 15.7824，这说明相比制造业，生产性服务业结构与劳动力素质结构的匹配程度要更高，不同要素密集度生产性服务业中就业人员知识、技能

更加符合该行业要求。但是从结构吻合度增长速度来看，制造业劳动力素质结构吻合度提升要快于生产性服务业劳动力素质结构吻合度，制造业结构与从业劳动力素质匹配扭曲的现状正在逐步改变。

表 3-14　2003~2019 年制造业、生产性服务业的劳动力素质结构吻合度

年份	制造业	生产性服务业	年份	制造业	生产性服务业
2003	46.0479	75.9767	2012	61.7779	78.7912
2004	47.3293	77.5991	2013	62.4157	79.0150
2005	48.3219	77.4916	2014	62.2172	79.3933
2006	50.0707	77.8750	2015	61.9246	79.4821
2007	54.4535	78.7357	2016	61.5653	78.9576
2008	57.0711	78.4689	2017	61.1709	78.8054
2009	56.7738	77.8802	2018	61.3587	78.4240
2010	58.4686	78.2408	2019	62.4865	78.2689
2011	60.5317	78.5714			

资料来源：根据《中国工业统计年鉴》《中国第三产业统计年鉴》《中国劳动统计年鉴》数据整理测算得到。

四　协调系数

制造业进行服务化转型升级是助力中国从制造大国向制造强国迈进的一条重要路径。制造业服务化升级，需要就业结构不断调整与之匹配，两者只有协调发展才能实现产业结构升级与就业结构优化双重目标。良好的协调性意味着就业结构变动与产业结构变动趋于同步，制造业服务化转型会带动就业结构优化，就业结构优化也将助力制造业服务化升级。由于协调系数能够较好反映产业结构与就业结构的协同程度，本书通过测算协调系数，凝练出中国制造业结构、生产性服务业结构与就业结构匹配特征和发展趋势。

王庆丰（2013）提出的传统协调系数取值范围是（0，1］，由于传统协调系数始终为正值，认为产业结构与就业结构在变动方向上具有同向性，这明显不符合产业结构与就业结构演进的特征事实。就业结构往

往会滞后于产业结构调整，甚至可能出现两者演进方向完全相反的情况。因此，借鉴胡玉琴等（2017）的方法，本书利用改进的协调系数测度制造业结构与就业结构的协调程度、生产性服务业结构与就业结构的协调程度。改进的协调系数纠正了传统协调系数只能描述产业结构与就业结构同向变动趋势的缺陷，把取值区间扩大为 $[-1, 1]$，不仅能够体现同向变动特征，也可以反映非同步演进关系，更加符合产业结构与就业结构协同演进过程。改进的协调系数计算公式为：

$$IH_{ML} = \frac{\langle clr(M), clr(L_M) \rangle_E}{\| clr(M) \|_E \cdot \| clr(L_M) \|_E}$$

$$= \frac{\sum_{i=1}^{n} \ln \frac{M_i}{g(M)} \cdot \ln \frac{L_{Mi}}{g(L_M)}}{\sqrt{\sum_{i=1}^{n} \left(\ln \frac{M_i}{g(M)} \right)^2} \cdot \sqrt{\sum_{i=1}^{n} \left(\ln \frac{L_{Mi}}{g(L_M)} \right)^2}} \quad (3.21)$$

$$IH_{SL} = \frac{\langle clr(S), clr(L_S) \rangle_E}{\| clr(S) \|_E \cdot \| clr(L_S) \|_E}$$

$$= \frac{\sum_{j=1}^{q} \ln \frac{S_j}{g(S)} \cdot \ln \frac{L_{Sj}}{g(L_S)}}{\sqrt{\sum_{j=1}^{q} \left(\ln \frac{S_j}{g(S)} \right)^2} \cdot \sqrt{\sum_{j=1}^{q} \left(\ln \frac{L_{Sj}}{g(L_S)} \right)^2}} \quad (3.22)$$

其中，IH_{ML} 是制造业结构与就业结构的改进协调系数，IH_{SL} 是生产性服务业结构与就业结构的改进协调系数。$M = (M_1, M_2 \cdots M_n)$ 是制造业行业结构，$L_M = (L_{M1}, L_{M2} \cdots L_{Mn})$ 是制造业就业结构，M_i 和 L_{Mi} 分别为制造业 i 行业产值占比和就业占比。$S = (S_1, S_2 \cdots S_q)$ 是生产性服务业结构，$L_S = (L_{S1}, L_{S2} \cdots L_{Sq})$ 是生产性服务业就业结构，S_j 和 L_{Sj} 分别为生产性服务 j 行业产值占比与就业占比。$clr(M)$、$clr(S)$、$clr(L_M)$、$clr(L_S)$ 分别是向量 M、S、L_M、L_S 经过 Aitchison（2003）提出的对数比变换方法 clr 变换得来。n、q 分别为制造业行业数和生产性服务业行业数。$g(M)$、$g(L_M)$、$g(S)$、$g(L_S)$ 分别是向量 M、L_M、S、L_S 的几何平均。

当改进的协调系数取值位于区间（0，1］时，行业结构与就业结构演进方向一致，值越大表明两者同步性越强。当改进的协调系数 $IH=0$ 时，两者演进方向没有关系。当改进的协调系数 IH 取值位于区间［-1，0）时，两者演进方向不一致，协调系数绝对值越大说明两者不一致程度越高。

表 3-15 报告了 2003~2019 年的制造业和生产性服务业两个产业的改进协调系数。2003~2019 年，制造业结构与就业结构的改进协调系数均为负值，说明制造业结构与就业结构演进方向不一致。2003 年，技术密集型制造业产值占比最高，资本密集型制造业次之，劳动密集型制造业最低，就业结构却表现出与制造业结构不一致，体能型劳动力占比最高，技能型劳动力占比次之，知识型劳动力占比最低，说明制造业结构与就业结构协同程度很低。到了 2019 年，制造业各要素密集度行业产值占比有所变化，但排序没有发生变化，产值占比顺序依次为技术密集型制造业、资本密集型制造业和劳动密集型制造业。但就业结构发生改变，就业占比顺序依次为技能型劳动力、体能型劳动力和知识型劳动力。虽然协调系数依然为负值，但是相比 2003 年，2019 年协调系数已经降至-0.7535，表明就业结构与制造业结构的演进方向不同趋势有所改善，非同步程度正在逐渐降低。

2003~2019 年，生产性服务业结构与就业结构的改进协调系数都为正值，说明中国生产性服务业结构与就业结构的演进方向是一致的。2003~2019 年，生产性服务业结构与就业结构改进协调系数演进过程有一定波动，可以划分为 2003~2007 年、2008 年、2009~2012 年、2013~2019 年四个阶段。2003~2007 年，生产性服务业结构与就业结构改进协调系数有上升趋势，说明加入 WTO 后，中国服务业开放水平逐渐提高，生产性服务业结构与就业结构协同程度不断提升。但由于 2008 年金融危机影响，国际经济秩序受到极大冲击，两者之间协调性出现下降。2009 年后随着金融危机影响逐渐减弱，两者的协调程度开始上升，2012 年改进的协调系数达到最高。2013 年后随着中国经济进入新常态，从高速增长进入增速换挡期，就业结构调整滞后于生产性服务业结构调整，改进的协调系数开始下降，但总体演进方向仍保持一致。

综上，2003～2019 年，制造业结构与就业结构的演进方向相反，具有非协同发展特征，但这种不一致程度呈下降趋势。生产性服务业结构与就业结构的演进方向一致，两者不断调整相互适应协同发展，但协同程度的发展趋势具有不稳定性，呈波动发展特征。

表 3-15　2003～2019 年改进的协调系数

年份	制造业	生产性服务业	年份	制造业	生产性服务业
2003	-0.9795	0.4698	2012	-0.8612	0.8057
2004	-0.9620	0.5774	2013	-0.8637	0.7972
2005	-0.9493	0.5052	2014	-0.8780	0.7816
2006	-0.9335	0.5771	2015	-0.9312	0.7232
2007	-0.9962	0.7359	2016	-0.9465	0.6260
2008	-0.8755	0.6302	2017	-0.9027	0.5064
2009	-0.9062	0.6912	2018	-0.8207	0.3901
2010	-0.9314	0.6859	2019	-0.7535	0.1308
2011	-0.8455	0.7351			

资料来源：根据《中国工业统计年鉴》《中国第三产业统计年鉴》《中国劳动统计年鉴》数据整理测算得到。

第四章 制造业投入服务化
与就业结构优化

从产业关联视角来看，制造业服务化包括投入服务化和产出服务化。投入服务化是制造业企业从"实物要素"投入为主逐渐转变为以"服务要素"为主的过程，通过投入知识、技术密集型生产性服务能够提高企业核心竞争力，引致劳动力在行业间流动，并改变对劳动力的技能需求结构。本章将研究制造业投入服务化对就业技能结构和就业行业结构的影响效应，力图从制造业投入端梳理出优化就业结构的路径，在推进理论和实证研究的同时，为相关部门从要素投入端着手制定政策，以投入服务化转型升级为契机，促进就业技能结构和就业行业结构优化发展，解决"大学生就业难"与"民工荒"问题提供理论支持和经验证据。

第一节 制造业投入服务化在就业技能
结构优化中的关键作用

改革开放以来，中国制造业规模不断壮大，建立起了全世界最完整的制造业体系，成为名副其实的世界工厂。但中国制造业大而不强，在全球价值链（Global Value Chain，GVC）中地位不高。与此同时，中国就业市场存在一定的结构性矛盾，"大学生就业难"与"民工荒"问题并存。同时存在的两种现象说明中国产业结构与就业技能结构不相匹配，一方面，劳动力市场供应了大量高学历、高技能的大学毕业生，另一方面，制造业在 GVC 分工中地位较低且产业升级缓慢。这说明导致中国"大学生就业难"与"民工荒"等就业矛盾的本质是产业结构不合理，制造业企业多为 GVC 分工中的加工组装等劳动密集环节，对技能型劳动力需求有限，不能与素质不断提高的劳动力市场供给有效对接。因此，要解决劳动力市场中存在的结构性矛盾，必须加快制造业转型升级。制造业服务化发展已成为提升国际分工地位、占据全球价值链高端的重要趋势（刘斌等，2016）。为从制造大国向制造强国迈进，中国提出要鼓励制造业企业增加服务环节投入，推动发展服务型制造。那么由此引发的问题是，制造业投入服务化转型对就业技能结构产生了怎样的影响？制造业投入服务化对就业技能结构的影响机制是什么？中国制造业投入服务化转型是否优化了就业技能结构？能否实现制造业投入服务化转型升级与就业技能结构优化协调发展？对这些问题的研究将有助于化解就业结构矛盾，为解决"大学生就业难"与"民工荒"等结构性就业问题提供理论支持和经验证据。

关于产业结构与就业结构的关系研究，相关研究集中在三个方面。其一，制造业转型升级与就业研究。制造业转型升级对就业规模影响包括"替代效应"和"创造效应"，总效应取决于"替代效应"和"创造效应"的比较（Davis 和 Haltiwanger，1992；马弘等，2013）。制造业技术进步通过产业结构效应、行业结构效应和素质结构效应三种机制影响就业结构（Acemoglu，2002）。智能制造的发展引起劳动力需求环节从劳动密集型向技术密集型和资本密集型转变，优化了劳动力素质结构（蔡秀玲和高文群，2017；赖德胜等，2018）。其二，服务业发展与就业研究。服务业是我国吸纳就业人数最多的部门（江小涓和李辉，2004），服务业就业增长主要源于其劳动生产率的滞后性（Baumol，1967）。其三，制造业就业与服务业就业的互动研究。制造业就业增加会通过乘数效应和挤出效应影响服务业就业（Mathur等，1974），乘数效应与消费偏好、需求弹性和服务业劳动力密集度相关，挤出效应与本地劳动力供给弹性相关（Moretti，2010；张川川，2015；赖德胜和高曼，2017）。服务业就业也对制造业就业具有乘数效应（Eswaran 和 Kotwal，2002）。制造业就业与服务业就业之间存在交互乘数及空间溢出效应（李逸飞等，2017），两者的协同集聚会对制造业和生产性服务业就业产生影响（庄德林等，2017）。上述研究分别探讨了制造业和服务业转型升级对就业的影响效应，但缺乏从融合视角探讨制造业投入服务化对就业结构的影响效应。鉴于此，下节将从直接效应和间接效应两个方面分析制造业投入服务化对就业技能结构的影响机制，并利用投入产出法对中国制造业投入服务化水平进行测度，然后实证分析中国制造业投入服务化转型对就业技能结构的影响效应。

第二节　制造业投入服务化对就业技能结构影响的作用机理

制造业服务化，包括投入服务化和产出服务化两个方面，本节制造业服务化主要指投入服务化，是制造业中间投入从实物要素向服务要素逐渐转变的过程。制造业投入服务化转型对就业技能结构的影响表现为直接效应和间接效应。直接效应即通过增加服务投入会带来制造业要素投入结构的变化，不同生产要素投入对就业劳动力技能需求是不一致的，表现为投入服务化通过改变要素投入结构影响就业技能结构。间接效应指的是，制造业投入服务化发展已成为提升国际分工地位、攀升GVC 的重要途径，随着服务化不断引领制造业 GVC 地位升级，对高技能劳动力需求增加，从而优化就业技能结构。下面围绕直接效应和间接效应，展开分析制造业投入服务化转型对就业技能结构的影响机制，如图 4-1 所示。

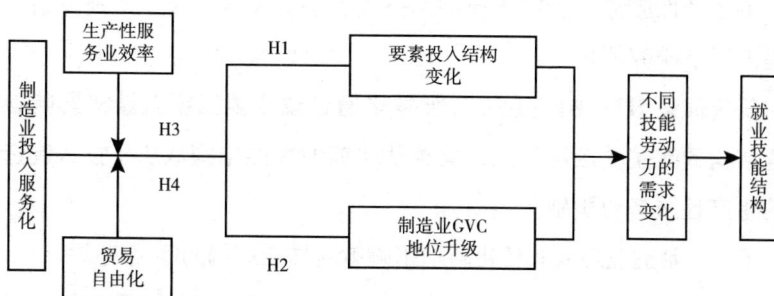

图 4-1　制造业投入服务化对就业技能结构影响机理

一　制造业投入服务化对就业技能结构的影响机理

（一）制造业投入服务化转型影响就业技能结构的直接效应

随着制造业投入服务化转型的深入，制造业由单一生产型向生产服务型转变，生产性服务要素广泛渗透到制造业生产的各个环节。当制造业产业链各环节要素投入结构发生变化时，会引起劳动力需求结构的变动，对高技能劳动力需求和低技能劳动力需求产生差异，进而影响就业技能结构。制造业以生产型为主时，主要从事加工、组装环节，需要的是大量能够在流水线上从事简单加工、装配任务的低技能劳动力，对高技能劳动力需求较低。随着制造业投入服务化转型的推进和深化，制造业产业链上各环节都会增加生产性服务要素投入。生产性服务要素根据融入制造业产业链位置，可以分为上游生产性服务业、生产环节生产性服务业、下游生产性服务业以及服务于整条价值链的生产性服务业。上游生产性服务业包括研发与设计服务、科技成果转化服务等，提供这些知识、技术密集的生产性服务需要匹配高技能劳动力才能实现。生产环节生产性服务业包括货物运输服务、仓储服务、设备维修服务等，此类生产性服务业所需大多为中低技能劳动力，对高技能劳动力需求不高。下游生产性服务业包括商务服务、品牌营销服务、市场咨询服务等，提供这类服务需要劳动力具有较高人力资本和专业化知识，制造业加大投

123

入下游生产性服务，有助于拉动高技能劳动力需求。基于上述分析，本章提出以下研究假设。

研究假设 H1：制造业投入服务化通过改变要素投入结构影响就业技能结构的直接效应不明确，能否优化就业技能结构取决于投入制造业中的生产性服务业类别。

（二）制造业投入服务化转型影响就业技能结构的间接效应

制造业投入服务化显著提升了中国制造业在 GVC 体系中的分工地位（刘斌等，2016），这意味着制造业企业从事生产环节的变化，随着从事环节向价值链上、下游转移，对劳动力技能需求结构也随之改变。就制造业通过服务化向价值链上游升级而言，制造业加大知识、技术密集的生产性服务投入，通过技术创新提升制造业企业在 GVC 中地位，使企业从劳动密集型环节进入技术密集型环节，对劳动力素质和知识储备提出更高要求。产品研发、设计环节作为知识密集环节，要求从业人员具有良好的学历背景和科研能力，核心零部件生产环节对生产工艺、过程管理要求精益求精，价值链上游每一环节和生产工序都需要优质的人力资本与之匹配。因此，制造业通过投入服务化向价值链上游攀升，会增加高技能劳动力需求，减少低技能劳动力需求，优化劳动力就业技能结构。就制造业通过服务创新向价值链下游升级来说，制造业企业要提高品牌价值和影响力，需要全方位对产品市场进行调研，做专业化的市场咨询，建立完善的售后服务体系和品牌营销计划，这些专业化较强的工作环节需要具备一定专业技能和知识的劳动力才能完成。市场调研、咨询业务对经济学、统计学等知识要求较高，需要专业化的理论知识和较强的应用实践能力。产品售后服务体系的设计和建立、品牌维护和运营管理需要投入优质人力资本，聘请专业化团队进行管理。基于上述分析，本章提出以下研究假设。

研究假设 H2：制造业投入服务化通过提升企业全球价值链地位，进入价值链高端环节，增加对高技能劳动力需求，优化劳动力就业技能结构。

二 生产性服务效率在制造业投入服务化影响就业技能结构中的调节效应

从投入视角来看，制造业服务化是生产性服务投入占中间投入比重不断提高的过程。生产性服务是制造业腾飞的"翅膀"和"聪明的脑袋"（刘志彪，2008），把经济中专业化的知识、技术及人力资本导入制造业生产过程，在制造业升级中处于关键性地位（贾根良和刘书瀚，2012）。生产性服务效率决定了导入制造业的服务要素质量，进而影响到制造业投入要素结构以及制造业价值链地位升级，最终影响就业技能结构。具体来看，当生产性服务效率较低时，一方面，投入制造业中的生产性服务业内含的知识资本、人力资本存量较低，制造业服务化过程带来的要素投入结构改善作用有限，对高技能劳动力需求增加不足；另一方面，生产性服务效率较低，给予制造业攀升 GVC 所需的研发、设计、品牌、营销等高级服务要素支持不足，制造业投入服务化所带来的价值链攀升效应也较低，制造业进入不了知识、技术更为密集的高端环节，不能为高技能劳动力提供充足的就业岗位供给，对就业技能结构优化作用有限。随着生产性服务效率的提升，以及导入制造业中的服务要素内含的知识、技术、人力资本的增加，制造业要素投入结构得到优化，GVC 地位不断升级，形成对高技能劳动力需求的合力，从而优化劳动力就业技能结构。基于上述分析，本章提出以下研究假设。

研究假设 H3：生产性服务效率在制造业投入服务化影响就业技能结构中发挥重要作用，即存在制造业投入服务化影响就业技能结构的生产性服务效率门槛效应，当生产性服务效率跨越一定门槛值后，制造业投入服务化对就业技能结构的优化效应显著增强。

三 服务贸易自由化在制造业投入服务化影响就业技能结构中的调节效应

中国生产性服务业发展相对滞后，通过进口发达国家的生产性服务，可以提高投入制造业的生产性服务质量（舒杏和王佳，2018）。生产性服务贸易自由化可以从两个方面发挥在制造业投入服务化影响就业技能结构中的调节效应：第一，生产性服务贸易自由化降低了制造业使用进口服务成本，使制造业获得多元化和优质的中间投入要素，将先进的知识、技术等高级生产要素导入制造业，推动制造业投入服务化转型升级，这会提高企业的 GVC 地位进而增加对高技能劳动需求，从而优化劳动力就业技能结构；第二，生产性服务贸易自由化会改变制造业生产过程中投入要素的比例，要素投入比例变动会引起对不同技能劳动力需求的变化，因此服务贸易自由化引起的生产性服务进口投入变动，会通过改变制造业要素投入比例来影响就业技能结构。当服务贸易自由化程度较低时，国外生产性服务要素进口壁垒较多，会降低知识、技术密集的进口生产性服务在制造业中的使用，不利于制造业企业要素投入结构的优化和攀升 GVC，故制造业投入服务化对就业技能结构的优化作用有限。然而，服务贸易自由化进程的推进，增加了生产性服务要素可获得性，节约了制造业投入成本，促进了制造业企业服务化转型，这会提高对高技能劳动力需求进而优化就业技能结构。基于上述分析，本章提出以下研究假设。

研究假设 H4：服务贸易自由化在制造业投入服务化转型对就业技能结构影响中发挥重要作用，即存在制造业投入服务化影响就业技能结构的服务贸易自由化门槛效应。当服务贸易自由化达到一定程度后，制造业投入服务化转型对就业技能结构的优化效应显著增强。

第三节 制造业投入服务化对就业技能结构的影响效应分析

一 制造业投入服务化对就业技能结构影响的研究设计

（一）模型设定

使用柯布-道格拉斯生产函数分析制造业投入服务化对就业技能结

构的影响，把理论分析中制造业投入服务化影响就业技能结构的直接效应和间接效应同时纳入，得出制造业投入服务化影响就业技能结构的基本经验回归方程。即：

$$Y_{it} = \bar{A}_{it} \cdot \bar{L}_{it}{}^{\alpha} \cdot \bar{K}_{it}{}^{1-\alpha} \tag{4.1}$$

其中，$\bar{A}_{it}$ 为有效技术，$\bar{L}_{it}$ 为有效劳动，$\bar{K}_{it}$ 为有效资本。假设有效技术 $\bar{A}_{it} = \gamma_A (S_{it}) A_{it}$，有效劳动 $\bar{L}_{it} = \gamma_L (S_{it}) L_{it}$，有效资本 $\bar{K}_{it} = \gamma_K (S_{it}) K_{it}$，$\gamma_A (S_{it}) = e^{(\theta S_{it} + \eta)}$ 是技术效率的测量值，$\gamma_L (S_{it}) = e^{\beta_1 S_{it}}$ 是劳动效率的测量值，$\gamma_K (S_{it}) = e^{\beta_2 S_{it}}$ 是资本效率的测量值，它们均是制造业投入服务化 S_{it} 的函数。A_{it} 代表技术进步，技术进步来源于两个渠道，一是依靠自主创新投入，二是来自国际技术溢出。企业自主创新投入用研发经费投入 rdk 表示，国际技术溢出来自国际贸易技术溢出和国际投资技术溢出，国际贸易技术溢出渠道用行业出口学习效应 X 表示，国际投资技术溢出渠道用引进外商投资技术溢出效应 FDI 表示，所以这里把技术进步表示为 $A_{it} = e^{\lambda_0 T_{it}} \cdot rdk_{it}{}^{\lambda_1} \cdot X_{it}{}^{\lambda_2} \cdot FDI_{it}{}^{\lambda_3}$，把它们代入生产函数（4.1）式可得：

$$\begin{aligned} Y_{it} &= e^{(\theta S_{it} + \eta)} \cdot e^{\lambda_0 T_{it}} \cdot rdk_{it}{}^{\lambda_1} \cdot X_{it}{}^{\lambda_2} \cdot FDI_{it}{}^{\lambda_3} \\ &\quad \cdot (e^{\beta_1 S_{it}} L_{it})^{\alpha} (e^{\beta_2 S_{it}} K_{it})^{1-\alpha} \end{aligned} \tag{4.2}$$

根据前面理论研究，考虑到制造业投入服务化会影响制造业全球价值链地位，进而间接影响劳动力需求和就业结构，故对（4.2）式两边取对数后，加入制造业投入服务化 S 与全球价值链地位 GVC 的交互项，以考察制造业投入服务化通过影响制造业 GVC 地位，实现对劳动力需求及就业结构的影响。故建立以下计量模型：

$$\begin{aligned} \ln L_{it} &= \varphi_1 \ln S_{it} + \varphi_2 \ln S_{it} \cdot \ln GVC_{it} + \varphi_3 \ln Y_{it} + \varphi_4 \ln K_{it} \\ &\quad + \varphi_5 \ln rdk_{it} + \varphi_6 \ln X_{it} + \varphi_7 \ln FDI_{it} + \xi_i + \upsilon_t + \varepsilon_{it} \end{aligned} \tag{4.3}$$

研究假设 H3 和假设 H4 考察生产性服务效率和服务贸易自由化分别对制造业投入服务化转型与就业技能结构之间关系的影响，为了检验生产性服务效率和服务贸易自由化在其中的调节效应，建立门槛模型探究制造业投入服务化转型对就业技能结构的非线性影响。依据 Hansen (1999) 门槛面板模型，把生产性服务效率 pse 和服务贸易自由化 fs 作为门槛变量引入（4.3）式，以制造业投入服务化为门槛依赖变量，分别构建制造业投入服务化转型影响就业结构的生产性服务效率和服务贸易自由化的单一门槛模型，双重及多重门槛模型在此基础上拓展即可。

$$\ln L_{it} = \varphi_{11}\ln S_{it} \cdot I(pse \leq \sigma_1) + \varphi_{12}\ln S_{it} \cdot I(pse > \sigma_1) + \varphi_2\ln Y_{it} \\ + \varphi_3\ln K_{it} + \varphi_4\ln rdk_{it} + \varphi_5\ln X_{it} + \varphi_6\ln FDI_{it} + \xi_i + \upsilon_t + \varepsilon_{it} \tag{4.4}$$

$$\ln L_{it} = \varphi_{11}\ln S_{it} \cdot I(fs > \mu_1) + \varphi_{12}\ln S_{it} \cdot I(fs \leq \mu_1) + \varphi_2\ln Y_{it} \\ + \varphi_3\ln K_{it} + \varphi_4\ln rdk_{it} + \varphi_5\ln X_{it} + \varphi_6\ln FDI_{it} + \xi_i + \upsilon_t + \varepsilon_{it} \tag{4.5}$$

其中，σ_1 和 μ_1 分别为生产性服务效率 pse 和服务贸易自由化程度 fs 待估计的门槛值，$I(\cdot)$ 为示性函数，如果括号中的式子成立，则 I 取 1，反之，I 取 0。

（二）指标选取、变量测度与数据

1. 被解释变量

①高技能劳动力就业（L_h）。制造业各行业高技能劳动力就业人数，用制造业各行业规上企业 $R\&D$ 人员表示。②低技能劳动力就业（L_l）。制造业各行业低技能劳动力就业人数，用制造业各行业劳动力总就业人数减去高技能劳动力就业人数表示。制造业各行业劳动力总就业人数用规模以上工业企业平均用工人数表示。③劳动力就业技能结构（$Skill_s$）。就业技能结构用高技能劳动力占就业总人数比重表示，高技能劳动力比重越大，表示就业技能结构越优化。被解释变量数据来源于《中国科技统计年鉴》和《中国工业统计年鉴》。

2. 核心解释变量

核心解释变量为制造业投入服务化（S）。制造业投入服务化可以使用直接消耗系数与完全消耗系数来衡量，使用 Leontief（2010）提出的投入产出分析法进行测算。直接消耗系数计算公式为 $a_{ij} = \dfrac{q_{ij}}{x_j}$，其中，

i，$j=1$，2，…，n，反映生产 j 行业产品对 i 行业服务的直接消耗程度。x_j 是制造业 j 的产量，q_{ij} 是制造业 j 对服务业 i 的总直接消耗数量。

制造业对服务业除了直接消耗外，还存在对其他行业消耗的过程中引致的间接消耗。直接消耗和间接消耗的总和即构成制造业对服务业的完全消耗，完全消耗系数计算公式为 $Servitization_{ij} = a_{ij} + \sum_{k=1}^{n} a_{ik}a_{kj} + \sum_{k=1}^{n}\sum_{s=1}^{n} a_{is}a_{sk}a_{kj} + \sum_{k=1}^{n}\sum_{s=1}^{n}\sum_{r=1}^{n} a_{ir}a_{rs}a_{sk}a_{kj} + \cdots(i, j = 1, 2, \cdots, n)$，$Servitization_{ij}$ 表示制造业 j 的投入服务化水平，a_{ij} 为制造业 j 对服务业 i 的直接消耗，$\sum_{k=1}^{n} a_{ik}a_{kj}$ 是第一轮间接消耗，$\sum_{k=1}^{n}\sum_{s=1}^{n} a_{is}a_{sk}a_{kj}$ 为第二轮间接消耗，依此类推，第 $n+1$ 项表示第 n 轮间接消耗。完全消耗系数是对行业间直接、间接联系的反映，能够更全面体现制造业与服务业之间的相互依赖关系，因此我们使用完全消耗系数测度制造业投入服务化。完全消耗系数计算所需数据来源于《中国投入产出表》。

3. 门槛变量

门槛变量包括：①生产性服务效率（pse）。生产性服务效率在制造业投入服务化影响就业技能结构中具有重要作用，用生产性服务业全要素生产率（TFP）与制造业对服务的完全消耗系数乘积表示导入制造业的生产性服务效率。生产性服务业全要素生产率（TFP）用索罗残差法估算，即用产出增长率减去各投入要素增长率得到 TFP，数据来源于《中国第三产业统计年鉴》和《中国统计年鉴》。②服务贸易自由化（fs）。一般来说，服务贸易自由化水平越高，各种服务贸易壁垒相对较低，制造业投入服务化转型过程中作为中间投入使用的进口生产性服务比重就会提高。借鉴 Feenstra 和 Hanson（1999）、陈启斐和刘志彪（2014）的做法，采用渗透率方法测算制造业使用的进口生产性服务，作为衡量服务贸易自由化的指标。具体计算公式是：$fs_{it} = \sum_{m} \left(\dfrac{M_m}{T_m + M_m - E_m} \right) \left(\dfrac{N_{im}}{Q_i} \right)$。其中，$M_m$ 为生产性服务产品 m 的总进口额，T_m 为国内生产性服务 m 的总产出额，E_m 为生产性服务 m 的总出口额，N_{im} 为制造业 i 投入的生产性服务 m 总额，Q_i 为制造业 i 投入的生产性服务总额。M_m 和 E_m 数据从联合国 Comtrade 数据库获得，T_m 可从历年《中国统计年鉴》获得，N_{im} 和 Q_i 的数据利用我国投入产出表相关数据测算得出。

4. 其他控制变量

①全球价值链分工地位（GVC）。参考戴翔（2015）用中国制造业出口国内增加值替代出口额，对传统显示性比较优势指数进行改进，来衡量中国制造业参与 GVC 分工的地位。制造业行业层面国内增加值计算基于 KPWW 方法，利用 WIOD 提供的数据测算得来。②行业产出（Y）。制造相关行业产值用规模以上工业企业销售产值表示，数据来源于《中国统计数据库》各期。③行业资本存量（K）。用规模以上工业企业资产表示，数据来源于《中国统计数据库》。④研发投入（rdk）。用规上企业 R&D 经费代表，数据来源于《中国科技统计年鉴》。⑤行业出口（X）。用规模以上工业企业出口交货值表示，数据来源于《中国工业统计年鉴》各期。⑥行业引进外商直接投资（FDI）。用规模以上工业企业外商资本金表示，数据来源于《中国工业统计年鉴》各期。

二 制造业投入服务化对就业技能结构影响的实证结果分析

（一）基准回归估计结果

制造业投入服务化对就业技能结构影响的基准回归结果见表 4-1。（1）～（3）列为制造业投入服务化对高技能劳动力就业影响的基准回归结果，（4）～（6）列为制造业投入服务化对低技能劳动力就业影响的基准回归结果，（7）～（9）列为制造业投入服务化对就业技能结构影响的基准回归结果。根据 F 检验、BP LM 检验以及 Hausman 检验可知，应选择固定效应（FE）估计结果解释制造业投入服务化对高技能劳动力就业、低技能劳动力就业以及就业技能结构的影响。首先看制造业投入服务化对高技能劳动力就业的影响，制造业投入服务化对高技能劳动力就业估计系数为负，而制造业投入服务化与价值链地位的交互项估计系数显著为正，说明制造业通过投入服务化提升了价值链地位，随着制造业向价值链两端的知识、技术密集型环节攀升，其会增加对高技能劳动力的需求。再看制造业投入服务化对低技能劳动力就业的影响，制造业投入服务化对低技能劳动力就业影响的直接效应不显著，制造业投入服务化与价值链地位的交互项估计系数也不显著，这表明制造业投入服务化对低技能劳动力就业的直接效应和间接效应均不明显。接下来看制造业投入服务化对就业技能结构的影响，制造业投入服务化对就业技能结构影响的估计系数显著为负，这表明随着制造业投入服务化的推进和要素投入结构的变化，直接效应并不一定优化就业技能结构，研究假设 H1 得以证实。制造业投入服务化与价值链地位的交互项估计系数显著为正，这说明制造业通过制造业投入服务化提升了全球价值链分工地位，进而优化了劳动力就业技能结构，研究假设 H2 得以证实。

（二）异质性影响检验

考虑到中国不同行业制造业企业要素密集度存在差异，投入制造业的生产性服务也存在不同，为进一步分析制造业投入服务化对就业技能结构的影响以及得出更为细化的结论，下面对制造业按要素密集度分组，对生产性服务业进行划分，进一步研究制造业投入服务化对劳动力就业技能结构的异质性影响。

1. 制造业要素密集度的异质性

制造业细分行业众多，不同的行业要素密集度存在较大差异，制造业投入服务化过程中对劳动力技能需求的层次也会有一定区别，这可能会改变制造业投入服务化对就业技能结构的影响效果。我们将制造业按要素密集度分为劳动密集型、资本密集型和技术密集型三类，探讨不同要素密集型制造业投入服务化对就业技能结构的影响。

根据 F 检验、BP LM 检验以及 Hausman 检验可知，应选择 FE 估计结果。首先看劳动密集型制造业投入服务化对就业技能结构的影响：制造业投入服务化影响就业技能结构的直接效应为负，说明劳动密集型制造业投入的生产性服务大多是销售、物流等对劳动力技能要求较低的服

表4-1 基准回归结果

变量	高技能劳动力			低技能劳动力			就业技能结构		
	Pool-OLS (1)	FE (2)	RE (3)	Pool-OLS (4)	FE (5)	RE (6)	Pool-OLS (7)	FE (8)	RE (9)
S	-0.126*** (-4.61)	-0.060** (-2.17)	-0.093*** (2.94)	-0.032 (-0.77)	0.019 (1.15)	0.014 (0.82)	-0.155*** (-3.10)	-0.077*** (-2.79)	-0.082*** (-2.84)
$S \cdot GVC$	0.066* (1.78)	0.104*** (3.11)	0.038 (1.38)	-0.086*** (-3.26)	-0.024 (-1.15)	-0.061*** (-3.16)	0.018 (0.54)	0.119*** (3.54)	0.056** (2.17)
Y	-0.790*** (-3.06)	-0.171 (-1.50)	-0.738*** (-5.99)	-0.393** (-2.09)	-0.159** (-2.37)	-0.270*** (-3.90)	-0.393*** (-3.10)	-0.014 (-0.13)	-0.341*** (-3.04)
K	0.569 (1.47)	-0.489** (-2.41)	0.491*** (2.84)	0.940*** (4.06)	0.397*** (3.32)	0.566*** (5.16)	-0.351 (-1.51)	-0.874*** (-4.33)	-0.329* (-1.95)
rdk	0.639*** (4.77)	0.706*** (7.52)	0.584*** (7.59)	-0.380*** (-4.90)	-0.095* (-1.70)	-0.180*** (-3.72)	0.993*** (9.27)	0.791*** (8.45)	0.864*** (12.69)
X	0.081 (0.46)	0.614*** (6.30)	0.148 (1.59)	0.207* (1.90)	0.170*** (2.96)	0.155*** (2.80)	-0.123 (-1.87)	0.441*** (4.55)	0.002 (0.02)
FDI	0.177 (0.87)	-0.539*** (-3.99)	0.119 (1.02)	0.513*** (3.72)	0.134* (1.68)	0.327*** (4.32)	-0.329* (-1.83)	-0.661*** (-4.93)	-0.388*** (-3.59)

续表

变量	高技能劳动力			低技能劳动力			就业技能结构		
	Pool-OLS	FE	RE	Pool-OLS	FE	RE	Pool-OLS	FE	RE
	(1)	(2)	(3)	(4)	(5)	(6)	(7)	(8)	(9)
常数项	2.058*** (3.05)	4.015*** (3.95)	2.336*** (3.40)	-2.832*** (-2.76)	1.905*** (3.18)	1.514*** (2.94)	2.684*** (2.89)	1.997** (1.98)	1.733** (2.21)
N	195	195	195	195	195	195	195	195	195
R^2	0.8864	0.4451	0.8832	0.8727	0.7806	0.8531	0.8488	0.3303	0.8367
F 检验		25.04 [0.000]			36.12 [0.000]			16.98 [0.000]	
BP LM 检验			51.50 [0.000]			279.75 [0.000]			21.37 [0.000]
Hausman 检验		105.19 [0.000]			49.84 [0.000]			84.01 [0.000]	

注: ***、 ** 和 * 分别表示在 1%、 5% 和 10% 显著性水平上显著; 括号内为参数估计的 t 统计量; 中括号内为 P 值。

133

务，抑制了劳动力就业技能结构优化。制造业投入服务化通过价值链地位进而影响就业技能结构的间接效应估计系数虽为正，但不显著，这说明制造业投入服务化对劳动密集型制造业全球价值链地位的提升作用有限，导致对高技能劳动力需求增加效应及就业结构优化效应不明显。再看资本密集型制造业投入服务化影响就业技能结构的情况：制造业投入服务化对就业技能结构影响的估计系数为负，表明资本密集型制造业通过增加服务投入并没有优化就业技能结构，而制造业投入服务化与价值链地位的交互项估计结果显著为正，说明资本密集型制造业通过加大服务投入，实现了向全球价值链两端的升级，由升级效应带来了对高技能劳动力的需求增加以及就业结构优化。接下来看技术密集型制造业的情况：不论是制造业投入服务化对就业结构的直接影响效应，还是通过影响全球价值链地位实现对就业结构的间接影响效应，均发现技术密集型制造业投入服务化过程可以优化劳动力就业技能结构，说明中国技术密集型制造业向制造业投入服务化转型过程中，既通过优化要素投入结构改善了就业技能结构，也通过提升全球价值链地位优化了就业技能结构。

从不同要素密集度制造业投入服务化对就业技能结构的影响结果来看，呈现一定差异（见表4-2）。产生这种现象的原因是：随着中国制造业发展战略的推进，以及加快发展先进制造业的迫切需要，以资本密集型和技术密集型为代表的先进制造业不断与新一代信息技术融合，通过数字化设计、信息化管理以及自动化制造，实现了制造过程的系统化、集成化和信息化，中国关键零部件、智能装备制造、轨道交通装备和民用航空等先进制造业全球价值链地位不断攀升，增加了对工业数据科学家、工业工程师、系统设计人员等高技能人才的需求，因此优化了就业技能结构。但劳动密集型制造业处于全球价值链的底端，主要从事加工、组装、包装等工序环节，具有附加值低的特点，近年中国以人工工资为代表的要素价格上涨，以及过剩产能转移的需要，在制造业投入服务化转型过程中劳动密集型产业并未表现出价值链地位显著升级，加

表4-2 不同要素密度制造业投入服务化对就业技能结构的异质性影响

变量	劳动密集型			资本密集型			技术密集型		
	Pool-OLS	FE	RE	Pool-OLS	FE	RE	Pool-OLS	FE	RE
	(1)	(2)	(3)	(4)	(5)	(6)	(7)	(8)	(9)
S	-0.020 (-0.24)	-0.145* (-1.80)	-0.020 (-0.26)	0.018 (1.15)	-0.058* (-1.95)	0.018 (0.48)	-0.047 (-1.52)	0.126** (2.07)	-0.047 (-1.28)
S·GVC	-0.075*** (-3.71)	0.051 (0.84)	-0.075** (-2.40)	-0.006 (-0.25)	0.179*** (2.82)	-0.006 (-0.14)	0.101*** (3.05)	0.138*** (3.28)	0.101** (2.23)
Y	-0.253 (-1.34)	-0.068 (-0.41)	-0.253* (-1.84)	-0.262 (-1.24)	0.502 (1.45)	-0.262 (-1.38)	-0.613 (-1.75)	0.206 (0.53)	-0.613* (-1.93)
K	0.283 (0.41)	-0.683 (-1.43)	0.283 (0.63)	0.331 (1.78)	-1.497*** (-3.06)	0.332 (1.20)	-0.232 (-0.73)	-1.148*** (-2.92)	-0.232 (-0.79)
rdk	0.480 (1.56)	0.519** (2.46)	0.480** (2.24)	0.369 (1.80)	0.909*** (4.47)	0.369** (2.10)	0.763*** (16.55)	0.905*** (6.33)	0.763*** (8.33)
X	0.606*** (3.02)	0.971** (2.18)	0.606*** (3.60)	0.520** (2.15)	0.492*** (2.92)	0.521*** (3.78)	-0.055 (-1.27)	0.102 (0.72)	-0.055 (-0.72)
FDI	0.036 (0.08)	-0.865* (-1.88)	0.036 (0.10)	-1.034*** (-5.07)	-1.033*** (-3.89)	-1.035*** (-8.20)	0.069 (1.08)	-0.408** (-2.38)	0.069 (0.57)

续表

变量	劳动密集型			资本密集型			技术密集型		
	Pool-OLS (1)	FE (2)	RE (3)	Pool-OLS (4)	FE (5)	RE (6)	Pool-OLS (7)	FE (8)	RE (9)
常数项	-2.365 (-0.88)	-2.014 (-0.75)	-2.365 (-0.97)	-3.130* (-1.70)	4.729* (1.97)	-3.130 (-1.51)	0.909 (1.40)	3.073** (2.46)	0.909 (1.27)
N	52	52	52	65	65	65	78	78	78
R^2	0.7844	0.6165	0.7844	0.8028	0.6485	0.8028	0.6901	0.6719	0.6901
F检验		5.08 [0.004]			6.81 [0.000]			3.81 [0.004]	
BP LM检验			0.00 [1.000]			0.00 [1.000]			0.00 [1.000]
Hausman检验		11.91 [0.008]			19.35 [0.000]			15.86 [0.007]	

注：***、** 和 * 分别表示在1%、5%和10%显著性水平上显著；括号内为参数估计的t统计量；中括号内为P值。

之劳动密集型制造业投入的生产性服务大多是销售、物流等对劳动力技能要求较低的服务，最终表现为抑制了劳动力就业技能结构优化。

2. 服务投入的异质性

前面理论研究发现，制造业投入服务化能否优化就业技能结构取决于投入制造业中的生产性服务业类别，因此有必要考虑生产性服务投入的差异，根据《生产性服务业分类（2015）》标准，对投入制造业中的生产性服务进行划分，从批发零售投入服务化等六个方面考察制造业中服务要素投入异质性对就业技能结构的影响，估计结果见表4-3。

表 4-3　制造业服务投入异质性的影响

变量	批发零售投入服务化	交通运输投入服务化	信息投入服务化	金融投入服务化	租赁和商务投入服务化	科学技术投入服务化
	(1)	(2)	(3)	(4)	(5)	(6)
S	-0.039 ** (-1.98)	-0.086 *** (-3.68)	0.069 * (1.93)	0.063 ** (2.15)	0.018 (0.91)	0.065 ** (2.48)
$S \cdot GVC$	0.008 (0.29)	0.012 (0.32)	0.058 ** (2.13)	0.040 (1.38)	0.069 ** (2.55)	0.066 ** (2.39)
Y	-0.033 (-0.30)	-0.014 (-0.13)	-0.372 ** (-2.31)	-0.397 ** (-2.34)	-0.296 ** (-2.56)	-0.306 *** (-2.69)
K	-0.835 *** (-4.10)	-0.886 *** (-4.53)	-0.321 (-1.27)	-0.348 (-1.21)	-0.392 ** (-2.25)	-0.335 * (-1.93)
rdk	0.793 *** (8.38)	0.762 *** (8.24)	0.959 *** (8.62)	0.993 *** (7.96)	0.825 *** (11.45)	0.829 *** (11.89)
X	0.442 *** (4.52)	0.422 *** (4.42)	-0.134 (-0.79)	-0.125 (-0.70)	0.019 (0.22)	0.056 (0.64)
FDI	-0.693 *** (-5.14)	-0.595 *** (-4.40)	-0.308 (-1.46)	-0.313 (-1.39)	-0.356 *** (-3.15)	-0.434 *** (-3.79)
常数项	2.088 ** (2.03)	1.927 * (1.93)	2.033 ** (2.29)	2.352 ** (2.26)	1.506 * (1.82)	1.406 * (1.75)
N	195	195	195	195	195	195
R^2	0.3691	0.2934	0.8343	0.8297	0.8075	0.8282

变量	批发零售投入服务化	交通运输投入服务化	信息投入服务化	金融投入服务化	租赁和商务投入服务化	科学技术投入服务化
	（1）	（2）	（3）	（4）	（5）	（6）
F 检验	17.93 [0.000]	18.68 [0.000]	19.13 [0.000]	20.44 [0.000]	19.83 [0.000]	16.53 [0.000]
BP LM 检验	50.54 [0.000]	34.18 [0.000]	55.76 [0.000]	63.62 [0.000]	57.61 [0.000]	24.37 [0.000]
Hausman 检验	63.00 [0.000]	69.18 [0.000]	68.61 [0.000]	67.25 [0.000]	76.71 [0.000]	76.07 [0.000]

注：*** 、 ** 和 * 分别表示在 1%、5% 和 10% 显著性水平上显著；括号内为参数估计的 t 统计量；中括号内为 P 值。

批发零售投入服务化对就业技能结构影响的直接效应系数为负，并在 5% 水平上显著，但批发零售投入服务化与价值链地位交互项系数不显著，说明批发零售服务业在我国仍属于劳动密集型，专业化程度较低，既不能改善制造业要素投入结构，也不能有效促进制造业全球价值链地位升级，对劳动力就业技能结构优化促进作用有限。交通运输投入服务化对就业技能结构影响的直接效应系数显著为负，其与价值链地位交互项估计系数虽为正，但没有通过显著性检验，原因是中国交通运输、仓储和邮政业创新不足，没有在降低成本、产业升级等方面给予制造业有效支持。信息投入服务化对就业技能结构影响的直接效应估计系数为正，但只在 10% 水平上通过显著性检验，而通过价值链地位对就业技能结构影响的间接效应估计系数显著为正，原因是大数据、互联网、云计算等信息技术的发展给予了传统制造业新的发展方向，优化要素投入结构和提升国际分工地位，同时也给予新兴制造业技术支持，传统制造业升级、新兴制造业发展以及信息传输等服务业投入均会增加高技能劳动力需求，进而优化就业技能结构。金融投入服务化通过改善制造业要素投入结构优化了劳动力就业技能结构，但遗憾的是并没有通过提高价值链地位优化劳动力就业技能结构，说明中国金融行业没有有效支持制造业升级，存在金融资源配置扭曲，资金使用效率有待提升。租赁和商务投入服务化对就业技能结构影响的直接效应虽为正但不显著，而其通过提升制造业全球价值链分工地位的间接效应却优化了劳动力就业技能结构，可能的原因是租赁服务减轻了企业资金压力，降低了生产成本，发展战略规划、营销策划等商务服务提升了企业品牌价值，促使制造业向价值链下游的品牌、营销以及售后服务等高附加值环节攀升，增加了对策划、咨询和品牌运营等高技能人才需求，从而优化了就业技能结构。科学技术投入服务化对就业技能结构影响的直接效应和间接效应估计系数均显著为正，说明科学研究和技术服务在促进中国制造业要素投入结构转变和提升价值链地位方面发挥了重要作用，优化了劳动力就业技能结构。原因是随着对科学研究和技术创新的重视，研发设计等服务为企业新产品研发、新工艺改进等提供的支持越来越标准化和专业化，专业化的研发设计服务需要高技能劳动力，制造业产品升级也需要大量高技能劳动力进行生产的运作、组织、管理等工作，进而优化劳动力就业技能结构。

第四节　扩展分析：生产性服务效率和服务贸易自由化的调节作用

考虑到投入制造业中的生产性服务效率会对制造业投入服务化影响就业技能结构的结果产生作用，而服务贸易自由化又会对生产性服务业发展以及服务效率产生影响。因此，本研究进一步考虑生产性服务效率及服务贸易自由化在制造业投入服务化影响就业技能结构中的调节效应。

一　生产性服务效率的调节效应

以生产性服务效率为门槛变量，考察其在制造业投入服务化影响劳动力就业技能结构中的调节效应。表 4-4 和表 4-5 门槛效应自抽样检验及门槛值估计的结果表明，制造业投入服务化对就业技能结构影响存在生产性服务效率三重门槛，三个门槛值分别为 7.395、8.419 和

9.333。就不同生产性服务投入来看，批发零售投入服务化（*Spf*）对就业技能结构影响应选择三重门槛模型；交通运输投入服务化（*Sjtys*）双重门槛和三重门槛均没有通过显著性检验，应选择单一门槛模型；信息投入服务化（*Sxxcs*）应选择三重门槛模型；金融投入服务化（*Sjr*）应选择三重门槛模型；租赁和商务投入服务化（*Szl*）应选择三重门槛模型；科学技术投入服务化（*Skx*）也应选择三重门槛模型。

表 4-4　门槛效应自抽样检验

投入服务化类型	模型	生产性服务效率		服务贸易自由化	
		F 值	P 值	F 值	P 值
制造业投入服务化	单一门槛	10.174 **	0.033	9.836 **	0.018
	双重门槛	7.676 ***	0.003	9.366	0.195
	三重门槛	7.800 **	0.022	3.695	0.273
批发零售投入服务化	单一门槛	12.827 **	0.030	8.653 **	0.035
	双重门槛	13.263 **	0.048	6.289	0.275
	三重门槛	11.952 **	0.018	3.019	0.517
交通运输投入服务化	单一门槛	6.166 **	0.030	7.195 *	0.065
	双重门槛	5.330	0.160	12.914 **	0.045
	三重门槛	3.025	0.180	2.299	0.265
信息投入服务化	单一门槛	12.269 **	0.015	11.026 ***	0.005
	双重门槛	18.557 ***	0.000	6.775 *	0.060
	三重门槛	12.051 ***	0.000	5.965 *	0.090
金融投入服务化	单一门槛	8.557 **	0.037	5.351 **	0.017
	双重门槛	11.539 ***	0.000	4.402	0.190
	三重门槛	10.436 **	0.033	2.721	0.388
租赁和商务投入服务化	单一门槛	13.599 **	0.040	7.390 **	0.030
	双重门槛	11.078 ***	0.000	6.623 *	0.085
	三重门槛	9.383 **	0.025	3.208	0.420
科学技术投入服务化	单一门槛	10.019 **	0.030	10.715 **	0.040
	双重门槛	6.596 ***	0.007	4.827	0.558
	三重门槛	6.984 **	0.020	2.614	0.282

注：***、** 和 * 分别表示在1%、5%和10%显著性水平上显著；P 值和临界值由采用 Bootstrap 法反复抽样 400 次得到。

表4-5 生产性服务效率门槛估计值与其置信区间

门槛变量/门槛依赖变量	生产性服务效率			服务贸易自由化		
	模型	门槛值	95%置信区间	模型	门槛值	95%置信区间
制造业投入服务化	三重门槛模型	7.395 8.419 9.333	[7.361,9.989] [7.981,10.535] [7.361,10.305]	单一门槛模型	0.651	[0.438,0.970]
批发零售投入服务化	三重门槛模型	8.422 9.359 9.948	[8.256,9.955] [9.229,9.955] [9.721,9.984]	单一门槛模型	0.651	[0.438,1.033]
交通运输投入服务化	单一门槛模型	7.395	[7.361,9.989]	双重门槛模型	1.406 2.243	[0.651,1.461] [0.942,8.847]
信息投入服务化	三重门槛模型	8.419 9.333 9.763	[8.299,9.960] [9.272,9.460] [9.272,9.960]	单一门槛模型	0.563	[0.438,0.970]
金融投入服务化	三重门槛模型	8.422 9.359 9.763	[8.256,9.485] [9.229,9.525] [9.272,9.960]	单一门槛模型	0.563	[0.438,2.080]
租赁和商务投入服务化	三重门槛模型	8.422 9.333 9.763	[8.299,9.984] [9.229,9.525] [9.229,9.955]	单一门槛模型	0.563	[0.438,1.003]
科学技术投入服务化	三重门槛模型	8.422 9.333 9.906	[7.361,10.535] [7.361,9.568] [7.387,9.984]	单一门槛模型	0.651	[0.438,0.970]

制造业投入服务化对就业技能结构影响的生产性服务效率门槛模型估计结果见表4-6。就投入制造业的生产性服务整体来说，三个生产性服务效率门槛值将制造业投入服务化对就业技能结构影响效果分为四个区间。在生产性服务效率低于第一个门槛值时，制造业投入服务化对优化劳动力就业技能结构没有作用。当生产性服务效率提高，处于第一个门槛值和第二个门槛值之间的区间时，投入服务化估计系数增加，但仅在10%水平上显著。随着生产性服务效率的提升，进入第三个区间，投入服务化对劳动力就业技能结构的优化作用显著为正。当生产性服务效率跨越第三个门槛值后，投入服务化对就业技能结构优化的促进作用不仅进一步增强，而且显著性也提高。因此研究假设H3得到验证，这说明生产性服务效率在制造业投入服务化影响就业技能结构中发挥了重要调节作用，即存在制造业投入服务化影响就业技能结构的生产性服务效率门槛效应。

接下来分析不同生产性服务投入下制造业投入服务化对就业技能结构影响的差异。批发零售投入服务化对就业技能结构的影响也存在生产性服务效率门槛效应，当投入制造业的批发和零售服务效率较低时，投入服务化没有优化就业技能结构，然而随着批发和零售服务效率的提升，批发和零售服务化对就业技能结构的优化作用逐渐增强。交通运输投入服务化对就业技能结构的影响也存在生产性服务效率调节效应，随着交通运输、仓储和邮政服务投入效率的提升，虽然显著性没有改变，但是对就业技能结构优化的大小在不断增强。随着信息传输、软件和信息技术服务效率的提升，服务化对就业技能结构的优化作用不论大小还是显著性都有所提高。金融投入服务化对就业技能结构的优化作用也存在生产性服务效率门槛效应，但其优化就业技能结构只在跨越了第二个门槛值后，说明目前中国金融服务业整体效率不高，金融资源存在一定程度配置扭曲，没有给予制造业企业特别是民营企业转型升级有效支持。租赁和商务投入服务化对就业技能结构影响也存在生产性服务投入效率的调节效应，随着生产性服务效率提升，投入服务化对就业技能结

表4-6 生产性服务效率门槛模型估计结果

制造业投入服务化 (1)		批发零售投入服务化 (2)		交通运输投入服务化 (3)		信息投入服务化 (4)	
$S \cdot I$ ($\mathrm{ln}pse \leqslant \sigma_1$)	0.012 (0.38)	$Spf \cdot I$ ($\mathrm{ln}pse \leqslant \tau_1$)	0.027 (1.29)	$Sjtys \cdot I$ ($\mathrm{ln}pse \leqslant \psi_1$)	0.084*** (3.70)	$Sxxcs \cdot I$ ($\mathrm{ln}pse \leqslant \kappa_1$)	0.020 (1.35)
$S \cdot I$ ($\sigma_1 < \mathrm{ln}pse \leqslant \sigma_2$)	0.078* (1.79)	$Spf \cdot I$ ($\tau_1 < \mathrm{ln}pse \leqslant \tau_2$)	0.080*** (2.77)	$Sjtys \cdot I$ ($\mathrm{ln}pse > \psi_1$)	0.118*** (4.41)	$Sxxcs \cdot I$ ($\kappa_1 < \mathrm{ln}pse \leqslant \kappa_2$)	0.088*** (3.54)
$S \cdot I$ ($\sigma_2 < \mathrm{ln}pse \leqslant \sigma_3$)	0.139** (2.50)	$Spf \cdot I$ ($\tau_2 < \mathrm{ln}pse \leqslant \tau_3$)	0.143*** (3.79)			$Sxxcs \cdot I$ ($\kappa_2 < \mathrm{ln}pse \leqslant \kappa_3$)	0.152*** (4.29)
$S \cdot I$ ($\mathrm{ln}pse > \sigma_3$)	0.224*** (3.37)	$Spf \cdot I$ ($\mathrm{ln}pse > \tau_3$)	0.210*** (4.60)			$Sxxcs \cdot I$ ($\mathrm{ln}pse > \kappa_3$)	0.244*** (5.43)
Y	0.015 (0.16)	Y	0.022 (0.24)	Y	0.002 (0.02)	Y	0.022 (0.23)
K	-0.806*** (-4.37)	K	-0.634*** (-3.45)	K	-0.917*** (-4.87)	K	-0.820*** (-4.66)
rdk	0.808*** (9.03)	rdk	0.737*** (8.39)	rdk	0.741*** (8.11)	rdk	0.815*** (9.42)
X	0.402*** (4.36)	X	0.378*** (4.15)	X	0.410*** (4.37)	X	0.334*** (3.64)
FDI	-0.560*** (-4.32)	FDI	-0.577*** (-4.59)	FDI	-0.564*** (-4.23)	FDI	-0.463*** (-3.66)
常数项	1.021 (1.03)	常数项	2.195** (2.03)	常数项	1.965** (2.01)	常数项	1.716* (1.81)
N	195	N	195	N	195	N	195

续表

金融投入服务化 (5)		租赁和商务投入服务化 (6)		科学技术投入服务化 (7)	
$Sjr \cdot I$ ($\ln pse \leq \upsilon_1$)	−0.016 (−0.96)	$Szl \cdot I$ ($\ln pse \leq \rho_1$)	0.014 (0.82)	$Skx \cdot I$ ($\ln pse \leq \zeta_1$)	−0.015 (−0.59)
$Sjr \cdot I$ ($\upsilon_1 < \ln pse \leq \upsilon_2$)	0.027 (1.20)	$Szl \cdot I$ ($\rho_1 < \ln pse \leq \rho_2$)	0.079*** (2.66)	$Skx \cdot I$ ($\zeta_1 < \ln pse \leq \zeta_2$)	0.037 (0.97)
$Sjr \cdot I$ ($\upsilon_2 < \ln pse \leq \upsilon_3$)	0.075** (2.43)	$Szl \cdot I$ ($\rho_2 < \ln pse \leq \rho_3$)	0.149*** (3.56)	$Skx \cdot I$ ($\zeta_2 < \ln pse \leq \zeta_3$)	0.097* (1.92)
$Sjr \cdot I$ ($\ln pse > \upsilon_3$)	0.139*** (3.57)	$Szl \cdot I$ ($\ln pse > \rho_3$)	0.254*** (4.78)	$Skx \cdot I$ ($\ln pse > \zeta_3$)	0.223*** (3.34)
Y	−0.006 (−0.07)	Y	0.012 (0.13)	Y	−0.001 (−0.01)
K	−0.707*** (−3.77)	K	−0.721*** (−3.94)	K	−0.703*** (−3.73)
rdk	0.736*** (8.06)	rdk	0.760*** (8.47)	rdk	0.754*** (8.42)
X	0.386*** (4.15)	X	0.396*** (4.31)	X	0.389*** (4.13)
FDI	−0.502*** (−3.88)	FDI	−0.570*** (−4.48)	FDI	−0.594*** (−4.48)
常数项	2.851*** (2.69)	常数项	1.872* (1.69)	常数项	2.554** (2.31)
N	195	N	195	N	195

注：***、** 和 * 分别表示在 1%、5% 和 10% 显著性水平上显著；括号内为参数估计的 t 统计值。

构的优化作用和显著性不断提高。在科学研究和技术服务的第一个效率区间，科学技术投入服务化对就业技能结构的影响为负，但不显著，在第二个效率区间，对就业技能结构的影响虽变为正，但仍不显著，当跨越了第二个门槛值处于第三个效率区间时，科学技术投入服务化对就业技能结构的影响才有一些优化作用，但也只在10%水平上显著，只有当科学研究和技术服务效率跨越第三个门槛值，位于第四个效率区间，科学技术投入服务化才对就业技能结构有明显的优化作用。

以上分析表明，不论是从整体还是分行业讨论投入服务化对就业技能结构影响效应，均发现生产性服务效率在制造业投入服务化对就业技能结构的影响中存在重要调节作用，随着生产性服务效率的提升，制造业投入服务化对就业技能结构的优化作用不断增强，研究假设H3得到验证。

二　服务贸易自由化的调节效应

加入 WTO 以来，中国一直稳步推进包括生产性服务贸易在内的贸易自由化各项工作落实。通过服务贸易自由化降低贸易壁垒可以减少国内制造业使用国外优质服务业的成本，改善要素投入结构提高价值链地位，进而优化劳动力就业技能结构。那么，随着中国服务贸易自由化进程的推进，其是否在制造业投入服务化对就业技能结构的影响中具有调节效应呢？下面对服务贸易自由化门槛模型进行检验。服务贸易自由化门槛效应自抽样检验结果见表4-4，估计的具体门槛值见表4-5，从中可知，制造业投入服务化对就业技能结构影响存在服务贸易自由化单一门槛效应，从生产性服务业分行业来看，批发零售投入服务化对就业技能结构影响存在服务贸易自由化单一门槛效应，交通运输投入服务化对就业技能结构影响存在服务贸易自由化双重门槛效应，信息技术投入服务化对就业技能结构影响存在服务贸易自由化单一门槛效应，金融投入服务化对就业技能结构影响存在服务贸易自由化单一门槛效应，租赁和商务投入服务化对就业技能结构影响存在服务贸易自由化单一门槛效应，科学技术投入服务化对就业技能结构影响存在服务贸易自由化单一门槛效应。

制造业投入服务化对就业技能结构影响的服务贸易自由化门槛模型估计结果见表4-7。就生产性服务投入整体来说，制造业投入服务化对劳动力就业技能结构影响存在服务贸易自由化门槛效应，在不同服务贸易自由化程度区间，制造业投入服务化对就业技能结构的影响存在显著差异：当中国服务贸易自由化程度较低时，制造业投入服务化估计系数为负，但不显著，说明制造业投入服务化转型没有优化就业技能结构。原因是，当服务贸易壁垒较高时，制造业企业利用国外高级生产性服务业的成本较高，导致企业少用或不用知识、技术密集的国外优质、高效生产性服务，转而使用国内价格和质量更低的生产性服务，对制造业转型升级不利，从而也会影响对高技能劳动力的需求和就业技能结构优化。当服务贸易自由化程度提高，制造业中间投入中使用的进口生产性服务跨越第一个门槛值后，制造业投入服务化会显著促进就业技能结构优化。原因是随着服务贸易自由化进程不断推进，中国制造业能够以低价进口国外高级生产性服务，帮助企业改善要素投入结构和实现价值链升级，进而优化就业技能结构。

再看不同生产性服务投入情况下，制造业投入服务化对就业技能结构影响的服务贸易自由化调节效应：当服务贸易自由化水平较低时，批发零售投入服务化会显著恶化就业技能结构，随着服务贸易自由化进程的推进，这种恶化趋势有所降低直至消失，但没有明显优化就业技能结构。在不同服务贸易自由化程度下，交通运输投入服务化对就业技能结构影响也存在不同影响，服务贸易自由化两个门槛值把服务贸易自由化水平分成三个区间，在服务贸易自由化水平较低区间，投入制造业中的交通运输、仓储和邮政等生产性服务恶化了就业技能结构。随着服务贸易壁垒的降低，进入服务贸易自由化中等水平后，转变为优化就业技能结构。当服务贸易壁垒进一步降低，进入服务贸易自由化水平较高阶段后，交通运输投入服务化对就业技能结构的优化作用也更加明显。信息

表4-7　服务贸易自由化门槛模型估计结果

变量	制造业投入服务化 (1)	批发零售投入服务化 (2)	交通运输投入服务化 (3)	信息投入服务化 (4)
门槛项1	$St \cdot I$ ($fs \le \eta_1$) −0.043 (−1.50)	$Spf \cdot I$ ($fs \le u_1$) −0.062*** (−2.95)	$Sjtys \cdot I$ ($fs \le \psi_1$) −0.084*** (−3.72)	$Sxxcs \cdot I$ ($fs \le u_1$) −0.012 (−0.81)
门槛项2	$St \cdot I$ ($fs > \eta_1$) 0.109*** (3.77)	$Spf \cdot I$ ($fs > u_1$) −0.015 (−0.73)	$Sjtys \cdot I$ ($\psi_1 < fs \le \psi_2$) 0.058** (2.37)	$Sxxcs \cdot I$ ($fs > u_1$) 0.067*** (3.61)
门槛项3			$Sjtys \cdot I$ ($fs > \psi_2$) 0.162*** (5.65)	
Y	−0.021 (−0.21)	−0.029 (−0.29)	0.101 (0.98)	−0.035 (−0.35)
K	−0.924*** (−4.83)	−0.886*** (−4.55)	−1.052*** (−5.50)	−0.787*** (−4.17)
rdk	0.806*** (8.80)	0.801*** (8.64)	0.816*** (9.08)	0.765*** (8.27)
X	0.421*** (4.44)	0.413*** (4.28)	0.405*** (4.25)	0.417*** (4.32)
FDI	−0.513*** (−3.66)	−0.545*** (−3.83)	−0.594*** (−4.58)	−0.591*** (−4.34)
常数项	2.366** (2.38)	2.296** (2.25)	2.241** (2.29)	1.776* (1.75)
N	195	195	195	195

续表

	金融投入服务化 (5)	租赁和商务投入服务化 (6)	科学技术投入服务化 (7)
$S_{jr} \cdot I$ ($fs \leq q_1$)	-0.013 (-0.56)	$S_{zl} \cdot I$ ($fs \leq r_1$) -0.013 (-0.69)	$S_{kxyj} \cdot I$ ($fs \leq h_1$) -0.033 (-1.20)
$S_{jr} \cdot I$ ($fs > q_1$)	0.053*** (3.03)	$S_{zl} \cdot I$ ($fs > r_1$) 0.068*** (3.08)	$S_{kxyj} \cdot I$ ($fs > h_1$) 0.107*** (3.78)
Y	-0.053 (-0.52)	-0.055 (-0.54)	0.008 (0.08)
K	-0.858*** (-4.41)	-0.814*** (-4.22)	-0.953*** (-4.92)
rdk	0.810*** (8.65)	0.797*** (8.50)	0.797*** (8.70)
X	0.431*** (4.39)	0.410*** (4.21)	0.394*** (4.14)
FDI	-0.588*** (-4.23)	-0.573*** (-4.04)	-0.478*** (-3.32)
常数项	1.743* (1.70)	2.331** (2.29)	2.563*** (3.78)
N	195	195	195

注：***、** 和 * 分别表示在 1%、5% 和 10% 显著性水平上显著；括号内为参数估计的 t 统计值。

投入服务化对就业技能结构的影响也存在服务贸易自由化调节效应，在服务贸易自由化水平较低时，信息投入服务化对就业技能结构的影响不明显，当跨越门槛值，服务贸易自由化水平进入更高区间后，转变为显著优化就业技能结构。在服务贸易自由化程度较低的第一区间，金融投入服务化对就业技能结构为负影响，随着服务贸易自由化水平进入更高区间，金融投入服务化开始促进就业技能结构优化。租赁和商务投入服务化对就业技能结构的影响也存在服务贸易自由化调节效应，当服务贸易自由化水平较低时，租赁和商务投入服务化对就业技能结构无明显优化作用，只有服务贸易自由化水平跨越门槛值后，才会优化就业技能结构。科学技术投入服务对就业技能结构的影响也存在服务贸易自由化调节效应，随着服务贸易壁垒降低、服务贸易自由化水平的提升，科学技术投入服务化对就业技能结构的优化作用逐渐显现。

以上分析表明，不论是从整体还是分行业讨论制造业投入服务化对就业技能结构影响均发现，服务贸易自由化在制造业投入服务化对就业技能结构影响中存在重要调节作用，随着服务贸易自由化进程的推进，制造业投入服务化对就业技能结构的优化作用逐渐增强，研究假设 H4 得到验证。因此，中国要进一步放开生产性服务业市场准入，降低服务贸易壁垒，推进服务贸易自由化进程，使国内制造业能够以低成本利用国外优质生产性服务，促进国内制造业投入服务化转型升级以及就业技能结构优化。

三　结论与政策启示

第一节至第四节，理论研究了制造业投入服务化对就业技能结构的影响机制，实证分析了制造业投入服务化转型对我国就业技能结构的影响效应，以及生产性服务效率和贸易自由化的调节效应。研究结果表明，第一，制造业投入服务化对就业技能结构的影响路径包括直接效应和间接效应两条，制造业投入服务化通过改变要素投入结构影响就业技能结构的效应不明确，而制造业投入服务化通过提升制造业价值链地位可以优化就业技能结构。第二，制造业投入服务化对就业技能结构的影响存在制造业要素密集度异质性。劳动密集型制造业投入服务化没有促进就业技能结构优化，资本密集型制造业投入服务化只通过间接效应渠道促进就业技能结构优化，技术密集型制造业投入服务化通过直接效应和间接效应两条渠道优化就业技能结构。第三，制造业投入服务化对就业技能结构的影响存在服务投入异质性。批发零售投入服务化、交通运输投入服务化没有促进就业技能结构优化，信息投入服务化、金融投入服务化、租赁和商务投入服务化、科学技术投入服务化促进了就业技能结构优化。第四，生产性服务效率在制造业投入服务化对就业技能结构影响中存在重要调节作用，随着生产性服务效率的提升，制造业投入服务化对就业技能结构的优化作用不断增强；第五，贸易自由化在制造业投入服务化对就业技能结构影响中存在重要调节作用，随着贸易自由化进程的推进，制造业投入服务化对就业技能结构的优化作用逐渐增强。

上述研究结论对我国迈向制造强国过程中如何实现制造业投入服务化转型与就业技能结构优化协调发展具有重要启示。

第一，以制造业投入服务化转型升级为契机，解决"大学生就业难与民工荒"问题。我国就业市场"大学生就业难与民工荒"并存，深层原因是制造业国际分工地位较低和产业结构不合理。制造业投入服务化是攀升全球价值链的重要手段，有助于改善劳动力需求技能结构，增加对大学毕业生等高技能劳动力需求。一方面，加快推动生产性服务业与制造业深度融合，以提高制造业技术创新能力和服务创新能力为重点，促进制造业向全球价值链高附加值的两端攀升，引导大学生进入价值链上游的研发设计、核心零部件环节以及价值链下游的商务服务、信息咨询环节就业；另一方面，针对生产型制造向服务型制造转变对农民工等低技能劳动力的就业替代，要对加工、组装环节转移出来的劳动力建立学习和职业再培训制度，提高劳动技能，鼓励自主创业或再就业。

第二，加快生产性服务业发展，优化制造业要素投入结构。大力发展面向制造业的研发设计、金融保险、信息技术、交通物流以及品牌营销等生产性服务，实现与制造业全产业链深度融合，提高制造业投入要素的知识、技术密集度，提升投入劳动力技能水平。一方面，针对不同制造业要素密集度特征，实施差异化政策实现就业技能结构优化。加快推进服务化引领传统劳动密集型制造业转型升级，优化资本密集型制造业要素投入结构，继续强化技术密集型制造业优化就业技能结构的直接效应和间接效应；另一方面，通过提高投入制造业的各类生产性服务的智能化和信息化水平，引领就业技能结构优化，提高生产性服务效率，发挥生产性服务业在制造业投入服务化优化就业技能结构中的调节效应。

第三，推进贸易自由化进程，降低国外生产性服务进口成本。由于贸易自由化在制造业投入服务化影响就业技能结构中具有重要调节作用，因此要把深化贸易自由化改革当作解决"结构性失业"问题的一项重要政策措施进行落实。一方面，稳步推进生产性服务业领域市场准入放开，通过与发达国家生产性服务贸易引进的优质服务要素加快制造业攀升全球价值链，进入知识、技术密集型环节促进劳动力需求结构优化；另一方面，针对不同生产性服务业，实施差异化开放战略。随着贸易自由化进程的推进，本研究发现交通运输投入服务化、金融投入服务化、租赁和商务投入服务化以及科学技术投入服务化均表现出对就业技能结构的优化作用，但批发零售投入服务化和信息投入服务化没有显著促进就业技能结构优化，因此要优先加快并深化金融保险、研发设计、咨询调查以及物流等生产性服务行业对外开放，对于关系国家信息安全的互联网、通信等领域要在保证安全的前提下稳步开放。

第四，优化劳动力供给技能结构，助力制造业投入服务化转型。新经济下以大数据、云计算、物联网等新一代信息通信技术为代表的新兴生产性服务业不断与制造业融合，促进制造业向服务化、智能化发展，对劳动力知识储备、技能层次提出了新要求。一方面，基于新经济下产业链融合和扩展拓宽了劳动力市场半径，对具备交叉领域专业知识的一专多能型复合劳动力需求量增加，因此要对高校的专业设置进行优化整合，在强化专业基础知识和专业技能的基础上，推进双学位和跨专业选修，扩充大学生知识储备，打通学科间互通互联关系；另一方面，建立健全有关劳动力技能调整和技能转换培训体系，培养劳动力终身学习意识，不断更新劳动力知识结构，建立符合新经济要求的劳动力供给结构，助力我国制造业通过服务化转型实现全球价值链地位跃升。

第五节　制造业投入服务化驱动就业行业结构优化的意义

改革开放以来，中国制造业通过嵌入全球价值链，规模从小逐渐变大，建立起了全球最完善的制造体系，制造业吸纳了大量劳动力就业，为促进就业市场稳定发展发挥了重要作用。为实现从制造大国迈向制造强国，党和政府指出要促进生产型制造向服务型制造转变。投入服务化是制造业通过增加服务要素投入，攀升全球价值链的重要路径（徐振鑫等，2016）。与此同时，中国制造业经历了大量就业创造和就业消失，就业先降后升，平均就业净增长率为 1.4%（马弘等，2013）。由此引发的问题是，投入服务化转型对中国制造业就业吸纳的影响效应如何？其背后的机制是什么？显然，上述问题的探究对了解制造业投入服务化转型过程中引发的劳动力就业行业结构重塑，并制定有效政策实现制造业投入服务化转型与就业行业结构优化协调发展具有重要意义。

关于对制造业就业的影响文献主要集中在以下几个方面。其一，技术进步对制造业就业的影响研究。就技术进步对就业总量影响研究来说，一部分学者认为技术进步具有就业消失效应，出现机器和人工智能对工人的替代，减少就业人数（Acemoglu 和 Restrepo，2017）。另一部分学者认为虽然短期技术进步可能导致摩擦性失业的增加，但从长期来看技术进步对就业具有创造机制，对就业具有补偿性（Pissarides，1990；Smolny，1998）。不同技术进步类型对就业技能结构影响也存在差异，技能退化型技术进步会增加低技能劳动力就业，而技能偏好型技术进步会减少低技能劳动力需求，提高高技能劳动力就业（Berman 等，1997；Acemoglu，2002）。其二，国际贸易对制造业就业的影响研究。制造业出口技术复杂度的升级会提高国际分工地位和出口规模，从而增加劳动力特别是高技能劳动力需求（Rodrik，2006；Schott，2008）。制造业外包是影响国内就业的重要原因，制造业外包增加了熟练劳动力就业（Feenstra 和 Hanson，1996），降低了非熟练劳动力就业水平（Anderton 和 Bernton，1999），但也有学者认为制造业外包对发包国国内就业无显著影响（Berman 等，1994）。其三，国际投资对制造业就业的影响研究。对外直接投资可以提升制造业国际分工地位和技术创新能力，使企业规模扩大并提高生产率，促进国内就业增加（刘海云和廖庆梅，2017）。但也有研究认为跨国公司对外直接投资会导致国内"产业空心化"，降低母国就业水平（Lipsey，1995）。还有学者认为对外直接投资通过影响制造业分工地位进而对母国就业影响的效应要考虑投资动机、行业分布和要素密集度、收入差异等因素，影响机制和结论较为复杂（Braconier 和 Ekholm，2000；姜巍，2017）。其四，全球价值链对制造业就业的影响研究。随着对全球价值链研究的深入，越来越多学者探讨制造业企业嵌入全球价值链的就业效应，参与全球价值链对发达国家就业而言是一把"双刃剑"，低端环节转移到发展中国家导致就业机会减少，但价值链升级带来的规模效应又会增加就业需求（Andersson 和 Karpaty，2008）。发展中国家嵌入全球价值链，从事劳动密集型的加工、组装环节，解决了大量低技能劳动力就业问题（Feenstra 和 Hanson，1996）。

制造业投入服务化是引领制造业向全球价值链高端攀升、助力中国迈向制造强国的重要途径，在这一过程中必然会引致劳动力行业需求结构的变动，对就业行业结构产生重大影响。就业是最大的民生，如何实现制造业投入服务化转型与就业行业结构优化协调发展至关重要。但是目前鲜有关于制造业投入服务化的就业行业结构变动影响效应文献。鉴于此，笔者首先通过文献研究，从"要素替代效应"和"价值链地位升级效应"两个方面，梳理出制造业投入服务化对制造业就业影响的理论机制。其次，基于《生产性服务业分类（2015）》新标准，对中国制造业投入服务化水平进行测度，客观呈现中国制造业投入服务化方向和程度。再次，考察中国制造业投入服务化转型对制造业就业变动的影响时，从就业份额变动和就业净增长率两个方面探究，还把劳动力区分为高技能和低技能进行比较分析。鉴于制造业投入服务化和制造业行业密集度两个方面的差异，实证研究中考虑了制造业投入服务化影响制造业就业变动的异质性。最后，考虑到中国加大生产性服务业开放这一事实，在研究中引入生产性服务进口贸易作为门槛变量，探讨生产性服务进口在制造业投入服务化影响制造业就业变动中的调节效应。

第六节　制造业投入服务化对就业行业结构影响的作用机理

制造业投入服务化对就业行业结构的影响包括"要素替代效应"和"价值链地位升级效应"。所谓"要素替代效应"，是指制造业企业不断投入知识、技术密集的生产性服务业，拉动服务业就业，减少制造业就业的过程。所谓"价值链地位升级效应"是指，制造业投入服务化促进制造业向全球价值链高附加值的两端攀升，在实现产品升级和功能升级的过程中对就业行业结构产生的影响。下面对制造业投入服务化影响就业行业结构的两条路径展开具体阐述。

一　要素替代效应

制造业服务化是将企业从以制造为中心向以服务为中心转变的过程（姚小远，2014），包括制造业投入服务化和制造业产出服务化两个方面，制造业投入服务化指制造业中间投入中服务要素比例不断提高，制造业产出服务化指制造业产品中的服务含量逐渐提高。不论是投入服务化还是产出服务化，都意味着制造业中存在生产性服务业作为一种高级生产要素对传统要素的替代，必然带动生产性服务业就业的增长。具体来看，制造业投入服务化，需要在制造业的生产环节投入内含新技术、新方法和新模式的现代生产性服务业，把专业化的知识资本和人力资本导入制造业，使企业提高竞争力获取高附加值。生产性服务作为制造业中间投入需求，从价值链的上游、中游和下游全面融入，随着制造业中间服务投入需求的增加，日益专业化和规模化的生产性服务业提供具有竞争力的工资，会促进劳动力逐渐向生产性服务业转移。

二　价值链地位升级效应

制造业投入服务化显著提升了中国制造业企业在全球价值链中的国际分工地位（刘斌等，2016），促进制造业向附加值高的价值链两端升级（周大鹏，2013）。随着服务化进程的推进，制造业全球价值链的升级包括产品升级和功能升级，即会从最初价值链低端的加工、组装环节实现产品升级进入关键核心零部件生产环节，或向价值链上游研发、设计环节和下游品牌、营销环节攀升实现功能升级。制造业投入服务化通过产品升级和功能升级实现的价值链地位升级会对制造业就业和服务业就业产生不同的影响。从全球价值链各环节来看，制造业投入服务化主要在"微笑曲线"的底端加工、制造环节产生"就业替代"效应，在"微笑曲线"的两端研发、设计、品牌和营销等环节发挥"就业创造"效应。下面从"就业创造"和"就业替代"的视角，具体分析制造业投入服务化通过提升制造业价值链地位影响就业结构。首先看"就业创造"效应，制造业投入服务化通过规模经济、范围经济提升企业竞争力，引入新业态进入新产品和关键零部件生产环节，虽然减少了传统制造业的就业人数，但先进制造、智能制造环节将会创造新的就业岗位，吸纳更多高技能劳动力就业，使产业结构与就业结构逐渐趋于匹配，缓解中国就业结构性矛盾。功能升级是比产品升级更高层次的价值链升级模式，意味着企业的核心竞争力是研发、设计、融资、品牌、营销、售后等服务要素，企业向价值链两端升级，进入研发、设计、咨询等上游服务环节和品牌、营销、售后等下游服务环节。上游服务环节要求企业有较高的技术创新能力，这会加大企业对研发人员、工程师、设计师等高技能人才的需求。下游环节则对企业服务创新能力提出更高要求，围绕产品营销、价值提升、品牌维护以及客户体验等需要更多具备管理、咨询方面经验的专业化人才，这将在价值链下游环节创造大量的就业机会，拉动服务业就业。然而，制造业投入服务化带来的价值链地位升级也会产生所谓的"就业替代"效应，价值链地位升级意味着制造业要脱离加工、组装等低附加值环节，淘汰一部分低端制造的工艺、环节、产品和业态，而中国加工、组装等劳动密集型制造业以农业转移劳动力为主，制造业投入服务化的价值链地位升级效应将对这些制造业低端环节中的劳动力就业产生冲击。

三　技术创新和服务创新在投入服务化影响制造业就业吸纳中的调节效应

制造业投入服务化攀升全球价值链有两条路径，一是通过技术创新引领制造业企业进入全球价值链的上游研发、设计等环节，二是通过服务创新驱动制造企业迈入全球价值链的下游品牌、营销等环节。制造业企业在全球价值链分工中从事工序、环节的变化，会带来制造业企业价值链地位升级以及要素投入结构变动，进而影响制造业企业就业吸纳能力及结构变化。具体而言，随着制造业企业增加研发投入以及技术创新能力的提升，其可以攀升至知识、技术等高级要素密集环节，研发与设计、科技成果转化、信息技术等生产性服务需要聘请大量科研人员、软件设计师和数据工程师等高技能劳动力，对制造业高技能劳动力具有"创造效应"。随着制造业企业逐渐意识到品牌、售后服务等价值链下游环节的重要性，其会增加服务创新要素投入，通过提升质量控制技术、完善售后服务体系、推进品牌建设，进入产品服务附加值高的营销策划、市场调查、品牌建设环节，劳动力市场将会增加对品牌策划、咨询、售后服务等高技能劳动力的需求。同时，随着制造业企业技术创新和服务创新投入的增加及制造业投入服务化进程的推进，制造加工、组装环节的利润和用工规模会被进一步压缩，产生对低技能劳动力的"替代效应"。因此，技术创新和服务创新在投入服务化影响制造业就业吸纳中具有调节效应，技术创新和服务创新投入的增加，将会增加高技能劳动力就业，减少低技能劳动力就业，存在制造业投入服务化发展影响制造业就业吸纳的技术创新投入和服务创新投入的门槛效应（见图4-2）。

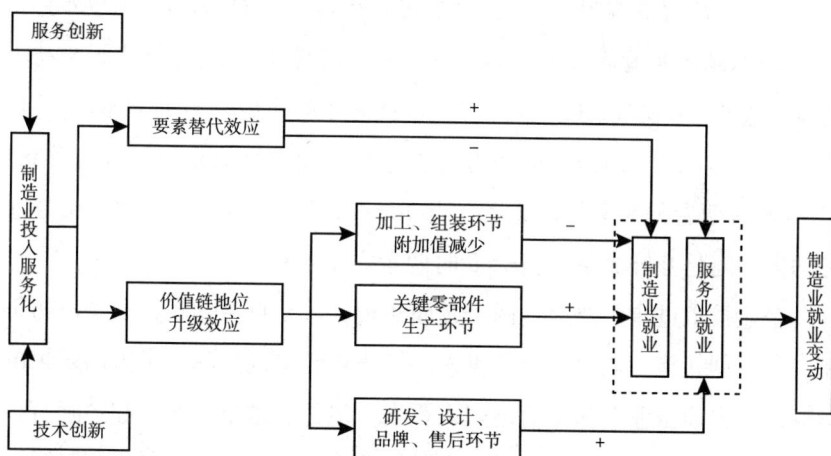

图4-2 制造业投入服务化对制造业就业变动的影响机理

第七节 制造业投入服务化对制造业就业的影响效应分析

一 模型设定

以往推倒出就业及其结构变动的计量模型多是通过柯布-道格拉斯生产函数，但该生产函数假定投入生产过程中的要素份额固定不变，这显然不符合实际生产过程。本研究在理论机制部分已经分析了随着制造业投入服务化发展，制造业的要素投入结构会发生变化。为了反映制造业投入服务化发展引起劳动力在不同行业间就业的变化，本研究采用

CES 函数形式分析制造业就业与服务业就业的替代效应，劳动力与其他生产要素的技术组合仍然采用柯布-道格拉斯生产函数，有助于考察制造业投入服务化发展过程中制造业就业的变动。生产函数表示为：

$$Y = f(K, L_m, L_p) = K^\alpha [\beta(A_m L_m)^{\frac{\sigma-1}{\sigma}} + (1-\beta)(A_p L_p)^{\frac{\sigma-1}{\sigma}}]^{(\frac{\sigma}{\sigma-1})^{1-\alpha}} \quad (4.6)$$

其中，K 为资本投入，L_m 为制造业劳动力，L_p 为服务业劳动力，A_m 是影响制造业就业劳动力的技术进步，A_p 是影响服务业就业劳动力的技术进步。σ 表示制造业就业 L_m 和服务业就业劳动力 L_p 之间的替代弹性。当 $\sigma > 1$ 时，制造业劳动力与服务业劳动力之间是相互替代关系，当 $\sigma = \infty$ 时两者是完全替代关系。当 $0 < \sigma < 1$ 时，制造业劳动力与服务业劳动力之间是互补关系，当 $\sigma = 0$ 时两者完全互补。

企业技术进步主要通过两个方面实现，一是自主创新，二是模仿创新。自主创新能力取决于研发投入。模仿创新受到国际技术溢出效果的影响，一方面企业全球价值链嵌入程度、地位、进出口贸易和国际直接投资等因素决定技术来源；另一方面制造业投入服务化水平决定对国际技术溢出的学习、消化吸收能力。因此，影响制造业就业劳动力的技术进步表示为：

$$A_m = \lambda_m(S) \cdot RD^{\eta_1} \cdot GVC^{\eta_2} \cdot FDI^{\eta_3} \cdot X^{\eta_4} \cdot M^{\eta_5} \quad (4.7)$$

$$A_p = \lambda_p(S) \cdot RD^{r_1} \cdot GVC^{r_2} \cdot FDI^{r_3} \cdot X^{r_4} \cdot M^{r_5} \quad (4.8)$$

其中，RD 为研发投入，GVC 是全球价值链地位，FDI 是外商直接投资，X 和 M 分别代表出口和进口。$\lambda_m(S)$ 为对国际技术溢出的吸收效率，是制造业投入服务化水平 S 的函数。

根据生产者利润最大化的一阶条件，可得：

$$(\frac{\partial Y}{\partial L_m})/(\frac{\partial Y}{\partial L_p}) = \frac{w_m}{w_p} \quad (4.9)$$

其中，w_m 为制造业劳动力工资，w_p 是服务业劳动力工资。

把（4.7）和（4.8）式代入 CES 生产函数（4.6）式后分别对 L_m 和 L_p 求偏导，再代入等式（4.9）两边取对数，加入制造业投入服务化 S 与价值链地位 GVC 的交互项，得到以下检验投入服务化发展对制造业就业份额影响的计量模型：

$$
\begin{aligned}
\ln\left(\frac{L}{N}\right)_{it} = {} & \mu_0 + \mu_1\ln S_{it} + \mu_2\ln S_{it}\cdot\ln GVC_{it} + \mu_3\ln RD_{it} + \mu_4\ln GVC_{it} \\
& + \mu_5\ln FDI_{it} + \mu_6\ln X_{it} + \mu_7\ln M_{it} + \mu_8\ln w_{it} + \zeta_i + \varphi_t + \varepsilon_{it}
\end{aligned} \tag{4.10}
$$

其中，$\left(\dfrac{L}{N}\right)_{it}$ 为产业 i 的就业人数占总就业人数的比重，即产业 i 的就业份额，ζ_i 为行业固定效应，φ_t 是时间固定效应，ε_{it} 是随机扰动项。

为进一步检验制造业投入服务化转型中的制造业就业变动，用就业净增长率（LVD）来分析制造业的就业变动。建立如下计量模型：

$$
\begin{aligned}
\ln(LVD)_{it} = {} & \rho_0 + \rho_1\ln S_{it} + \rho_2\ln S_{it}\cdot\ln GVC_{it} + \rho_3\ln RD_{it} + \rho_4\ln GVC_{it} \\
& + \rho_5\ln FDI_{it} + \rho_6\ln X_{it} + \rho_7\ln M_{it} + \rho_8\ln w_{it} + \zeta_i + \varphi_t + \varepsilon_{it}
\end{aligned} \tag{4.11}
$$

理论机制分析表明，技术创新投入和服务创新投入对服务化影响制造业就业吸纳存在调节效应。为了检验这种调节效应是否存在于中国制造业中，借鉴 Hansen（1999）门槛模型，以技术创新（RD）和服务创新（XSF）为门槛变量，分别建立投入服务化发展对制造业就业变动影响的单一门槛模型：

$$
\begin{aligned}
\ln(LVD)_{it} = {} & \kappa_0 + \kappa_{11}\ln S_{it}\cdot I(RD \leq \theta_1) + \kappa_{12}\ln S_{it}\cdot I(RD > \theta_1) \\
& + \kappa_2\ln RD_{it} + \kappa_3\ln GVC_{it} + \kappa_4\ln FDI_{it} + \kappa_5\ln X_{it} \\
& + \kappa_6\ln M_{it} + \kappa_7\ln w_{it} + \zeta_i + \varphi_t + \varepsilon_{it}
\end{aligned} \tag{4.12}
$$

$$
\begin{aligned}
\ln(LVD)_{it} = {} & \kappa_0 + \kappa_{11}\ln S_{it}\cdot I(XSF \leq \eta_1) + \kappa_{12}\ln S_{it}\cdot I(XSF > \eta_1) \\
& + \kappa_2\ln RD_{it} + \kappa_3\ln GVC_{it} + \kappa_4\ln FDI_{it} + \kappa_5\ln X_{it} + \kappa_6\ln M_{it} \\
& + \kappa_7\ln w_{it} + \zeta_i + \varphi_t + \varepsilon_{it}
\end{aligned} \tag{4.13}
$$

其中，$\mathrm{I}(\cdot)$ 为示性函数，括号中的式子成立，函数 $\mathrm{I}(\cdot)$ 为 1，若不成立，则 $\mathrm{I}(\cdot)$ 取 0。θ_1 和 η_1 为待估计门槛值。双重及以上门槛模型在此基础上进行推广得到。

二 变量选取、指标测度与数据

（一）核心解释变量

制造业投入服务化（S_{it}）。随着以物联网、大数据、云计算等新一代信息通信技术为代表的新兴生产性服务业发展，目前学术界测度制造业投入服务化的方法还是基于旧分类标准，这不能真实反映数字经济和智能经济下中国制造业投入服务化转型的情况。因此，本研究基于《生产性服务业分类（2015）》标准，对中国制造业投入服务化水平进行测度，客观呈现中国制造业投入服务化方向和程度。关于制造业投入服务化的测度借鉴 Leontief（2010）提出的投入产出分析法，使用直接消耗系数与完全消耗系数来衡量。直接消耗系数计算公式为 $a_{ij}=\dfrac{q_{ij}}{x_j}$，其中 i，$j=1$，2，$\cdots$，n，反映生产 j 行业产品对 i 行业服务的直接消耗程度。x_j 是制造业 j 的产量，q_{ij} 是制造业 j 对服务业 i 的总直接消耗数量。

制造业对服务业除了直接消耗外，还存在对其他行业消耗的过程中引致的间接消耗。直接消耗和间接消耗的总和即构成制造业对服务业的完全消耗，完全消耗系数计算公式为 $Servitization_{ij} = a_{ij} + \sum\limits_{k=1}^{n} a_{ik}a_{kj} +$

$\sum\limits_{k=1}^{n}\sum\limits_{s=1}^{n} a_{is}a_{sk}a_{kj} + \sum\limits_{k=1}^{n}\sum\limits_{s=1}^{n}\sum\limits_{r=1}^{n} a_{ir}a_{rs}a_{sk}a_{kj} + \cdots(i, j = 1, 2, \cdots, n)$，

$Servitization_{ij}$ 表示制造业 j 的投入服务化水平，a_{ij} 为制造业 j 对服务业 i 的直接消耗，$\sum\limits_{k=1}^{n} a_{ik}a_{kj}$ 是第一轮间接消耗，$\sum\limits_{k=1}^{n}\sum\limits_{s=1}^{n} a_{is}a_{sk}a_{kj}$ 为第二轮间接消耗，依此类推，第 $n+1$ 项表示第 n 轮间接消耗。完全消耗系数是对行业间直接、间接联系的反映，能够更全面体现制造业与服务业之间的相互依赖关系，因此使用完全消耗系数测度制造业投入服务化。投入服务化计算所需数据来源于中国投入产出表。

（二）因变量

本研究因变量包括行业就业份额（$\frac{L}{N}$）$_{it}$、就业净增长率 LVD_{it}。制

造业 i 就业份额（$\frac{L}{N}$）$_{it}$，表示第 i 个制造业行业的就业人数与总就业人

数之比，制造业各行业劳动力就业人数用规模以上工业企业平均用工人

数表示，数据来源于《中国工业统计年鉴》。就业净增长率 LVD 反映的

是行业从 $t-1$ 期到 t 期就业的净增加，即 $LVD_{jt} = LVC_{jt} - LVT_{jt}$。行业 j 在 t

期的就业创造率 LVC_{jt}，参考 Davis 和 Haltiwanger（1992）、毛其淋和许

家云（2016）的方法，表示为 $LVC_{jt} = \sum_{m \in X_{jt}^{+}} (emp_{mt} - emp_{mt-1}) / \sum_{m \in X_{jt}} E_{mt}$

，即行业 j 在 t 期的就业创造率等于 t 期新进企业增加就业量与存续企

业新增就业量之和除以行业 j 的就业规模总量。X_{jt} 是属于行业 j 的企业

集合，X_{jt}^{+} 是该企业集合内就业增长率大于 0 的企业。emp_{mt} 是企业 m 在

t 期的就业规模，E_{mt} 是企业 m 在 t 期的就业平均规模，$\sum_{m \in X_{jt}} E_{mt}$ 是 t

期 j 行业的就业规模总量。就业替代率表示为 $LVT_{jt} = \sum_{m \in X_{jt}^{-}} (emp_{mt-1} -$

$emp_{mt}) / \sum_{m \in X_{jt}} E_{mt}$，即行业 j 在 t 期的就业替代率等于 t 期退出市场企

业减少就业量与存续企业就业减少之和除以行业 j 的就业规模总量，X_{jt}^{-}

是该企业集合内就业增长率小于 0 的企业。

（三）控制变量

①全球价值链地位（GVC）。Koopman 等（2010）用处于全球价值

链的上游还是下游来刻画某一产业在国际分工中的地位，全球价值链地

位指数为 $GVC\_P_{i,c} = Ln(1 + IV_{i,c}/E_{i,c}) - Ln(1 + FV_{i,c}/E_{i,c})$，$IV_{i,c}$ 表示间接

增加值出口，$E_{i,c}$ 为 c 国 i 行业增加值总出口，$FV_{i,c}$ 表示出口国外增加

值。制造业行业层面增加值计算基于 KPWW 方法，利用 WIOD 提供的

最新世界投入产出表测算得来；②研发投入（RD），用规上企业 R&D

经费代表，数据来源于《中国科技统计年鉴》；③行业引进外商直接投

资（FDI），用规模以上工业企业外商资本金表示，数据来源于《中国工业统计年鉴》各期；④行业出口（X），用规模以上工业企业出口交货值表示，数据来源于《中国工业统计年鉴》各期；⑤行业进口（M），由于没有中国制造业细分行业进口数据，本研究参考盛斌（2002）的做法，将中国根据国民经济行业分类（GB/T 4754-2011）划分的各制造业细分行业进口额与3位数国际贸易标准分类（SITC）中的进口贸易数据对应。进口贸易额从联合国Comtrade数据库查得，由于Comtrade数据库中货币单位是美元，笔者按当年人民币汇率将计算得到的制造业各细分行业进出口额换算成以人民币为货币单位；⑥行业工资水平（w），制造业各行业工资水平用分行业城镇单位就业人员平均工资表示，数据来源于《中国劳动统计年鉴》各期。

（四）门槛变量

技术创新投入（RD）和服务创新投入（XSF）。技术创新投入用研发投入表示，变量选取与数据来源同上。一般来说，企业越重视售后服务和品牌建设，就会投入越多的销售费用，故本研究服务创新投入采用销售费用表示，采用规模以上工业企业销售费用指标测度，数据来源于《中国工业统计年鉴》。

三 制造业投入服务化对制造业就业影响的实证结果与分析

（一）基准回归结果

表4-8是制造业投入服务化对制造业就业影响的基准估计结果，分别包括制造业投入服务化对制造业就业份额、就业净增长率、高技能劳动力就业净增长率以及低技能劳动力就业净增长率的影响效应。从模型（1）和（2）可以看出，制造业投入服务化对制造业就业份额以及就业净增长率的总影响效应分别为"$-0.023+0.044GVC$"和"$-0.048+0.032GVC$"，即制造业投入服务化对制造业就业份额的影响不确定，制造业投入服务化对制造业总就业人数的影响也不确定，取决于制造业投入服务化对制造业价值链地位的提升效应。从总影响效应可以发现，随着

制造业投入服务化对制造业全球价值链地位的提升，制造业就业净增长率从负数逐渐转变为正数，说明全球价值链地位的升级缓解了制造业投入服务化对制造业就业人数和就业份额的负向影响。

从上面估计可知，制造业投入服务化最初会减少制造业就业人数和降低制造业就业份额，但随着制造业投入服务化不断提升制造业全球价值链地位，这种负向影响又会得到缓解，甚至变为正向促进作用。从理论分析可知，制造业处于不同价值链地位时，制造业投入服务化对高技能劳动力和低技能劳动力的"就业创造"效应和"就业替代"效应存在差异。为分析制造业投入服务化对制造业就业净增长率影响中高技能劳动力和低技能劳动力的就业变动情况，下面考察制造业投入服务化发展分别对高技能劳动力就业净增长率和低技能劳动力就业净增长率的影响。模型（3）估计结果表明，制造业投入服务化对高技能劳动力就业净增长率的影响总效应为"$0.032+0.110GVC$"，说明制造业投入服务化发展促进了高技能劳动力就业。模型（4）估计结果表明，制造业投入服务化对低技能劳动力就业净增长率的要素替代效应显著为负，说明制造业投入服务化推动制造业由产品型制造向服务型制造转变，对低技能劳动力产生就业替代，而制造业投入服务化与全球价值链交互项估计系数不显著，表明制造业投入服务化对制造业全球价值链地位的提升并没有拉动低技能劳动力就业，总体而言制造业投入服务化减少了制造业对低技能劳动力的需求。

表 4-8　制造业投入服务化对制造业就业影响的基准估计结果

变量	就业份额	就业净增长率	高技能劳动力就业净增长率	低技能劳动力就业净增长率
	（1）	（2）	（3）	（4）
Serv	-0.023^{***} （-2.84）	-0.048^{***} （-3.11）	0.032^{*} （1.81）	-0.121^{***} （-4.14）
Serv · GVC	0.044^{**} （2.14）	0.032^{**} （2.09）	0.110^{***} （3.41）	0.003 （0.13）
GVC	0.127^{***} （3.71）	0.109^{***} （3.08）	0.176^{***} （3.44）	0.017 （0.16）

变量	就业份额	就业净增长率	高技能劳动力就业净增长率	低技能劳动力就业净增长率
	（1）	（2）	（3）	（4）
RD	0.202 **	0.159 **	0.105 **	0.059 *
	（2.40）	（2.02）	（2.32）	（1.99）
FDI	0.142 ***	0.152 ***	0.705 ***	0.142 ***
	（3.65）	（3.77）	（3.84）	（3.60）
X	0.180 **	0.109 **	0.419 ***	0.122 **
	（2.47）	（2.55）	（4.05）	（2.08）
M	−0.063	−0.121 *	−0.296 ***	−0.116 ***
	（−1.09）	（−1.79）	（−2.97）	（−3.66）
w	−0.395 ***	−0.229 **	−0.207 ***	−0.226 **
	（−2.65）	（−2.30）	（−3.25）	（−2.22）
常数项	6.136 ***	2.373 ***	1.075 ***	2.408 ***
	（4.35）	（2.80）	（2.84）	（2.81）
行业固定效应	Yes	Yes	Yes	Yes
年份固定效应	Yes	Yes	Yes	Yes
观测值	195	195	195	195
R^2	0.6262	0.1579	0.1704	0.1559

注：***、** 和 * 分别表示在 1%、5% 和 10% 显著性水平上显著；括号内为参数估计的 t 统计量。

（二）投入服务异质性的影响分析

由于生产性服务业包括的范围较广，知识、技术密集程度也存在较大差异，不同生产性服务投入制造业中带来的要素替代效应和价值链升级效应必然存在不同，为了进一步考察制造业投入服务化异质性的影响，接下来把生产性服务区分为六类，对不同制造业投入服务化影响制造业就业净增长率进行比较研究。从批发零售投入服务化对就业净增长率估计结果发现，制造业投入服务化对就业净增长率影响的要素替代效应为负，说明批发零售投入服务化减少了制造业就业，而制造业投入服务化与全球价值链交互项估计系数不显著，故批发零售投入服务化总体减少了制造业就业。交通运输投入服务化对就业净增长率影响的要素替代效应为负，且价值链升级效应不显著，故交通运输投入服务化也减少了制造业就业需求。信息投入服务化对制造业就业净增长率的影响效应为"$-0.302+0.143GVC$"，说明信息投入服务化通过要素替代效应减少了制造业就业，但随着互联网、大数据和云计算等知识密集型信息技术与制造业不断融合促进制造业价值链地位升级，其对高技能劳动力产生"就业创造"效应，逐渐缓解了低技能劳动力的"就业消失"效应。金融投入服务化估计结果表明，金融服务投入的要素替代效应减少了制造业劳动力就业，而优质的金融服务能够有效降低企业融资成本和缓解融资约束，为企业技术创新提供资金支持，促进企业攀升全球价值链并增加对高技能劳动力的需求。从租赁和商务投入服务化估计结果可知，随着租赁和商务服务投入制造业，一方面减少了制造业就业，另一方面咨询、调查、营销、会计等服务促进了产品销售，提升了企业全球价值链地位，促进了劳动力就业增加。科学技术投入服务化估计结果表明，不断增加的科技服务投入替代了部分制造业就业，但随着研发、设计等服务促进制造业全球价值链地位升级，制造业就业不断增加，表现为价值链升级效应产生的"就业创造"缓解了要素替代效应产生的"就业消失"（见表4-9）。

表4-9 制造业投入服务化对制造业总体就业净增长率的异质性影响

变量	批发零售投入服务化	交通运输投入服务化	信息投入服务化	金融投入服务化	租赁和商务投入服务化	科学技术投入服务化
	(1)	(2)	(3)	(4)	(5)	(6)
Serv	-0.202 *** (-3.26)	-0.203 *** (-3.24)	-0.302 *** (-4.41)	-0.212 *** (-3.20)	-0.207 *** (-3.54)	-0.213 *** (-3.83)
Serv · GVC	0.033 (1.09)	0.036 (1.65)	0.143 *** (3.44)	0.141 *** (3.05)	0.168 *** (4.28)	0.185 *** (4.94)
GVC	0.096 (0.58)	0.056 (0.34)	0.127 *** (2.99)	0.124 *** (2.70)	0.162 *** (2.64)	0.172 *** (4.25)
RD	0.202 ** (2.37)	0.196 ** (2.35)	0.206 ** (2.58)	0.218 *** (2.80)	0.213 *** (2.72)	0.222 *** (3.20)

变量	批发零售投入服务化	交通运输投入服务化	信息投入服务化	金融投入服务化	租赁和商务投入服务化	科学技术投入服务化
	（1）	（2）	（3）	（4）	（5）	（6）
FDI	0.130 **	0.145 **	0.128 ***	0.140 ***	0.130 ***	0.114 **
	（2.55）	（2.52）	（3.70）	（3.79）	（3.73）	（2.45）
X	0.176 **	0.174 **	0.171 **	0.182 **	0.176 **	0.176 ***
	（2.40）	（2.38）	（2.49）	（2.59）	（2.48）	（2.75）
M	−0.163 **	−0.154 **	−0.133 ***	−0.119 **	−0.141 ***	−0.127 ***
	（−2.07）	（−2.16）	（−3.69）	（−2.39）	（−3.79）	（−3.60）
w	−0.371 **	−0.375 **	−0.339 **	−0.383 ***	−0.370 ***	−0.368 ***
	（−2.39）	（−2.59）	（−2.33）	（−2.71）	（−2.61）	（−3.12）
常数项	6.055 ***	6.014 ***	5.852 ***	6.106 ***	5.955 ***	6.088 ***
	（4.11）	（4.35）	（4.13）	（4.53）	（4.27）	（4.91）
行业固定效应	Yes	Yes	Yes	Yes	Yes	Yes
年份固定效应	Yes	Yes	Yes	Yes	Yes	Yes
观测值	195	195	195	195	195	195
R^2	0.6048	0.6061	0.6436	0.6648	0.6452	0.6386

注：*** 、** 和 * 分别表示在 1%、5% 和 10% 显著性水平上显著；括号内为参数估计的 t 统计量。

不同生产性服务投入对不同技能劳动力的就业净增长率影响可能存在差异，接下来把劳动力区分为高技能和低技能分别进行研究。首先看制造业投入服务化对制造业高技能劳动力就业净增长率的异质性影响，批发零售投入服务化和交通运输投入服务化对高技能劳动力就业影响的总效应为负，说明批发零售服务和交通运输服务投入会减少制造业高技能劳动力就业。信息服务、金融服务、租赁和商务服务以及科学技术服务投入对高技能劳动力就业净增长率影响总效应为正，说明这些知识、技术密集型生产性服务投入制造业提高了高技能劳动力需求，从而增加了高技能劳动力就业。再看制造业投入服务化对低技能劳动力就业净增长率的异质性影响。批发零售投入服务化、交通运输投入服务化、信息投入服务化、金融投入服务化、租赁和商务投入服务化、科学技术投入服务化对制造业低技能劳动力就业净增长率的总影响效应均为负值，说明随着制造业投入服务化进程的推进，低技能劳动力就业增长率是不断下降的（见表4-10和表4-11）。

表 4-10　不同服务投入对高技能劳动力就业净增长率的异质性影响

变量	批发零售投入服务化	交通运输投入服务化	信息投入服务化	金融投入服务化	租赁和商务投入服务化	科学技术投入服务化
	（1）	（2）	（3）	（4）	（5）	（6）
Serv	−0.036***	−0.035*	0.015*	0.035***	0.016*	0.035**
	（−2.95）	（−1.91）	（1.77）	（4.54）	（1.80）	（1.99）
Serv·GVC	−0.015	−0.024	0.108**	0.119**	0.132***	0.115***
	（−0.70）	（−1.09）	（2.48）	（2.04）	（3.94）	（4.64）
GVC	−0.051	−0.086	0.140***	0.137***	0.144***	0.132***
	（−0.69）	（−0.65）	（3.48）	（3.79）	（4.43）	（4.02）
RD	0.103**	0.109**	0.158***	0.189***	0.134***	0.110***
	（2.17）	（2.48）	（3.33）	（3.06）	（3.26）	（3.44）
FDI	0.706***	0.725***	0.685***	0.688***	0.705***	0.741***
	（3.95）	（3.75）	（4.01）	（3.91）	（4.01）	（3.88）
X	0.414***	0.428***	0.413***	0.399***	0.416***	0.430***
	（3.97）	（4.12）	（3.98）	（3.82）	（4.05）	（4.04）
M	0.322***	0.294***	0.301***	0.315***	0.298***	0.304***
	（2.87）	（2.95）	（2.74）	（3.07）	（2.79）	（2.81）
w	−0.185**	−0.192**	−0.242***	−0.179***	−0.221***	−0.202***
	（−2.14）	（−2.26）	（−3.42）	（−3.10）	（−3.21）	（−3.18）
常数项	4.859***	5.977***	7.285***	6.798***	6.136***	5.104***
	（5.69）	（6.84）	（6.09）	（6.62）	（6.86）	（5.89）
行业固定效应	Yes	Yes	Yes	Yes	Yes	Yes
年份固定效应	Yes	Yes	Yes	Yes	Yes	Yes
观测值	195	195	195	195	195	195
R^2	0.1764	0.1742	0.1704	0.1791	0.1702	0.1722

注：***、**和*分别表示在1%、5%和10%显著性水平上显著；括号内为参数估计的t统计量。

表 4-11　不同服务投入对低技能劳动力就业净增长率的异质性影响

变量	批发零售投入服务化	交通运输投入服务化	信息投入服务化	金融投入服务化	租赁和商务投入服务化	科学技术投入服务化
	（1）	（2）	（3）	（4）	（5）	（6）
$Serv$	−0.019 **	−0.111 ***	−0.103 ***	−0.101 ***	−0.205 ***	−0.045 **
	（−2.33）	（−3.05）	（−3.58）	（−3.22）	（−3.55）	（−2.12）
$Serv \cdot GVC$	−0.103 ***	−0.102 ***	−0.116 ***	−0.201 ***	−0.116 ***	−0.114 ***
	（−3.22）	（−3.10）	（−2.84）	（−4.14）	（−3.57）	（−3.55）
GVC	−0.013	0.008	−0.110 ***	−0.101 ***	−0.152 ***	−0.163 ***
	（−0.14）	（0.10）	（−3.43）	（−4.01）	（−3.47）	（−3.59）
RD	0.139 ***	0.153 ***	0.109 ***	0.148 ***	0.156 ***	0.164 ***
	（3.69）	（2.93）	（3.46）	（4.84）	（2.92）	（4.05）
FDI	0.166 ***	0.141 ***	0.135 ***	0.150 ***	0.247 ***	0.109 ***
	（3.04）	（3.63）	（4.06）	（3.78）	（4.70）	（4.12）
X	0.134 ***	0.127 ***	0.113 ***	0.129 ***	0.123 ***	0.131 ***
	（3.82）	（3.77）	（4.55）	（4.78）	（3.69）	（3.87）
M	−0.145 **	−0.122 *	−0.123 *	−0.128 *	−0.116	−0.100
	（−2.14）	（−1.81）	（−1.83）	（−1.87）	（−1.61）	（−1.42）
w	−0.146 ***	−0.216 **	−0.132 ***	−0.190 *	−0.202 **	−0.264 ***
	（−3.43）	（−2.04）	（−5.70）	（−1.91）	（−1.97）	（−2.66）
常数项	1.869 **	2.337 ***	1.400 ***	2.163 ***	2.255 ***	2.681 ***
	（2.17）	（2.74）	（5.14）	（2.64）	（2.70）	（3.01）
行业固定效应	Yes	Yes	Yes	Yes	Yes	Yes
年份固定效应	Yes	Yes	Yes	Yes	Yes	Yes
观测值	195	195	195	195	195	195
R^2	0.1583	0.1538	0.1104	0.1517	0.1536	0.1708

注：*** 、** 和 * 分别表示在 1%、5% 和 10% 显著性水平上显著；括号内为参数估计的 t 统计量。

（三）制造业分行业检验

前面分析发现制造业投入服务化对制造业就业份额和就业净增长率的影响不确定，最初表现为制造业投入服务化对制造业就业产生所谓"就业消失"，随着制造业全球价值链地位升级逐渐出现"就业创造"效应，制造业投入服务化影响制造业就业的总效应取决于"就业创造"和"就业消失"两种效应大小比较。不同要素密集度制造业，制造业投入服务化引致的"就业创造"和"就业消失"可能大不相同，进而导致对制造业就业影响的总效应存在差异。下面按要素密集度把制造业区分为劳动密集型、资本密集型、技术密集型三类，深入考察制造业投入服务化对不同要素密集度制造业就业的影响及其差异。

首先看制造业投入服务化对劳动密集型制造业就业净增长率影响的估计结果。制造业投入服务化对劳动密集型制造业就业净增长率影响的估计系数显著为负，说明制造业投入服务化替代了部分生产环节劳动投入，表现为制造业就业减少。而制造业投入服务化与价值链地位交互项估计系数显著为正，说明制造业投入服务化通过提升劳动密集型制造业全球价值链地位，拉动了劳动密集型制造业就业增长。制造业投入服务化对劳动密集型制造业就业净增长率影响的总效应取决于上述两个效应的综合。如果把劳动密集型制造业中劳动力分成高技能劳动力和低技能劳动力，可知制造业投入服务化对制造业就业净增长率影响的要素替代效应主要是对低技能劳动力就业的替代，而提升制造业价值链地位实现就业增长主要是通过拉动低技能劳动力就业。接下来看制造业投入服务化对资本密集型制造业就业的影响估计结果，制造业投入服务化对资本密集型制造业就业净增长率有负向影响，且这种减少作用主要来自对高技能劳动力需求的减少。制造业投入服务化对技术密集型制造业就业影响效果也为负，原因是制造业投入服务化没有明显提高我国技术密集型制造业的全球价值链地位，对劳动力的"就业创造"效应不足（见表4-12）。

表4-12 制造业投入服务化对不同要素密集度制造业就业的影响

变量	劳动密集型			资本密集型			技术密集型		
	就业净增长率	高技能劳动力就业净增长率	低技能劳动力就业净增长率	就业净增长率	高技能劳动力就业净增长率	低技能劳动力就业净增长率	就业净增长率	高技能劳动力就业净增长率	低技能劳动力就业净增长率
	(1)	(2)	(3)	(4)	(5)	(6)	(7)	(8)	(9)
Serv	-0.047*** (-4.28)	0.069 (0.84)	-0.048*** (-4.41)	-0.057*** (-3.05)	-0.068*** (-3.32)	-0.157*** (-4.04)	-0.052*** (-3.50)	0.128*** (3.86)	-0.124*** (-3.52)
Serv·GVC	0.078*** (4.26)	-0.112* (-1.99)	0.079*** (4.34)	-0.078 (-0.96)	-0.318*** (-2.64)	-0.073 (-0.85)	0.058 (0.71)	0.062 (0.53)	0.062 (0.72)
GVC	0.132*** (3.81)	-0.118** (-2.30)	0.134*** (2.82)	-0.458* (-1.79)	-0.643*** (-3.33)	-0.450* (-1.68)	0.134 (0.46)	0.041 (0.02)	0.147 (0.49)
RD	0.151*** (3.34)	0.222* (1.98)	0.151*** (3.33)	0.102*** (4.15)	0.177** (2.49)	0.106*** (4.15)	0.143*** (2.86)	0.289** (2.15)	0.142*** (3.83)
FDI	0.214** (2.38)	1.739*** (3.49)	0.211** (2.29)	0.078** (1.98)	0.229*** (2.92)	0.075* (1.86)	0.141*** (3.75)	0.594*** (5.28)	0.236*** (3.66)
X	0.112** (2.13)	1.354*** (12.91)	0.210*** (4.11)	0.130*** (2.93)	0.398*** (5.81)	0.238*** (5.12)	0.139*** (2.99)	0.342*** (5.04)	0.238*** (4.94)
M	-0.228*** (-6.14)	-0.141 (-0.98)	-0.228*** (-5.98)	-0.081** (-2.27)	-0.156** (-2.14)	-0.084** (-2.30)	-0.142*** (-3.58)	-0.199*** (-3.57)	-0.246*** (-4.68)

续表

变量	劳动密集型			资本密集型			技术密集型		
	就业净增长率	高技能劳动力就业净增长率	低技能劳动力就业净增长率	就业净增长率	高技能劳动力就业净增长率	低技能劳动力就业净增长率	就业净增长率	高技能劳动力就业净增长率	低技能劳动力就业净增长率
	(1)	(2)	(3)	(4)	(5)	(6)	(7)	(8)	(9)
w	-0.222*** (-2.85)	-0.427*** (-2.84)	-0.175*** (-3.56)	-0.126*** (-3.57)	-0.187*** (-3.38)	-0.130*** (-3.66)	-0.215** (-2.34)	-0.494*** (-4.03)	-0.224** (-2.33)
常数项	-5.336*** (-3.36)	-4.567*** (-4.94)	-6.322*** (-4.34)	2.138*** (10.36)	-2.673*** (-2.89)	2.222*** (9.95)	2.329*** (2.59)	3.291*** (3.24)	2.427*** (2.61)
行业固定效应	Yes	Yes	Yes	Yes	Yes	Yes	Yes	Yes	Yes
年份固定效应	Yes	Yes	Yes	Yes	Yes	Yes	Yes	Yes	Yes
观测值	52	52	52	65	65	65	78	78	78
R^2	0.2865	0.2385	0.2858	0.1452	0.8485	0.2369	0.1967	0.6559	0.2075

注：***、** 和 * 分别表示在1%、5%和10%显著性水平上显著；括号内为参数估计的 t 统计量。

第八节　技术创新和服务创新的调节作用

随着中国制造业对技术创新和服务创新的重视，为了检验其在制造业投入服务化影响制造业就业吸纳中的作用，分别建立技术创新和服务创新门槛模型。

一　制造业技术创新的调节效应

表4-13和表4-14为技术创新门槛效应自抽样检验和估计得到的具体门槛值，从估计结果可知，制造业投入服务化对就业净增长率影响的技术创新门槛效应自抽样检验表明，应采用双重门槛模型进行估计；制造业投入服务化影响高技能劳动力就业净增长率的技术创新门槛效应估计应采用单一门槛模型；制造业投入服务化影响低技能劳动力就业净增长率的技术创新门槛效应估计应采用双重门槛模型。

表4-13　技术创新门槛效应自抽样检验

被解释变量	模型	F 值	P 值	BS 次数	临界值		
					1%	5%	10%
就业净增长率	单一门槛	4.741	0.255	400	24.826	13.513	9.167
	双重门槛	1.904**	0.038	400	6.796	3.053	1.077
	三重门槛	0.561	0.223	400	2.842	1.783	1.036
高技能劳动力就业净增长率	单一门槛	4.862**	0.047	400	7.478	5.494	4.540
	双重门槛	5.000	0.158	400	8.541	6.590	5.721
	三重门槛	1.441	0.603	400	6.515	5.173	4.467
低技能劳动力就业净增长率	单一门槛	4.845	0.302	400	24.550	14.974	10.826
	双重门槛	1.790**	0.037	400	10.003	2.600	0.837
	三重门槛	0.615	0.245	400	2.659	1.875	1.348

注：***、** 和 * 分别表示在1%、5%和10%显著性水平上显著；P 值和临界值由采用 Bootstrap 法反复抽样400次得到。

表 4-14　技术创新门槛估计值与其置信区间

被解释变量	模型	门槛值	95%置信区间
就业净增长率	双重模型	0.002	[0.001,0.020]
		0.005	[0.001,0.015]
高技能劳动力就业净增长率	单一门槛模型	0.009	[0.001,0.015]
低技能劳动力就业净增长率	双重门槛模型	0.002	[0.001,0.019]
		0.003	[0.001,0.020]

　　在确定具体应采用的门槛模型以及门槛值后，下面考察技术创新门槛效应估计结果，如表 4-15 所示。首先看制造业投入服务化对就业净增长率影响的技术创新门槛效应，在制造业企业研发投入较少、技术创新能力较弱时，制造业投入服务化对制造业就业净增长率的影响系数显著为负，当制造业企业增加研发投入技术创新能力进入第二区间，这种负向影响逐渐减弱，直到技术创新能力跨越第二个门槛值进入第三区间，影响系数变为显著为正，说明制造业投入服务化甚至提高了制造业就业吸纳能力。接下来分析制造业投入服务化是通过提高何种类型劳动力就业来实现制造业就业吸纳能力提升的。制造业投入服务化对制造业高技能劳动力就业净增长率的影响存在技术创新门槛效应，在制造业企业技术创新水平较低时，制造业投入服务化对制造业高技能劳动力就业净增长率估计系数不显著，说明没有显著促进制造业对高技能劳动力的就业吸纳。当制造业企业技术创新能力进入较高水平时，制造业投入服务化显著促进了制造业吸纳高技能劳动力就业。但从制造业投入服务化对制造业低技能劳动力就业净增长率影响的技术创新门槛效应回归结果可知，在制造业企业技术创新水平的三个区间，随着制造业企业技术创新能力的提升，制造业投入服务化对制造业吸纳低技能劳动力就业的抑制作用不断降低。因此，随着制造业企业不断提升技术创新能力，制造业投入服务化促进制造业吸纳劳动力就业人数的提高，是通过增加对高技能劳动力就业吸纳实现的。

表 4-15　技术创新门槛效应估计结果

就业净增长率		高技能劳动力就业净增长率		低技能劳动力就业净增长率	
(1)		(2)		(3)	
$Serv \cdot I$ ($\phi_1 < RD \leq \phi_2$)	-3.042** (-2.53)	$Serv \cdot I$ ($RD \leq \nu_1$)	-0.836 (-0.87)	$Serv \cdot I$ ($\tau_1 < RD \leq \tau_2$)	-3.103** (-2.56)
$Serv \cdot I$ ($\phi_2 < RD \leq \phi_3$)	-0.325 (-0.25)	$Serv \cdot I$ ($RD > \nu_1$)	1.003** (2.03)	$Serv \cdot I$ ($\tau_2 < RD \leq \tau_3$)	-1.140* (-1.90)
$Serv \cdot I$ ($RD > \phi_3$)	1.118* (1.88)	GVC	0.150*** (3.49)	$Serv \cdot I$ ($RD > \tau_3$)	-0.380 (-0.29)
GVC	0.068 (0.96)	RD	0.209** (2.08)	GVC	0.069 (0.97)
RD	0.228*** (3.14)	FDI	0.686*** (4.84)	RD	0.227*** (3.09)
FDI	0.129*** (3.31)	X	0.504*** (4.24)	FDI	0.120** (2.21)
X	0.169*** (2.85)	M	-0.261*** (-2.65)	X	0.182*** (3.00)
M	-0.114* (-1.67)	w	-0.218* (-1.70)	M	0.109 (1.57)
w	-0.307*** (-3.40)	常数项	2.118* (1.79)	w	-0.308*** (-3.34)
常数项	4.294*** (5.17)	观测值	195	常数项	4.334*** (5.17)
观测值	195	R^2	0.2063	观测值	195
R^2	0.2335			R^2	0.2363

注：***、** 和 * 分别表示在1%、5%和10%显著性水平上显著；括号内为参数估计的 t 统计值。

二　制造业服务创新的调节效应

从服务创新的门槛效应自抽样检验可知，制造业投入服务化对就业净增长率的影响存在服务创新单一门槛效应。在服务创新水平较低区间，制造业投入服务化对就业净增长率的估计系数显著为负，而在服务创新水平较高区间，制造业投入服务化对就业净增长率的估计系数显著为正，说明只要制造业服务创新投入达到一定程度，制造业投入服务化可以促进制造业吸纳更多劳动力就业。制造业投入服务化对高技能劳动力就业净增长率的影响存在服务创新三重门槛效应，随着服务创新水平的不断提升，制造业投入服务化促进了制造业吸纳更多高技能劳动力就业。制造业投入服务化对低技能劳动力就业净增长率的影响存在服务创新三重门槛效应，随着服务创新水平的不断提升，制造业投入服务化对制造业吸纳低技能劳动力就业的替代效应不断减弱。因此，随着制造业企业不断提升服务创新能力，制造业投入服务化促进制造业吸纳劳动力就业人数的提高，是通过增加对高技能劳动力就业吸纳实现的（见表4-16至表4-18）。

表4-16　服务创新门槛效应自抽样检验

被解释变量	模型	F值	P值	BS次数	临界值		
					1%	5%	10%
就业净增长率	单一门槛	14.298***	0.007	400	13.886	9266	7.880
	双重门槛	0.567	0.370	400	4.001	2.854	2.058
	三重门槛	1.072	0.863	400	10.911	8.205	6.505
高技能劳动力就业净增长率	单一门槛	2.580**	0.020	400	3.640	1.753	1.392
	双重门槛	3.376	0.180	400	6.233	4.804	4.190
	三重门槛	2.394***	0.010	400	2.528	1.565	1.243
低技能劳动力就业净增长率	单一门槛	2.542	0.150	400	4.770	3.559	2.888
	双重门槛	1.004	0.175	400	5.198	1.963	1.494
	三重门槛	1.005**	0.050	400	1.134	0.987	0.576

注：***、**和*分别表示在1%、5%和10%显著性水平上显著；P值和临界值由采用Bootstrap法反复抽样400次得到。

表4-17　服务创新门槛估计值与其置信区间

被解释变量	模型	门槛值	95%置信区间
就业净增长率	单一门槛模型	4.493	[4.488, 4.504]
高技能劳动力就业净增长率	三重门槛模型	5.100	[5.005, 6.967]
		5.848	[5.736, 6.965]
		7.401	[5.736, 7.517]

被解释变量	模型	门槛值	95%置信区间
低技能劳动力就业净增长率	三重门槛模型	5.220	[5.005,6.780]
		5.992	[5.838,6.749]
		7.197	[5.005,7.530]

表4-18　服务创新门槛效应估计结果

就业净增长率		高技能劳动力就业净增长率		低技能劳动力就业净增长率	
(1)		(2)		(3)	
$Serv \cdot I$ ($lnxsf \leq \kappa_1$)	−1.640*** (−3.10)	$Serv \cdot I$ ($lnxsf \leq \psi_1$)	0.012 (0.28)	$Serv \cdot I$ ($lnxsf \leq \upsilon_1$)	−0.214*** (−3.48)
$Serv \cdot I$ ($lnxsf > \kappa_1$)	1.664** (2.13)	$Serv \cdot I$ ($\psi_1 < lnxsf \leq \psi_2$)	0.096* (1.67)	$Serv \cdot I$ ($\upsilon_1 < lnxsf \leq \upsilon_2$)	−0.109** (−2.29)
GVC	0.095 (1.38)	$Serv \cdot I$ ($\psi_2 < lnxsf \leq \psi_3$)	0.133* (1.93)	$Serv \cdot I$ ($\upsilon_2 < lnxsf \leq \upsilon_3$)	−0.087* (−1.88)
RD	0.210*** (3.12)	$Serv \cdot I$ ($lnxsf > \psi_3$)	0.271*** (1.88)	$Serv \cdot I$ ($lnxsf > \upsilon_3$)	−0.027 (−0.99)
FDI	0.125** (2.27)	GVC	0.136** (2.29)	GVC	−0.129*** (−2.75)
X	0.182** (2.04)	RD	0.218** (2.12)	RD	0.241*** (3.27)
M	0.071 (1.07)	FDI	0.589*** (4.04)	FDI	0.131*** (3.30)
w	−0.197** (−2.23)	X	0.403*** (3.27)	X	0.135** (2.51)
常数项	3.416*** (4.21)	M	−0.288*** (−2.86)	M	0.042 (0.57)
观测值	195	w	−0.128 (−0.93)	w	−0.235** (−2.35)
R^2	0.2614	常数项	2.344** (1.98)	常数项	4.115*** (4.46)
		观测值	195	观测值	195
		R^2	0.2255	R^2	0.2168

注：***、** 和 * 分别表示在1%、5%和10%显著性水平上显著；括号内为参数估计的 t 统计值。

三 结论与政策启示

第四节至第六节在以往文献的基础上,从"要素替代效应"和"价值链地位升级效应"两条路径梳理了制造业投入服务化转型对制造业就业吸纳及变动的影响机制,之后基于《生产性服务业分类(2015)》标准,对中国制造业投入服务化水平进行测度,并在此基础上考察了制造业投入服务化对中国制造业就业及结构的影响效应。研究发现,第一,制造业投入服务化通过"要素替代效应"和"价值链地位升级效应"影响制造业就业变动,制造业投入服务化转型能否提高制造业就业份额和总就业人数,取决于制造业投入服务化的价值链升级效应。第二,制造业投入服务化促进了制造业高技能劳动力就业净增长,减少了制造业低技能劳动力就业净增长。第三,批发零售投入服务化、交通运输投入服务化同时减少制造业高技能劳动力和低技能劳动力就业净增长,最终表现为会减少制造业总体劳动力就业净增长。第四,信息投入服务化、金融投入服务化、租赁和商务投入服务化以及科学技术投入服务化促进了制造业高技能劳动力就业净增长,但对低技能劳动力产生就业破坏,对制造业总体劳动力就业净增长的影响效应取决于制造业价值链地位升级程度。第五,制造业投入服务化转型对劳动密集型制造业就业净增长率的影响效应不确定,对资本密集型制造业和技术密集型制造业就业净增长率均为负向影响。第六,制造业投入服务化对制造业就业吸纳存在技术创新门槛效应和服务创新门槛效应。

研究结论具有以下政策启示。第一,加快推进制造业投入服务化进程,提升制造业全球价值链地位,提高制造业就业吸纳能力。制造业通过投入服务化转型能够向"微笑曲线"两端攀升,提升全球价值链地位,进入更高的工序环节,增加高技能劳动岗位,抵消服务要素增加带来的低技能劳动岗位消失,从而在改善就业技能结构的同时,实现就业净增长。第二,增加制造业投入服务化中知识、技术密集生产性服务投入，拉动制造业对高技能劳动力需求。加大制造业中信息投入服务化、金融投入服务化、租赁和商务投入服务化以及科学技术投入服务化，推动制造业智能化发展，推广制造业设备融资租赁服务，积极开展围绕制造业的研发设计服务，增强对高技能劳动力就业创造效应。第三，继续增加制造业技术创新投入和服务创新投入，提高制造业就业吸纳能力。加大制造业研发经费和研发人员投入，提高技术创新能力进入全球价值链上游环节，同时提高在售后服务、品牌建设方面投入，向全球价值链下游高附加值环节攀升，增加高技能劳动力就业岗位，从而提高制造业就业吸纳能力。

第九节　本章小结

制造业投入服务化是制造业企业核心投入要素从以"实物要素"为主逐渐向以"服务要素"为主转变，是中国在面临资源、环境约束下制造业企业优化资源配置、提高国际分工地位的现实选择。本章从产业关联视角，分析了制造业投入服务化对就业技能结构和就业行业结构的影响机制及影响效应，发现制造业投入服务化优化了就业技能结构，促进了制造业高技能劳动力就业净增长。

相较于已有研究，本章研究内容可能从以下几个方面进行了丰富和拓展。第一，从直接效应和间接效应两个方面理论分析了制造业投入服务化对就业技能结构的影响机制，并考虑了生产性服务效率和贸易自由化在其中的调节效应，丰富了相关理论研究。第二，目前测度制造业投入服务化的方法还是基于生产性服务业旧分类标准，没有反映大数据、云计算、研发与设计服务等新业态，这会影响测度结果和研究结论的准确性。本章基于《生产性服务业分类（2015）》和《国民经济行业分类（2017）》标准，利用中国投入产出表对中国制造业投入服务化水平进行测度。第三，实证研究中国制造业投入服务化转型对就业技能结构和就业行业结构的影响效应，既考虑了制造业要素密集度和服务投入的异质性影响，还考察了生产性服务效率、贸易自由化、技术创新、服务创新在制造业投入服务化影响就业结构中的调节效应，弥补关于中国制造业投入服务化的就业结构影响效应研究匮乏的缺憾。研究结论对相关部门制定有效政策，以制造业投入服务化转型升级为契机，优化就业技能结构和就业行业结构具有重要政策启示。

第五章 制造业产出服务化
与就业结构优化

当前中国制造业企业在全球价值链体系中受到"两头挤压"。一方面被发达国家企业在技术上"卡脖子",另一方面在加工组装环节面临发展中国家要素价格竞争。为实现从制造大国迈向制造强国目标,必须促进生产型制造向服务型制造转变。制造业服务化有助于引领制造业企业向价值链高端攀升,是迈向制造强国的重要推动力量。目前,制造业服务化已经成为当前经济结构的典型特征,在改变企业投入产出内容实现价值链升级的同时,也会对各劳动分工环节产生深远影响,引起劳动力就业及其结构变动。制造业服务化包括投入服务化和产出服务化两个方面,制造业投入服务化是企业从以实物要素投入为主逐渐转向以服务要素投入为主的过程,刻画的是价值链上游的变化,制造业产出服务化是从提供实物类产品向提供服务类产品转型,刻画的是价值链下游的变化。制造业投入服务化对就业的影响效应已经引起了部分学者的关注(刘斌和赵晓斐,2020),但关于制造业产出服务化的就业影响效应研究极其匮乏。产出服务化转型意味着产品中服务内容的增加,能够提高企业专业化程度、深化劳动分工以及实现产业升级,促进服务部门就业提升,进而对劳动力就业及其结构变动产生影响。

由于价值链下游是高附加值的品牌、售后服务等环节,而产出服务化会对价值链下游的劳动分工产生影响,那么,制造业企业产出服务化会促进劳动力就业并优化就业结构吗？如果是，可能的影响机制又是什么？产出服务化对异质性企业就业的影响是否存在差异呢？产出服务化对就业的影响效应会随着企业市场化程度和国际化程度发生变化吗？上述问题的解决对于制造业产出服务化转型的就业影响效应有一个全面认识，为中国实现促进制造业产出服务化转型和解决就业结构性矛盾双重目标提供理论依据及经验证据。

目前，国内外学者对制造业服务化的影响效应研究主要集中在企业附加值、价值链升级、技术创新、全要素生产率、出口复杂度以及企业绩效等方面。许和连等（2017）研究认为投入服务化对企业出口国内附加值的影响呈"U"形关系，影响大小和方向具有明显的企业异质性，投入服务化带来的成本降低以及技术创新是促进出口国内附加值增加的渠道。刘斌等（2016）从微观企业视角分析了制造业服务化对中国企业价值链地位的影响，认为制造业服务化既提高了企业参与价值链的程度，又实现了分工地位升级。杜运苏和彭冬冬（2018）研究表明制造业服务化可以增强企业资源控制能力，提高其在全球增加值贸易网络中的地位。吕越等（2017）认为制造业服务化促进了企业全要素生产率提高，这种促进作用随着价值链嵌入程度提高而增加。Grossman和Rossi-Hansberg（2010）认为制造业服务化能够提升投入服务要素质量并降低生产成本，提高企业劳动生产率。Arnold等（2008）和Wolfmayr（2008）分别使用非洲和奥地利的数据进行研究，也发现服务投入显著提高了制造业企业全要素生产率。还有部分研究把制造业服务化影响研究拓展到出口竞争力。Lodefalk（2014）考察表明服务要素投入强度对制造业企业出口产品国际竞争力有重要影响作用。马盈盈和盛斌（2018）认为制造业服务化提高了出口产品技术复杂度，是促进外贸转型升级的重要途径。王思语和郑乐凯（2019）发现制造业服务化促进了出口产品质量和技术复杂度双提升，动力主要来源于国内服务要素投入。Brax（2005）研究发现制造业企业开展服务业务后有持续的、稳定的收入来源，企业财务绩效得到明显改善。陈丽娴和沈鸿（2017）

基于上市公司数据分析发现制造业产出服务化转型对提高企业绩效有明显作用,但在不同所有制企业之间存在差异。

然而,关于制造业服务化对就业影响效应进行探究的文献很少,只有肖挺(2015)等几篇文章从投入服务化视角探讨了制造业服务化转型对就业的影响。但遗憾的是,从价值链下游分工变化出发,考察制造业产出服务化对就业市场影响研究文献几乎没有。基于此,本研究可能的边际贡献为:第一,从价值链下游产出端服务化视角,把制造业产出服务化划分为嵌入服务化和混入服务化两种类型,系统探讨了制造业企业产出服务化转型对就业及其结构的影响效应,弥补了制造业服务化就业影响研究文献主要关注投入服务化视角的局限,拓宽了就业及其结构变动研究的视角;第二,基于企业所有制类型、所属行业、所在地区以及企业规模,细致分析了制造业企业产出服务化对就业的异质性影响效应;第三,利用中介效应模型探究了制造业企业产出服务化通过利润、交易成本以及工资三条路径影响就业的机制,有助于进一步揭示产出服务化与就业变动之间关系,深化了对制造业产出服务化的就业效应影响问题理解;第四,把市场化程度和国际化程度作为调节变量,考察在制造业企业产出服务化影响就业中的调节效应,对于相关部门制定政策、发挥制造业企业产出服务化拉动就业增长作用具有重要启示。

第一节　制造业产出服务化对就业结构
影响的作用机理

一　制造业产出服务化:产品嵌入服务化与产品混入服务化

制造业产出服务化是制造业从提供实物类产品向提供服务类产品转型,刻画的是价值链下游环节的变化,是制造业企业通过产出服务化向价值链下游高附加值品牌、营销环节攀升。制造业产出服务化转变过程中,企业可以为已有产品提供相关配套服务,但也可能提供的服务与现有产品无任何匹配关系（Fang 等，2008；黄群慧和霍景东，2015）。根据制造业企业开展的服务业务是否与现有产品相关，将制造业产出服务化转型分为产品嵌入服务化和产品混入服务化两类（陈漫和张新国，2016）。产品嵌入服务化是指制造业企业既从事产品的生产制造，同时也进入价值链下游与产品配套的服务业务，通过嵌入服务提高产品附加值。嵌入服务与产品处于同一价值链，包括市场策划、市场调研、售后服务等，通过"产品+服务"的形式促进制造业向价值链下游攀升。产品混入服务化是指制造业企业扩大经营范围，涉足与已有产品无关联匹配关系的服务业，通过增加企业产品和服务种类实现范围经济。混入制造业企业中的服务不属于原有价值链，是制造业企业新进入的服务业态，包括金融保险、批发零售、物流运输、餐饮旅游等服务业。产品混入服务化转型可以实现资源重组、扩大经营范围以及降低市场风险（Vargo 和 Lusch，2004）。

产品嵌入服务化转型是企业向价值链下游延伸，而产品混入服务化转型是企业向其他价值链的拓展，这两类产出服务化转型对各分工环节就业劳动力的影响存在一定差异。在探讨制造业产出服务化转型对就业的影响效应时，有必要对产品嵌入服务化转型和产品混入服务化转型进行区分。就业的变动是劳动力市场供求两侧相互作用的结果，从企业方面来看，制造业产出服务化会通过企业利润和交易成本渠道影响劳动力需求结构。就劳动力自身而言，制造业产出服务化会通过影响工资，对劳动力供给产生影响。接下来从利润、交易成本和工资三个方面阐述产品嵌入服务化转型和产品混入服务化转型对就业及其结构的影响。

二　产品嵌入服务化对就业结构影响的作用机理

产品嵌入服务化通过利润、交易成本和工资三条渠道影响劳动力就业及其结构。首先，就利润渠道来说，制造业企业把现有产品与其匹配的服务融合，促进生产型制造向服务型制造转变，通过"产品+服务"形式满足用户个性化、多样化需求，提高客户对产品和服务的满意度。

服务的品质已经成为消费者选择产品的重要因素，服务所创造的利润甚至高于产品本身，通过优质服务吸引消费者，提高客户忠诚度，是制造业企业新的利润增长点。企业利润提高一方面会扩大生产规模拉动就业增长，另一方面会投入更多经费进行产品升级，增加研发、设计、咨询等知识、技术密集型人才需求，促进高技能劳动力就业。其次，产品嵌入服务化能够通过降低交易成本影响就业及其结构。通过融入价值链下游的市场调研、咨询、信息技术等生产性服务，将市场需求与生产过程直接对接，减少了市场信息层层传递导致的信息失真，使企业充分掌握产品市场潜在需求情况，降低企业市场交易成本，从而促进企业价值链分工环节跃升，向就业市场供给更多高技能工作岗位。最后，产品嵌入服务化转型会通过影响工资，进而对劳动力就业及其结构产生影响。围绕产品匹配相关生产性服务，促进产品附加值和产品价格提高，产品价格提高会传递到要素市场，进而提高劳动力报酬。劳动力意识到工资处于上升趋势，会对个人人力资本进行长期投资，积极参加各类职业技能培训和学历提升计划以适应工作岗位不断变化的知识需求。从劳动力供给方来说，劳动力自身知识、技能的不断提升，提高了市场中劳动力素质，优化了就业技能结构。基于上述分析，提出本章研究假设 H1。

研究假设 H1：产品嵌入服务化转型促进了包括高技能劳动力在内的就业人数增长。

三 产品混入服务化对就业结构影响的作用机理

产品混入服务化转型对劳动力就业的影响机制，就利润渠道来说，产品混入服务化对企业利润的影响不确定，能否促进就业结构向高级化发展不确定。一方面，产品混入服务化可以提高企业利润，通过向与产品无直接匹配关系的服务业拓展，多业态的经营模式既降低了企业生产经营风险，又使企业可以获得范围经济，低风险经营使企业获得稳定的利润来源，向劳动力市场供给更多高技能就业岗位；另一方面，企业涉足其他服务业，跨行业多头经营会增加组织管理难度，客户关系、品牌维护以及价格策略也与既有产品存在较大差异（Baines 等，2009），这无疑会提高企业协调、组织和管理成本，导致企业利润减少，投入研发和创新经费降低，不利于企业分工地位升级，减少高技能就业岗位供给。就交易成本渠道而言，开展与原有产品无匹配关系的服务，企业需要对资源进行重组和分配，多线经营增加了交易环节和费用，交易费用的增加不利于企业价值链分工地位升级，不能向劳动力市场供给更多高技能就业岗位。再看产品混入服务化通过工资渠道对就业的影响，由于企业新进入的服务行业与原有产品无直接关联，多线经营分散了企业有限资源，增加了组织管理困难，原有产品市场份额占比可能降低，产品价格下降，传递到劳动力市场会减少企业人员工资，降低对高技能劳动力的吸引力，最后不利于就业技能结构优化。基于上述分析，提出本章研究假设 H2。

研究假设 H2：产品混入服务化转型对高技能劳动力就业增长的促进作用不明确。

四 市场化程度与国际化程度的调节效应

自改革开放以来，特别是加入 WTO 之后，中国一直稳步推进市场经济体制改革和扩大对外开放水平，企业市场化程度和国际化程度不断提升。市场化程度和国际化程度提升会通过作用于企业利润、交易成本以及工资三条渠道，在制造业产出服务化影响劳动力就业中发挥调节效应（见图 5-1）。

产品嵌入服务化影响就业的市场化程度和国际化程度调节效应。首先看市场化程度的调节效应，随着企业市场化程度不断提高，阻碍科学研究、信息技术、金融等知识技术密集型生产性服务流动的体制机制障碍会越来越少，扩大了生产性服务要素市场化配置范围，既降低了服务要素交易成本，也提高了企业利润，还促进了就业人员工资上升。因此，市场化程度的不断提高，能够强化产品嵌入服务化对就业增长特别是高技能劳动力就业增长的促进作用。

再看国际化程度的调节效应。加入 WTO 之后，中国企业国际化程度不断提高。一方面中国不断进行包括服务贸易在内的贸易自由化改革，随着贸易壁垒降低，交易成本降低，制造业企业可能以较低成本进口国外研发、设计、咨询等高级生产性服务要素，增加了产品服务内容，既获得了多样化的中间投入服务（Klenow 和 Rodriguez-Clare，1997），也通过提高生产性服务中间投入质量促进了产品技术复杂度升级（叶灵莉和赵林海，2008），在增加了产品附加值和企业利润的同时，也使企业员工工资上升；另一方面，企业海外市场销售份额增加，需要雇用更多劳动力从事生产经营活动，也会促进就业增长。因此，不断推进对外开放提高企业国际化程度，能够强化产品嵌入服务化对就业增长的促进作用。

产品混入服务化影响就业的市场化程度和国际化程度调节效应。随着市场化程度的提高，各类服务业进入壁垒相继破除，企业能够以较低成本进入新的服务领域，通过范围经济减少企业战略风险，减轻产品混入服务化对利润增长的不利影响。随着中国服务贸易自由化改革的推进，服务业开放程度不断提升，企业进入与现有产品无关联的服务业制度性障碍减少，能够降低交易成本、增加利润以及提高就业人员工资，一定程度上有利于缓解混入服务对就业增长及结构升级的不利影响。因此，随着市场化程度和国际化程度的提高，产品混入服务化对高技能劳动力就业增长的不利影响有所缓解。基于上述分析，提出本章研究假设 H3 和研究假设 H4。

研究假设 H3：市场化程度和国际化程度在产品嵌入服务化转型中对就业影响有重要调节作用。企业市场化程度和国际化程度的提高，强化了产品嵌入服务化转型对就业增长及结构优化的促进作用。

研究假设 H4：市场化程度和国际化程度在产品混入服务化转型中对就业影响有重要调节作用。企业市场化程度和国际化程度的提高，缓解了产品混入服务化转型对就业增长及结构优化的不利影响。

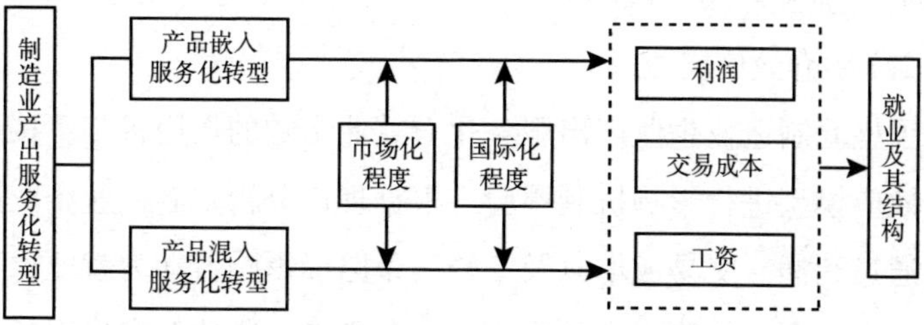

图 5-1　制造业产出服务化对就业结构影响的作用机理

第二节　制造业产出服务化对就业结构影响的效应分析

一　计量模型设定

（一）基本计量模型

为了研究制造业产出服务化对就业的影响，以就业人数为因变量，以制造业产出服务化为核心解释变量，构建制造业产出服务化对就业影响的基本计量模型：

$$employment_{it} = \alpha_0 + \alpha_1 SEROUT_{it} + \beta X_{it} + \gamma_j + \delta_p + \varepsilon_{it} \qquad (5.1)$$

其中，i 表示企业，j 代表行业，P 为省份，t 是年份。制造业产出服务化对就业的影响包括就业总人数和高技能就业人数两方面，因变量 $employment$ 包括两个指标，一是就业人数 $Templyment$，二是高技能劳动力就业人数 $Semployment$。$SEROUT_{it}$ 是核心解释变量制造业企业产出服务化，表示企业 i 在 t 年产出中内含的服务价值，包括产品嵌入服务化 $SEROUTqr_{it}$ 和产品混入服务化 $SEROUThr_{it}$ 两个指标。γ_j 和 δ_p 分别为行业和省份效应，ε_{it} 是随机误差项。

X_{it} 是企业层面的控制变量集，包括企业规模（$size$）、资本密集度（$capital$）、企业销售额（$sale$）、企业技术创新能力（$inno$）、企业负债率（*debt*）、企业年龄（*age*）。

（二）中介效应模型

为了检验制造业企业产出服务化对就业影响的作用机制，接下来构建中介效应模型进行影响机制检验。根据理论分析，制造业企业产出服务化会通过利润、交易成本以及工资三条路径影响劳动力就业，下面将它们作为中介变量构建中介效应模型，分别考察制造业产出服务化影响就业的作用机制。模型设定如下：

$$employment_{it} = a_0 + a_1 SEROUT_{it} + \varphi X_{it} + \gamma_j + \delta_p + \nu_{it} \tag{5.2}$$

$$M_{it} = b_0 + b_1 SEROUT_{it} + \lambda X_{it} + \gamma_j + \delta_p + \sigma_{it} \tag{5.3}$$

$$employment_{it} = c_0 + c_1 SEROUT_{it} + c_2 M_{it} + \rho X_{it} + \gamma_j + \delta_p + \mu_{it} \tag{5.4}$$

上式中，M_{it} 是中介变量，包括利润（*profit*）、交易成本（*cost*）以及工资（*wage*），ν_{it}、σ_{it} 和 μ_{it} 是随机误差项。中介效应的检验程序：第一，计量方程（5.2）考察了制造业企业产出服务化对就业影响的总效应，如果系数 a_1 通过显著性检验，表明产出服务化对就业有影响作用，如果不显著，中介效应检验则无必要；第二，利用计量方程（5.3）分别检验制造业企业产出服务化对利润、交易成本和工资三个中介变量的影响；第三，使用计量方程（5.4）估计产出服务化和中介变量对就业的影响。如果 b_1、c_1 和 c_2 都显著，且 $c_1 < a_1$，制造业企业产出服务化对就业的影响存在部分中介效应，中介效应大小为 $b_1 c_2$，直接效应是 c_1，总效应为 $a_1 = c_1 + b_1 c_2$。也就是说，存在部分中介效应时，制造业企业产出服务化对就业的影响通过直接效应和中介效应两个方面实现，中介效应占比为 $b_1 c_2 / a_1$。如果 c_1 不显著，b_1 和 c_2 都显著，则存在完全中介效应，说明制造业企业产出服务化对就业的影响完全通过中介变量 M 来实现。如果 b_1 和 c_2 任意一个不显著，需要通过 Sobel 检验来判断有无中介效应。制造业企业产出服务化对就业影响的中介效应传导机制如图 5-2 所示。

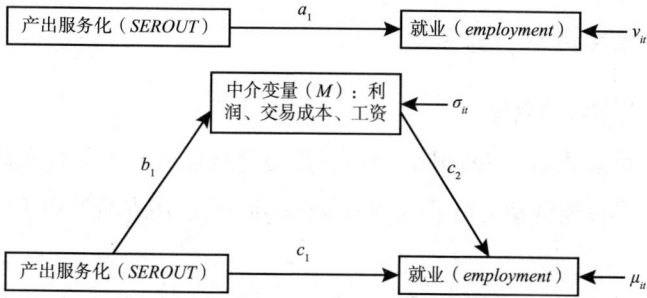

图5-2　制造业企业产出服务化对就业影响的中介效应传导机制

（三）调节效应模型

理论分析部分表明，制造业企业产出服务化对就业的影响效应会受到市场化程度和国际化程度的影响。当企业市场化程度和国际化程度存在差异时，产出服务化对就业影响的大小甚至方向都可能不同。接下来，以市场化程度和国际化程度两个变量作为调节变量，依据基准回归模型构建如下包含交互项的计量模型，检验市场化程度和国际化程度在制造业企业产出服务化影响就业中的调节作用。

$$
\begin{aligned}
employment_{it} = {} & d_0 + d_1 SEROUT_{it} + d_2 R_{it} \\
& + d_3 SEROUT_{it} \cdot R_{it} + \eta X_{it} + \gamma_j + \delta_p + \overline{\omega}_{it}
\end{aligned} \tag{5.5}
$$

其中，R 为调节变量，包括市场化程度（market）和国际化程度（inter）两个指标，模型（5.5）重点关注制造业企业产出服务化与调节变量的交互项 $SEROUT \cdot R$ 系数 d_3，其他变量含义同前面模型。

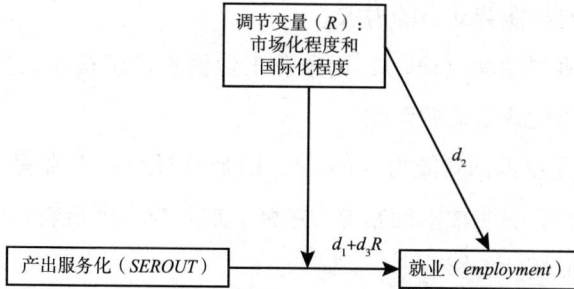

图5-3　企业市场化程度和国际化程度的调节效应

二 变量选取与数据

（一）被解释变量

（1）就业人数（*Temployment*），用全部从业人员年平均人数表示。

（2）高技能劳动力就业人数（*Semployment*），用专科及以上学历人数表示。

（二）核心解释变量

包括制造业产出服务化（$SEROUT_{it}$）、产品嵌入服务化（$SEROUTqr_{it}$）以及产品混入服务化（$SEROUThr_{it}$）三个指标。制造业产出服务化是产出逐渐由实物类产品转向服务类产品，产品内含的价值形态发生较大变化，因此关于制造业产出服务化程度的测度是难点。借鉴徐振鑫等（2016）的做法，用其他业务收入作为与产品相关服务收入的近似替代，所以产品嵌入服务化用其他业务收入在企业总收入的比重表示。用营业外收入作为与产品无匹配关系的服务收入近似替代，故产品混入服务化用营业外收入与企业总收入之比衡量。产出服务化用其他业务收入与营业外收入之和在企业总收入中比重衡量。

（三）控制变量

（1）企业规模（*size*），企业资产越多，生产规模越大，使用企业的总资产衡量企业规模，用以控制企业规模对就业变动的影响。

（2）资本密集度（*capital*），用企业固定资产合计除以企业就业人员年平均数衡量。企业资本密集度越高，产品中资本和技术要素含量越高，会增加对技能劳动力的需求。

（3）企业销售额（*sale*），用企业工业销售产值衡量，用以控制企业销售情况对就业变动的影响。

（4）企业技术创新能力（*inno*），用企业新产品产值衡量，企业新产品产值越高，表明技术创新能力越强。加入技术创新能力用以控制技术因素对就业变动的影响。

（5）企业负债率（*debt*），用企业负债与总资产之比表示，用以控制企业债务因素对就业变动的影响。

（6）企业年龄（*age*），用当年减去企业注册成立年份表示，用以控制企业经营时间对就业变动的影响。

（四）中介变量和调节变量

（1）利润（*profit*），用企业利润总额表示。

（2）交易成本（*cost*），用企业营业成本表示。

（3）工资（*wage*），用企业平均工资表示，平均工资计算公式为应付工资总额除以从业人员年平均数。

（4）市场化程度（*market*），民营企业、外资企业等非公有制企业就业市场化程度较高，就业灵活性与流动性高于国有企业，因而用非公有制企业就业人数占比衡量企业的市场化程度，非公有制企业就业人数包括民营企业就业人数和外资企业就业人数。

（5）国际化程度（*fwopen*），用企业出口交货值占总产值之比表示。

本章数据来源于中国工业企业数据库，数据时间范围是 2004～2009年。目前中国工业企业数据库时间范围是 1998～2013 年，由于测度相关指标需要的数据包括其他业务收入、营业外收入、从业人员年平均人数、企业固定资产、工业销售产值、新产品产值、企业负债、利润总额、营业成本、应付工资、非公有制企业就业人数、出口交货值等，剔除掉这些数据缺失年份，然后参照聂辉华等（2012）方法，对不符合要求的企业数据筛选后，获得本章实证研究所需数据。

三　基本回归结果分析

表 5-1 是制造业产出服务化转型对劳动力就业影响的基本估计结果。第（1）～（3）列关于企业就业人数变动的估计结果显示，第（1）列制造业产出服务化估计系数显著为正，说明通过产出服务化转型，增加了企业就业人数。原因是随着制造业企业向"产品+服务"转型，提高企业价值链地位同时，在产品生命周期内为客户提供优质的服务，拉动了下游生产性服务业发展，创造出大量服务岗位，增加企业就业总人数。第（2）列制

造业嵌入服务化估计系数显著为正，说明企业通过嵌入与现有产品配套的相关服务向价值链下游攀升，进一步扩大企业生产规模，提高了就业吸纳能力，增加了企业就业人数。第（3）列混入服务化估计系数也显著为正，表明制造业企业扩大经营范围，虽然进入的服务业领域与原有产品无匹配关系，但通过资源重组后企业跨界经营获得了范围经济效应，提高了企业就业岗位供给能力。既然制造业服务化产出转型能够促进劳动力就业，且中国目前存在"大学生就业难"等就业结构性矛盾，我们关心的一个重要问题是在促进总体劳动力就业增加的同时，能否带动更多大学生等高技能劳动力就业，这关系到中国就业结构矛盾能否得到有效解决。第（4）～（5）列是关于制造业产出服务化转型对高技能劳动力就业影响的估计结果：制造业产出服务化转型明显拉动了高技能劳动力就业，说明制造业企业通过产出服务化转型促进了价值链升级和高级生产性服务业发展，创造出了知识、技术密集型工作岗位吸纳高技能劳动力就业。制造业企业嵌入服务化能够拉动高技能劳动力就业，混入服务化却没能明显促进高技能劳动力就业，说明嵌入服务化是制造业产出服务化拉动高技能劳动力就业的关键因素。本章研究假设 H1 和研究假设 H2 得到验证。原因是嵌入服务化融入制造业企业的是提升产品品质和客户体验的高级生产性服务，一方面促进了制造业企业价值链地位升级进入更高分工环节，另一方面产出服务化转型带动了高级生产性服务发展，制造业企业升级和高级服务业发展向社会提供了更多技能型就业岗位。然而混入服务化容易使企业陷入组织管理困难，不利于企业提升国际分工地位，减少对高技能劳动力需求。

表 5-1　基本估计结果

变量	就业人数			高技能劳动力就业人数		
	产出服务化	嵌入服务化	混入服务化	产出服务化	嵌入服务化	混入服务化
	(1)	(2)	(3)	(4)	(5)	(6)
$SEROUT_{it}$	0.028 *** (4.64)			0.025 *** (2.67)		
$SEROUTqr_{it}$		0.030 *** (3.10)			0.029 *** (4.05)	

变量	就业人数			高技能劳动力就业人数		
	产出服务化	嵌入服务化	混入服务化	产出服务化	嵌入服务化	混入服务化
	(1)	(2)	(3)	(4)	(5)	(6)
$SEROUThr_{it}$			0.037 ***			0.007
			(5.61)			(1.60)
size	0.562 ***	0.691 ***	0.327 ***	0.769 ***	0.737 ***	0.773 ***
	(9.60)	(10.40)	(10.99)	(5.49)	(3.37)	(5.99)
capital	0.381 ***	0.467 ***	0.285 ***	0.259 ***	0.286 ***	0.248 ***
	(6.78)	(5.22)	(5.46)	(9.09)	(6.99)	(8.27)
sale	0.199 ***	0.129 ***	0.222 ***	0.039 ***	0.023 ***	0.045 ***
	(3.84)	(3.48)	(3.17)	(3.67)	(3.28)	(3.06)
inno	−0.021 ***	−0.033 ***	−0.002	0.239 ***	0.217 ***	0.239 ***
	(−5.71)	(−12.87)	(−0.88)	(3.73)	(3.52)	(3.85)
debt	0.049 ***	0.054 ***	0.037 ***	0.169 ***	0.088 ***	0.181 ***
	(7.35)	(7.33)	(4.22)	(6.58)	(2.75)	(7.14)
age	7.447 ***	9.189 ***	9.055 ***	0.167 ***	0.213 ***	0.147 ***
	(8.38)	(9.24)	(7.08)	(7.61)	(7.60)	(6.83)
行业效应	是	是	是	是	是	是
地区效应	是	是	是	是	是	是
常数项	−7.223 ***	−7.515 ***	−9.453 ***	−4.954 ***	−4.832 ***	−4.562 ***
	(−8.86)	(−4.28)	(−6.47)	(−7.48)	(−6.83)	(−4.81)
N	20495	20528	20371	4611	2414	4588
R^2	0.8332	0.8369	0.8195	0.9734	0.8318	0.9747

注：*** 、** 和 * 分别表示在1%、5%和10%显著性水平上显著；括号内为参数估计的 t 统计量。

四 内生性检验

基准回归结果表明，制造业企业产出服务化促进了包括高技能劳动力在内的就业人数增长，但上述实证研究可能存在以下内生性问题，一是自变量与因变量可能存在双向因果关系，二是基准模型遗漏了影响就业的变量，这两种内生性问题可能会导致基准估计结果的有偏和不一致。为了对可能存在的内生性问题进行处理，接下来使用系统广义矩估计（SYS-GMM）和两阶段最小二乘（2SLS）方法进行估计，检验基准模型估计结果的稳健性。首先看就业总人数内生性检验估计结果（见表5-2）：就使用SYS-GMM方法检验结果而言，使用就业人数的滞后一期作为工具变量，Sargan检验的P值是0.5942、0.5845以及0.6843，认为工具变量是有效的，AR（1）和AR（2）的P值说明接受随机误差项无二阶自相关假设。制造业企业产出服务化、嵌入服务化以及混入服务化估计系数及其显著性与基准检验结果相比基本一致，这表明上述实证研究较好控制了内生性问题，基准估计结果是较为稳健的。从使用2SLS方法的估计结果来说，制造业产出服务化滞后一期估计系数显著为正，促进了就业人数增长，而制造业企业嵌入服务化和混入服务化也都拉动了劳动力就业增长，这与基准模型估计结果也一致，再次验证基准模型关于制造业产出服务化对就业人数的影响估计结果较为稳健。

再看关于高技能劳动力就业的内生性检验估计结果（见表5-3）：从SYS-GMM方法检验结果来看，使用就业人数的滞后一期作为工具变量，Sargan检验表明使用高技能劳动力就业的滞后一期作为工具变量是有效的，AR（1）和AR（2）的P值说明接受随机误差项无二阶自相关假设。制造业企业嵌入服务化显著促进了高技能劳动力就业，但混入服务化对高技能劳动力就业拉动作用不明显，总体而言产出服务化对高技能劳动力就业有一定促进作用，这与基准回归模型基本一致，表明基本估计结果较为稳健。就使用2SLS方法的估计结果来说，制造业嵌入服务化滞后一期估计系数显著为正，混入服务化滞后一期估计系数虽为正但不显著，而总体制造业企业产出服务化滞后一期估计系数也显著为正，这也与基本估计结果基本一致，再次证明基准模型关于制造业产出服务化对高技能劳动力就业影响的估计结果具有稳健性。

表 5-2　就业总人数的内生性检验估计结果

变量	企业就业人数					
	SYS-GMM	2SLS	SYS-GMM	2SLS	SYS-GMM	2SLS
	（1）	（2）	（3）	（4）	（5）	（6）
L. Tmployment	0.047 *** (2.95)		0.043 *** (2.86)		0.048 *** (3.00)	
SEROUT	0.032 *** (3.43)					
L. SEROUT		0.014 *** (3.54)				
SEROUTqr			0.025 *** (3.22)			
L. SEROUTqr				0.010 *** (2.93)		
SEROUThr					0.038 *** (4.03)	
L. SEROUThr						0.025 *** (7.73)
Sargan 检验	0.5942		0.5845		0.6843	
AR（1）	0.0114		0.0104		0.0341	
AR（2）	0.3217		0.3175		0.3732	
Wald 检验	0.0000	0.0000	0.0000	0.0000	0.0000	0.0000
观测值	8240	8241	8244	8248	8205	8206

注：括号内值为估计系数 t 或 z 统计量，***、** 和 * 分别表示在 1%、5% 和 10% 显著性水平上显著，Sargan 检验、残差自相关检验和 Wald 检验给出的是统计量的伴随 P 值。

表 5-3　高技能劳动力就业的内生性检验估计结果

变量	高技能劳动力就业					
	SYS-GMM	2SLS	SYS-GMM	2SLS	SYS-GMM	2SLS
	（1）	（2）	（3）	（4）	（5）	（6）
L. Semployment	0.015 *** (3.02)		0.021 *** (3.34)		0.028 *** (4.00)	
SEROUT	0.022 *** (3.43)					

变量	高技能劳动力就业					
	SYS-GMM	2SLS	SYS-GMM	2SLS	SYS-GMM	2SLS
	（1）	（2）	（3）	（4）	（5）	（6）
$L.\ SEROUT$		0.019*** (2.98)				
$SEROUTqr$			0.026*** (4.??)			
$L.\ SEROUTqr$				0.027*** (3.28)		
$SEROUThr_{it}$					0.009 (1.43)	
$L.\ SEROUThr_{it}$						0.010 (1.01)
Sargan 检验	0.6435		0.5378		0.6425	
AR（1）	0.0106		0.0191		0.0108	
AR（2）	0.5438		0.4782		0.6329	
Wald 检验	0.0000	0.0000	0.0000	0.0000	0.0000	0.0000
观测值	4611	4611	2414	2414	4588	4588

注：括号内值为估计系数 t 或 z 统计量，***、**和*分别表示在 1%、5% 和 10% 显著性水平上显著，Sargan 检验、残差自相关检验和 Wald 检验给出的是统计量的伴随 P 值。

第三节　企业特征及所处环境的异质性检验

企业自身特征以及所处环境可能会对产出服务化影响就业及结构的效应产生作用，那么就有必要对制造业产出服务化的就业影响效应进行异质性检验，得出更为细化的研究结论。接下来本研究从企业的所有制异质性、行业异质性、区域异质性以及规模异质性四个方面进行检验。

一 企业所有制异质性检验

首先看就业数量估计结果：就国有企业来说，制造业企业产出服务化估计系数为正，但只在10%水平上通过显著性检验，说明国有企业产出服务化对就业数量的拉动作用有限。嵌入服务化估计系数不显著，混入服务化估计系数显著为正，表明混入服务化是产出服务化提高劳动力就业数量的主要原因。民营企业和外资企业的产出服务化、嵌入服务化以及混入服务化估计系数都显著为正，说明两类企业通过嵌入服务化和混入服务化都拉动了就业数量增长。这与民营企业在价值链中位置及从事的生产业务相关，劳动密集型民营企业较多，服务化转型带动了大量制造业和服务业就业岗位产生。而大部分外资企业都会把研发设计和品牌营销等高附加值环节保留在本国，将中低端生产组装环节转移至发展中国家，中国凭借廉价劳动力和要素价格承接了大量跨国公司的制造环节，表现为外资企业服务化转型能够拉动就业人数增长。再看高技能劳动力就业影响估计结果：就国有企业来说，制造业企业服务化明显促进了高技能劳动力就业，且嵌入服务化和混入服务化都起到了关键作用。外资制造企业嵌入服务化和混入服务化都拉动了高技能劳动力就业。但民营企业嵌入服务化虽然对高技能劳动力就业有正向促进作用，但影响有限，令人遗憾的是混入服务化没有提高民营企业吸纳高技能劳动力就业的能力，因此总体上民营企业产出服务化对高技能劳动力就业促进作用有限。可能的原因是外资企业更加注重产品的顾客体验和品牌建设，通过加大产品服务含量创造出更多高技能就业岗位，而国有企业由于规模普遍较大并是关系国计民生的重要部门，产出服务化转型对高技能劳动力就业带动作用较大。因此，企业所有制异质性检验表明，民营企业和外资企业服务化能够提高中国就业数量增长，而国有企业和外资企业服务化则是提升就业质量的关键（见表5-4）。

表 5-4　企业所有制异质性检验

变量	国有企业		民营企业		外资企业	
	就业人数	高技能劳动力	就业人数	高技能劳动力	就业人数	高技能劳动力
	（1）	（2）	（3）	（4）	（5）	（6）
$SEROUT_{it}$	0.027 * （1.76）	0.093 *** （2.63）	0.032 ** （2.56）	0.021 * （1.78）	0.016 ** （2.03）	0.032 *** （3.03）
$SEROUTqr_{it}$	0.007 （0.87）	0.082 ** （2.47）	0.040 ** （2.57）	0.023 * （1.67）	0.026 ** （2.23）	0.025 ** （2.23）
$SEROUThr_{it}$	0.025 *** （3.85）	0.071 *** （3.01）	0.019 ** （2.53）	0.007 （0.28）	0.011 ** （2.57）	0.149 ** （2.57）
控制变量	是	是	是	是	是	是
行业效应	是	是	是	是	是	是
地区效应	是	是	是	是	是	是

注：***、** 和 * 分别表示在 1%、5% 和 10% 显著性水平上显著；括号内为参数估计的 t 统计量。

二　企业行业异质性检验

首先看关于就业人数的行业异质性检验结果：就劳动密集型制造业企业而言，嵌入服务化和混入服务化均提高了企业就业吸纳能力，因此企业产出服务化转型有利于增加就业人数。资本密集型企业服务化转型促进了就业增长，但主要是通过嵌入服务化实现的，混入服务化对就业增长促进作用不明显。由于嵌入服务化没有拉动就业人数增加，技术密集型企业产出服务化对就业增长促进作用不明显。接下来看制造业企业服务化影响高技能劳动力就业的行业异质性检验结果：劳动密集型制造业企业嵌入服务化和混入服务化都没有明显促进高技能劳动力就业增长，因而总体上产出服务化对高技能劳动力就业促进作用不显著。资本密集型和技术密集型两类制造业企业的产出服务化转型都创造了更多需要高学历、高技能的就业岗位，促进了高技能劳动力就业，从服务化类型来看，嵌入服务化和混入服务化都对促进高技能就业增长有贡献。原因是劳动密集型企业吸纳就业能力强，产品中服务内容增加促进了消费者对品牌的认可度，产品产量和市场份额提高使企业生产规模不断扩大，拉动了就业人数增长，然而劳动密集型企业就业岗位大多需要的是中低技能劳动力，故对高技能劳动力就业促进作用不明显。技术密集型企业就业人员技能水平较高，产品中服务内容多为知识、技术密集型，故产出服务化转型带动的就业人员多为高技能劳动力，对低技能劳动力就业拉动作用有限。企业所属行业异质性检验表明，劳动密集型制造业产出服务化能够提高中国就业数量增长，而资本密集型和技术密集型两类制造业企业服务化则是提升就业质量的关键（见表5-5）。

表5-5 行业异质性检验

变量	劳动密集型		资本密集型		技术密集型	
	就业人数	高技能劳动力	就业人数	高技能劳动力	就业人数	高技能劳动力
	（1）	（2）	（3）	（4）	（5）	（6）
$SEROUT_{it}$	0.116 *** (3.32)	0.013 (1.32)	0.056 *** (2.73)	0.168 *** (4.32)	0.024 * (1.91)	0.234 *** (4.75)
$SEROUTqr_{it}$	0.109 *** (2.67)	0.049 * (1.67)	0.067 *** (3.25)	0.209 *** (3.12)	0.003 (0.73)	0.467 *** (4.52)
$SEROUThr_{it}$	0.118 *** (5.37)	0.003 (0.37)	0.002 * (1.54)	0.125 *** (3.89)	0.029 ** (2.40)	0.216 *** (2.97)
控制变量	是	是	是	是	是	是
行业效应	是	是	是	是	是	是
地区效应	是	是	是	是	是	是

注：***、** 和 * 分别表示在1%、5%和10%显著性水平上显著；括号内为参数估计的 t 统计量。

三 企业区域异质性检验

过去把中国划分为东部、中部和西部三大区域的做法比较粗糙，本研究根据国务院发展研究中心的做法，将中国划分为八大经济区。东北地区估计结果表明，由于嵌入服务化和混入服务化估计系数都不显著，制造业企业产出服务化并没有能够促进包括高技能劳动力在内的就业人数增长。原因是东北地区服务业发展相对滞后，制造业产品中服务内容较少，没有能够很好带动就业人数增长，且东北地区制造业企业产出服务化也没有明显创造知识、技术密集型岗位吸纳高技能劳动力就业。北部沿海地区制造业企业产出服务化既促进了就业人数增长，从就业结构上也提高了高技能劳动力就业水平，说明北京和天津的生产性服务加快了该地区制造业企业产出服务化转型，拉动了包括高技能劳动力在内的就业人数增长。东部沿海地区和南部沿海地区制造业企业产出服务化、嵌入服务化以及混入服务化估计系数均显著为正，是中国所有地区中制造业企业产出服务化转型对就业总数以及高技能劳动力就业促进作用最大的两个区域，表明以上海、南京、杭州、苏州为代表的长三角城市群和以广州、深圳、佛山和东莞为代表的粤港澳大湾区城市群，既有坚实的制造业基础，又有发达的生产性服务网络，加快了制造业企业"产品+服务"发展，创造出大量高技能就业岗位，实现了就业质量和就业数量双提升。黄河中游地区制造业企业产出服务化、嵌入服务化以及混入服务化对促进就业总人数增长有一定作用，然而对高技能劳动力就业拉动作用不是很显著。长江中游地区制造业产出服务化促进了高技能劳动力和就业总人数增长，但作用效果要小于东部沿海地区、南部沿海地区以及北部沿海地区。西南地区制造业企业产出服务化对就业人数增长估计系数至少在5%水平上显著，说明确实对提高就业数量有一定作用，但对高技能劳动力影响只在10%水平上显著，创造高技能就业岗位能力有待提高。西北地区制造业企业产出服务化对高技能劳动力和就业总人数增长促进作用都不明显，表明西北地区制造业企业产出服务化转型有待进一步加快，促进就业及结构优化作用需要进一步提高（见表5-6）。

表 5-6　区域异质性检验

区域	就业人数			高技能劳动力		
	$SEROUT_{it}$	$SEROUTqr_{it}$	$SEROUThr_{it}$	$SEROUT_{it}$	$SEROUTqr_{it}$	$SEROUThr_{it}$
	(1)	(2)	(3)	(4)	(5)	(6)
东北地区	0.002 (0.78)	0.003 (0.87)	0.004 (1.26)	0.048 (1.26)	0.046 (0.71)	0.057 (1.42)
北部沿海地区	0.029*** (3.98)	0.024*** (4.18)	0.023*** (4.10)	0.036*** (3.58)	0.057*** (4.82)	0.033*** (3.43)
东部沿海地区	0.049*** (3.70)	0.056*** (4.82)	0.040*** (3.27)	0.058*** (4.63)	0.064*** (5.34)	0.047*** (3.95)
南部沿海地区	0.038*** (2.86)	0.042*** (2.76)	0.032*** (2.64)	0.052*** (3.69)	0.058*** (3.83)	0.043*** (3.82)
黄河中游地区	0.018** (2.17)	0.019** (2.42)	0.014** (2.35)	0.015* (1.86)	0.016* (1.92)	0.014* (1.69)
长江中游地区	0.022** (2.37)	0.025** (2.46)	0.013* (1.89)	0.018** (1.94)	0.021** (2.13)	0.011* (1.69)
西南地区	0.021** (2.23)	0.019** (2.48)	0.033*** (5.51)	0.011* (1.87)	0.015** (2.10)	0.010* (1.68)
西北地区	0.054* (1.94)	0.046* (1.87)	0.017 (0.86)	0.008 (1.45)	0.009 (1.61)	0.005 (0.94)

注：***、**和*分别表示在1%、5%和10%显著性水平上显著；括号内为参数估计的t统计量。

四　企业规模异质性检验

企业规模异质性会如何影响制造业企业产出服务化转型的就业效应，从表5-7估计结果可知：大型制造业企业和中型制造业企业产出服务化都促进了总体就业人数增长，且企业规模越大，对就业增长的带动作用越强。大型制造业企业产出服务化对就业增长的促进作用来源于嵌入服务化和混入服务化两种方式，而中型制造业企业对就业数量的拉动主要通过混入服务化方式。小型制造业企业产出服务化估计系数虽为正，但只在10%水平上显著，这说明小型企业产出服务化对就业数量的创造作用有限。从对高技能劳动力就业估计结果来看，大型制造业企业产出服务化对高技能劳动力就业有正向促进作用，嵌入服务化和混入服务化都表现出相似影响效应，这表明企业产出服务化带来的规模经济和范围经济在提高劳动力就业质量方面发挥了重要作用。中型制造业企业产出服务化对高技能劳动力就业促进作用虽然小于大型企业，但正向拉动作用也较为明显。小型制造业企业由于产出中服务内容较少，在价值链中地位不高以及对高级生产性服务发展带动作用较小，创造高技能就业岗位能力不足，对高学历和技能型劳动力就业吸纳能力较弱。企业规模异质性检验表明，随着企业规模的扩大，产出服务化对就业总人数的促进作用不断提高，对高技能劳动力拉动作用持续增强。可能的原因是企业规模越大，规模经济和范围经济使产出服务化通过利润渠道、成本渠道和工资渠道拉动就业的作用越明显，规模经济会降低企业成本，提高企业利润，促进工资增长，这会拉动高技能劳动力就业和整体就业水平提高。

表 5-7　企业规模异质性检验

变量	大型企业		中型企业		小型企业	
	就业人数	高技能劳动力	就业人数	高技能劳动力	就业人数	高技能劳动力
	（1）	（2）	（3）	（4）	（5）	（6）
$SEROUT_{it}$	0.021 *** (4.96)	0.041 *** (5.63)	0.009 *** (4.54)	0.036 *** (5.48)	0.006 * (1.82)	0.010 * (1.88)
$SEROUTqr_{it}$	0.019 *** (3.77)	0.055 *** (5.53)	0.003 (1.58)	0.043 *** (3.18)	0.009 (1.57)	0.107 * (1.90)
$SEROUThr_{it}$	0.023 *** (5.28)	0.034 *** (4.42)	0.015 *** (7.33)	0.016 ** (2.48)	0.008 ** (2.24)	0.010 * (1.78)
控制变量	是	是	是	是	是	是
行业效应	是	是	是	是	是	是
地区效应	是	是	是	是	是	是

注：*** 、** 和 * 分别表示在 1%、5% 和 10% 显著性水平上显著；括号内为参数估计的 t 统计量。

第四节　制造业产出服务化对就业
影响的机制检验

前面的研究表明，总体而言制造业产出服务化能够促进劳动力就业增长，那么拉动就业增长的作用机制是什么呢？对作用机制的检验有助于细化研究结论，提出更有针对性的政策建议。下面将利用中介效应模型，从利润、交易成本和工资三种路径考察制造业企业产出服务化影响就业的作用机制。中介效应检验结果如表5-8所示。

首先看利润渠道中介效应检验。模型（1）估计结果显示，制造业企业产出服务化对利润影响的估计系数显著为0.076，说明制造业产出服务化对企业利润有正向影响，制造业企业通过服务业务转型提高了包括净利润占比在内的企业绩效（陈丽娴和沈鸿，2017）。模型（2）估计结果显示，制造业产出服务化和中介变量利润对就业影响的估计系数都显著为正，产出服务化通过利润中介效应对就业的影响为0.019，且产出服务化系数中介效应影响小于基准回归模型中的估计系数0.028，这表明利润发挥了部分中介效应，中介效应占比32.03%，制造业企业产出服务化通过利润中介效应促进了就业人数增长。原因是利润增加使企业不断扩大生产规模占领市场份额，从而增加对劳动力需求。因此制造业企业产出服务化的利润增加效应已经成为促进就业增长的重要因素。

接下来看交易成本渠道中介效应检验结果。模型（3）估计结果显示，产出服务化估计系数显著为负，说明制造业企业通过产出服务化转型降低了企业交易成本。模型（4）估计结果表明，中介变量交易成本估计系数显著为负，说明降低企业交易成本可以促进就业人数增长，产出服务化通过交易成本中介效应对就业的影响为0.006，产出服务化对就业影响的直接效应为0.022，中介效应占比为21.38%。这说明制造业企业通过产出服务化转型能够降低企业交易成本，对拉动就业人数增长发挥积极作用。

再看工资渠道中介效应估计结果。模型（5）中产出服务化对工资影响的估计系数显著为正，说明制造业企业通过产出服务化转型提高了劳动力工资水平，主要是因为制造业服务化转型提高了企业全球价值链地位和出口增加值，国际分工地位升级促进产出服务化提高了劳动收入份额（陈丽娴和沈鸿，2019）。模型（6）中介变量工资对就业影响估计系数显著为正，说明工资增加促进了就业人数增长，而制造业服务化转型对就业影响的直接效应为 0.020。因此，制造业产出服务化影响就业的中介效应大小为 0.008，中介效应占比 28.57%。上述分析说明制造业企业产出服务化通过提高劳动力工资，促进了劳动力就业特别是高技能劳动力就业增长，制造业产出服务化的工资提升效应是劳动力就业人数增加的重要力量。

表 5-8　制造业产出服务化对就业影响的中介效应检验

变量	利润渠道		交易成本渠道		工资渠道	
	（1）	（2）	（3）	（4）	（5）	（6）
因变量	*Profit*	*Tmployment*	*cost*	*Tmployment*	*wage*	*Tmployment*
SEROUT	0.076 ***	0.019 ***	-0.041 ***	0.022 ***	0.056 ***	0.020 ***
	(9.29)	(6.69)	(-5.24)	(7.86)	(2.75)	(6.25)
M		0.118 ***		-0.146 ***		0.143 ***
		(7.04)		(-6.97)		(6.73)
控制变量	是	是	是	是	是	是
常数项	1.985 ***	1.407 ***	1.373 ***	1.945 ***	1.899 ***	1.177 ***
	(4.72)	(5.36)	(7.81)	(3.69)	(3.73)	(4.84)
R^2	0.3300	0.3620	0.3100	0.6389	0.3003	0.6104
N	28922	28922	35274	35274	29908	29908
F 值	86.36	820.45	126.23	231.00	87.56	156.46
中介效应	显著，占比 32.03%		显著，占比 21.38%		显著，占比 28.57%	

注：***、**和*分别表示在 1%、5% 和 10% 显著性水平上显著；括号内为参数估计的 t 统计量。

第五节　市场化程度与国际化程度的
调节效应检验

从前面的理论分析可知，制造业企业的市场化程度和国际化程度，可能会对制造业产出服务化转型的就业效应产生一定影响，下面利用调节效应模型从企业市场化程度和国际化程度两个方面进行调节效应检验。

一　市场化程度调节效应检验

从制造业企业产出服务化影响就业的市场化程度调节效应检验来看，产出服务化系数显著为正，且产出服务化与市场化程度交互项估计系数也显著为正，从而制造业企业产出服务化对就业的总影响为 $0.019+0.011market$，意味着随着市场化程度的提高，产出服务化对就业增长的促进作用也越大，市场化程度在产出服务化影响就业人数增长中发挥了正向调节作用。再分别看市场化程度在制造业企业嵌入服务化和混入服务化影响就业中发挥的调节效应。制造业企业嵌入服务化对就业人数的总体影响效应是 $0.023+0.015\ market$，表明随着市场化程度提高，嵌入服务化能够拉动就业人数增长。混入服务化对就业人数影响同样表现出市场化程度调节效应特征，混入服务化对就业增长的促进作用随着市场化程度的增大而增加，市场化程度具有明显的正向调节作用（见表5-9）。

二　国际化程度调节效应检验

国际化程度在制造业企业产出服务化影响就业中的调节效应检验结果，表明确实存在国际化程度正向调节作用。具体而言，加入国际化程度调节变量后，制造业企业产出服务化对就业人数影响的总效应为 $0.023+0.028inter$，说明随着国际化程度不断提高，制造业企业产出服务化创造了更多就业机会，国际化程度在产出服务化影响就业中发挥了

表5-9　企业市场化程度和国际化程度调节效应检验

变量	市场化程度调节效应			变量	国际化程度调节效应		
	产出服务化	嵌入服务化	混入服务化		产出服务化	嵌入服务化	混入服务化
	(1)	(2)	(3)		(4)	(5)	(6)
$SEROUT_{it}$	0.019*** (3.19)			$SEROUT_{it}$	0.023*** (2.67)		
$market_{it}$	0.022*** (3.31)			$inter_{it}$	0.196*** (6.24)		
$SEROUT_{it} \cdot market_{it}$	0.011*** (3.13)			$SEROUT_{it} \cdot inter_{it}$	0.028*** (5.62)		
$SEROUTqr_{it}$		0.023*** (2.84)		$SEROUTqr_{it}$		0.022*** (3.58)	
$market_{it}$		0.016** (2.05)		$inter_{it}$		0.194*** (6.16)	
$SEROUTqr_{it} \cdot market_{it}$		0.015*** (3.03)		$SEROUTqr_{it} \cdot inter_{it}$		0.026*** (5.08)	
$SEROUThr_{it}$			0.016*** (3.70)	$SEROUThr_{it}$			0.013*** (4.76)

续表

变量	市场化程度调节效应			国际化程度调节效应		
	产出服务化 (1)	嵌入服务化 (2)	混入服务化 (3)	产出服务化 (4)	嵌入服务化 (5)	混入服务化 (6)
$market_{it}$			0.048** (2.27)			0.191*** (6.02)
$SEROUThr_{it} \cdot market_{it}$			0.018*** (3.72)			
$inter_{it}$						
$SEROUThr_{it} \cdot inter_{it}$						0.024*** (6.62)
控制变量	是	是	是	是	是	是
常数项	-1.618*** (-4.39)	-1.149*** (-4.45)	-1.376*** (-5.41)	-1.974*** (-5.03)	-1.185*** (-5.09)	-1.932*** (-4.74)
N	5708	5721	5650	20495	20528	20371
R^2	0.7963	0.7952	0.8047	0.8377	0.8373	0.8384

注：***、** 和 * 分别表示在 1%、5% 和 10% 显著性水平上显著；括号内为参数估计的 t 统计量。

重要的调节作用，能够强化制造业企业产出服务化拉动就业增长的效应。再看制造业企业嵌入服务化影响就业的国际化程度调节效应，可知国际化程度也发挥了重要的正向调节作用，即随着企业国际化程度提高，产品中嵌入更多服务内容对劳动力就业的促进作用将更大。同样，混入服务化影响劳动力就业也受到企业国际化程度的调节作用，国际化程度越高的企业，混入服务化对就业人数增长的拉动作用越明显。

上述分析较好地验证了本章研究假设 H3 和假设 H4，企业市场化程度和国际化程度在产出服务化、嵌入服务化以及混入服务化对劳动力就业影响中发挥了重要调节效应，即随着企业市场化程度和国际化程度不断提高，制造业企业产出服务化、嵌入服务化以及混入服务化对就业人数增长促进作用逐渐增强。

第六节　本章小结

本章从价值链下游分析了制造业企业产出服务化对就业的影响，并利用中介效应模型系统检验了企业产出服务化转型通过利润、交易成本以及工资三条路径影响就业的机制，且考虑了市场化程度和国际化程度在其中的调节效应。得出如下结论。

第一，制造业企业产出服务化既促进了高技能劳动力就业，也拉动了就业总人数增长。从产出服务化分类型看，嵌入服务化促进了包括高技能劳动力在内的就业人数增长，混入服务化对高技能劳动力就业拉动作用却不显著。

第二，异质性检验表明，企业自身特征以及所处环境会对制造业产出服务化的就业影响效应产生作用。从不同企业所有制类型来看，民营企业和外资企业产出服务化能够提高我国就业数量增长，而国有企业和外资企业产出服务化则是提升就业质量的关键。就企业所属行业而言，劳动密集型制造业产出服务化能够促进我国就业数量增长，而资本密集型和技术密集型两类制造业企业产出服务化则是提升就业质量的关键。

企业地区异质性检验表明，北部沿海地区、东部沿海地区和南部沿海地区制造业企业产出服务化转型实现了就业质量和就业数量双提升，其他地区企业产出服务化对就业促进作用有待进一步提高。企业规模不同，制造业企业产出服务化对就业的影响效应也存在差异，企业规模越大，产出服务化对高技能劳动力就业以及就业总数促进作用越大。具体而言，中型企业和大型企业服务化转型既拉动了高技能劳动力就业，也促进了就业总人数增长，但小型企业服务化转型对就业增长的拉动作用有限。

第三，中介效应模型影响机制检验表明，利润、交易成本和工资是制造业企业产出服务化促进就业人数增长的可能渠道。制造业企业产出服务化的利润增加效应已经成为促进就业增长的重要因素，产出服务化的交易成本降低效应对拉动就业人数增长发挥积极作用，产出服务化的工资提升效应是高技能劳动力就业人数增加的重要力量。

第四，市场化程度和国际化程度在制造业企业服务化影响就业中发挥重要调节作用。随着企业市场化程度和国际化程度不断提高，制造业企业产出服务化、嵌入服务化以及混入服务化对就业人数增长促进作用逐渐增强。

本章研究结论对中国实现制造业企业产出服务化转型和高质量就业目标具有重要政策启示。

第一，积极推进制造业企业产出服务化进程，推动价值链分工地位升级，促进就业人数增长和就业结构优化。继续巩固制造业企业嵌入服务化拉动就业增长和优化就业结构的作用，找出混入服务化对高技能劳动力就业促进作用不足的原因，补齐产出服务化促进就业高质量增长短板。

第二，根据企业特征制定差异化政策，提升制造业企业产出服务化转型的就业拉动作用。做大做强国有企业，提高国有企业就业吸纳能力。鼓励民营企业进行技术创新和转型升级，为高技能劳动力到民营企业就业提供保障。适当放开外资准入领域，鼓励外资企业创造更多就业岗位。鼓励劳动密集型企业产出服务化创造更多就业岗位，充分利用资本密集型和技术密集型企业产出服务化优化就业结构。继续提高北部沿海地区、东部沿海地区和南部沿海地区制造业企业产出服务化吸纳高技能劳动力就业能力，制定政策鼓励其他地区提升产出服务化的就业促进作用。通过税收减免等措施，持续提高小型企业就业吸纳能力。

第三，提高企业利润、降低交易成本以及促进工资增长。企业利润、交易成本和工资是制造业企业产出服务化转型影响就业的三条可能路径，所以不断提升企业利润、降低交易成本和提高工资是增强制造业产出服务化就业促进作用的有效措施。因此，一方面要继续落实供给侧改革降低企业交易成本和提高企业利润，另一方面应加快实现高质量就业，建立健全科学的工资增长机制和高技能人才薪酬体系，发挥收入分配政策激励作用。

第四，优化产出服务化转型市场环境，增强制造业企业产出服务化转型就业促进效应。应围绕制造业企业产出服务化转型要求，提升企业市场化程度和国际化程度，加快落实要素和产品配置的市场化改革，持续提高对外开放水平。通过企业市场化和国际化，利用制造业企业产出服务化转型实现就业数量增长和就业质量提升目标。

第六章 制造业服务化与本地服务业就业结构优化

党的十九大报告指出"就业是最大的民生",解决就业问题既是实现经济高质量发展的关键,也是社会稳定的基石。改革开放以来,中国经济结构发生了巨大变化,服务业迅速成长为我国国民经济的重要组成部分,《中国统计年鉴》显示,2018年第三产业占GDP比重达到52.2%。就业结构的变动,是经济结构变革的内在部分,随着经济从高速增长向高质量发展转型,中国的就业结构也正在经历深刻变化,以适应经济结构变动。2011年,第三产业超过第一产业和第二产业,成为吸纳就业人数最多的行业,被誉为稳就业的"压舱石"。2018年,中国第三产业吸纳就业人数占总就业人数比重达到46.3%。虽然服务业产值和吸纳就业人数占比不断提升,但与发达国家服务业比重一般达到70%左右相比,仍有一定差距。因此,持续推动服务业发展,提高服务业就业吸纳能力,是解决大学生就业难与民工荒等结构性就业问题、促进就业结构与产业结构协调发展的关键。然而,服务业发展不能脱离制造业,必须以制造业发展为前提和基础,同时服务业特别是生产性服务业又是制造业提高劳动生产率的关键,只有服务业和制造业二者融合发展,才能推动产业高质量发展,实现就业结构优化,提高服务业就业吸纳能力。

制造业服务化是制造业企业从仅仅提供有形产品的经营模式向提供

"产品+服务"包的经营模式转变（Vandermerwe 和 Rada，1988），是制造业投入和产出过程中服务要素比重不断提高的一种现象（周大鹏，2013），在促进生产型制造向服务型制造转变过程中，既促进了服务业高质量发展又提升了制造业全球价值链地位，更重要的是随着服务经济规模的扩大提高了作为就业"压舱石"的服务业就业吸纳能力。因此，制造业服务化转型是一条解决我国就业这个最大民生问题、发挥服务业就业"压舱石"作用的可行路径，研究城市制造业服务化转型对服务业就业的影响效应及其机制具有重大的理论和实践意义。

服务业是吸收就业的"容纳器"和大众创业的"蓄水池"（刘玉荣等，2016），对于缓解就业压力、解决就业问题至关重要。正是认识到服务业具有较强的吸纳就业能力，越来越多学者们关注服务业就业问题。

有部分文献主要探究服务业发展与就业关系：Baumol（1967）认为制造业是技术进步部门，随着劳动生产率提高生产中投入劳动逐渐减少，由于服务业是劳动生产率滞后部门，名义工资的上升导致服务业生产成本提高，劳动力将会向服务业转移，服务业就业比重上升。Fuchs（1968）认为服务业生产率滞后、最终需求增长和中间需求相对增长是影响服务业就业增长的三大因素，但利用美国服务业数据实证检验发现只有生产率滞后才是服务业就业占比提高的主要原因，这与鲍莫尔结论一致，形成了著名的鲍莫尔—富克斯假说。之后不少学者对该假说进行检验和改进，大部分学者研究结论支持了鲍莫尔—富克斯假说（Evangelista 和 Savona，2003；程大中，2004；顾乃华和夏杰长，2010；丁守海等，2014），也有部分学者提出了不同看法，当通信、信息等知识密集型服务作为制造业的中间投入品时，本身有较高的劳动生产率（Pavitt，1984）。为了更好解释现实，也有部分学者对鲍莫尔理论模型进行了修正和扩展（程大中和汪蕊，2006）。服务业内涵宽泛，不同细分服务行业就业吸纳功能差异明显。针对发达国家的研究认为，由于生活水平已经处于高位，居民对消费服务需求增长缓慢，服务业就业增长主要依靠制造业对生产性服务需求增长（格鲁伯和沃克，1993）。但发展中国家生活水平较低，对消费服务需求潜力巨大，生产性服务业相对落后，要重点发展劳动密集型的生活性服务业（魏作磊，2004）。

随着经济全球化和一体化，越来越多研究关注服务业开放对服务业就业的影响，这类文献主要沿着服务贸易和服务 FDI 两条主线展开。关于服务贸易的就业效应研究并没有形成一致结论。Mitra（2011）认为服务贸易对就业量并没有明显促进作用，Amiti 和 Wei（2005）对英国和美国研究发现服务外包增长率越快的行业，就业增长率反而越慢。然而，周申和廖伟兵（2006）运用投入产出法考察认为中国服务贸易总体上促进了就业增加。张志明和崔日明（2014）发现整体上服务出口扩大促进了服务业就业，但服务进口增加抑制了服务业就业增长，且服务贸易的就业效应具有明显的行业差异。与很多学者不同，范爱军和李菲菲（2011）虽然认为服务出口和进口都促进了就业增长，但服务进口贸易对就业拉动作用强于服务出口贸易。李杨等（2015）认为服务出口贸易没有促进就业，服务进口具有较强就业替代效应。也有研究发现服务贸易对就业的影响是非线性的，如吕延方等（2017）认为服务出口贸易促进就业存在行业产出门槛效应，服务进口贸易对就业抑制作用有技术效率门槛效应。还有不少研究关注服务业 FDI 的就业效应。一种观点认为服务业 FDI 促进就业增长。如李杨等（2017）利用中国省级面板数据研究发现，全国层面服务业 FDI 促进了就业增长，但分区域存在差异。也有研究认为服务业 FDI 没有促进东道国国内就业（Imbriani 等，2011），但可以提高服务业就业质量（薛敬孝和韩燕，2006），改善服务业就业性别和技能结构（李宏兵等，2016）。

服务业发展是基于制造业的高度发展，为此部分文献开始关注制造业发展对服务业就业的带动作用。Moretti（2010）首次估计了制造业的本地乘数效应，发现制造业部门每增加一个就业岗位，会带动服务业等不可贸易部门 1.59 个就业岗位增加，且高技术制造业就业乘数效应更明显。Moretti 和 Thulin（2013）对瑞典研究也进一步证实了制造业就业对服务业就业乘数效应是存在的。张川川（2015）利用微观人口数据研究发现制造业就业对服务业就业具有一定拉动作用，中高端制造业对服务业就业乘数大于低端制造业，制造业对劳动密集型服务业就业拉动作用大于技术密集型服务业就业。袁志刚和高虹（2015）利用城市层面数据也得出了制造业就业对服务业就业具有乘数效应，且对生活性服务业就业促进作用最大。赖德胜和高曼（2017）发现制造业就业对服务业就业短期带动作用要大于长期，且就业乘数表现出区域和行业异质性。

服务业是制造业的润滑剂，制造业服务化是服务业发展的典型特征（刘斌和赵晓斐，2020）。"十三五"规划纲要也指出，要推动制造业由生产型向生产服务型转变，制造业服务化水平的不断提升，会影响服务业就业吸纳能力及其就业结构。然而令人遗憾的是，目前国内尚未有关于制造业服务化对服务业就业影响的文献，因此本研究可能在以下方面推进相关领域研究：第一，以往文献主要从服务业发展、服务业开放以及制造业就业三个方面考察对服务业就业的影响，这三类文献都局限于某个单一产业的服务业就业效应，缺乏从产业融合视角探讨对服务业就业的研究，而本研究从制造业服务化这一产业关联视角，探究制造业服务化对服务业就业吸纳能力及就业结构的影响，为服务业就业研究提供了一个新视角；第二，本研究考察制造业服务化对服务业就业影响的机制，并考虑了城市化水平、城市规模和市场化程度三种城市特征在其中的调节效应，为城市在产业结构转型升级的同时提高就业吸纳能力，制定促进产业结构升级和就业结构优化协同发展政策提供依据，推进经验层面研究。

第一节　城市制造业服务化转型对服务业就业影响的作用机理

在推动制造业从生产型向服务型转变过程中，制造业加大生产性服务投入，向服务化方向升级。制造业服务化这一外生政策是攀升全球价值链的重要路径，而进入全球价值链分工更高附加值环节会引起劳动力在服务业和制造业间的重新分配。制造业服务化会拉动对服务业需求增长，然而服务业细分行业较多，不同服务可贸易性存在差异。一般而言，不可贸易服务只能从本地市场获得，而可贸易服务则可以通过外部市场满足，因此需要对服务业进行分类，以探讨制造业服务化影响服务业就业的理论机制。服务业包括生产性服务业、生活性服务业和公共服务业三类。其中，研发、设计、金融等生产性服务属于可贸易服务，当本地供应不足可以通过与其他地区的服务贸易获得。生活性服务（家政、餐饮等服务）和公共服务（医疗、教育、供水等服务）一般由本地企业提供，属于不可贸易服务，本研究认为生活性服务业和公共服务业是不可贸易服务部门，提供的相应服务属于不可贸易服务。接下来，把服务业划分为可贸易服务（生产性服务）和不可贸易服务（生活性服务和公共服务），以探讨城市制造业服务化转型对服务业就业的影响效应。

一　城市制造业服务化对可贸易服务业就业影响的作用机理

城市制造业服务化对生产性服务业就业影响包括正向促进作用和负向"挤出效应"。正向促进作用，即制造业服务化转型促进了可贸易的生产性服务业就业。制造业服务化表现为生产过程中制造业加大生产性服务投入，增加了对包括本地生产性服务在内的生产性服务需求，能够促进本地生产性服务业发展，提高本地生产性服务业就业吸纳能力。城市制造业服务化对生产性服务业就业的影响也存在"挤出效应"。首先，生产性服务是可贸易的，随着制造业服务化转型推进，其对生产性服务需求增加会提高本地生产性服务价格，这会降低本地生产性服务的竞争力。由于生产性服务是可贸易的，制造业服务化转型过程中对生产性服务的需求可能从本地转向外地甚至国外，从而不利于本地生产性服务业发展，降低吸纳就业能力。其次，制造业服务化会提升制造业全球价值链地位，进入附加值更高分工环节，使制造业工资水平有一定幅度的提高，本地劳动力为了追逐高工资就会流向制造业，从而对本地生产性服务业就业产生"挤出效应"。综上所述，城市制造业服务化转型对可贸易的生产性服务业就业的影响效应不确定，取决于正向促进效应和负向"挤出效应"的大小比较。

二　城市制造业服务化对不可贸易服务业就业影响的作用机理

首先，城市制造业服务化转型发展增加了制造业附加值，使制造业从业人员总体工资水平上升。在消费偏好一定的情况下，收入增加会提高当地的生活性服务（如批发零售、餐饮、娱乐等）和公共服务（如医疗、教育等）需求，由于这些服务行业具有不可贸易特征，只能由本地企业和机构提供，故会促进当地批发、零售、餐饮、娱乐、医疗、教育等生活性服务业和公共服务业发展。这些行业规模扩张需要投入大量劳动力，因此行业就业吸纳能力不断提高。其次，制造业服务化带动制造业工资水平上升，会吸引劳动力从服务业流向制造业，从而部分挤出生活性服务业就业和公共服务业就业。尤其在本地劳动力供给缺乏弹性以及劳动力市场缺乏灵活性（如户籍制度）时，外来人口流入本地存在较大障碍，相应的"挤出效应"更大。因此，城市制造业服务化转型对生活性服务业和公共服务业就业的影响也取决于正向促进效应和负向"挤出效应"的大小。

三　城市特征在制造业服务化转型影响服务业就业中的调节作用

中国不同区域城市存在较大差异，城市制造业服务化程度和服务业发展水平都有显著不同。因此，有必要引入城市特征变量，重新考察制造业服务化对服务业就业影响的城市差异。下面引入城镇化率、城市规模和市场化程度三个城市特征，探讨城市特征在制造业服务化转型对服务业就业影响中的调节作用。

首先，一般来说，城镇化率越高，经济集聚程度越高。而经济集聚一方面会通过分享中间产品、提高要素匹配度和相互学习效应提高生产效率，另一方面为制造业提供服务的上下游产业链更加完整，通过制造业服务化能够达到的价值链地位也更高，能够为就业劳动力提供更高的工资，整体收入水平更大幅度提升促进服务需求快速增长，并拉动服务业从业人员就业。因此，制造业服务化对本地服务业就业影响与城市城镇化程度相关，存在城镇化率门槛效应，当城镇化水平越高时，制造业服务化对本地服务业就业的促进作用就越大。其次，城市规模越大，劳动力供给越充足且供给弹性更大，有利于缓解由于制造业附加值提升和工资水平上升对服务业就业的"挤出效应"。因此，城市规模会影响制造业服务化对服务业就业的影响效应，存在制造业服务化对服务业就业影响的门槛效应，即随着城市规模的扩大，制造业服务化对服务业就业的"挤出效应"越小，制造业服务化对服务业就业的促进作用越明显。最后，一个城市市场化程度越高，劳动力市场也越灵活，意味着对劳动力流动的制度性障碍（比如户籍）越少，使外地劳动力可以低成本进入，增大本地劳动力供给弹性，有利于缓解制造业服务化对不可贸易的生活性服务业和公共服务业就业的"挤出效应"。因此，城市市场化程度在制造业服务化影响服务业就业中起重要作用，存在市场化程度门槛效应，即随着城市市场化程度提高，制造业服务化对服务业就业影响的拉动效应不断增强，服务业就业吸纳能力逐渐增强（见图 6-1）。

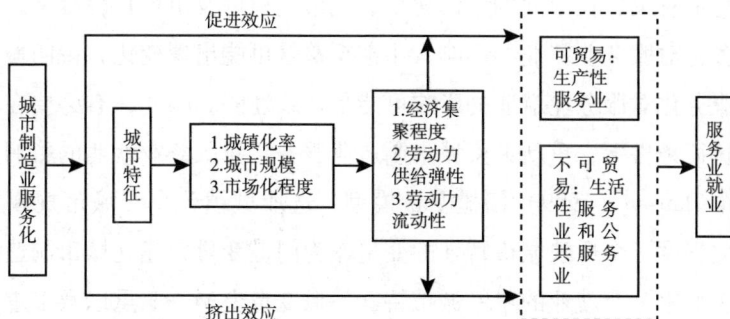

图 6-1　城市制造业服务化转型对服务业就业影响的作用机理

第二节　城市制造业服务化转型对服务业
就业影响的效应分析

一　计量模型

基于前面理论机制分析，建立考察城市制造业服务化影响服务业就业的计量模型：

$$L_{fct} = \varphi_0 + \varphi_1 S_{mct} + \varphi_2 X_{c,t} + \gamma_c + \lambda_t + \varepsilon_{ct} \tag{6.1}$$

其中，f 表示服务业，c 代表城市，m 代表制造业，t 表示年份。L_{fct} 是服务业就业人数，S_{mct} 是城市制造业服务化水平。$X_{c,t}$ 是城市控制变量，包括城市经济发展水平（eco）、相对固定资产投资（$asset$）、相对政府支出（$gpay$）、相对外商直接投资（fdi）、工资水平（gz）、金融发展水平（fin）和创新能力（$inno$）。γ_c 是城市固定效应，λ_t 是时间固定效应，ε_{ct} 是随机误差项。我们重点关注系数 φ_1 的符号、大小以及显著性。φ_1 反映城市制造业服务化变化对服务业就业变化的影响，即城市制造业服务化变动 1%，会带来服务业就业变动的百分比。

根据前面理论分析，城市制造业服务化对服务业就业的影响效应与城市特征有关，在不同的城镇化率、城市规模以及市场化程度下，制造业服务化对服务业就业的影响大小甚至符号可能出现变化，说明城市制造业服务化对服务业就业的影响可能是非线性的。因此，有必要在不同城市特征条件下，重新考察城市制造业服务化对服务业就业的影响。下面借鉴 Hansen（1999）门槛变量模型，选取城镇化率、城市规模以及市场化程度三个反映城市特征的变量作为门槛变量，建立城市制造业服务化影响服务业就业的单一城市特征门槛变量模型，双重以及多重门槛模型在此基础上拓展即可。

$$\begin{aligned} L_{fct} = {} & \varphi_0 + \varphi_{11} S_{mct} \cdot I(urb \leq \sigma_1) + \varphi_{12} S_{mct} \cdot I(urb > \sigma_1) \\ & + \varphi_2 X_{c,t} + \gamma_c + \lambda_t + \varepsilon_{ct} \end{aligned} \tag{6.2}$$

$$L_{fct} = \varphi_0 + \varphi_{11} S_{mct} \cdot I(size \leqslant \mu_1) + \varphi_{12} S_{mct} \cdot I(size > \mu_1) \\ + \varphi_2 X_{c,t} + \gamma_c + \lambda_t + \varepsilon_{ct} \tag{6.3}$$

$$L_{fct} = \varphi_0 + \varphi_{11} S_{mct} \cdot I(mark \leqslant \tau_1) + \varphi_{12} S_{mct} \cdot I(mark > \tau_1) \\ + \varphi_2 X_{c,t} + \gamma_c + \lambda_t + \varepsilon_{ct} \tag{6.4}$$

（6.2）～（6.4）式分别是以城镇化率（urb）、城市规模（$size$）和市场化程度（$mark$）三种城市特征为门槛变量的门槛回归模型，σ_1、μ_1 和 τ_1 分别为其对应的门槛值。$I(\cdot)$ 为示性函数，如果括号中的式子成立，则 I 取 1，反之，I 取 0。

二 变量和数据

根据前面计量模型的设定，模型中涉及变量具体指标的选取和处理方法如下。

（一）因变量

服务业就业（L），用服务业就业年平均人数表示。

（二）核心解释变量

城市制造业服务化程度（S），是该城市制造业对服务业的总消耗，包括直接消耗和间接消耗。直接消耗是制造业生产过程中直接投入的某一服务行业数量，间接消耗是对某一服务行业直接消耗引致的另一服务业的消耗，直接消耗和间接消耗的总和即构成城市制造业对服务业的完全消耗。为计算城市制造业服务化程度，本研究借鉴陈丽娴和魏作磊（2019）的方法，首先计算出省级层面完全消耗系数，用以表示省份 p 制造业服务化程度：

$$Servitization_{fm}^p = a_{fm}^p + \sum_{k=1}^{n} a_{fk}^p a_{km}^p + \sum_{k=1}^{n} \sum_{s=1}^{n} a_{fs}^p a_{sk}^p a_{km}^p + \\ \sum_{k=1}^{n} \sum_{s=1}^{n} \sum_{r=1}^{n} a_{ft}^p a_{rs}^p a_{sk}^p a_{km}^p + \cdots (f, m = 1, 2, \cdots, n) \tag{6.5}$$

其中，$Servitization_{fm}^p$ 表示 p 省制造业 m 的投入服务化水平，a_{fm}^p 为 p

省制造业 m 对服务业 f 的直接消耗，$\sum_{k=1}^{n} a_{fk}^{p} a_{km}^{p}$ 是第一轮间接消耗，

$\sum_{k=1}^{n} \sum_{s=1}^{n} a_{fs}^{p} a_{sk}^{p} a_{km}^{p}$ 为第二轮间接消耗，依此类推，第 $n+1$ 项表示第 n 轮间

接消耗。

然后，用省级制造业服务化程度 $Servitization_{fm}^{p}$ 乘以城市制造业产值 $output_{m}^{c}$，得到城市 c 制造业 m 的服务投入数量，再除以城市 c 的地区生产总值 GDP^{c}，得到城市 c 制造业服务化程度，计算公式为：

$$Servitization_{fm}^{c} = \left(output_{m}^{c} \cdot Servitization_{fm}^{P} \right) / GDP^{c} \tag{6.6}$$

（三）门槛变量

（1）城市化水平（urb）。城市化是多维概念，本章主要从产业结构城市化去衡量城市化水平，因此用第二、三产业从业人数占总人口数的比重表示城市化水平。

（2）城市规模（$size$）。用城市年平均人口数表示城市规模，城市规模越大，可供应劳动力越多。

（3）市场化程度（$mark$）。鉴于非公有制企业就业灵活性、流动性要高于公有制企业，因此使用非公有制企业就业人数占总就业人数比重表示市场化程度，非公有制企业从业人数越多，劳动力市场中劳动力流动性越大。市场化程度＝1－（公有制企业就业人数/总就业人数），其中，公有制企业就业人数包括国有制企业就业人数和集体所有制企业就业人数。

（四）其他控制变量

（1）经济发展水平（eco）。用城市人均 GDP 表示。

（2）相对固定资产投资（$asset$），用规模以上工业企业固定资产占 GDP 比重表示。

（3）相对政府支出（$gpay$），用政府支出占 GDP 比重表示。

（4）金融发展水平（fin），用城市年末金融机构存、贷款余额与 GDP 之比表示。

（5）创新能力（*inno*），用科学技术支出与教育支出之和表示。

（6）相对外商直接投资（*fdi*），用实际利用外资占 GDP 比重表示。

（7）工资水平（*gz*），用在岗职工平均工资表示。

本章数据根据《中国地区投入产出表》、《中国城市统计年鉴》和《中国劳动统计年鉴》原始数据，经过匹配计算构造了中国地级市层面 2004~2016 年的面板数据，用以实证分析城市制造业服务化转型对服务业就业的影响效应。

三　基准估计结果分析

表 6-1 报告了城市制造业服务化转型对服务业就业影响的基准估计结果。从第（1）列城市制造业服务化对总体服务业就业影响的估计结果可知，城市制造业服务化估计系数为 0.104，且在 1%水平上通过显著性检验，表明城市制造业服务化进程的推进，总体上增加了对本地区服务的需求，提高了本地服务业就业吸纳能力。由于不同服务业在可贸易性、劳动密集度等方面具有不同特征，为了更细致探究城市制造业服务化究竟是通过哪类服务业促进本地总体服务业就业人数增加，接下来把服务业划分为生产性服务业、生活性服务业以及公共服务业三类，进行进一步考察。从第（2）~（4）列估计结果可知，城市制造业服务化对生产性服务业就业和公共服务业就业影响的乘数效应估计系数均显著为正，而对生活性服务业就业影响的估计系数虽为正，但不显著。这表明城市制造业服务化转型对总体服务业就业的促进作用主要是因为提高了该地生产性服务业和公共服务业的就业吸纳能力，且对生产性服务业就业促进作用要大于公共服务业，但城市制造业服务化转型并没有明显拉动生活性服务业就业水平。城市制造业服务化显著拉动本地生产性服务业就业，说明在中国城市制造业服务化转型过程中，制造业通过投入服务化和产出服务化拉动产业链上、下游生产性服务业发展，促进了本地区研发设计、交通物流、金融及品牌营销等生产性服务规模扩张和就业吸纳能力提高，这种正向促进作用超过了生产性服务可贸易性和

制造业发展对本地区生产性服务业就业的"挤出效应"。城市制造业服务化促进了本地公共服务业就业,主要是因为通过制造业服务化实现的企业价值链地位升级提高了本地总体收入水平,带动了对不可贸易的教育、医疗等公共服务的需求增长。然而,城市制造业服务化却没有拉动生活性服务业就业增长,原因是,一方面制造业服务化导致的制造业工资上升吸纳了部分生活性服务业劳动力流向制造业,另一方面本地居民收入水平上升主要用于对教育、医疗、房地产和金融等公共服务和生产性服务需求,会挤出旅游、餐饮、文化和娱乐等生活性服务支出,不利于生活性服务业发展。

表 6-1　基准估计结果

| 变量 | 总体服务业就业 | 生产性服务业就业 | 生活性服务业就业 | 公共服务业就业 |
	(1)	(2)	(3)	(4)
S	0.104 *** (3.13)	0.131 *** (4.02)	0.079 (1.03)	0.109 *** (3.17)
eco	0.309 *** (4.01)	0.379 *** (3.86)	0.369 *** (3.56)	0.482 *** (8.29)
$asset$	0.190 *** (3.83)	0.123 *** (2.87)	0.186 ** (2.53)	0.253 *** (7.96)
$gpay$	0.514 *** (7.00)	0.644 *** (7.15)	0.723 *** (5.98)	0.440 *** (8.02)
fin	0.613 *** (13.09)	1.001 *** (16.80)	1.005 *** (14.42)	0.304 *** (9.14)
$inno$	0.600 *** (9.99)	0.588 *** (7.84)	0.629 *** (7.33)	0.555 *** (13.85)
fdi	0.029 ** (2.11)	0.058 *** (3.49)	0.030 (1.35)	0.006 (0.53)
gz	0.474 *** (3.11)	0.505 *** (2.95)	0.772 *** (3.26)	0.355 *** (3.13)
常数项	-3.883 *** (-3.21)	-3.834 *** (-4.60)	-3.418 *** (-3.01)	-3.817 *** (-3.51)
城市固定效应	是	是	是	是

变量	总体服务业就业	生产性服务业就业	生活性服务业就业	公共服务业就业
	(1)	(2)	(3)	(4)
年份固定效应	是	是	是	是
R^2	0.8168	0.7693	0.6696	0.8499
观测值	3447	3447	3447	3447

注：*** 、 ** 和 * 分别表示在1%、5%和10%显著性水平上显著；括号内为参数估计的 t 统计量。

四 内生性检验

本研究基准估计采用的是最小二乘估计方法，然而解释变量与残差项相关、解释变量与被解释变量互为因果等内生性问题是导致最小二乘估计有偏的重要原因，这会导致估计结果的有偏和不一致。为了检验前面估计结果的稳健性，接下来采用系统广义矩估计（SYS-GMM）和两阶段最小二乘（2SLS）两种方法考察内生性问题对估计结果的影响。表6-2中（1）、（3）、（5）和（7）列是采用系统 GMM 法的估计结果，使用服务业就业的滞后一期作为工具变量。Sargan 检验的 P 值分别为0.6800、0.6460、0.6320 和 0.3577，故不能拒绝"所有工具变量均有效"的原假设，AR（1）和 AR（2）的 P 值表明随机扰动项的差分有一阶自相关但没有二阶自相关，满足随机扰动项不存在自相关条件。Wald 检验 P 值也表明模型整体非常显著。城市制造业服务化对总体服务业、生产性服务业、生活性服务业以及公共服务业就业影响的系统 GMM 估计系数符号和显著性与基准估计结果基本一致，其他变量估计的符号与显著性也基本不变，这说明回归结果是稳健的。表中（2）、（4）、（6）和（8）列是利用 2SLS 法的回归结果，可见制造业服务化滞后一期显著促进了总体服务业就业，这主要是由于制造业服务化滞后一期对生产性服务业就业和公共服务业就业具有带动作用，但制造

表6-2 内生性检验估计结果

变量	总体服务业就业		生产性服务业就业		生活性服务业就业		公共服务业就业	
	SYS-GMM	2SLS	SYS-GMM	2SLS	SYS-GMM	2SLS	SYS-GMM	2SLS
	(1)	(2)	(3)	(4)	(5)	(6)	(7)	(8)
$L.L_f$	0.893*** (4.62)		0.443*** (3.18)		0.806*** (8.27)		0.414*** (6.65)	
S	0.131*** (4.39)		0.143*** (3.18)		0.018 (1.11)		0.116*** (5.79)	
$L.S$		0.152*** (5.08)		0.187*** (4.74)		0.015 (1.20)		0.164*** (5.51)
eco	0.517*** (3.95)	0.148*** (4.10)	0.371*** (3.02)	0.285*** (3.08)	0.160*** (2.96)	0.194*** (3.36)	0.420*** (4.26)	0.362*** (12.68)
$asset$	0.103*** (3.36)	0.124*** (7.85)	0.163*** (3.77)	0.126*** (4.04)	0.129*** (3.27)	0.196*** (5.46)	0.252*** (6.29)	0.247*** (5.90)
$gpay$	0.308*** (3.63)	0.370*** (12.07)	0.279*** (6.30)	0.490*** (12.58)	0.368*** (2.90)	0.480*** (9.21)	0.274*** (5.17)	0.334*** (13.71)
fin	0.240*** (3.18)	0.609*** (31.39)	0.360*** (8.00)	0.989*** (36.79)	0.205*** (3.45)	0.977*** (29.9)	0.279*** (5.13)	0.307*** (22.34)
$inno$	0.099*** (8.95)	0.664*** (23.37)	0.088*** (3.84)	0.657*** (19.94)	0.189*** (6.95)	0.713*** (17.5)	0.045*** (3.59)	0.604*** (26.63)
fdi	0.107*** (3.04)	0.018*** (2.60)	0.108** (2.32)	0.050*** (5.89)	0.113*** (3.60)	0.120*** (3.6)	0.103*** (3.61)	0.107*** (2.89)

续表

变量	总体服务业就业		生产性服务业就业		生活性服务业就业		公共服务业就业	
	SYS-GMM	2SLS	SYS-GMM	2SLS	SYS-GMM	2SLS	SYS-GMM	2SLS
	(1)	(2)	(3)	(4)	(5)	(6)	(7)	(8)
gz	0.144 ***	0.797 ***	0.329 ***	0.850 ***	0.337 ***	1.251 ***	0.311 ***	0.597 ***
	(8.68)	(11.20)	(3.00)	(6.91)	(5.85)	(11.14)	(3.47)	(10.75)
常数项	0.474 ***	0.414 ***	2.655 ***	2.532 ***	0.822 ***	1.845 ***	0.558 ***	0.252 ***
	(6.38)	(3.27)	(8.66)	(−6.91)	(4.09)	(3.58)	(6.68)	(4.81)
Sargan 检验	0.6800		0.6460		0.6320		0.3577	
AR(1)	0.0030		0.0040		0.0000		0.0180	
AR(2)	0.6650		0.5660		0.4330		0.2003	
Wald 检验	0.0000	0.0000	0.0000	0.0000	0.0000	0.0000	0.0000	0.0000
观测值	3447	3447	3447	3447	3447	3447	3447	3447

注：括号内值为估计系数 t 或 z 统计量，***、** 和 * 分别表示在 1%、5%和10%显著性水平上显著，Sargan 检验、残差自相关检验和 Wald 检验给出的是统计量的伴随 P 值。

业服务化滞后一期并没有拉动生活性服务业就业，系数符号和显著性基本一致，再次表明本研究基准估计结果具有稳健性。

第三节　城市制造业服务化转型对服务业就业影响的异质性检验

一　服务业异质性分析

前面基准检验表明，城市制造业服务化转型能够显著提高本地生产性服务业就业吸纳能力，对公共服务业就业也有一定促进作用，对生活性服务业就业影响却并不明显。接下来需要对生产性服务业、生活性服务业以及公共服务业三大类服务业进行细分，探究城市制造业服务化转型对具体细分服务业就业的影响，为精准施策提高服务业就业吸纳能力和优化就业结构提供经验证据。表6-3中列（1）～（6）是城市制造业服务化转型对本地细分生产性服务业就业影响的估计结果，可知城市制造业通过投入和产出过程加快服务化进程，促进了本地交通运输、信息、金融、科学研究和技术、租赁和商业等生产性服务行业就业增长，尤其是科学研究和技术服务以及信息服务就业吸纳能力提高最快。说明通过制造业服务化转型，可以加快各类生产性服务业行业发展，特别是促进以科学研究、信息技术为代表的高级生产性服务吸收优质劳动力就业，有利于优化就业结构。再看表6-3第（7）～（10）列对生活性服务业细分行业就业的影响效应，发现城市制造业服务化对批发、住宿、居民服务以及文化体育等生活性服务业就业的促进作用均不明显，表明城市制造业服务化虽然提高了当地制造业工资水平，但是提高的收入主要用于对房地产、教育、医疗等生产性服务和公共服务的需求，致使对生活性服务需求不足，没有有效拉动生活性服务就业。再看对公共服务业细分行业就业的影响效应，可知城市制造业服务化对卫生和教育服务就业促进效应较大，说明制造业服务化转型通过提高当地收入水平，促

表6-3 城市制造业服务化对不同服务业就业影响的异质性分析

变量	生产性服务业就业					
	交通运输服务	信息服务	金融	租赁和商业服务	房地产业	科学研究和技术服务
	(1)	(2)	(3)	(4)	(5)	(6)
s	0.147***	0.172***	0.109**	0.113**	0.154***	0.354***
	(4.02)	(3.94)	(2.28)	(2.12)	(3.29)	(3.81)
eco	0.127***	0.129***	0.165***	0.107***	0.139***	0.197***
	(3.22)	(4.33)	(3.51)	(2.98)	(3.53)	(2.86)
$asset$	0.140***	0.205***	0.146***	0.144***	0.197***	0.354***
	(3.02)	(3.73)	(3.10)	(2.73)	(3.24)	(4.26)
$gpay$	0.624***	0.408***	0.582***	0.698***	0.376***	0.538***
	(5.91)	(4.54)	(9.01)	(6.14)	(3.84)	(4.14)
fin	1.039***	0.826***	0.669***	1.117***	0.916***	1.103***
	(15.86)	(11.14)	(14.28)	(12.67)	(10.96)	(12.61)
$inno$	0.512***	0.629***	0.506***	0.537***	0.626***	0.417***
	(6.88)	(7.66)	(9.27)	(5.64)	(8.26)	(4.90)
fdi	0.059***	0.052***	0.036**	0.068***	0.092***	0.126***
	(2.86)	(2.82)	(2.53)	(2.60)	(3.82)	(3.13)
gz	0.570***	0.460***	0.347***	0.489***	0.485***	0.586***
	(2.89)	(3.02)	(2.87)	(2.74)	(3.34)	(2.85)
常数项	-3.488***	-6.204***	-4.765***	-8.900***	-9.070***	-5.340***
	(-3.54)	(-7.62)	(-7.89)	(-9.25)	(-11.82)	(-5.19)

续表

变量	生产性服务业就业					
	交通运输服务	信息服务	金融	租赁和商业服务	房地产业	科学研究和技术服务
	(1)	(2)	(3)	(4)	(5)	(6)
城市固定效应	是	是	是	是	是	是
年份固定效应	是	是	是	是	是	是
R^2	0.5654	0.6139	0.6717	0.5330	0.6059	0.5547
观测值	3442	3445	3444	3440	3443	3442

变量	生活性服务业就业				公共服务业就业			
	批发	住宿	居民服务	文化体育	水利,环境	教育	卫生和社会	公共管理
	(7)	(8)	(9)	(10)	(11)	(12)	(13)	(14)
S	0.062 (0.91)	−0.063 (−0.73)	0.214 (1.44)	0.002 (0.07)	0.183*** (2.90)	0.171*** (3.37)	0.191*** (3.42)	0.116*** (3.41)
eco	0.215*** (2.87)	0.225*** (2.89)	0.317*** (3.85)	0.268*** (4.52)	0.292*** (5.02)	0.632*** (13.07)	0.382*** (6.63)	0.326*** (4.09)
$asset$	0.238*** (3.40)	0.131* (1.68)	−0.031 (−0.26)	0.223*** (3.41)	0.262*** (3.89)	0.271*** (7.72)	0.231*** (7.26)	0.022*** (3.02)
$gpay$	0.768*** (6.88)	0.660*** (5.36)	0.504** (2.55)	0.508*** (4.31)	0.136*** (3.44)	0.537*** (10.25)	0.457*** (8.02)	0.084*** (6.94)
fin	0.878*** (14.27)	1.164*** (14.73)	0.969*** (7.76)	1.048*** (15.56)	0.492*** (9.22)	0.247*** (7.75)	0.398*** (11.19)	0.145*** (11.87)

续表

变量	生活性服务业就业					公共服务业就业		
	批发	住宿	居民服务	文化体育	水利、环境	教育	卫生和社会	公共管理
	(7)	(8)	(9)	(10)	(11)	(12)	(13)	(14)
$inno$	0.636***	0.466***	0.694***	0.496***	0.324***	0.557***	0.575***	0.131***
	(8.16)	(5.01)	(5.85)	(6.00)	(4.70)	(14.14)	(14.37)	(15.87)
fdi	0.211***	0.069**	0.077**	0.129***	0.136***	0.111***	0.120***	0.201***
	(3.52)	(2.52)	(2.17)	(3.25)	(2.80)	(3.09)	(2.82)	(3.56)
gz	0.704***	0.673***	0.916***	0.786***	0.535***	0.284***	0.317***	0.033**
	(3.20)	(3.18)	(3.11)	(3.04)	(3.12)	(3.00)	(2.95)	(2.40)
常数项	-3.925***	-7.187***	-6.224***	-3.389***	-2.914***	-1.442***	-4.364***	-0.718***
	(-3.68)	(-6.81)	(-4.03)	(-2.78)	(-3.43)	(-3.01)	(-8.45)	(-8.46)
城市固定效应	是	是	是	是	是	是	是	是
年份固定效应	是	是	是	是	是	是	是	是
R^2	0.5608	0.5370	0.3628	0.6569	0.4834	0.7425	0.8470	0.5075
观测值	3445	3436	3379	3440	3440	3445	3443	3445

注：***、** 和 * 分别表示在1%、5%和10%显著性水平上显著；括号内为参数估计值的 t 统计值。

进了居民对健康和教育的重视，对卫生和教育需求增加，拉动了卫生和教育服务行业就业。城市制造业服务化对公共管理、环境等公共服务就业影响效应也显著为正，这就不难解释对公共服务业总体就业具有促进作用。

二　区域异质性分析

中国不同地区城市的制造业和服务业发展水平差异大，有必要按照经济发展水平进行区域划分，以考察不同地区间的城市制造业服务化转型对服务业就业影响的差异。考虑到处于同一分区的城市空间上要相互毗邻，经济发展水平接近，自然条件和资源禀赋结构相似，本研究采用国务院发展研究中心提出的将中国大陆划分为八大经济区域，探究城市制造业服务化转型对服务业就业影响的地区差异，估计结果见表6-4。

从城市制造业服务化对服务业就业影响来看，只有东北地区和西北地区的城市制造业服务化转型不仅对总体服务业就业没有明显拉动作用，而且对具体的生产性服务业、生活性服务业以及公共服务业就业均没有明显促进作用。主要原因是，这两个地区的哈尔滨、长春、沈阳、大连、兰州等城市以重化工业为主，服务化转型面临诸多困境，加上生产性服务业和生活性服务业发展相对滞后，不能给予制造业服务化转型有效支持，服务业吸纳就业人数不强。

东部沿海地区和南部沿海地区的城市制造业服务化转型对服务业总体就业的影响显著为正，是中国对服务业就业拉动作用最大的两大区域。具体到大类服务业，也可发现东部沿海地区和南部沿海地区的城市制造业服务化转型可以拉动生产性服务业、生活性服务业以及公共服务业三大类服务业就业，这也解释了为什么这两个区域的城市制造业服务化对服务业就业促进作用是全国最大。这说明，以上海、南京、苏州、杭州和宁波等城市为主的东部沿海地区以及以广州、深圳、佛山、东莞和厦门等城市为主的南部沿海地区，经济结构和产业结构合理，有完整的制造业体系和先进的服务业网络，研发、物流、金融、营销等生产性服务业围绕制造业产业链为其提供服务，教育、医疗、公共服务为当地居民更好工作提供保障服务，体育娱乐、居民服务为当地居民提供高品质生活，形成了制造业与服务业良性互动，制造业服务化转型拉动了生产性服务业、生活性服务业和公共服务业全面、协调发展，促进了这些服务领域就业增长。

就北部沿海地区而言，城市制造业服务化转型对服务业就业的影响效应显著为正，也促进了该地区城市服务业总体就业吸纳能力提升。从估计结果可知，这种服务业就业拉动作用主要是通过对生产性服务业和公共服务业的就业促进实现的。以北京、天津、青岛和济南等城市为代表的北部沿海地区，既有较强的制造业基础，又集中了全国较多的科研院所、金融机构、企业总部，不论是生产性服务业还是公共服务业发展都较为均衡，可以为制造业生产提供强大的研发和金融支持，优质的教育、医疗等公共服务资源和生活服务配套也能解决制造业转型和服务业发展急需人才的后顾之忧，因此城市制造业服务化转型对北部沿海地区服务业就业也具有明显促进作用。

长江中游地区和黄河中游地区情况类似，制造业服务化转型对总体服务业就业有一定带动效应，且主要是表现为对生产性服务业和公共服务业就业的促进，对生活性服务业就业带动效应不明显。表明以武汉、长沙、南昌、合肥、郑州、西安为代表的城市制造业具有一定基础，通过服务化转型也拉动了生产性服务业和公共服务业就业。西南地区制造业服务化转型对服务业就业也有一定拉动效应，促进了三大类服务业就业，特别是对生活性服务业就业促进作用最为明显，这可能与成都、重庆、贵阳、昆明等西南城市生活比较闲适，一旦制造业服务化转型促进了当地收入提高，人们愿意把收入投入餐饮、娱乐等生活性服务业消费，从而表现为制造业服务化转型促进西南地区生活性服务业就业比较明显。

表6-4　分地区的估计结果

区域	总体服务业就业	生产性服务业就业	生活性服务业就业	公共服务业就业
	（1）	（2）	（3）	（4）
东北地区	−0.023 （−0.02）	0.087 （0.53）	−0.145 （−0.55）	−0.046 （−0.61）
北部沿海地区	0.106 *** （2.94）	0.166 *** （3.03）	0.032 （0.25）	0.150 *** （3.77）
东部沿海地区	0.193 *** （3.19）	0.317 *** （3.48）	0.197 *** （2.74）	0.180 *** （3.43）
南部沿海地区	0.163 *** （2.62）	0.156 *** （3.85）	0.131 ** （2.08）	0.130 ** （2.35）
黄河中游地区	0.115 ** （2.32）	0.105 ** （2.57）	−0.067 （−1.37）	0.117 ** （2.43）
长江中游地区	0.110 ** （2.28）	0.164 *** （3.43）	0.049 （0.55）	0.034 ** （2.47）
西南地区	0.109 *** （3.52）	0.154 * （1.86）	0.286 *** （3.56）	0.049 * （1.69）
西北地区	0.156 （0.68）	0.147 （0.53）	0.218 （1.18）	0.027 （0.13）

注：*** 、** 和 * 分别表示在1%、5%和10%显著性水平上显著；括号内为参数估计的t统计值。

第四节　城市特征的调节效应

从前面分析可知，城市制造业服务化转型对服务业就业的影响呈现行业和区域异质性，说明制造业服务化转型对服务业就业的影响效应可能是非线性的。因此仅进行线性分析不能完全反映城市制造业服务化转型的服务业就业影响效应。从前面理论分析可知，在不同的城市特征下，制造业服务化转型对服务业就业的影响效应可能有所区别。故本研究把城镇化率、城市规模和市场化程度三种城市特征作为门槛变量引入计量模型，以考察城市制造业服务化转型对服务业就业的非线性影响。

一　城镇化在城市制造业服务化转型对服务业就业影响中的作用

关于城市制造业服务化转型影响服务业就业的城镇化率门槛效应检验和估计结果见表6-5和表6-6。首先看门槛效应自抽样检验与门槛估计值结果，城镇化率门槛效应检验三重门槛F值在1%水平上通过显著性检验，表明考察城市制造业服务化转型对总体服务业就业的影响应该采用城市化水平三重门槛模型进行估计，同理对生产性服务业就业、生活性服务业就业以及公共服务业就业的影响也应该采用城镇化率三重门槛模型。

接下来看城市制造业服务化转型对服务业就业的城镇化率三重门槛模型估计结果。对总体服务业就业影响的城镇化率门槛模型估计结果显示，当城镇化率低于第一个门槛值0.126时，制造业服务化转型对本地服务业就业影响的估计系数显著为负，说明在城镇化率较低时，经济集聚效应较小，制造业外部规模经济难以形成，制造业劳动生产率和价值链地位提高较难实现，服务化转型受阻导致对服务业就业没有拉动作用。然而，随着城镇化率的提升，跨越了第一个门槛值处于0.126~0.171区间时，制造业服务化转型开始促进总体服务业就业。当城镇化率不断提升，进入第三区间和第四区间后，制造业服务化转型促进服务业就业作用不断提高，说明制造业服务化转型对服务业就业的影响是非线性的，存在明显的城镇化率门槛效应。把服务业进行分类后发现，制造业服务化转型对生产性服务业就业、生活性服务业就业以及公共服务业就业的城镇化率门槛模型检验表现出同样趋势，即随着本地城镇化率的提升，制造业服务化转型拉动生产性服务业就业、生活性服务业就业以及公共服务业就业的作用不断增加，呈现典型的城镇化水平特征。

二　城市规模在城市制造业服务化转型对服务业就业影响中的作用

制造业服务化转型影响服务业就业的城市规模门槛效应检验表明，对总体服务业就业、生产性服务业就业和公共服务业就业影响的城市规模双重门槛 F 值在 1%水平上通过显著性检验，而三重门槛 F 值只在 5% 水平上通过显著性检验，说明应该采用城市规模双重门槛模型进行估计。 而制造业服务化转型对生活性服务业就业影响的城市规模三重门槛 F 值 在 5%水平上通过显著性检验，表明应该采用三重门槛模型进行估计。

以城市规模为门槛变量，制造业服务化转型对服务业就业估计结果 如表 6-6。首先看对总体服务业就业影响的城市规模门槛模型检验：当 城市规模较小，小于第一个城市规模门槛值 4.577 时，此时城市人口总 量小，可供劳动力数量有限，制造业服务化转型对服务业就业带来的 "挤出效应"大于"促进效应"，抑制了服务业就业。当城市规模越过 第一个门槛值，规模处于 4.577~4.749 区间时，制造业服务化转型不 再抑制服务业就业。随着城市规模跨越第二个门槛值 4.749 后，城市人 口和劳动力供给充足，制造业就业对服务业就业的"挤出效应"减小，

表 6-5　门槛效应自抽样检验与门槛估计值

项目		门槛变量					
		城镇化率		城市规模		市场化程度	
因变量	门槛数	F 值	门槛值	F 值	门槛值	F 值	门槛值
总体服务业就业	单一门槛	686.476 ***	0.126	38.149 ***	4.577	60.845 ***	0.189
	双重门槛	233.876 ***	0.171	42.179 ***	4.749	42.524 ***	0.468
	三重门槛	136.648 ***	0.286	26.430 **		31.386 **	
生产性服务业就业	单一门槛	244.440 ***	0.085	20.720 ***	4.749	34.803 ***	0.189
	双重门槛	108.423 ***	0.180	15.652 ***	5.994	18.865 ***	0.468
	三重门槛	67.350 ***	0.286	14.917 **		16.068 **	
生活性服务业就业	单一门槛	478.958 ***	0.087	36.806 ***	4.749	33.566 ***	0.190
	双重门槛	134.258 ***	0.177	22.507 ***	5.049	37.164 ***	0.829
	三重门槛	142.561 ***	0.286	38.314 ***	5.313	16.214 **	
公共服务业就业	单一门槛	63.569 ***	0.126	22.740 ***	4.835	41.486 ***	0.180
	双重门槛	29.132 ***	0.171	39.770 ***	5.009	17.213 ***	0.641
	三重门槛	23.275 ***	0.447	8.852 **		17.438 **	

注：*** 、 ** 和 * 分别表示在 1%、5%和 10%显著性水平上显著；临界值是由采用 Bootstrap 法反复抽样 3000 次得到。

表6-6　以三种城市特征为门槛变量的门槛模型估计结果

城市特征	总体服务业就业 范围	制造业服务化系数	生产性服务业就业 范围	制造业服务化系数	生活性服务业就业 范围	制造业服务化系数	公共服务业就业 范围	制造业服务化系数
城市化水平	$lnurb \leq 0.126$	-1.752*** (-7.10)	$lnurb \leq 0.085$	-4.067*** (-9.06)	$lnurb \leq 0.087$	-5.612*** (-8.47)	$lnurb \leq 0.126$	-0.163 (-1.01)
	$0.126<lnurb \leq 0.171$	1.164*** (3.41)	$0.085<lnurb \leq 0.180$	-0.803* (-1.71)	$0.087<lnurb \leq 0.177$	-0.085 (-0.12)	$0.126<lnurb \leq 0.171$	0.624*** (2.80)
	$0.171<lnurb \leq 0.286$	5.672*** (13.45)	$0.180<lnurb \leq 0.286$	4.717*** (5.89)	$0.177<lnurb \leq 0.286$	11.325*** (10.18)	$0.171<lnurb \leq 0.447$	1.654*** (6.52)
	$lnurb>0.286$	13.568*** (24.59)	$lnurb>0.286$	12.793*** (13.32)	$lnurb>0.286$	28.327*** (19.94)	$lnurb>0.447$	3.954*** (8.06)
城市规模	$lnsize \leq 4.577$	-0.868*** (-3.04)	$lnsize \leq 4.749$	-3.558*** (-6.32)	$lnsize \leq 4.749$	-4.165*** (-3.38)	$lnsize \leq 4.835$	-2.123*** (-6.45)
	$4.577<lnsize \leq 4.749$	-0.517 (-0.71)	$4.749<lnsize \leq 5.994$	-1.728*** (-3.57)	$4.749<lnsize \leq 5.049$	-2.663*** (-3.67)	$4.835<lnsize \leq 5.009$	0.028 (0.10)
	$lnsize>4.749$	4.744*** (6.87)	$lnsize>5.994$	1.504*** (2.65)	$5.049<lnsize \leq 5.313$	4.287*** (3.39)	$lnsize>5.009$	0.303*** (2.72)
					$lnsize>5.313$	5.215*** (3.70)		

续表

城市特征	总体服务业就业		生产性服务业就业		生活性服务业就业		公共服务业就业	
	范围	制造业服务化系数	范围	制造业服务化系数	范围	制造业服务化系数	范围	制造业服务化系数
市场化程度	lnmark≤0.189	-0.791*** (-2.80)	lnmark≤0.189	-2.117*** (-4.66)	lnmark≤0.190	-2.255*** (-3.20)	lnmark≤0.180	-0.037 (-0.23)
	0.189<lnmark≤0.468	0.885** (2.43)	0.189<lnmark≤0.468	-0.323 (-0.55)	0.190<lnmark≤0.829	1.506* (1.66)	0.180<lnmark≤0.641	0.676*** (3.25)
	lnmark>0.468	6.603*** (7.49)	lnmark>0.468	6.653*** (4.70)	lnmark>0.829	36.298*** (6.01)	lnmark>0.641	4.654*** (6.26)

注：***、** 和 * 分别表示在 1%、5% 和 10% 显著性水平上显著；括号内为参数估计的 t 统计值。

而制造业服务化转型带动的当地收入提高增加消费会拉动服务业就业，从而表现为城市规模较大时制造业服务化转型对服务业就业有明显促进作用。制造业服务化转型对生产性服务业就业、生活性服务业就业以及公共服务业就业的影响也是非线性的，随着城市规模的变化而改变，表现出明显的城市规模门槛效应。当城市规模较小时，由于劳动力供给缺乏弹性，制造业服务化转型会挤出服务业就业，随着城市规模逐渐变大和劳动力供给的增加，制造业就业与各类服务业抢夺劳动力现象逐渐消失，对各类服务业就业拉动作用起主导作用，最终会促进生产性服务业就业、生活性服务业就业以及公共服务业就业。

三　市场化程度在城市制造业服务化转型对服务业就业影响中的作用

制造业服务化转型对服务业就业影响的市场化程度门槛效应检验表明，对总体服务业就业、生产性服务业就业、生活性服务业和公共服务业就业影响的市场化程度双重门槛 F 值均在 1% 水平上通过显著性检验，而三重门槛效应仅在 5% 水平上通过显著性检验，因此考察制造业服务化转型对服务业就业的非线性影响应选择市场化程度双重门槛模型进行估计。从表 6-6 中估计结果可知，城市制造业服务化转型对总体服务业及其分类服务业就业的影响大小甚至方向与城市市场化程度有关，表现为随着城市市场化程度提升，制造业服务化转型对服务业就业的促进作用越大。当城市市场化程度较低时，户籍制度等造成劳动力流动障碍较大，外地劳动力进入成本高，制造业就业对本地服务业就业的"挤出效应"大，制造业服务化转型会抑制当地服务业就业。随着劳动力市场等市场化程度提高，制造业服务化转型导致的劳动力需求增加可以通过放松户籍等制度依靠市场化流动得以满足，从而表现为制造业服务化转型促进了当地服务业就业人员增加。因此，城市制造业服务化转型对服务业就业的影响效应表现出明显的市场化程度门槛效应。

第五节 本章小结

服务业是就业的"压舱石",提高服务业就业吸纳能力,是解决我国就业问题的关键。推动制造业服务化转型,通过投入服务和产出服务促进服务业发展,是一条增强服务业就业吸纳能力的可行路径。本章利用中国城市面板数据考察了制造业服务化转型对服务业就业的影响效应,得出如下结论。

第一,城市制造业服务化提高了生产性服务业和公共服务业就业吸纳能力,但没有促进生活性服务业就业能力提高,总体上制造业服务化转型促进了服务业就业。

第二,制造业服务化转型促进生产性服务业就业主要是通过拉动交通运输、信息服务、金融服务、租赁和商业服务、房地产服务以及科学研究等细分行业就业实现,促进公共服务业就业主要是通过拉动水利、教育、卫生以及公共管理等细分行业就业吸纳能力提升实现,没有促进生活性服务业就业吸纳能力提高主要是由于对批发、住宿、居民服务以及文化体育等细分行业就业拉动作用不明显。

第三,城市制造业服务化转型对服务业就业影响存在明显区域差异,制造业服务化转型对东部沿海地区和南部沿海地区生产性服务业、生活性服务业和公共服务业就业都有明显促进作用,使东部沿海地区和南部沿海地区制造业服务化转型对服务业就业拉动作用最大,北部沿海地区、长江中游地区和黄河中游地区制造业服务化转型通过促进生产性服务业和公共服务业就业拉动整体服务业就业吸纳能力提升,西南地区服务业就业吸纳能力提升主要通过促进生活性服务业就业实现,而东北地区和西北地区制造业服务化转型对服务业就业没有带动作用。

第四,城市特征在制造业服务化转型对服务业就业影响中有重要调节作用。制造业服务化转型对服务业就业影响存在显著的城镇化率、城市规模和市场化程度门槛效应,随着城镇化率的提升、城市规模的扩大以及市场化程度的提高，制造业服务化转型对服务业就业拉动作用越来越大。

本章研究具有以下政策含义。

第一，大力推进制造业服务化转型，优化服务业就业结构。不断促进制造业投入服务化和产出服务化，推动制造业从生产型制造向服务型制造转型，产品从有形产品向"产品+服务"包经营模式转变。通过制造业投入服务化和产出服务化直接带动生产性服务业就业，促进经济增长和收入提高间接促进生活性服务业就业和公共服务业就业。

第二，制定分区域制造业服务化转型发展政策，精准提升服务业细分行业就业吸纳能力。由于制造业服务化对服务业就业影响存在明显区域差异，要分区域因城施策。东部沿海地区和南部沿海地区两大经济发达地区应继续推进加大先进制造业中高级生产性服务投入，不断扩大服务业就业比重。北部沿海地区、长江中游地区和黄河中游地区要加快发展生活性服务业，以满足迈向制造强国进程中国民收入水平提升扩大的对餐饮、健康、旅游等生活性服务需求。西南地区一方面需巩固制造业服务化转型对餐饮、娱乐等生活性服务的带动作用，另一方面还要推进生产性服务发展和公共服务配套，利用制造业服务化转型提高金融、物流、教育、医疗等服务就业吸纳能力。东北地区和西北地区需要大力推进工业经济向服务经济转换力度，扫除服务业发展滞后障碍，稳步提高服务业就业水平。

第三，调整城市发展战略，释放制造业服务化转型促进服务业就业全部潜能。提高城市治理能力，加快新型城镇化建设提高经济集聚度，适时全面放开生育扩大城市人口规模，提高市场化程度畅通劳动力社会性流动渠道，在现有城市定位下实现制造业服务化转型与服务业就业结构优化协调发展。

第七章 制造业服务化空间溢出
效应与就业结构优化

就业是民生之本，是最大的民生工程、民心工程和根基工程，稳就业一直是中国各级政府工作开展的重心。当前就业矛盾已从总量矛盾向结构性矛盾转变，部分群体、行业和地区就业压力较大。当前就业结构性问题突出，2020 年高校毕业生人数达到 874 万人，这些受过良好教育的高素质技能型劳动力能否找到与自身知识匹配的工作岗位，不仅关系到社会稳定，也是我国各项事业推进的基础。党的十九大报告指出，要注重解决结构性就业矛盾，促进高校毕业生、农民工多渠道就业。结构性就业问题背后的本质是产业结构与劳动力结构不匹配，劳动力知识技术能力与工作岗位不适应，不能充分发挥劳动力的技术水平，是一种巨大的人力资本消耗和浪费。因此，建立起与现有劳动力供给结构相对应的产业结构体系是解决就业结构性问题的关键。目前，我国虽建立起了全世界最完善的工业体系，是唯一拥有全部工业门类的国家，生产性服务业也有一定发展，但在国际分工体系中仍处于全球价值链的中低端，主要从事加工、制造等中低端劳动分工环节。要改变当前国际分工现状，必须大力发展生产性服务业，走制造业服务化转型之路。"十三五"规划纲要也明确提出，要促进制造业朝服务方向发展，由生产型制造向生产服务型制造转变。近年来，各级地方政府将制造业服务化发展作为产业结构转型升级的重要抓手，制造业企业高级生产性服务投入水平和最终产品服务含量不断提高，制造业服务化水平明显提升不仅能够促进本地区进入全球价值链高附加值劳动分工环节，也重塑了价值链分工环节的空间分布。京津冀协同发展、长三角一体化以及粤港澳大湾区等区域一体化规划的实施，促进了区域联动发展、产业分工协作以及产品和要素市场一体化。制造业服务化带来的制造业与生产性服务深度融合经济效应不再局限于本地区，会在更大空间范围内把这种影响传递至周边地区，重塑当前价值链分工格局。不同分工环节对劳动力知识、技术要求存在差异。价值链上的研发、设计、金融、品牌等环节需要受过专业训练的科研人员、工程师、设计师、理财师，对专业知识要求较高，而生产和制造工序对工人素质要求较低，只需要经过简单培训就可从事相关工作。利用制造业服务化转型的空间影响提升价值链劳动分工地位，吸纳更多高技能人员就业，是一条优化就业结构、解决"大学生就业难"等就业结构性问题的可行路径。因此，从空间互动视角出发，探究制造业服务化转型对就业结构的空间溢出机制及其效应，能够得出更为准确的研究结论，具有重要的理论与实践意义。

关于制造业服务化的经济效应研究主要集中在产业升级方面。制造业服务化，从微观视角是企业由产品制造商向服务提供商转变，从中观视角是制造业向价值链高端攀升，从宏观视角是产业结构优化调整（周大鹏，2013；姚小远，2014）。制造业服务化影响价值链升级的路径包括技术创新效应（刘维刚和倪红福，2018）、服务创新效应（冯永春等，2016）和成本降低效应（许和连等，2017）。制造业服务化转型有利于控制全球增加值贸易网络中的核心资源（杜运苏和彭冬冬，2018）、提高企业出口国内附加值率（龚静等，2019）和全球价值链分工体系中的地位（刘斌等，2016）。但相反观点认为，企业服务化升级使企业内部资源重组进入新的领域，将产生巨大的政治成本和竞争成本（Mathieu，2001；Cook，2006），企业绩效与服务化程度之间呈负相关（Neely，2009），企业升级过程中出现"服务化悖论"（Gebauer等，2006）。还有研究认为服务化对制造业企业绩效的影响呈非线性关系

（陈洁雄，2010），短期来说如果企业服务化收益不能抵消服务化成本，就会陷入"服务化陷阱"，只有成功跨越服务化初级阶段，制造业企业绩效才能最终得以改善（Kastalli 和 Looy，2013）。

制造业服务化趋势下企业转型和产业调整会对劳动力市场产生影响，改变劳动力需求结构和工资结构。然而令人遗憾的是，目前研究制造业服务化就业效应的相关文献非常有限。少数学者探讨了制造业服务化对劳动力工资和劳动收入份额的影响，制造业服务化水平显著提高了制造业高技能劳动力工资且明显降低了低技能服务业劳动力工资（陈丽娴和魏作磊，2019），制造业投入服务化通过降低成本、专业化分工以及提升竞争力促进劳动收入份额增加（陈丽娴，2019），制造业产出中服务产品增加也显著提升企业劳动收入份额（陈丽娴和沈鸿，2019），制造业服务化对中高技能劳动收入份额提升作用大于低技能劳动力且存在服务化异质性（唐志芳和顾乃华，2018）。另有几篇探讨制造业服务化影响劳动力就业的文献表明，制造业服务化显著影响了中国就业结构（肖挺，2015），通过创造服务部门就业以及转移农业和工业部门劳动力至服务部门，促进了女性就业（刘斌和赵晓斐，2020），制造业服务化能够促进就业结构优化，但存在生产性服务效率和服务贸易自由化调节效应（罗军，2019）。

虽然少数几篇文献探讨了制造业服务化与就业的关系，但都忽视了地区之间空间互动带来的空间溢出效应，尤其是在中国市场一体化进程的推进下，当前存在大量产品和要素跨区域流动，制造业服务化转型的就业效应研究不能仅仅局限于本地区，必须纳入空间溢出效应才能准确评估影响，为中央和地方政府决策提供有价值的参考。本研究可能是首部从空间溢出视角探讨制造业服务化转型对就业结构影响的文献，力图在以下几个方面对现有研究进行拓展。首先，把制造业服务化转型就业效应研究延伸至空间互动维度，厘清了制造业服务化转型影响就业结构的空间溢出机制，利用空间计量模型评估制造业服务化的就业效应，拓宽了研究视角。其次，基于三种空间权重矩阵利用空间杜宾模型分析制造业服务化转型对就业结构的空间影响并分解出地区内溢出效应和空间溢出效应，不仅考虑了区位、经济规模和市场化程度三种城市特征对制造业服务化空间溢出效应发挥的影响，还检验了空间溢出机制，最后找出了空间溢出的衰减规律和区域边界，得出了较为稳健的研究结论，推进了相关领域经验研究。

第一节　制造业服务化转型影响就业结构的空间溢出机制

一　制造业服务化转型空间溢出对就业结构的影响机理

制造业服务化转型对就业结构影响的空间溢出效应，实质是制造业服务化转型对就业结构影响机制在空间层面的延伸，因此先梳理制造业服务化对就业结构影响的机制。制造业服务化发展已成为提升国际分工地位，占据价值链高端的重要趋势（刘斌等，2016）。全球价值链下同一产品的生产工序分布在全球多个国家，世界各国根据自身劳动力素质、技术等禀赋参与全球价值链分工环节。一般而言，形似"微笑曲线"的全球价值链两端为高附加值环节，对参与国家劳动力知识、技能要求较高，中间生产、制造环节对劳动力受教育程度以及技能要求相对较低。因此，通过制造业服务化攀升全球价值链是一条促进就业结构优化的可行路径，可以通过以下渠道对本地就业结构产生直接溢出效应。第一，技术创新渠道。在价值链上游，通过投入服务化，将先进的知识、技术等高级生产要素导入地区制造业，制造业服务化提升了企业的研发、设计能力，使地区可以嵌入全球价值链上游知识、技术密集型环节，增加技术型劳动力需求，促进就业结构向高技能化方向发展。第二，服务创新渠道。制造业通过提高售后服务水平以及产品差异化策略等服务创新渠道，实现产出服务化向价值链下游攀升，提高了地区制造业产品在价值链中的品牌影响力和知名度，劳动力需求向价值链分工下游高端环节延伸，这将优化地区就业结构。第三，成本降低渠道。工业机器人在价值链中游生产、组装环节的应用推广，减少了生产流程中低技能劳动力雇用，增加了对机械工程师、质量控制师等高技能人才需求，制造业服务化通过规模经济、范围经济降低生产成本，促进生产环节劳动力需求结构优化升级。然而，溢出效应不会由于行政边界或地理边界的存在而停止，而会跨越边界向周边地区溢出（Krugman，1991）。也就是说，制造业服务化转型不仅会影响到本地区就业结构，这种影响还会外溢到周边地区，同时本地区就业结构也会受到周边地区制造业服务化转型的外溢影响。因此，仅仅考虑制造业服务化转型对本地区就业结构的影响，忽略空间溢出效应，将可能导致研究结论不准确，不利于准确评估制造业服务化转型对就业结构的真实影响，从而影响到政府部门的政策制定和执行效果。

制造业服务化转型对就业结构影响的空间溢出实现机制包括"产业关联效应"、"模仿竞争效应"以及"要素流动效应"。第一，制造业服务化转型空间溢出的"产业关联效应"。不同地区通过产业关联机制分布在价值链各环节上，当某一地区制造业加大生产性服务投入向服务化转型时，除了会带动当地制造业升级和生产性服务业发展外，增加的生产性服务投入需求也会外溢到邻近地区，拉动周边地区生产性服务发展，由于生产性服务内含知识、技术等高级要素，从业人员人力资本水平较高，促进了就业结构向高级化方向发展。另外，当地制造业企业通过服务化转型"腾笼换鸟"进入价值链更高级环节，把过去价值链分工阶段转移至周边落后地区，促进了落后地区产业升级和就业结构优化。第二，制造业服务化转型空间溢出的"模仿竞争效应"。一个地区制造业服务化转型行为会引起其他地区在策略上互动，进而影响邻近地区的就业结构。当一个地区通过制造业服务化转型促进就业结构高级化发展，该地区既实现了产业转型和GDP增长，还对其他地区人才产生"虹吸效应"，由于中国各地方政府为促进经济增长面临激烈的竞争格局，这将激励其他地区主动学习和模仿，通过制造业服务化转型实现就业结构高级化的经验策略，以防止人才流失，推动本地区就业结构向高级化发展。第三，制造业服务化转型空间溢出的"要素流动效应"。制造业服务化转型能够提升地区嵌入价值链的位置，促进价值链分工环节升级并提供更多对技术、研发、服务能力要求较高的工作岗位，人才高地聚集效应会对周边地区高技能劳动力产生"虹吸效应"，由于高技能劳动力短期数量基本恒定，这会降低邻近地区人才吸引力，抑制就业结构优化，使周边地区陷入就业结构"低端锁定"。当然，这六种影响就业结构的机制不是相互独立的，地区内溢出效应也包括产业关联、模仿竞争和要素流动三种机制，同样空间溢出效应也包括技术创新、服务创新和成本降低三种机制。从上述分析可知，制造业服务化转型可以通过技术创新、服务创新、成本降低、产业关联、模仿竞争以及要素流动等路径对就业结构产生地区内溢出效应和空间溢出效应，鉴于数据可得性，本研究仅验证制造业服务化转型通过技术创新和服务创新影响就业结构的机制。基于此，本章提出以下研究假设。

研究假设 H1：制造业服务化转型既能够促进本地区就业结构优化发展，还可以通过空间溢出效应影响邻近地区就业结构。技术创新和服务创新能够强化制造业服务化转型地区内溢出效应和空间溢出效应。

二　城市特征对制造业服务化转型空间溢出效应的影响

中国地域广阔，不同区域间城市规模和经济发展水平存在较大差异，不同能级的城市制造业服务化转型对邻近地区就业结构的空间溢出效应可能有所不同。那么，城市特征究竟如何影响制造业服务化转型对就业结构的空间溢出效应？什么样的城市特征能够促进制造业服务化转型的空间溢出机制有效发挥？接下来，用城市区位、经济规模和市场化程度三个指标刻画城市特征，梳理出城市特征对制造业服务化转型空间溢出效应的影响。

第一，城市区位。不同区位城市的要素禀赋和产业结构存在较大差异，处于京津冀城市群、长三角城市群以及粤港澳大湾区城市群的城市，既有大量的先进制造业产业集群，又有较为完善的生产性服务网络，制造业能够顺利在本地区或周边城市购买生产性服务投入，实现制造业服务化转型，同时由于制造业产业群聚，生产性服务企业也容易找到合作的制造业目标企业，为生产性服务业发展提供市场基础。在三大城市群所处的沿海地区，区内外企业之间要素、资源和产品空间互动较多，制造业企业和服务业企业螺旋式发展促进产业结构升级，攀升全球价值链进入更高劳动分工环节，进而实现就业结构优化。而中西部地区由于制造业基础薄弱，生产性服务发展滞后，一方面生产性服务企业不能为制造业企业提供高质量服务投入，另一方面制造业规模也不足以支撑生产性服务业发展，对就业结构空间溢出效应较小。

第二，经济规模。一般而言城市经济规模越大，制造业规模更大，产业链条更长，集聚程度也更高，城市内部生产性服务业的发展很难与制造业服务化转型完全匹配，城市内部为了满足制造业服务化转型对生产性服务的需求只能通过向周边城市购买，这会带动周边城市生产性服务业发展，由于生产性服务含有密集的难以竞争、难以模仿以及可持续创造价值的高级要素（刘志彪，2008），其需求增长必将引致邻近城市高技能就业岗位增加，进而促进就业结构向高级化方向发展。

第三，市场化程度。城市市场化程度越高，意味着产品和服务流通的制度性障碍越少，制造业企业能够以较低价格向周边城市购买服务化转型中需要投入的生产性服务，促进周边城市生产性服务集聚发展和产业结构升级，进而促进就业结构优化发展。

基于此，本章提出以下研究假设。

研究假设 H2：城市区位、规模和市场化程度影响了制造业服务化转型的空间溢出效应，城市越靠近沿海地区，经济规模越大，市场化程度越高，制造业服务化转型空间外溢效应对周边城市就业结构优化作用越大。

三　制造业服务化转型影响就业结构的空间溢出效应区域边界

制造业服务化转型能够通过空间溢出效应对周边地区就业结构产生影响，但这种空间溢出效应随着地理距离的增加会逐渐衰减，即空间溢出效应存在一定区域边界。导致空间溢出效应随距离而减弱的原因包括以下几个方面。

第一，制造业服务化促进就业结构优化的本质在于生产性服务是将知识、技术等高级要素导入制造业的通道，特别是隐形的知识、技术向制造业的传递随着地理距离的增加呈衰减趋势（Keller，2002）。近距离面对面交流有助于降低交易成本增加高级要素导入，促进制造与服务的深度融合。外地区生产性服务业对当地制造业服务半径越小，其导入的知识、技术等高级生产要素与制造业融合越充分，就越会加快制造业服务化转型并提升其本地溢出效应和空间溢出效应。地理距离增加时扩大了服务半径，增加交易成本，降低生产性服务内含的隐性知识传递效率，制造业对周边地区服务业需求减弱。因此，生产性服务内含的隐性知识在空间传递中呈现的衰减特征使制造业服务化转型影响就业结构的空间溢出效应存在一定区域边界。

第二，地方保护主义导致市场分割，空间溢出效应受到影响。中国长期将地方政府政绩与 GDP 挂钩，使各地方政府在经济增长中面临激烈竞争，通过实行区域壁垒把外地产品和服务排除在外，增加了制造业购买外地生产性服务交易成本，不利于知识、技术等高级要素跨区域流动，制造业服务化不能有效促进邻近地区产业结构升级，不利于发挥促进邻近地区就业结构优化的空间溢出效应。

第三，制造业服务化转型的空间溢出机制有效发挥需要良好的社会信用体系和健全的法律制度。制造业服务化转型对邻近地区生产性服务需求投入的实现要以契约形成对成员的约束力，保护研发、创新、品牌等服务要素所有者知识产权。目前，中国信用体系还在建立当中，有关知识产权保护的法律法规还有待完善，加之地方保护主义形成地区壁垒，企业跨区域合作存在一定信用和法律风险。制造业企业倾向于和本地服务业企业合作，同样服务业企业也更愿意服务于本地制造业企业。因此，制造业服务化空间溢出效应有一定辐射范围，存在空间溢出的区域边界。基于此，本章提出以下研究假设。

研究假设 H3：制造业服务化对就业结构的影响呈地理衰减特点，空间溢出效应存在一定的区域边界。

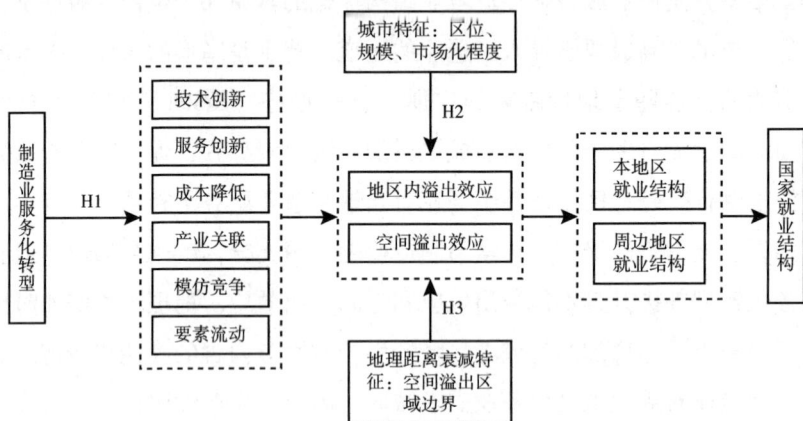

图 7-1   空间维度下制造业服务化转型对就业结构的影响机制

第二节   制造业服务化转型空间溢出效应对就业结构影响的研究设计

一   空间计量模型的设定

由于制造业服务化转型对就业结构影响的空间溢出效应客观存在，如果忽视地区之间的空间依赖而设定模型会影响估计结果的准确性，为真实反映制造业服务化转型对就业结构的影响，实证研究模型设定应该采用纳入空间相关性的空间计量模型。空间计量模型主要有空间误差模型（SEM）、空间自回归模型（SAR）、空间自相关模型（SAC）以及空间杜宾模型（SDM）。SEM 模型主要考察遗漏变量或不可观测的随机冲击的空间溢出，SAR 模型主要考察地区之间被解释变量的空间依赖，SAC 模型是带空间自回归误差项的空间自回归模型，SDM 模型考察地区的被解释变量受到邻近地区自变量的影响，SDM 模型与 SAR 模型的结合，也称为 SDM 模型。因此，空间杜宾模型既能反映地区间被解释变量的空间相互依赖，也能反映被解释变量受到其他地区解释变量的空间影响，在实证研究中采用空间杜宾模型，更能全面反映制造业服务化转型与就业结构的空间溢出效应。本研究设定的空间面板杜宾模型如下：

$$
\begin{aligned}
\ln ES_{it} =\ & \delta \sum_{j=1}^{N} w_{ij} \ln ES_{jt} + \theta \ln serv_{it} + \rho \sum_{j=1}^{N} w_{ij} \ln serv_{jt} + \gamma_1 \ln \bar{X}_{it} \\
& + \varphi \sum_{j=1}^{N} w_{ij} \ln \bar{X}_{jt} + \mu_i + \lambda_t + \varepsilon_{it}
\end{aligned}
\tag{7.1}
$$

其中，i、j 表示城市，t 表示年份，N 为城市数；ES_{it} 表示城市 i 在第 t 年的就业结构，ES_{jt} 表示城市 j 在第 t 年的就业结构，待估系数 δ 衡量的是其他城市就业结构变化对本市就业结构影响的空间溢出效应。$serv_{it}$ 表示城市 i 在 t 年的制造业服务化水平，待估系数 θ 衡量的是制造业服务化转型对本地区就业结构的影响效应。$serv_{jt}$ 表示城市 j 在 t 年的制造业服务化水平，待估系数 ρ 表示其他城市制造业服务化转型对本地区就业结构影响的空间溢出效应；w_{ij} 表示空间权重矩阵，反映了城市 i 和 j 之间的空间联系；$\bar{X}$ 是控制变量的集合；μ_i 表示城市效应，λ_t 表示时间效应，ε_{it} 表示随机误差项。

二 直接效应和间接效应

空间杜宾模型（SDM），不仅有地区间被解释变量的空间溢出效应，还有地区间解释变量对被解释变量的空间溢出效应，估计系数包含区域间交互信息，不能直接解释因变量与自变量之间的关系。本研究采用 Lesage 和 Pace（2009）偏微分矩阵分析法，把自变量对因变量的总效应分解为直接效应（地区内溢出效应）和间接效应（空间溢出效应），这样可以在使用 SDM 模型下准确反映空间溢出效应的影响，进而对 SDM 模型的估计系数进行正确解读。就业结构 $\ln ES$ 期望值对制造业服务化 $\ln serv$ 的偏导数矩阵可以写作：

$$
\begin{bmatrix}
\dfrac{\partial E(\ln ES)}{\partial \ln serv_1} & \dfrac{\partial E(\ln ES)}{\partial \ln serv_2} & \cdots & \dfrac{\partial E(\ln ES)}{\partial \ln serv_N}
\end{bmatrix}
$$

$$
=
\begin{bmatrix}
\dfrac{\partial E(\ln ES_1)}{\partial \ln serv_1} & \dfrac{\partial E(\ln ES_1)}{\partial \ln serv_2} & \cdots & \dfrac{\partial E(\ln ES_1)}{\partial \ln serv_N} \\
\dfrac{\partial E(\ln ES_2)}{\partial \ln serv_1} & \dfrac{\partial E(\ln ES_2)}{\partial \ln serv_2} & \cdots & \dfrac{\partial E(\ln ES_2)}{\partial \ln serv_N} \\
\vdots & \vdots & \ddots & \vdots \\
\dfrac{\partial E(\ln ES_N)}{\partial \ln serv_1} & \dfrac{\partial E(\ln ES_N)}{\partial \ln serv_2} & \cdots & \dfrac{\partial E(\ln ES_N)}{\partial \ln serv_N}
\end{bmatrix}
\tag{7.2}
$$

$$
= \left(1 - \delta \sum_{j=1}^{N} w_{ij}\right)^{-1}
\begin{bmatrix}
\theta & w_{12}\rho & \cdots & w_{1N}\rho \\
w_{21}\rho & \theta & \cdots & w_{2N}\rho \\
\vdots & \vdots & \ddots & \vdots \\
w_{N1}\rho & w_{N2}\rho & \cdots & \theta
\end{bmatrix}
$$

其中，直接效应是（7.2）式中矩阵主对角线上的所有元素的均值，是制造业服务化转型对本地区就业结构影响的平均作用。本地区制造业服务化转型对其他地区就业结构影响的空间溢出效应，用矩阵非对角线元素的列和的均值表示。因此，应该使用制造业服务化转型估计的直接效应来解释影响就业结构的地区内溢出效应，要使用间接效应来衡量制造业服务化转型的空间溢出效应，而不是通过 θ 或 ρ 系数估计值做出判断。通过把直接效应和间接效应加总，以得到制造业服务化转型对就业结构影响的总效应。

三　空间权重矩阵设定

设定空间权重矩阵，是进行空间计量分析的前提与基础，也是正确分析制造业服务化转型对就业结构影响的空间溢出效应的关键。本研究既使用地理距离平方的倒数构建地理距离空间权重矩阵，也采用经济距离进行量化构建经济特征空间权重矩阵，还构建了经济与地理距离嵌套矩阵。

（一）地理距离空间权重矩阵

本研究选用地理距离平方的倒数构建地理距离空间权重矩阵，两地之间距离越远，空间溢出效应就越小，地理距离空间权重矩阵如下：

$$w_{d_{ij}} = \begin{cases} 1/d_{ij}^2, (i \neq j) \\ 0, (i = j) \end{cases} \tag{7.3}$$

（二）经济距离空间权重矩阵

地理因素不是产生空间联系的唯一因素，两地之间经济距离也会影响到空间溢出效应。经济距离空间权重矩阵 $w_{eco_{ij}}$ 计算公式为：

$$w_{eco_{ij}} = \begin{cases} 1/|z_i - z_j|, i \neq j \\ 0, i = j \end{cases} \tag{7.4}$$

其中，z_i 和 z_j 分别是城市 i 和城市 j 的人均 GDP 均值。

（三）经济与地理距离嵌套矩阵

制造业服务化转型引起的要素和产品跨区域流动对就业结构产生空间溢出效应，可能既有地理距离较近又有经济结构互补的双重因素。参考邵帅等（2016），构建经济与地理距离嵌套矩阵：

$$w_{deco_{ij}} = \kappa w_{eco_{ij}} + (1 - \kappa) w_{d_{ij}} \tag{7.5}$$

κ 位于 0~1 区间，表示经济距离矩阵占比，本研究 κ 取值为 0.5。

四 变量选择与数据

（一）被解释变量

就业结构（ES），本研究聚焦于就业技能结构，高素质、高学历的劳动力主要集中于研发设计、金融保险、信息软件等知识和技术密集行业，接下来将以科学研究、金融业、信息传输和软件业等对从业人员知识、学历要求较高行业的从业人员在就业人员总数中的比重表示就业技能结构。

（二）核心解释变量

城市制造业服务化（*serv*），是城市制造业对服务业的总消耗，包括直接消耗与间接消耗。直接消耗指直接投入制造业生产过程中的某一服务数量，间接消耗指对某一服务行业直接消耗引致的另一服务业的消耗，两者总和为制造业对服务业的完全消耗。参考陈丽娴和魏作磊（2019），构建城市制造业服务化测度指标。

首先计算省级层面制造业服务化程度，用完全消耗系数表示，计算公式为：

$$Servitization_{fm}^{p} = a_{fm}^{p} + \sum_{k=1}^{n} a_{fk}^{p} a_{km}^{p} + \sum_{k=1}^{n} \sum_{s=1}^{n} a_{fs}^{p} a_{sk}^{p} a_{km}^{p}$$
$$+ \sum_{k=1}^{n} \sum_{s=1}^{n} \sum_{r=1}^{n} a_{fr}^{p} a_{rs}^{p} a_{sk}^{p} a_{km}^{p} + \cdots (f, m = 1, 2, \cdots, n) \tag{7.6}$$

$Servitization_{fm}^{p}$ 表示 p 省制造业 m 的投入服务化水平，a_{fm}^{p} 为 p 省制造业 m 对服务业 f 的直接消耗，$\sum_{k=1}^{n} a_{fk}^{p} a_{km}^{p}$ 是第一轮间接消耗，$\sum_{k=1}^{n} \sum_{s=1}^{n} a_{fs}^{p} a_{sk}^{p} a_{km}^{p}$ 为第二轮间接消耗，依此类推，第 $n+1$ 项表示第 n 轮间接消耗。其次，用省级制造业服务化程度 $Servitization_{fm}^{p}$ 乘以城市制造业产值 $output_{m}^{c}$，得到城市 c 制造业 m 的服务投入数量，再除以城市 c 的地区生产总值 GDP^{c}，得到城市 c 制造业服务化程度，计算公式为：

$$Servitization_{fm}^{c} = (output_{m}^{c} \cdot Servitization_{fm}^{p}) / GDP^{c} \tag{7.7}$$

（三）控制变量

（1）经济发展水平（*eco*），用城市人均 GDP 表示。

（2）固定资产投资（*asset*），用规模以上工业企业固定资产投资表示。

（3）相对政府支出（*gpay*），用地方一般公共预算支出表示。

（4）金融发展水平（*fin*），用城市年末金融机构存、贷款余额之和表示。

（5）教育发展水平（*edu*），用各城市教育支出表示。

（6）技术创新能力（*inno*），用各城市科学技术支出表示。

（7）外商直接投资（*fdi*），用实际利用外资金额表示。

（8）工资水平（*gz*），用在岗职工平均工资表示。

（9）城市规模（*size*），用城市年平均人口数表示。

（10）市场化程度（*mark*），鉴于非公有制企业就业灵活性、流动性要高于公有制企业，因此使用非公有制企业就业人数占总就业人数比重表示市场化程度。

（四）数据来源

本章数据根据《中国地区投入产出表》、《中国城市统计年鉴》和《中国劳动统计年鉴》原始数据，经过匹配计算构造了中国地级市层面2004~2016年的面板数据，用以从空间维度实证分析城市制造业服务化转型对就业结构的影响。

第三节　制造业服务化转型空间溢出对就业结构影响的效应分析

一　空间相关性检验

在运用空间计量模型检验制造业服务化转型对就业结构影响的空间溢出效应之前，先检验制造业服务化和就业结构变动是否存在空间相关性。本研究使用全局 Moran's I 指数来刻画制造业服务化与就业结构的空间自相关，计算公式如下：

$$I = \frac{\sum_{i=1}^{N} \sum_{j \neq 1}^{N} w_{ij}(x_i - \bar{x})(x_j - \bar{x})}{S^2 \sum_{i=1}^{N} \sum_{j=1}^{N} w_{ij}} \tag{7.8}$$

式中，N 为城市数，x_i 和 x_j 分别是城市 i 和 j 的属性。$\bar{x} = \sum_{i=1}^{n} x_i / N$，

为属性的平均值，$x_i-\bar{x}$ 为城市 i 属性预期平均值偏差，S^2 是属性的方差。Moran's I 指数取值介于 -1 到 1 之间，介于（0，1）表示城市间空间正相关，介于（-1，0）表示城市间空间负相关，等于 0 表示无空间相关性。

表 7-1 是中国城市制造业服务化转型和就业结构变动的空间自相关检验全局 Moran's I 指数的测度值。城市制造业服务化转型的全局 Moran's I 指数在 2007 年为 0.109，但也通过了 10% 显著性检验，其他年份都至少通过 5% 显著性检验，也就是说 2004~2016 年中国各城市间的制造业服务化转型呈现了较强的空间正相关，即制造业服务化转型程度相似的城市在地理空间分布上相互接近。就业结构全局 Moran's I 指数也为正且至少在 5% 显著性水平通过检验，在 2016 年达到最高值 0.260，且在 1% 水平上显著。随着时间的推移，制造业服务化和就业结构的全局 Moran's I 指数呈波动式提高趋势。因此，制造业服务化转型和就业结构在全域范围内表现出明显的空间集聚特征，有显著的空间正相关关系，且这种空间溢出效应有增强趋势。

表 7-1　制造业服务化与就业结构的全域空间自相关检验

制造业服务化				就业结构			
年份	Moran's I	年份	Moran's I	年份	Moran's I	年份	Moran's I
2004	0.183 **	2011	0.137 **	2004	0.120 **	2011	0.151 **
2005	0.114 **	2012	0.155 **	2005	0.157 **	2012	0.160 **
2006	0.132 **	2013	0.194 ***	2006	0.149 **	2013	0.221 ***
2007	0.109 *	2014	0.154 **	2007	0.162 **	2014	0.240 ***
2008	0.149 **	2015	0.186 **	2008	0.181 ***	2015	0.220 ***
2009	0.111 **	2016	0.198 ***	2009	0.158 **	2016	0.260 ***
2010	0.122 **			2010	0.177 ***		

注：***、** 和 * 分别表示在 1%、5% 和 10% 显著性水平上显著。

上述空间自相关分析检验发现制造业服务化和就业结构均具有较强的空间正相关，因此探讨制造业服务化转型对就业结构的影响要考虑空间溢出效应，避免忽视空间关系导致的估计偏差，应采用空间面板模型分析制造业服务化转型对就业结构的影响。

二 空间计量模型选择

空间面板模型的基本形式有空间自回归模型（SAR）、空间误差模型（SEM）、空间杜宾模型（SDM）、空间杜宾误差模型（SDEM）、通用嵌套空间模型（GNSM）等8种，每种形式的空间面板模型又有混合效应、随机效应、空间固定效应、时间固定效应以及空间和时间双固定效应5种效应形式，因此选择合适的空间面板模型才能正确评估空间溢出效应。本研究按以下步骤进行空间面板模型的比较与优选。首先，使用 LM 和 Robust LM 统计量检验空间模型是否包含其他地区因变量的空间滞后项和空间误差项，以此在 SAR 模型和 SEM 模型之间做出判断，如果检验发现同时包含因变量空间滞后性和空间误差项，则要使用 GNSM 模型。其次，如果检验显示使用 SAR 模型或 SEM 模型，还需进一步建立 SDM 模型或 SDEM 模型，分别使用 Wald 和 LR 统计量检验是否退化为 SAR 模型或 SEM 模型。具体空间面板模型选定以后，还要优选其具体的效应形式。再次，进行空间面板模型随机效应与固定效应的 Hausman 检验。最后，如果检验结果表明应选择固定效应，还要进行空间面板模型固定效应和混合效应的 LR 检验，依次使用 LR 统计量进行空间固定效应与混合效应检验、时间固定效应与混合效应检验、空间固定效应与双固定效应检验，优选出最佳的空间计量模型。

表 7-2 报告的空间模型选择检验结果显示：SAR 模型的 LM 统计量和 Robust LM 统计量均为正，且在1%水平上通过显著性检验，说明选择的空间计量模型应包括因变量的空间滞后性。然而 SEM 模型的 LM 统计量只在5%水平上通过显著性检验，Robust LM 统计量则没有通过显著性检验，表明选择的空间计量模型不应包括空间误差项，从 LM 和 Robust LM 检验来看 SAR 模型要优于 SEM 模型。在检验发现面板计量模型确实包含空间效应后，使用 LR 统计量和 Wald 统计量对更具一般

意义的空间杜宾模型（SDM）进行检验后，发现 LR 统计量和 Wald 统计都为正，且在 1% 显著性水平上通过检验，因此 SDM 模型不可退化为 SAR 模型或 SEM 模型，SDM 模型要优于 SAR 模型和 SEM 模型。进一步通过 Hausman 检验，统计量 P 值在 1% 水平上显著，故应选择 SDM 的固定效应模型作为最优模型。

表 7-2 空间模型选择检验

统计量	数值	P 值	统计量	数值	P 值
LM_Spatial error	4.899	0.027	LR_Spatial error	45.49	0.000
Robust LM_Spatial error	0.147	0.701	Wald_Spatial error	30.98	0.001
LM_Spatial lag	8.940	0.003	LR_Spatial lag	49.60	0.000
Robust LM_Spatial lag	4.188	0.008	Wald_Spatial lag	35.46	0.000
Hausman	134.05	0.000			

三 基准估计结果分析

空间计量模型检验表明应选择 SDM 的固定效应模型进行估计，接下来在不同空间权重矩阵下对 SDM 的空间固定效应模型、时间固定效应模型以及双重固定效应模型进行估计，结果见表 7-3。

通过比较三种空间权重矩阵下 SDM 的不同固定效应模型，都是空间固定效应模型的 Log-L 和 R^2 的值更大，这表明 SDM 的空间固定效应模型是最优模型。其中经济与地理嵌套矩阵下的估计值为最优，因此，本研究也重点看经济与地理嵌套矩阵下 SDM 的空间固定效应估计结果。在不同空间权重矩阵下，制造业服务化估计系数都显著为正，表明制造业服务化通过技术创新、服务创新以及降低成本等渠道确实优化了本地区就业结构，本章研究假设 H1 部分得到验证。再看 $W \cdot lnserv$ 的估计值也是显著为正，其中经济地理距离矩阵下为 0.06，且在 1% 水平上通过显著性检验，这说明城市制造业服务化转型存在空间溢出效应，本地制造业服务化转型能够通过空间外溢效应促进周边地区就业结构优化，进

表7-3 不同空间权重矩阵下空间面板杜宾模型估计结果

变量	地理距离矩阵 空间固定效应	时间固定效应	双重固定效应	经济距离矩阵 空间固定效应	时间固定效应	双重固定效应	经济与地理嵌套矩阵 空间固定效应	时间固定效应	双重固定效应
lnserv	0.114*** (2.64)	0.071*** (2.61)	0.095*** (2.68)	0.150** (2.51)	0.069** (2.55)	0.111** (2.52)	0.201*** (3.04)	0.066** (2.41)	0.161*** (3.54)
lneco	0.080** (1.98)	0.298*** (7.14)	0.083** (1.97)	0.089** (2.25)	0.308*** (7.74)	0.082** (2.06)	0.089** (2.25)	0.305*** (7.56)	0.083** (2.07)
lnasset	0.019 (0.80)	0.093*** (2.96)	0.022 (0.99)	0.020 (0.85)	0.105*** (3.40)	0.022 (0.93)	0.021 (0.87)	0.104*** (3.37)	0.022 (0.93)
lngpay	0.031 (0.71)	0.182*** (2.87)	0.035 (0.80)	0.015 (0.36)	0.175*** (2.79)	0.038 (0.91)	0.014 (0.35)	0.181*** (2.83)	0.039* (0.96)
lnfin	-0.095** (-1.99)	-0.165*** (-5.11)	-0.094* (-1.90)	-0.087** (-1.97)	-0.159*** (-4.96)	-0.091* (-1.90)	-0.087** (-1.98)	-0.160*** (-5.00)	-0.088* (-1.88)
lninno	0.033*** (2.87)	0.071*** (4.22)	0.034*** (2.91)	0.029*** (2.66)	0.074*** (4.34)	0.035*** (3.06)	0.029*** (2.69)	0.075*** (4.39)	0.035*** (3.06)
lnedu	0.142*** (2.99)	0.119*** (2.39)	0.139*** (2.91)	0.127*** (2.66)	0.114** (2.28)	0.133*** (2.82)	0.126** (2.64)	0.113** (2.26)	0.131*** (2.75)
lnfdi	0.007 (1.16)	-0.016* (-1.81)	0.008 (1.35)	0.008 (1.20)	-0.018** (-2.10)	0.008 (1.30)	0.008 (1.23)	-0.018** (-2.13)	0.008 (1.32)
lngz	0.215** (2.19)	0.343*** (3.97)	0.217** (2.18)	0.227** (2.38)	0.343*** (3.97)	0.214** (2.21)	0.226** (2.39)	0.343*** (3.94)	0.214** (2.21)

257

续表

变量	地理距离矩阵			经济距离矩阵			经济与地理嵌套矩阵		
	空间固定效应	时间固定效应	双重固定效应	空间固定效应	时间固定效应	双重固定效应	空间固定效应	时间固定效应	双重固定效应
lnsize	0.114*** (2.81)	0.143** (2.34)	0.113*** (2.75)	0.114*** (2.88)	0.147** (2.47)	0.114*** (2.84)	0.117*** (2.91)	0.146** (2.45)	0.124*** (2.87)
lnmark	0.028* (1.88)	0.033* (1.73)	0.027* (1.83)	0.029** (2.01)	0.036** (1.98)	0.027* (1.87)	0.029** (2.00)	0.038** (2.07)	0.027* (1.85)
$W \cdot$ lnserv	0.057** (2.27)	0.804** (2.47)	0.663*** (2.73)	0.056** (2.67)	0.135* (1.67)	0.067** (2.01)	0.066*** (3.14)	0.117** (2.50)	0.063** (2.02)
$W \cdot$ lneco	1.169*** (2.59)	1.263*** (3.07)	0.298** (2.25)	0.118** (2.20)	0.172*** (3.56)	0.138** (2.39)	0.110** (2.11)	0.120*** (2.95)	0.178*** (2.78)
$W \cdot$ lnasset	0.959*** (3.27)	1.013 (0.98)	0.177 (0.22)	0.089 (1.45)	0.151** (1.99)	0.106 (1.51)	0.095* (1.66)	0.175** (2.50)	0.098 (1.51)
$W \cdot$ lngpay	2.094*** (4.27)	2.062 (0.93)	0.796 (0.55)	0.219*** (2.90)	0.093 (0.65)	0.055 (0.63)	0.203** (2.52)	0.196 (1.40)	0.015 (0.15)
$W \cdot$ lnfin	-0.326* (-1.87)	-1.126 (-0.78)	0.406 (0.22)	-0.050 (-0.64)	0.027 (0.33)	-0.072 (-0.65)	-0.044 (-0.55)	0.020 (0.26)	-0.067 (-0.64)
$W \cdot$ lninno	0.158*** (4.49)	0.399 (0.48)	0.071 (0.15)	0.041** (2.66)	0.001 (0.02)	0.010 (0.30)	0.043*** (2.73)	0.001 (0.02)	0.002 (0.06)
$W \cdot$ lnedu	0.927*** (3.31)	0.956*** (2.99)	0.762*** (2.78)	0.211*** (3.17)	0.196*** (2.90)	0.160*** (2.79)	0.206*** (3.09)	0.218*** (3.27)	0.162*** (2.75)

续表

变量	地理距离矩阵			经济距离矩阵			经济与地理嵌套矩阵		
	空间固定效应	时间固定效应	双重固定效应	空间固定效应	时间固定效应	双重固定效应	空间固定效应	时间固定效应	双重固定效应
$W \cdot \ln fdi$	-0.273*** (-3.43)	0.633 (1.41)	0.112 (0.40)	0.004 (0.25)	-0.013 (-0.57)	0.014 (0.81)	0.001 (0.04)	-0.028 (-1.21)	0.006 (0.40)
$W \cdot \ln gz$	1.138** (2.38)	0.180 (0.09)	0.094 (0.06)	0.172 (1.48)	0.168 (0.85)	0.271** (2.04)	0.190* (1.68)	0.087 (0.46)	0.294** (2.22)
$W \cdot \ln size$	0.481*** (2.86)	0.417** (2.25)	0.252** (2.05)	0.117** (2.40)	0.118** (2.20)	0.113** (2.25)	0.131*** (2.73)	0.101** (2.01)	0.134*** (2.66)
$W \cdot \ln mark$	0.155** (2.29)	0.573*** (2.61)	0.354** (2.55)	0.210** (2.24)	0.212** (2.24)	0.205** (2.14)	0.101** (2.04)	0.104** (2.08)	0.108** (2.22)
δ	0.683*** (4.33)	0.621*** (5.80)	0.691*** (4.57)	0.244*** (5.47)	0.077 (1.59)	0.136*** (3.10)	0.256*** (5.59)	0.091* (1.80)	0.150*** (3.24)
Log-L	1085.36	514.19	1075.49	1092.44	-496.17	1091.59	1624.68	638.67	1347.74
R^2	0.7575	0.1503	0.5856	0.6863	0.1336	0.5959	0.7904	0.1283	0.5974
N	3549	3549	3549	3549	3549	3549	3549	3549	3549

注：***、**和*分别表示在1%、5%和10%显著性水平上显著，括号内为参数估计的z统计值。

一步验证了本章研究假设 H1 前半部分。空间自相关系数δ的估计值也显著为正，表明当地的就业结构不仅受到周边地区服务化转型的空间外溢效应影响，还会受到周边地区就业结构的空间外溢效应影响，原因是临近地区之间就业结构优化具有一定扩散效应，周边地区为促进就业结构高级化发展所采用的措施会对本地区产生"示范效应"，本地也会模仿采取一定政策促进就业结构优化。因此某地区就业结构的变动既会受到以本地区制造业服务化转型为代表的因素影响，也会受到周边地区就业结构变动以及制造业服务化转型的空间外溢效应影响。

四 直接效应与空间溢出效应分析

Elhorst（2014）指出，在包含全局效应设定的 SDM 模型估计结果并不代表各解释变量的真实边际影响，不能直接用这些估计系数解释对因变量的影响及其空间溢出效应，需对制造业服务化转型影响就业结构变动的总效应进行分解，采用 Lesage 和 Pace（2009）的方法，把总效应分解为直接效应（地区内溢出效应）和间接效应（空间溢出效应），这样可以在使用 SDM 模型下准确反映空间溢出效应的影响，进而对 SDM 模型的估计系数进行正确解读。表 7-4 报告了 SDM 模型的空间效应分解估计结果。

总体而言，不同空间权重矩阵下同一解释变量对就业结构的影响作用基本一致。核心解释变量制造业服务化对就业结构影响的直接效应估计系数为正，且在 1% 水平上通过显著性检验，表明本地制造业服务化转型促进了当地就业结构高级化发展，优化了就业结构。地区实行制造业服务化转型政策，制造业通过加大产业链上游研发、设计、金融等知识密集型生产服务投入，提高下游产品中包含品牌价值、售后服务等产出服务化水平，促进当地制造业嵌入价值链高端环节，提供知识、技术密集型就业岗位，当地就业人员学历和技能结构进一步优化。制造业服务化转型影响就业结构的间接效应也显著为正，但估计系数和显著性要小于直接效应，这表明城市制造业服务化转型也能够通过空间外溢效应促进周边地区就业结构向高级化发展。地区制造业服务化转型中投入的服务，包括可贸易的生产性服务和不可贸易的生活性服务与公共服务，生活性服务和公共服务一般只能来源于当地，生产性服务由于其可贸易性特点，其来源具有多样化特征，既可来源于当地也可来源于外地甚至国外，这是制造业服务化转型直接效应大于间接效应的主要原因。

其他控制变量中，经济发展水平对本地区和周边地区就业结构都有显著优化作用，说明地区经济增长促进了当地产业结构升级，进而带动就业结构的优化，同时由于中国以 GDP 为导向的考核机制使地区间经济竞争极为激烈，这种竞争效应会空间外溢到周边地区，优化其他地区就业结构。固定资产投资没有明显促进本地区就业结构优化，但促进了周边地区就业结构高级化发展，说明各地区以高速公路、高铁以及房地产开发等基础设施建设为主的固定资产投资主要增加农民工等中低技能劳动力需求，对当地就业结构优化作用不明显。政府支出没有显著优化本地区就业结构，但通过空间溢出效应明显促进了周边地区就业结构优化发展，表明地方政府支出主要用于民生项目，解决了大量低技能劳动力就业，但没有促进就业结构优化发展，低技能劳动力需求增加使周边地区劳动力流入，通过空间外溢效应优化了周边地区就业结构。金融发展不利于本地区和周边地区就业结构优化，表明中国存在一定金融资源配置扭曲。技术创新能力和教育发展对本地区和周边地区就业结构都有显著的优化作用，这与预期是相符的。外商直接投资没有促进本地区和周边地区就业结构向高级化发展，说明引进外资质量有待进一步提高，才能在优化就业结构中发挥应有作用。工资水平提升促进了本地区就业结构优化，但是对周边地区就业结构优化作用不明显。城市规模扩大有利于本地区和周边地区就业结构优化，城市规模越大产业集聚程度越高，产业集聚带来的竞争优势更加容易获得价值链高端分工环节。市场化程度提升优化了本地区和周边地区就业结构，说明市场化促进了劳动力自由流动，促进本地区和周边地区产业结构升级与就业结构优化。

表7-4　空间面板杜宾模型的空间效应分解估计结果

变量	地理距离矩阵		经济距离矩阵		经济与地理嵌套矩阵	
	直接效应	间接效应	直接效应	间接效应	直接效应	间接效应
lnserv	0.113 *** (2.59)	0.074 ** (2.12)	0.101 *** (3.04)	0.063 ** (2.04)	0.234 *** (3.07)	0.065 *** (3.09)
lneco	0.081 ** (2.06)	1.373 *** (2.90)	0.093 ** (2.40)	0.053 ** (2.48)	0.092 ** (2.36)	0.119 ** (2.16)
lnasset	0.020 (0.90)	1.168 *** (3.25)	0.019 (0.88)	0.109 ** (2.35)	0.020 (0.88)	0.117 ** (2.53)
lngpay	0.031 (0.74)	0.565 *** (3.71)	0.010 (0.25)	0.275 *** (2.92)	0.010 (0.24)	0.255 ** (2.51)
lnfin	−0.096 ** (−2.11)	−0.420 * (−1.76)	−0.090 ** (−2.17)	−0.091 (−0.93)	−0.088 ** (−2.17)	−0.085 (−0.85)
lninno	0.033 *** (2.75)	0.185 *** (5.31)	0.027 ** (2.50)	0.046 ** (2.47)	0.027 ** (2.45)	0.048 ** (2.52)
lnedu	0.142 *** (2.95)	1.145 *** (3.50)	0.127 *** (2.63)	0.131 *** (3.37)	0.126 *** (2.61)	0.124 *** (3.26)
lnfdi	0.010 (1.15)	0.023 (1.32)	0.008 (1.25)	0.008 (0.33)	0.008 (1.25)	0.003 (0.15)
lngz	0.223 ** (2.27)	0.148 * (1.93)	0.232 ** (2.43)	0.146 (1.00)	0.230 ** (2.43)	0.168 (1.12)
lnsize	0.113 *** (2.68)	0.569 *** (2.79)	0.125 *** (2.67)	0.116 ** (2.30)	0.134 *** (2.87)	0.136 *** (2.64)
lnmark	0.028 * (1.91)	0.199 *** (3.27)	0.029 ** (2.11)	0.222 *** (3.48)	0.029 ** (2.09)	0.110 ** (2.19)

注：***、** 和 * 分别表示在1%、5%和10%显著性水平上显著；括号内为参数估计的 z 统计值。

五　稳健性检验

（一）变量替换检验

关于就业技能结构的衡量指标，也可以使用就业人员受教育程度进行测度。本研究根据劳动力受教育程度对就业人员进行划分，大学专科、大学本科和研究生为高技能劳动力，未上过学、小学、初中和高中为低技能劳动力，用大学专科及以上学历就业人数占总就业人数之比作为另一就业结构指标进行稳健性检验。从表 7-5 的估计结果可知，在三种空间权重矩阵下，制造业服务化转型对本地区就业结构和周边地区就业结构的影响都显著为正，就业结构空间滞后项估计系数也显著为正，通过对总效应进行分解也发现制造业服务化转型地区内溢出效应和空间溢出效应均显著为正，说明研究结论没有因就业结构测度方法改变而发生实质性变化，即制造业服务化转型对就业结构影响的空间计量估计结果是稳健的。

表 7-5　稳健性检验：替换就业结构指标估计结果

变量	地理距离矩阵	经济距离矩阵	经济与地理嵌套矩阵
ln*serv*	0.238 *** (2.89)	0.187 ** (3.15)	0.221 *** (3.12)
W. ln*serv*	0.106 *** (2.73)	0.098 *** (2.79)	0.119 *** (3.58)
δ	0.451 *** (3.41)	0.358 *** (3.69)	0.425 *** (4.62)
直接效应	0.216 *** (2.83)	0.163 *** (3.74)	0.214 *** (2.93)
间接效应	0.125 ** (2.51)	0.085 ** (2.48)	0.106 *** (3.11)

注：*** 、** 和 * 分别表示在 1%、5% 和 10% 显著性水平上显著；括号内为参数估计的 z 统计值。

（二）动态空间面板杜宾模型检验

由于空间面板数据还包含了时间维度的信息，前面静态空间面板杜宾模型没有考虑时间滞后项，只能说明本地区和周边地区就业结构会随着制造业服务化转型等解释变量变化瞬时改变，不能反映就业结构变化的短期效应。但就业结构变动的当期结果也取决于上一期的就业结构水平，因此接下来把就业结构的时间滞后效应和时空双重滞后效应纳入模型，构建动态空间面板杜宾模型，既能分解出制造业服务化转型影响本地区和周边地区就业结构的短期变化趋势，又能对杜宾模型估计结果的稳健性进行检验。从表7-6的估计结果可知，在设定的三种空间权重矩阵中，空间自相关系数δ（就业结构）估计结果在1%水平上显著为正，说明地区之间就业结构存在正向空间溢出效应，这与前面估计结果一致。制造业服务化转型的长期影响中，直接效应和间接效应都显著为正，表明长期来看制造业服务化转型既能对地区内就业结构产生优化作用，也能通过空间外溢效应促进周边地区就业结构向高级化发展，这与前面估计结果一致。就制造业服务化转型短期影响而言，短期直接效应和间接效应也为正，且至少在10%水平上通过显著性检验，表明即使在短期制造业服务化转型也具有一定空间溢出效应。但短期效应估计系数大小和显著性明显小于长期效应估计系数，原因是价值链上企业之间协调分工以及统一市场的建立需要一定的实现时间，因此长期来看制造业服务化转型的地区内溢出效应以及地区间空间溢出效应更大一些。因此，从动态空间面板杜宾模型检验来看，本研究具有稳健性。

表7-6　稳健性检验：动态空间面板杜宾模型估计结果

时期	效应类型	地理距离矩阵	经济距离矩阵	经济与地理嵌套矩阵
短期	直接效应	0.092** (2.30)	0.062** (2.16)	0.069** (2.36)
	间接效应	0.020* (1.69)	0.017* (1.77)	0.018* (1.79)
长期	直接效应	0.201*** (2.75)	0.369*** (2.89)	0.471*** (3.57)
	间接效应	0.088*** (2.69)	0.082*** (2.61)	0.091*** (2.93)
	δ	0.215*** (4.68)	0.168*** (4.33)	0.185*** (4.90)

注：***、**和*分别表示在1%、5%和10%显著性水平上显著；括号内为参数估计的z统计值。

第四节　制造业服务化转型空间溢出效应异质性检验

一　地区差异检验

由于中国不同地区制造业服务化程度、生产性服务业发展水平以及就业结构存在一定差异，不同区域城市之间经济的空间联系和互动也有异质性特征，因此为了更细致考察制造业服务化转型影响就业结构的空间溢出效应，需要对中国经济区域按产业结构和经济发展水平进行划分。传统的将中国经济区域划分为东部、中部和西部的做法比较粗糙，本研究综合考虑了城市之间地理位置临近、经济发展水平相似、要素禀赋结构接近等因素，采用国务院发展研究中心提出的八大经济区域划分方法，分析制造业服务化转型空间溢出效应对就业结构影响的区域异质性。

从表7-7可知，制造业服务化转型对就业结构的影响具有显著的空间异质性特征。东部沿海地区和南部沿海地区的制造业服务化转型既明显促进了本地区就业结构向高级化发展，也通过空间溢出效应优化了周边地区就业结构。东部沿海地区的长三角城市群是中国经济活力最强的城市群之一，区域内苏州、无锡、宁波等城市形成完整的制造业产业链，上海、杭州、南京等城市又具有发达的现代生产性服务网络，制造业与生产性服务业充分融合，制造业服务化转型所需的研发、设计、营销和商务服务等知识技术密集型高级生产性服务可以在东部沿海地区内部企业便捷获取，与制造业服务化的价值链攀升效应进入更高劳动分工环节叠加，促进了本地区对高技能劳动力需求。同时，东部沿海地区制造业服务化转型还会通过地区之间产业关联空间外溢对高技能劳动力需求，进而优化周边省份城市就业结构。南部沿海地区中既有东莞、佛山、顺德以及泉州等制造业基地，又有香港、澳门、深圳和广州等服务业发达城市，区域内制造业和生产性服务业有产业集聚优势，制造业产业集群创造了对生产性服务业需求，生产性服务业良好发展又为制造业服务化转型提供高级要素，促进南部沿海地区制造业升级和高级生产性服务业发展，增加对知识、技能型劳动力需求。同时粤港澳大湾区和海西城市群的示范效应和竞争效应，又会通过区域联动对泛珠三角地区产生正向空间外溢效应，优化泛珠三角及周边地区就业结构。

北部沿海地区、黄河中游地区和长江中游地区制造业服务化转型对就业结构的直接效应显著为正，但间接效应不明显，表明这三个地区中的城市制造业服务化转型优化了本地区就业结构，但没有通过空间溢出效应促进周边地区就业结构向高级化方向发展。北部沿海地区的北京集中了大量的科研院所、金融机构以及企业总部，而天津、石家庄、唐山、济南和青岛等城市制造业较为发达，制造业服务化转型能够促进区内产业结构升级和就业结构优化。但由于京津等城市对周边地区资源、要素具有"虹吸效应"，对周边城市产业升级带动作用不够，故对周边其他城市就业结构优化的空间溢出效应不明显。黄河中游地区和长江中游地区情况类似，具有比较发达的高等教育资源，为本地区提供了大量知识、技术密集型劳动力，同时近年来郑州、西安、武汉、长沙、合肥和南昌等城市制造业转型发展迅速，提高了对高技能劳动力的吸收能力，但这两个地区对周边地区的辐射带动作用有限，没有促进邻近城市就业结构优化。

西南地区和西北地区制造业服务化转型对就业结构影响的直接效应虽为正但不显著，间接效应显著为正，说明这两个区域制造业服务化转型只通过空间溢出效应促进了周边地区就业结构优化发展，对本地就业结构升级影响不大。原因是成都、重庆、贵阳、昆明等城市虽然餐饮、旅游、娱乐等生活性服务发展较好，但生产性服务业发展相对滞后，不能满足当地制造业转型升级对生产性服务的需求，企业只能通过从其他地区购买生产性服务，一方面制造业容易陷入"低端锁定"，另一方面生产性服务业也难以发展，虽然通过制造业服务化转型的空间溢出效应促进了其他地区就业结构优化，但自身就业结构有可能陷入"低端锁定"。

东北地区制造业服务化转型既没有优化本地区就业结构，也没能通过空间溢出效应影响其他地区就业结构。东北地区存在产业结构单一、转型升级困难以及人才流失严重等问题，面临传统制造业升级和现代生产性服务业发展双重困境，加上东北地区仍然较为浓重的计划经济色彩，市场化程度较低，不利于生产要素的跨区域自由流动。在这样一个缺乏足够市场机制的环境中，产业结构升级面临诸多障碍，高技能人才流失严重，制造业服务化转型不能促进本地就业结构优化，东北地区内向封闭的经济发展模式使其与全国其他地区经济的空间互动也存在诸多障碍，故东北地区制造业服务化转型也没能通过空间溢出效应影响其他地区就业结构。

表 7-7　分区域空间面板杜宾模型估计结果

区域	地理距离矩阵		经济距离矩阵		经济与地理嵌套矩阵	
	直接效应	间接效应	直接效应	间接效应	直接效应	间接效应
东北地区	0.020 (0.56)	−0.042 (−0.52)	0.035 (0.98)	−0.031 (−0.46)	0.027 (0.75)	0.019 (0.29)
北部沿海地区	0.090 ** (1.79)	0.139 (0.63)	0.081 * (1.67)	0.059 (1.03)	0.086 ** (1.79)	0.042 (0.57)
东部沿海地区	0.164 *** (2.92)	0.102 *** (3.01)	0.237 *** (3.49)	0.189 *** (2.76)	0.230 *** (3.40)	0.152 *** (3.47)
南部沿海地区	0.238 *** (2.63)	0.170 *** (2.81)	0.215 ** (2.89)	0.156 ** (2.18)	0.219 ** (2.45)	0.139 ** (2.23)
黄河中游地区	0.093 *** (3.01)	0.031 (0.10)	0.097 *** (3.12)	0.017 (0.30)	0.096 *** (3.15)	0.025 (0.41)
长江中游地区	0.131 *** (2.81)	0.014 (1.56)	0.148 *** (2.67)	0.023 (1.62)	0.164 *** (2.95)	0.179 * (1.78)
西南地区	0.043 (0.54)	0.123 ** (2.24)	0.052 (0.65)	0.136 ** (2.52)	0.049 (0.60)	0.125 ** (2.35)
西北地区	0.062 (0.80)	0.915 ** (2.13)	0.020 (0.38)	0.212 *** (2.68)	0.005 (0.10)	0.177 ** (2.37)

注：***、** 和 * 分别表示在 1%、5% 和 10% 显著性水平上显著，括号内为参数估计的 z 统计值。

二 城市规模差异检验

前面理论分析部分表明，城市规模会影响制造业服务化转型的本地效应和空间溢出效应，不同规模的城市制造业服务化转型对本地就业结构的影响以及对其他地区就业结构的空间溢出影响可能存在差异。因此，有必要对城市按规模进行划分，进一步检验不同规模城市的估计结果。划分标准参考《国务院关于调整城市规模划分标准的通知》（国发〔2014〕51号），把中国城市划分为小城市（城区常住人口50万以下）、中等城市（城区常住人口50万~100万）、大城市（城区常住人口100万~500万）、特大以上城市（城区常住人口500万以上）四类。

不同规模城市的估计结果见表7-8。从小城市制造业服务化转型影响就业结构的空间计量估计结果可知：小城市制造业服务化转型对本地区就业结构没有明显优化作用，通过空间溢出对周边地区就业结构有正向影响，但也只在10%水平上显著。这说明小城市由于自身经济规模小、人口少、产业链条短，生产性服务业发展缓慢，不利于本地就业结构的优化调整，虽然能通过向周边地区购买生产性服务促进其他地区就业结构优化，但毕竟需求有限，辐射带动作用不够明显。中等城市制造业服务化转型影响本地区就业结构的直接效应不明显，而对周边地区就业结构的空间溢出效应有所增强，说明相比小城市，中等城市制造业服务化转型能够给周边城市带来更大市场需求，促进周边地区产业发展和就业结构优化。大城市和特大以上城市制造业服务化转型对就业结构的直接效应和间接效应都显著为正，特大以上城市的估计系数更大且更显著。这表明城市越大，自身生产性服务发展网络体系越完善，能够给予本地区制造业服务化转型升级一定支持，通过制造业升级和服务业发展促进当地就业结构优化。但同时由于大城市和特大以上城市工业化水平较高且工业链条完整，对生产性服务的需求也呈现多样化和高端化，制造业服务化转型所需的生产性服务不可能都从本地获取，也会外溢部分需求到周边地区，促进其他城市产业结构升级和就业结构优化。因此，

表7-8　不同规模城市的空间面板杜宾模型估计结果

变量	小城市		中等城市		大城市		特大以上城市	
	直接效应	间接效应	直接效应	间接效应	直接效应	间接效应	直接效应	间接效应
lnserv	0.004 (0.17)	0.092* (1.92)	0.010 (0.27)	0.094** (2.04)	0.124*** (3.00)	0.121*** (2.71)	0.260*** (3.50)	0.205*** (3.34)
lneco	0.117* (1.91)	0.132** (2.31)	0.159** (2.25)	0.129** (2.34)	0.271*** (3.45)	0.206*** (2.67)	0.356*** (4.59)	0.228*** (3.65)
lnasset	0.046* (1.83)	0.010 (0.10)	0.026 (0.90)	0.105** (2.07)	0.145** (2.01)	0.182*** (3.30)	0.199*** (2.93)	0.208*** (3.53)
lngpay	0.112 (1.43)	0.319** (2.06)	0.019 (0.46)	0.084 (0.90)	0.138** (2.36)	0.741*** (3.84)	0.196*** (3.56)	0.216*** (3.36)
lnfin	-0.107 (-1.29)	-0.138 (-0.99)	-0.101* (-1.88)	-0.156 (-1.43)	-0.156* (-1.40)	0.017 (0.09)	-0.659*** (-2.29)	-0.052 (-0.69)
lninno	0.052** (2.11)	0.019* (1.86)	0.031** (2.11)	0.016** (2.01)	0.053*** (2.64)	0.096*** (2.99)	0.068*** (2.63)	0.052*** (2.64)
lnedu	0.049* (1.79)	0.089* (1.88)	0.052* (1.89)	0.067** (2.10)	0.198** (1.99)	0.403** (2.24)	0.123*** (2.64)	0.110*** (2.60)

续表

变量	小城市		中等城市		大城市		特大以上城市	
	直接效应	间接效应	直接效应	间接效应	直接效应	间接效应	直接效应	间接效应
$\ln fdi$	0.004 (0.45)	0.014 (0.69)	0.001 (0.14)	-0.009 (-0.53)	0.020 (1.02)	0.113** (2.01)	-0.055 (0.92)	-0.004 (-0.85)
$\ln gz$	0.347** (2.30)	0.032 (0.23)	0.224** (2.36)	0.216 (1.42)	0.284*** (2.66)	0.143 (0.45)	1.622*** (3.52)	0.128 (0.61)
$\ln size$	0.111** (2.43)	0.145** (2.32)	0.117** (1.52)	0.110*** (2.47)	0.120** (2.28)	0.112** (2.17)	0.128*** (2.93)	0.140*** (3.54)
$\ln mark$	0.019* (1.93)	0.081** (2.37)	0.024** (2.12)	0.125** (2.45)	0.117*** (2.63)	0.225*** (2.75)	0.259*** (3.01)	0.313*** (3.53)

注：***、**和*分别表示在1%、5%和10%显著性水平上显著，括号内为参数估计的z统计值。

通过不同规模城市下制造业服务化转型对就业结构影响的空间计量估计可知，随着城市规模的增大，制造业服务化转型对当地就业结构的影响越来越显著，对周边地区就业结构的优化作用也更强。

三 市场化程度差异检验

根据《中国分省份市场化指数报告》（王小鲁、樊纲和胡李鹏，2018）中各省份市场化指数分值排序，把中国各省份中的城市按市场化程度划分为两组，市场化指数高于均值的城市为市场化程度高的一组，市场化指数低于均值的城市为市场化程度低的一组。

估计结果如表7-9所示。首先看市场化程度低一组的估计结果：制造业服务化转型对本地区就业结构影响的直接效应系数为正，并在5%水平上通过显著性检验，对周边地区城市就业结构的影响虽为正，但没有通过显著性检验。这说明在市场化程度较低城市，要素资源配置市场化程度不高，计划手段干预经济较多，通过市场配置商品和要素的市场体制机制有待完善，存在阻碍产品、服务、要素流动的制度性障碍，外地研发、设计、金融等高级生产性服务进入当地市场存在一定市场壁垒，难以通过空间溢出效应带动周边城市的产业结构升级和就业结构优化。再看市场化程度高一组的估计结果：制造业服务化转型对本地区就业结构影响的估计系数为正，且在1%水平上通过显著性检验，对周边地区就业结构影响的估计系数也显著为正。相比市场化程度低城市，市场化程度高城市制造业服务化转型对本地区和周边地区就业结构优化的促进作用都更为显著，主要原因是中国市场化程度高城市大部分位于长三角地区、京津地区、粤港澳大湾区等沿海城市群，这些城市民营经济发达，市场在资源配置中起主导作用，产品、服务和要素流通渠道顺畅，本地区生产性服务集聚发展，先进制造业和现代服务业协调发展，促进企业进入高附加值环节和劳动分工环节，为当地创造更多高技能岗位，促进本地就业结构优化。另外由于在市场化程度高城市中市场配置资源的基础性作用，制造业转型升级中投入的研发、设计、金融等高级要素也可以从周边外部市场购买，在对本地相关产业形成竞争的同时也带动了周边地区产业集聚发展和结构升级，两地既是竞争更是合作互动，周边城市就业结构也在这种竞合关系中实现优化。至此，实证结果已经发现城市区位、城市经济规模和市场化程度会影响到制造业服务化转型的空间溢出效应，本章研究假设 H2 得到验证。

表 7-9　不同市场化程度城市的空间面板杜宾模型估计结果

变量	市场化程度低城市		市场化程度高城市	
	直接效应	间接效应	直接效应	间接效应
lnserv	0.042 ** (2.39)	0.015 (0.37)	0.138 *** (3.32)	0.114 *** (3.23)
lneco	0.087 ** (2.21)	0.120 ** (2.42)	0.315 *** (5.52)	0.329 *** (4.26)
lnasset	0.010 (0.49)	0.095 (1.35)	0.110 *** (3.20)	0.149 *** (3.70)
lngpay	0.105 ** (1.98)	0.189 *** (2.27)	0.209 *** (2.84)	0.298 *** (2.92)
lnfin	−0.136 ** (−2.47)	−0.116 (−1.00)	−0.119 *** (−2.82)	−0.049 (−0.35)
lninno	0.008 (0.63)	0.015 (1.13)	0.050 ** (2.44)	0.054 ** (2.32)
lnedu	0.050 * (1.89)	0.058 (0.59)	0.163 *** (3.07)	0.166 *** (3.60)
lnfdi	0.001 (0.11)	−0.004 (−0.21)	−0.023 * (−1.68)	0.014 (0.26)
lngz	0.313 ** (2.43)	0.025 (0.14)	0.380 *** (3.77)	0.049 (0.23)
lnsize	0.114 *** (2.71)	0.126 ** (2.38)	0.168 *** (3.66)	0.112 *** (3.21)
lnmark	0.089 * (1.89)	0.025 (0.74)	0.125 *** (3.05)	0.204 *** (4.08)

注：***、** 和 * 分别表示在 1%、5% 和 10% 显著性水平上显著，括号内为参数估计的 z 统计值。

第五节　制造业服务化优化就业结构的
空间溢出机制

从前面实证分析可以发现，制造业服务化转型既能够促进本地区就业结构优化，也能通过空间溢出效应拉动周边地区就业结构向高级化发展，位于沿海地区城市、规模越大城市以及市场化程度高城市的制造业服务化转型对就业结构的空间溢出效应更为显著。那么，接下来要回答的一个问题是，空间维度下制造业服务化转型就业结构优化的机制是什么？目前国际分工是在跨国公司主导下的全球价值链分工模式，各国或地区依靠自身比较优势参与其中某一环节。全球价值链两端是附加值高的研发、设计、品牌和营销环节，对劳动力素质和技能要求较高，从业人员需要有较好的教育背景和完善的知识体系，而中间为较低附加值的生产、加工和组装环节，对劳动力知识、技术能力要求较低。因此，要实现城市就业结构优化，必须要提升城市在全球价值链中的分工地位，沿价值链两端攀升。一条路径是通过技术创新向研发、设计端升级，另一条路径是通过服务创新向品牌、营销端升级。本节对基准模型进行扩展，加入制造业服务化与技术创新的交互项（lnserv·lntech）和制造业服务化与服务创新的交互项（lnserv·lnsinno），以探讨空间维度下制造业服务化促进就业结构优化的机制路径。

表7-10报告了基于三种权重矩阵的制造业服务化转型通过技术创新和服务创新影响就业结构的空间计量估计结果。首先看制造业服务化转型影响就业结构的技术创新机制检验结果：加入 lnserv 和 lntech 的交互项及其空间滞后变量后，制造业服务化转型直接效应和间接效应估计系数符号、显著性与前面基本估计结果一致，即对本地就业结构和周边地区就业结构均产生优化作用，说明本研究估计结果较为稳健。制造业服务化转型与技术创新交互项的直接效应和间接效应都为正，且至少在10%水平上通过显著性检验，说明技术创新既强化了制造业服务化转型对本地就业结构的优化作用，也放大了促进周边地区就业结构向高级化

发展的空间溢出效应，对于制造业服务化转型优化本地区和周边地区就业结构起到了积极作用。再看制造业服务化转型影响就业结构的服务创新机制检验结果：加入 lnserv 和 lnsinno 的交互项及其空间滞后变量后，制造业服务化转型直接效应和间接效应估计系数符号和显著性与前面基本估计结果一致，促进了本地区和周边地区就业结构高级化发展。制造业服务化转型与服务创新交互项的直接效应估计系数除经济距离矩阵外均显著为正，说明通过完善售后服务、关注客户体验等服务创新活动有利于强化制造业服务转型对当地就业结构优化的地区内溢出效应。三种空间权重矩阵下，制造业服务化转型与服务创新交互项的间接效应估计系数也显著为正，表明服务创新发展更好的地区，制造业服务化转型对周边地区就业结构优化的空间溢出效应更大，更有利于周边地区产业结构和劳动就业结构向价值链下游攀升。至此，本章研究假设 H1 的后半部分得到较好的验证。

表 7-10　制造业服务化转型影响就业结构的空间溢出机制检验

影响机制	变量	地理距离矩阵	经济距离矩阵	经济与地理嵌套矩阵
技术创新机制检验	lnserv 直接效应	0. 098 ** (2. 31)	0. 076 * (1. 71)	0. 079 * (1. 89)
	lnserv · lntech 直接效应	0. 016 ** (1. 97)	0. 010 * (1. 71)	0. 013 * (1. 74)
	lnserv 间接效应	0. 012 * (1. 69)	0. 018 ** (2. 10)	0. 030 ** (2. 21)
	lnserv · lntech 间接效应	0. 063 ** (2. 53)	0. 052 ** (2. 12)	0. 055 ** (2. 31)
服务创新机制检验	lnserv 直接效应	0. 037 ** (2. 11)	0. 019 ** (2. 42)	0. 025 ** (2. 36)
	lnserv · lnsinno 直接效应	0. 013 ** (2. 33)	0. 011 (1. 16)	0. 016 ** (2. 15)
	lnserv 间接效应	0. 018 ** (2. 07)	0. 062 *** (2. 92)	0. 067 ** (2. 00)
	lnserv · lnsinno 间接效应	0. 047 ** (2. 46)	0. 069 ** (2. 18)	0. 063 ** (2. 16)

　　注：***、** 和 * 分别表示在1%、5%和10%显著性水平上显著，括号内为参数估计的 z 统计值。

第六节 制造业服务化空间溢出效应的区域边界

前面研究发现制造业服务化转型对就业结构优化作用具有空间溢出效应，这种外溢效应是否存在一定的区域边界呢？为了检验制造业服务化转型对就业结构影响的空间溢出效应区域边界存在性和范围，参考余泳泽等（2016）方法，设定不同距离阈值的空间权重矩阵后重新估计制造业服务化转型的空间溢出效应。设定阈值的作用主要在于观测随着各城市地理距离的逐渐增加，制造业服务化转型空间溢出系数的变化情况。城市之间距离阈值从 20 公里开始，距离每增加 20 公里对计量模型进行一次估计，并把不同距离阈值下估计得到的制造业服务转型空间溢出系数记录下来。

从图 7-2 可以看出，随着地理距离的增加，制造业服务化转型空间溢出效应估计系数逐渐减小，具有明显的距离衰减特征。制造业服务化的空间溢出效应随地理距离增加时的衰减趋势可以划分为三个区间。第一个区间是 0~220 公里，这一区间内为制造业服务化转型空间溢出效应较强区域，空间溢出系数在 0.07~0.08 区间波动，下降趋势不明显，这主要是因为近距离有利于制造业企业与生产性服务业企业空间互动，提高企业效率并降低企业投入成本，从而有利于制造业服务化空间溢出效应的发挥。第二个区间是 220~480 公里，这一区间空间溢出效应随地理距离增加衰减速度较快，虽然估计系数的显著性也呈下降趋势，但还是至少在 10% 水平上显著，这说明虽然制造业服务化能够通过地区之间"产业关联"、"模仿竞争"和"要素流动"等渠道发挥空间溢出效应，但由于距离增加带来的企业服务半径扩大会提高信息不对称以及沟通协调成本，加上地方保护主义形成的市场分割，大大削弱了制造业服务化转型对周边地区就业结构的空间溢出效应。第三个区间为大于 480 公里，此时空间溢出效应系数下降趋势不明显，呈随机波动状态，且不再能通过显著性检验，说明制造业服务化转型的空间溢出效应存在 480 公里这个区域边界。因此，制造业服务化转型对就业结构的空间溢出效应随着地理距离增加存在衰减趋势，且存在空间溢出的区域边界，在 480 公里内空间溢出效应显著，超过 480 公里后不再显著，本章研究假设 H3 得以验证。

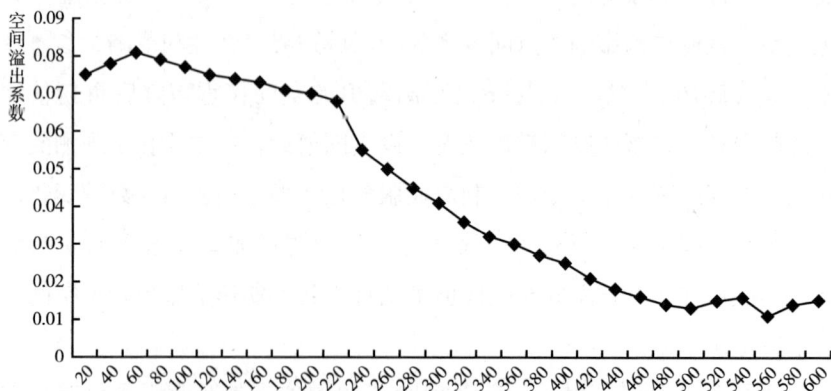

图 7-2　制造业服务化转型空间溢出效应系数与地理距离阈值的关系

第七节　本章小结

制造业服务化转型和就业结构优化是供给侧改革重点关注的内容，如何通过制造业服务化转型进入价值链中高端劳动分工环节，优化就业结构，是解决就业结构性矛盾的重要抓手。本章在空间分析框架下梳理了制造业服务化转型影响就业结构的地区内溢出机制和空间溢出机制，基于中国地级市层面数据利用空间杜宾模型检验制造业服务化转型对就业结构的影响。得出如下结论。

第一，制造业服务化转型不仅对本地就业结构产生地区内溢出效应，对其他地区就业结构也有空间溢出效应，制造业服务化同时优化了本地区就业结构和周边地区就业结构。

第二，制造业服务化空间溢出效应存在城市特征异质性，城市靠近沿海地区，经济规模越大，市场化程度越高，制造业服务化对就业结构影响的正向空间溢出越大。

第三，技术创新和服务创新既强化了制造业服务化转型对本地就业结构的优化作用，也放大了促进周边地区就业结构向高级化发展的空间溢出效应。

第四，制造业服务化对就业结构的空间影响具有衰减规律且存在一定区域边界，超过一定距离范围空间溢出效应不再显著。

以上研究结论的政策启示表现在以下方面。

第一，打破区域市场行政分割边界，建立统一开放、竞争有序的产品和要素市场，减少劳动力空间流动障碍，促进生产性服务跨区域高效、有序流动，扩大制造业服务化转型优化就业结构的空间溢出效应。

第二，根据城市特征因城施策，根据城市区位、经济规模以及市场化程度等特征，充分发挥制造业服务化对就业结构的正向空间溢出。东北地区、北部沿海地区、黄河中游地区以及长江中游地区城市群要加强区域经济合作，小城市要与周边大中城市形成产业分工互补，市场化程度较低城市要继续扩大市场开放力度。

第三，构建完善的支持企业技术创新和服务创新体制机制，强化制造业服务化优化就业结构空间溢出效应。构建区域创新共同体，依托创新链提升制造业服务化水平和价值链分工地位，优化就业结构。

第四，强化区域联动发展，建立城市协作机制，延伸地区间空间互动半径。各级政府要摒弃地方保护主义，促进区域经济一体化发展，加强社会信用体系建设降低交易成本，扩大制造业服务化转型优化就业结构的空间溢出效应边界。

第八章　生产性服务进口
与就业结构优化

　　就业是最大的民生，中国各级政府都非常重视就业问题。当前就业问题已经从总量矛盾向结构性矛盾转变，劳动力技能水平与市场需求不匹配，如中国每年毕业了大量的大学毕业生，同时还存在所谓的"民工荒"，其背后的原因是产业结构与就业结构失衡。经过改革开放后40多年的经济发展，中国制造业从小到大，建立起了门类齐全的制造体系，是全球唯一拥有全部工业门类的国家。然而，中国的制造业企业在全球价值链分工中的地位普遍不高，主要参与加工、组装等低附加值环节，而价值链两端的高附加值环节被发达国家跨国公司和国际大买家占据，如果不能沿着价值链实现升级，制造业就存在被"低端锁定"的风险。制造业长期处于全球价值链低端分工环节，意味着其对劳动力技能要求较低，只能向就业市场提供低技能岗位，不利于知识、技术型劳动力就业。受大学扩招等政策的持续影响，中国就业市场的供给结构正在发生变化，每年都有大量的高校毕业生流入就业市场。如果中国不加快制造业的转型升级速度，尽快进入更高端的劳动分工环节，不仅不利于解决大学生等高技能劳动力就业难的问题，而且制造业本身的转型升级也难以获得足够的智力支持。在全球价值链分工的大背景下，中国实现劳动力就业技能结构的优化升级是非常必要的。

　　党的十九大报告明确指出，我国要实现更高质量和更充分的就业，注重解决结构性就业矛盾。就业技能结构的升级不仅可以实现高质量就业以化解结构性就业矛盾，而且可以为制造业的价值链地位升级提供人才支撑。在 1999 年开始实施的"大学扩招"政策的持续影响下，高技能劳动力的供给呈现快速增长态势（毛其淋，2019）。但是，由于包括制造业在内的产业升级相对滞后，我国出现大学生就业难的问题。对此，《"十三五"促进就业规划的通知》强调指出，要增强创造就业岗位的能力，优化人力资源市场需求结构。促进产业结构转型升级，优化劳动力需求技能结构，其关键是提升企业价值链地位，企业只有进入全球价值链劳动分工的高端环节，才能增加高技能劳动力需求，优化就业技能结构。一些学者从外资进入（李宏兵等，2016）、对外直接投资（余官胜和王玮怡，2013）、环境规制（李珊珊，2016）、工业智能化（孙早和侯玉林，2019）等方面探讨了其对就业技能结构的影响，这为我们理解就业技能结构优化提供了参考。在全球价值链分工体系中，生产性服务业位于价值链附加值高的两端，负责把专业化的知识、技术及人力资本导入制造业（贾根良和刘书翰，2012），被誉为制造业腾飞的"翅膀"（刘志彪，2008）。然而，现有研究较少关注生产性服务发展对就业技能结构的影响，有关生产性服务进口对就业技能结构影响的研究文献更为鲜见。

中国 2007 年出台的《国务院关于加快发展服务业的若干意见》明确提出，履行加入世贸组织服务贸易领域开放的各项承诺，使中国生产性服务进口快速增长。这为本研究将这一政策作为准自然实验，识别生产性服务进口对就业技能结构的影响效应提供了难得的机会。具体而言，本研究将《国务院关于加快发展服务业的若干意见》中有关履行加入世贸组织服务贸易领域开放的各项承诺这一外生政策作为准自然实验，利用双重差分法（DID）系统评估生产性服务进口对就业技能结构的影响效应及作用机制。

本研究可能的贡献主要体现在四个方面。第一，本研究可能是国内率先探讨生产性服务进口对中国就业技能结构影响的文献，它不仅丰富了有关中国就业技能结构升级驱动因素的定量研究，而且推进了生产性服务进口的经济效应研究。第二，从研究方法来讲，本研究是以2007年实施的《国务院关于加快发展服务业的若干意见》中有关履行加入世贸组织服务贸易领域开放的各项承诺作为准自然实验，利用双重差分法准确识别生产性服务进口对中国就业技能结构优化的因果效应，以期得到更为准确的政策评估结果。第三，本研究进一步分析了生产性服务进口影响就业技能结构的作用机制，并考虑了制造业异质性和进口生产性服务异质性，有助于深化对生产性服务进口与就业技能结构内在关系的理解。第四，从政策含义来讲，本研究利用双重差分对政策冲击进行了准确评估，得出了稳健的结论，并提出了针对性建议，即继续坚持发展服务贸易，提高生产性服务进口质量，能够促进就业技能结构优化。

第一节　生产性服务进口与就业结构变动的文献综述

　　本研究的目标是将《国务院关于加快发展服务业的若干意见》中有关履行加入世贸组织服务贸易领域开放的各项承诺这一政策作为准自然实验，系统评估生产性服务进口对就业技能结构的影响效应及其作用机制。从已有的相关研究来看，其主要分为两类，一是国际贸易与就业关系的研究，二是就业结构变动的影响因素研究。

　　就国际贸易与就业的关系研究来看，学者们主要关注出口贸易对就业的影响效应（罗知，2012；陈昊和刘骞文，2014）。大部分观点认为，出口贸易促进了就业（胡昭玲和刘旭，2007；卫瑞和庄宗明，2015）。张志明等（2016）利用多区域投入产出（MRIO）模型发现，增加值出口对中国低技能劳动力就业拉动作用最为显著，对高技能劳动力就业促进作用最小。史青和李平（2014）利用微观数据考察了企业出口对就业的影响发现，出口虽促进了就业规模增长，但不利于就业技能结构升级。少数学者则认为，出口会减少就业（Leichenko，2000），

Helpman 等（2010）通过构建筛选—匹配模型进行分析，认为出口贸易增加会提高企业招聘门槛，而劳动者技能水平的提升需要一定时间，这就可能会使短期的就业水平降低。还有一些学者重点探讨进口贸易对就业的影响，但并没有达成一致观点。进口贸易影响东道国就业的机制包括就业再配置效应（Harrison 和 Mcmillan，2011）、生产率提高效应（Amiti 和 Konings，2007）和出口市场扩大效应（Bas 和 Strauss-Kahn，2014）。Biscourp 和 Kramarz（2007）对法国企业进行考察发现，进口贸易自由化对企业就业具有破坏作用，且对大企业就业破坏更大。Bloom 等（2016）认为，来自中国的进口竞争促进了美国企业高技能劳动力就业。Kasahara 等（2016）考察发现，来自中国的进口竞争提高了印度尼西亚高等教育劳动力的就业率。总的来看，既有文献很少关注生产性服务进口对劳动力就业的影响，有关生产性服务进口对就业结构影响的研究几乎没有。

从就业结构变动的影响因素研究来看，学者们主要考察了外资进入、国际贸易、环境规制、金融发展、人工智能、研发投入等对就业结构的影响效应和作用机制（Feenstra 和 Hanson，1997；林春，2017；卫瑞和张少军，2014）。陈梅和周申（2018）利用微观数据，从外资存在、进入速度及波动性三个方面研究了外资进入对就业技能结构的影响，认为外资存在及波动性有助于就业技能结构升级，而外资进入速度对就业技能结构具有负向影响。孙早和侯玉琳（2019）发现，工业智能化使中国的就业结构呈现"两极化"特征，且这种影响存在区域异质性。唐东波（2012）分析了垂直专业化贸易对就业结构的影响，发现投入发展中国家中间品会降低就业劳动力的技能水平，而投入来自OECD 国家的中间品能够提升就业中的高技能劳动力占比。环境规制作为影响就业结构的因素之一（李梦洁，2016），其对就业技能结构的影响包括"要素替代效应"和"成本效应"两个渠道（Morgenstern 等，2002）。研发投入（R&D）可以促进中国的就业结构优化升级，而不同类型 R&D 投入对就业结构的影响存在一定的差异性（邹洋等，2015）。

总的来看，上述研究虽然从多个角度探究了影响就业结构的因素，但都没有关注生产性服务进口的作用，其对就业结构优化升级驱动因素的理解有可能是片面的。本研究则以 2007 年实施的《国务院关于加快发展服务业的若干意见》中有关履行加入世贸组织服务贸易领域开放的各项承诺作为准自然实验，系统评估生产性服务进口对制造业就业技能结构的影响效应及作用机制，以期推进贸易与就业结构关系的研究，丰富就业结构变动影响因素的研究文献。

第二节　生产性服务进口对就业结构影响的作用机理

制造业通过投入进口的生产性服务实现的制造业服务化转型，能否促进就业技能结构优化，关键是看全球价值链下生产性服务进口引致的制造业服务化转型方向以及价值链升级模式。从形似"微笑曲线"的全球价值链来看，制造业服务化转型的方向包括向上游升级与向下游升级，上游升级即通过投入进口生产性服务进入研发、设计环节，下游升级即通过向产品+服务转变的产出服务化提高产品附加值。制造业价值链升级模式包括"工艺升级"、"产品升级"、"功能升级"以及"链条升级"四种模式（Humphrey 和 Schmitz，2002），它们所代表的企业价值链分工地位的升级程度依次提高。本研究将基于生产性服务进口引致的制造业服务化转型方向以及价值链升级模式，探讨生产性服务进口对就业技能结构的影响机制。

一　制造业上游服务化

通过进口发达国家的研发设计、信息技术、咨询调查等知识与技术密集型生产性服务，国内制造业获得了优质和多元的中间要素，并将其内含的技术、知识和人力资本导入制造业，即利用国外生产性服务的高级要素投入改变对"低道路"的路径依赖（刘志彪，2008）。制造业企业要素投入结构高级化可以提高技术创新能力，向全球价值链上游的研发、设计及核心零部件环节攀升，创造中高端岗位吸纳高技能劳动力就业。同时，低端分工环节岗位的消失可以减少低技能劳动力就业，优化就业技能结构。由于进口国外生产性服务与国内生产性服务存在竞争，国内研发、设计、金融保险、知识产权及咨询等服务若被挤出市场，不仅会大幅减少高级生产性服务提供的高技能就业岗位，还会使制造业过分依赖国外生产性服务而被"低端锁定"，无法增加高技能就业及优化就业技能结构。

二 制造业下游服务化

制造业从提供单一产品向提供"产品+服务"模式的转变，是通过服务创新将产品与服务结合起来向价值链下游延伸，即基于产品向客户提供衍生服务，形成新的核心竞争力，并打造新的价值创造模式（许晖和张海军，2016）。从发达国家进口的高级生产性服务，既内含知识等技术创新要素，也包括营销理念、品牌维护等服务创新要素。生产性服务进口所引致的制造业向价值链下游服务化转型，是通过服务创新从需求端改善客户体验，创造市场调研、咨询、品牌运营管理、售后服务等就业岗位。市场前期的调研工作要求从业者具备经济、统计等知识，管理咨询则要求从业者具备知识与实践相结合的复合能力，品牌运营岗位更需要传媒、心理学、信息学、经济管理等专业知识。企业产品中服务内容的丰富在增强客户体验、提高产品利润的同时，也提升了对劳动力技能的要求，促进了就业技能结构的升级。

三 产品升级机制

产品升级是指引入更精密的生产线，推出新的产品或改进原有产品的性能，表现为增加新产品销售比例和提高品牌商品销售比例，即产品升级侧重于生产制造环节。生产性服务进口可以通过贸易互补效应、专业化分工效应、技术溢出效应以及贸易竞争效应促进制造业产品升级

（Melitz 和 Ottaviano，2008）。产品升级分为横向升级和纵向升级，产品横向升级是指产品技术复杂度的增加（马盈盈和盛斌，2018），产品纵向升级是指产品质量改进以及附加值的提升（施炳展和邵文波，2014）。产品技术复杂度的提升、产品质量的改进催生了大量自主设计、检验等高技能技术密集型岗位，这类工作对劳动者的知识和学历要求较高，可以促进高技能劳动力就业，进而优化就业技能结构。

四 功能升级机制

功能升级是指从低附加值的生产制造环节向高附加值的研发、设计、品牌、营销等关键功能环节攀升，体现为企业从原始设备组装（OEA）、原始设备制造（OEM）、自主设计制造（ODM）升级为自主品牌制造（OBM），企业利润更高，就业劳动力工资和技能水平也不断提升。具体而言，进口生产性服务内含的知识、技术、信息等要素有助于要素供给质量的提升，为制造业服务化通过功能升级向全球价值链攀升提供动力支持。进口的研发、设计、技术等生产性服务通过关联效应、溢出效应、竞争效应等，促进制造业企业介入研发、设计及核心零部件等价值链上游环节，从价值链上游服务化路径实现功能升级。进口的物流、金融、品牌管理、咨询等生产性服务则通过价值链下游服务化路径实现功能升级，介入品牌、售后等高附加值环节。进口生产性服务所引致的制造业上游服务化可以增加企业对研发工程师、设计师等专业技术人才的需求，而进口生产性服务所引致的制造业下游服务化可以提供金融、保险、咨询、策划、品牌管理等需要具备专业化知识的就业岗位，从而促进高学历、高技能劳动力就业，优化就业技能结构。然而，在"俘获型"和"层级型"价值链治理模式下，发达国家的跨国公司主导了价值链，其会通过制定各种规则控制发展中国家以代工者的身份参与价值链体系，仅向发展中国家企业提供非核心的生产性服务要素，只允许发展中国家企业进行低水平的工艺升级和产品升级，即发展中国家企业的功能升级会受到价值链主导者（跨国公司）的阻碍或制裁，导致其失去功能升级的空间（刘志彪和张杰，2007）。如果进口生产性服务不能有效支持国内企业功能升级，其对高技能就业岗位的创造作用以及就业结构的优化效应就不太明确。因此，生产性服务进口能否促进制造业企业功能升级进而优化就业技能结构仍是不确定的。

综上所述，生产性服务进口可能会对就业技能结构产生显著影响，而具体的影响效应取决于生产性服务进口所引致的制造业服务化转型方向及价值链升级模式的综合结果。如果生产性服务进口能够通过技术创新和服务创新促进制造业服务化转型，实现产品升级和功能升级，其就能够促进就业技能结构的优化。由于制造业门类较多，不同制造业的全球价值链地位及要素密集度存在显著差异，故生产性服务进口对不同类型制造业就业技能结构的影响存在异质性。同样地，生产性服务业种类较多，进口不同类型生产性服务对就业技能结构的影响也存在异质性（见图8-1）。

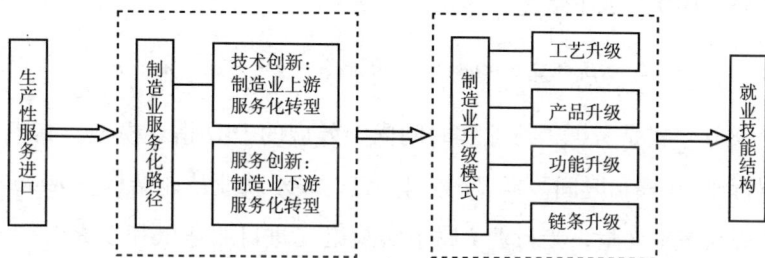

图8-1 生产性服务进口对就业结构影响的机理

第三节 生产性服务进口对就业结构
影响的研究设计

一 模型设定

2007年出台的《国务院关于加快发展服务业的若干意见》明确指出，要履行加入世贸组织服务贸易领域开放的各项承诺。因此，本研究把这一政策作为准自然实验，采用双重差分法（DID）对这一政策效应进行评估，以识别生产性服务进口对就业技能结构的影响效应。双重差分模型基本原理是，通过构建一个潜在结果框架，评估因变量在政策实施前后的变化，关键在于如何把没有观测到的潜在结果（也称反事实结果）估计出来。因此，如何对样本进行分组以及选择政策冲击年份就非常重要。由于本研究目标是生产性服务进口对就业技能结构的影响，因而按照生产性服务进口依存度中位数来进行分组，把制造业划分为进口服务高依存度行业和进口服务低依存度行业，进口服务依存度越高的行业，受到服务贸易开放的影响也越大。本研究将进口服务依存度高的行业作为实验组（treatment），将依存度低的行业作为对照组（control），通过比较实验组和对照组 2007 年政策冲击前后的变化情况，识别生产性服务进口贸易促进就业技能结构优化的因果效应。具体的双重差分（DID）实证模型如下：

$$skill_{it} = \beta_0 + \beta_1 treatment_i \cdot post2007_t + \gamma X_{it} + \alpha_i + \lambda_t + \varepsilon_{it} \qquad (8.1)$$

（8.1）式是考虑了行业和时间固定效应的 DID 估计模型。其中，i 表示行业，t 表示时间。$Skill_{it}$ 是因变量，表示就业技能结构。$treatment_i$ 是实验组虚拟变量，当行业 i 属于实验组（进口服务依存度高的行业）时 $treatment_i = 1$，当行业 i 属于对照组（进口服务依存度低的行业）时 $treatment_i = 0$。$post_t$ 是政策实施虚拟变量，政策实施后（$t \geq 2007$）变量取 1，政策实施前则取 0。交互项 $treatment_i \cdot post_t$ 捕获了进口服务依存度高行业与进口服务依存度低行业的就业技能结构在政策实施前后的平均差异。本研究重点关注的系数是 β_1，如果 β_1 显著为正，说明生产性服务进口促进了就业技能结构优化。X_{it} 是一组随时间变化的行业特征控制变量集合，包括：工资增长率（wage），用以控制工资因素对就业技能结构变动的影响；行业出口（export），用以控制贸易自由化下出口因素对就业技能结构变动的影响；行业外商直接投资（FDI），用以控制对外资开放竞争因素对就业技能结构变动的影响；行业资本密集度

（K），用以控制资本因素对就业技能结构的影响；研发经费投入（rdk），用以控制研发投入对就业技能结构的影响；全球价值链分工地位（GVC），用以控制价值链升级因素对就业技能结构变动的影响。行业固定效应 α_i 控制的是各行业不随时间变化的特征，λ_t 表示年度固定效应，ε_{it} 是随机误差项。

二　变量选取与数据

（一）被解释变量

就业技能结构可以从工作岗位性质和受教育程度两个方面进行测度。本研究基准检验从工作岗位性质来衡量就业技能结构（$skill$），用就业人员中高技能劳动力比重表示，其中高技能劳动力用制造业规上企业 R&D 人员衡量，总就业人数用制造业各行业规模以上工业企业平均用工人数衡量。就业人员中高技能劳动力比重越高，制造业整体劳动力素质越高，表明就业技能结构越优化。稳健性检验把劳动力受教育程度分为未上过学、小学、初中、高中、大学专科、大学本科、研究生及以上，大学专科及以上学历作为高技能劳动力，用大学专科及以上劳动力就业比重作为就业技能结构的稳健性检验指标。

（二）解释变量

履行加入世贸组织服务贸易领域开放的各项承诺这一政策事件（$treatment_i \cdot post_t$），包括事件虚拟变量（$treatment_i$）和时间虚拟变量（$post_t$）。为了评价服务贸易发展这一政策事件的影响效应，本研究按照服务进口依存度的中位数进行行业分组。即进口服务依存度高的行业为实验组，取值为 1，进口服务依存度低的行业为对照组，取值为 0。同时，按照政策冲击时间进行分组，即政策实施后（$t \geqslant 2007$）时间虚拟变量取值为 1，政策实施前虚拟变量取值为 0。

（三）控制变量

参考毛其淋和许家云（2016）的做法，本研究在指标选取中控制了工资因素、行业特征、企业特征、开放因素、国际分工因素等对就业技能结构变动的影响。

（1）工资（*wage*），制造业各行业工资水平用分行业城镇单位就业人员平均工资表示。

（2）行业资本密集度（*AK*），用人均资本存量表示，人均资本＝固定资本存量/行业从业人数。

（3）研发经费投入（*rdk*），用规上企业研发经费投入衡量。

（4）行业出口（*export*），用规模以上工业企业出口交货值衡量。

（5）行业外商直接投资（*FDI*），用规模以上工业企业外商资本金衡量。

（6）行业全球价值链分工地位（*GVC*）。Koopman 等（2010）用处于 *GVC* 的上游还是下游来刻画某一产业在国际分工中的地位，*GVC* 地位指数为：

$$GVC\_P_{i,c} = Ln(1 + IV_{i,c}/E_{i,c}) - Ln(1 + FV_{i,c}/E_{i,c}) \qquad (8.2)$$

其中，$IV_{i,c}$ 表示间接增加值出口，$E_{i,c}$ 为 c 国 i 行业增加值总出口，$FV_{i,c}$ 表示出口国外增加值，制造业行业层面增加值计算基于 KPWW 方法。

本研究的样本期为 2003～2016 年，数据主要来源于《中国劳动统计年鉴》《中国科技统计年鉴》《中国工业统计年鉴》《中国统计年鉴》以及 WIOD 世界投入产出表。

第四节　生产性服务进口对就业结构影响的效应分析

一　基准估计结果

表 8-1 报告了 2007 年履行加入世贸组织服务贸易领域开放的各项承诺这一政策冲击对就业技能结构影响的基准估计结果。其中，第

（1）列为不加入控制变量的估计结果，交叉项 *treatment . post* 2007 估计系数显著为正，说明生产性服务进口依存度高行业（实验组）的就业技能结构相比生产性服务进口依存度低行业（对照组）得到更高程度的优化，这意味着服务贸易自由化带来的生产性服务进口增加促进了就业技能结构优化。从列（2）加入劳动力市场控制变量（工资）的估计结果来看，交叉项的估计系数依然为正，说明在控制了影响就业技能结构的劳动力市场工资因素之后，政策实施所带来的生产性服务进口增加仍然显著优化了进口依存度高行业的就业技能结构。从列（3）加入行业特征控制变量（资本密集度和研发经费投入）的估计结果来看，交叉项的估计系数有所降低，但依然显著为正，这进一步说明服务贸易自由化所带来的生产性服务进口增加有助于实验组就业技能结构的优化。从列（4）加入出口、外商直接投资和全球价值链地位三个开放经济特征控制变量的估计结果来看，交叉项的估计系数依然显著为正，说明政策实施前后实验组与对照组的就业技能结构存在显著差异，生产性服务进口对就业技能结构优化的促进作用是稳健的。因此，生产性服务进口对就业技能结构具有很大的影响作用，是促进就业技能结构优化的重要因素。

表 8-1　基准估计结果

变量	（1）	（2）	（3）	（4）
treatment . post 2007	0. 343 ***	0. 337 ***	0. 326 ***	0. 315 ***
	（2. 82）	（3. 06）	（2. 65）	（4. 13）
wage		0. 776 ***	0. 666 ***	0. 889 ***
		（9. 49）	（5. 51）	（7. 54）
AK			0. 615 ***	0. 270 **
			（7. 00）	（2. 31）
rdk			0. 376 ***	0. 786 ***
			（9. 53）	（12. 96）
export				0. 345 ***
				（5. 13）

变量	(1)	(2)	(3)	(4)
FDI				-0.945^{***} (-10.66)
GVC				0.535^{***} (9.67)
常数项	-3.813^{***} (-8.47)	-11.760^{***} (-13.76)	-4.679^{***} (-5.49)	-2.938^{***} (-3.88)
行业固定效应	是	是	是	是
年份固定效应	是	是	是	是
样本数	210	210	210	210
R^2	0.7769	0.3784	0.6007	0.8067

注：***、** 和 * 分别表示在 1%、5% 和 10% 显著性水平上显著；括号内为参数估计的 t 统计量。

二 DID 估计的有效性检验

（一）平行趋势检验

实验组和对照组的因变量在政策实施之前具有平行趋势，是决定双重差分估计有效性的重要标准。为了检验平行趋势假设能否成立，把式（8.1）中的 $post\,2007_t$ 替换为各年度虚拟变量，对基准计量模型扩展进行平行趋势检验：

$$skill_{it} = \rho_0 + \sum_{t=2004}^{t=2016} \rho_t treament \cdot year_t + \gamma X_{it} + \alpha_i + \lambda_t + \varepsilon_{it} \qquad (8.3)$$

其中，$year_t$ 是年度虚拟变量，2003 年是基准年份，系数 ρ_t 表示第 t 年实验组与对照组之间的就业技能结构差异相对于 2003 年差异的大小。如果平行趋势假设成立，在政策实施之前的系数 ρ_{2004}、ρ_{2005}、ρ_{2006} 是不显著的。本研究检验了政策实施之前 3 年到 2016 年的变化趋势，表 8-2 报告了估计结果。从结果可知，在 2007 年之前的估计系数 ρ_{2004}、ρ_{2005}、ρ_{2006}、ρ_{2007} 均不显著，这表明在政策实施之前，生产性服务进口高依存度行业与生产性服务进口低依存度行业的就业技能结构的变化趋势不存在明显差异，具有一致性，平行趋势假设成立。然而从政策实施之后的2008~2016年，估计系数ρ_t显著为正，表明生产性服务进口依存度高的行业就业技能结构明显优于生产性服务进口依存度低的行业，即政策实施后引起了实验组加大投入进口生产性服务，促进了生产性服务进口依存度高的行业就业技能结构向高级化发展。因此，上述检验证实了实验组和对照组就业技能结构的变动在政策实施之前满足平行趋势假设，通过了双重差分估计的平行趋势检验。

表 8-2 平行趋势假设检验结果

变量	（1）	变量	（3）
treatment · year 2004	0.072 （0.75）	*treatment · year* 2014	0.459*** （5.17）
treatment · year 2005	0.001 （0.01）	*treatment · year* 2015	0.495*** （5.53）
treatment · year 2006	0.061 （0.69）	*treatment · year* 2016	0.547*** （4.97）
treatment · year 2007	0.045 （0.51）	控制变量	是
treatment · year 2008	0.329*** （4.27）	常数项	-3.984*** （-58.75）
treatment · year 2009	0.256*** （2.98）	行业固定效应	是
treatment · year 2010	0.403*** （4.57）	年份固定效应	是
treatment · year 2011	0.224*** （2.62）	样本数	210
treatment · year 2012	0.319*** （3.77）	R^2	0.9358
treatment · year 2013	0.399*** （4.45）		

注：***、** 和 * 分别表示在 1%、5% 和 10% 显著性水平上显著；括号内为参数估计的 t 统计量。

（二）安慰剂检验

安慰剂检验最初是用于某种新药疗效的随机医学实验，即把实验人群分为实验组和对照组，实验组服用真药，对照组服用安慰剂，而参与者并不知道自己服用的是安慰剂还是真药，以避免心理因素对治疗效果的影响。安慰剂检验现也应用于经济政策效果的稳健性检验，其做法通常是虚构经济政策实施时间以及虚构实验组。如果两种虚构方式下的交叉项估计系数是显著的，则表明估计结果存在偏误，即就业技能结构的变动受到了其他政策的冲击或随机因素的影响。本研究采用两种方式进行安慰剂检验，一是假设政策实施时间点前移，二是随机抽取实验组。

1. 安慰剂检验一：假设政策实施时间点前移

本研究第一个安慰剂检验把政策事件设定在 2007 年之前的某一年份，样本期设定在 2003~2007 年，以考察生产性服务进口是否仍存在促进就业技能结构向高级化发展的效应。根据前文的分析，双重差分的前提是政策实施之前的就业技能结构没有明显差异，也就是说，将政策实施时点前移至 2007 年之前的某一年份，政策事件影响的双重差分估计系数也应不显著，否则就有可能是其他政策事件或不可观测因素影响了就业技能结构的变动，而不仅仅是服务贸易自由化这一政策实施的影响效应。本研究将政策实施时点前移，虚构了 2004、2005、2006 年三个政策实施时点，估计结果见表 8-3 中的列（1）至列（3）。表中 2004、2005、2006 年三个虚构政策冲击年份的双重差分估计量均不显著，说明在没有真实政策实施影响的情况下，实验组和对照组的就业技能结构满足共同趋势假设，可以排除其他政策事件或不可观测因素对制造业就业技能结构变动的影响。

表 8-3　安慰剂检验：虚构政策实施时点

变量	(1)	(2)	(3)
treatment . post 2004	-0.047 (-0.62)		
treatment . post 2005		-0.002 (-0.04)	

续表

变量	(1)	(2)	(3)
treatment . post 2006			−0.018 (−0.26)
控制变量	是		
常数项	−7.065 *** (−4.59)	−6.649 *** (−4.33)	−6.753 *** (−4.44)
行业固定效应	是	是	是
年份固定效应	是	是	是
样本数	75	75	75
R^2	0.9010	0.9006	0.8396

注：*** 、** 和 * 分别表示在 1%、5% 和 10% 显著性水平上显著；括号内为参数估计的 t 统计量。

2. 安慰剂检验二：随机抽取实验组

遗漏行业—年份层面的变量是另一个可能导致估计结果产生偏差的原因，为了进一步检验前面估计结果是否包含行业—年份层面的不可观测因素驱动，本研究借鉴 Cai 等（2016）的做法，通过随机分配实验组进行安慰剂检验。具体做法为，从 31 个大类中随机抽取 15 个行业作为虚构的实验组，假设这 15 个行业为进口生产性服务依存度高的行业，其他行业为对照组，即进口生产性服务依存度低的行业，先构建虚构实验组虚拟变量 $treatment^{hypo}$ ，再构建用于安慰剂检验的双重差分变量 $treatment^{hypo}_{\cdot}post$ 2007。由于虚构的实验组是通过随机抽取生成的，所以用于安慰剂检验的双重差分变量对就业技能结构的影响应该不显著。如果显著，则表明本研究的基准回归结果存在偏误。为了使估计结果更加稳健，本研究进行了 500 次随机抽样并进行基准回归。图 8-2 报告了 500 次随机抽取生成实验组后的估计系数均值、估计系数分布及相应的 P 值。可以发现，随机抽取实验组双重差分估计系数大部分集中在 0 点附近，均值接近于 0 且绝大部分 P 值大于 0.1。另外，竖线代表的真实估计系数在安慰剂检验中属于明显的异常值。以上分析表明，本研究的估计结果没有受到遗漏行业—年份层面变量的影响，也就是说，行业—年份层面不可观测因素没有影响到政策实施效果。

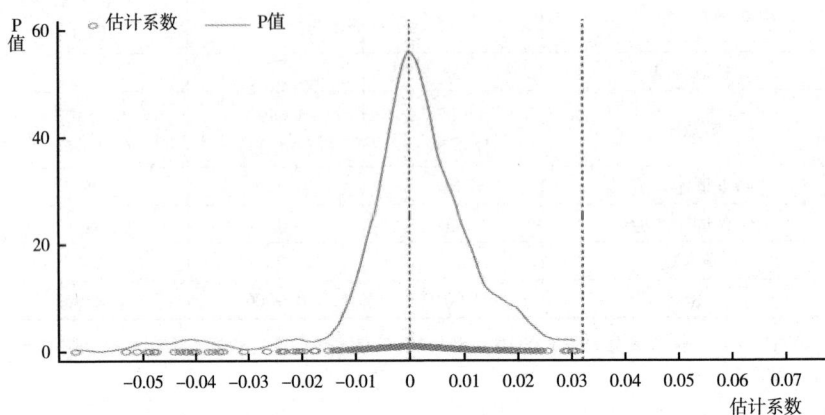

图 8-2　随机抽取实验组的安慰剂检验

三　其他稳健性检验

前面研究得到的核心结论是，生产性服务进口对就业技能结构有很大作用，是促进就业技能结构优化的重要影响因素。为了进一步证实研究结论的可靠性，再从以下方面进行稳健性检验。

（一）变换因变量测度指标

就业技能结构可以用工作岗位性质和受教育程度两个方面进行测度，前面基础回归中按工作岗位性质选取 R&D 人员作为高技能劳动力，用 R&D 人员在总就业人员中的比重作为就业技能结构衡量指标。下面替换因变量指标对基准回归结果进行稳健性检验，从就业人员受教育程度衡量就业技能结构，受教育程度分为未上过学、小学、初中、高中、大学专科、大学本科、研究生及以上，大学专科及以上学历代表高技能劳动力，因而大学专科及以上劳动力就业比重反映了相关产业就业技能结构。

（二）变更回归样本

通过调整回归样本，本研究使用 2003～2011 年的样本重新进行估计。考虑到纺织业，金属制品业，仪器仪表及文化、办公用机械制造业的生产性服务进口程度较高，本研究对剔除这三个行业的剩余样本进行估计。

稳健性检验结果见表 8-4，检验发现，交互项 $treatment \cdot post$ 2007 的估计系数依然显著，即服务贸易自由化政策冲击所导致的生产性服务进口增加促进了就业技能结构优化，这说明本研究基准回归结果结论是稳健的。

表 8-4　稳健性检验

变量	变换因变量测度指标		2003~2011 年样本		剔除三个进口服务程度高的行业样本	
	（1）	（2）	（3）	（4）	（5）	（6）
$treatment \cdot post$ 2007	0.748 *** （2.95）	0.316 *** （4.13）	0.672 ** （2.32）	0.235 ** （2.44）	0.727 ** （1.99）	0.390 ** （2.27）
$wage$		0.889 *** （7.54）		1.333 *** （8.62）		0.737 *** （4.870）
AK		0.269 ** （2.36）		0.573 *** （4.43）		0.494 *** （4.577）
rdk		0.786 *** （12.96）		0.769 *** （11.75）		0.601 *** （10.399）
$export$		0.345 *** （5.13）		0.548 *** （7.64）		0.316 *** （4.802）
FDI		−0.945 *** （−10.66）		−1.162 *** （−11.88）		−0.589 *** （−7.634）
GVC		0.535 *** （9.67）		0.477 *** （7.15）		0.427 *** （6.315）
常数项	−3.471 *** （−23.60）	−2.938 *** （−3.88）	−3.813 *** （−8.47）	−3.959 *** （−6.39）	−4.679 *** （−5.49）	−2.080 *** （−2.91）
行业固定效应	是	是	是	是	是	是
年份固定效应	是	是	是	是	是	是
样本数	210	210	135	135	168	168
R^2	0.7690	0.8067	0.7769	0.8307	0.1252	0.8645

注：*** 、** 和 * 分别表示在 1%、5% 和 10% 显著性水平上显著；括号内为参数估计的 t 统计量。

第五节　生产性服务进口对就业结构
影响的扩展分析

一　生产性服务进口影响就业技能结构的机制检验

从前面理论机制分析可知，生产性服务进口会通过影响制造业服务化转型的路径以及升级模式，进而影响就业技能结构。究竟生产性服务进口对就业技能结构的影响，是通过促进制造业服务化往哪个方向发展以及通过何种程度的升级实现的呢？

本节分别从技术创新、服务创新、产品升级、功能升级四个方面，对生产性服务进口促进就业技能结构优化的机制进行实证检验。技术创新表明制造业开始进入研发、设计环节，是制造业向价值链上游服务化转型，技术创新用新产品销售收入表示。服务创新表明制造业进入下游品牌、售后服务，是制造业向价值链下游服务化转型，服务创新用销售费用表示。由于工艺升级和链条升级较难测度以及数据缺乏，本研究暂时只考虑产品升级和功能升级。产品升级指通过生产技术改进促进产品质量提高，用出口技术复杂度表示，计算方法参考 Hausmann 等（2007）。功能升级是企业从价值链低端向高附加值两端攀升，其重要特征是企业出口增加值的提高，本研究用出口国内附加值指标衡量功能升级，出口国内附加值提高表明制造业正在实现功能升级。

表 8-5 报告了生产性服务进口影响就业技能结构的机制检验结果。第（1）列检验了生产性服务进口对技术创新的影响。交互项估计系数显著为正，说明生产性服务进口促进了制造业技术创新能力的提升。其原因在于，生产性服务进口是把国外先进的知识、技术导入制造业的重要途径，促进了高级生产性服务输入国的技术创新能力提升。而技术创新是影响就业结构的重要因素，技术进步的过

程需要与技能劳动力紧密结合，会导致对技能劳动力更高的需求（Acemoglu 和 Zilibotti，2001）。第（2）列检验了生产性服务进口对服务创新的影响，交互项估计结果显著为正，表明生产性服务进口提高了制造业服务创新能力。也就是说，将进口生产性服务内含的企业管理、售后体系运营以及品牌维护等先进经验、理念融入制造业企业，可以增加企业对咨询、管理等高技能劳动力需求，促进就业技能结构的优化升级。产品升级和功能升级是企业价值链升级的两种模式，这两种升级意味着企业进入附加值更高的国际分工环节，对劳动力技能也将提出更高要求。接下来检验生产性服务进口对产品升级和功能升级的影响。在明确了生产性服务进口能够促进制造业向价值链上游和下游两条路径服务化转型，接下来看究竟能够实现怎样的价值链升级模式。第（3）列检验了生产性服务进口对产品升级的影响，结果发现，生产性服务进口显著促进了制造业产品升级。其原因是，进口高级生产性服务能将知识、技术导入制造业，提升产品的技术复杂度，而生产技术复杂度高的产品需要高级技工和工程师等高技能劳动力，这就会增加对高技能劳动力的需求，优化就业技能结构。第（4）列是对生产性服务进口影响制造业功能升级的检验，令人遗憾的是交互项估计系数虽为正，但不显著，这说明生产性服务进口没有促进制造业功能升级。其原因可能是，我国的生产性服务进口是以金融服务、商业服务等为主，较少涉及研发、设计等攀升全球价值链所需的生产性服务进口，加之主导价值链的发达国家跨国公司存在控制技术溢出，以便将我国制造业锁定在低端的内在动力，生产性服务进口对我国制造业功能升级的促进作用并不明显。这意味着我国沿着价值链上下游进入更高级的技能分工环节存在一定的困难，即生产性服务进口通过功能升级优化劳动力就业技能结构的机制并不显著。

表 8-5　生产性服务进口对就业结构影响的机制检验

变量	技术创新	服务创新	产品升级	功能升级
	(1)	(2)	(3)	(4)
treatment . post 2007	1.066 *** (3.42)	0.118 *** (2.91)	0.121 *** (2.75)	0.046 (1.43)
wage	0.766 *** (3.50)	0.505 *** (2.70)	0.431 *** (3.41)	0.381 *** (2.99)
AK	0.314 *** (3.10)	0.326 *** (3.23)	0.315 *** (3.15)	0.122 *** (4.08)
rdk	0.565 *** (3.07)	0.387 *** (6.09)	0.374 *** (4.33)	0.010 (0.50)
export	0.228 *** (3.26)	0.385 *** (5.76)	0.126 *** (2.76)	0.134 *** (7.06)
FDI	0.229 (1.16)	0.682 *** (6.20)	0.101 ** (2.43)	−0.095 *** (−4.01)
GVC	0.276 *** (3.40)	0.234 *** (2.98)	0.491 *** (13.72)	1.041 *** (72.43)
常数项	−2.530 *** (−3.11)	−1.725 *** (−3.60)	0.851 *** (2.68)	−1.979 *** (−3.29)
行业固定效应	是	是	是	是
年份固定效应	是	是	是	是
样本数	210	210	210	210
R^2	0.7557	0.8357	0.7282	0.9647

注：***、**和*分别表示在 1%、5% 和 10% 显著性水平上显著；括号内为参数估计的 t 统计量。

二　异质性分析

(一)制造业行业异质性

由于制造业门类较多，中国不同制造业的全球价值链地位和要素密集度存在显著差异，有必要考虑制造业异质性的特征，考察生产性服务进口对不同制造业就业技能结构的影响。从现代经济体系视角来看，本研究把制造业分为传统制造业和现代制造业，借鉴刘艳（2013）的做法，构建现代制造业遴选指标体系，对制造业各行业遴选指标进行综合评分，分值在前50%的为现代制造业，分值位于后50%的是传统制造业。按生产中要素投入密集度作为标准，本研究把制造业分为劳动密集型制造业、资本密集型制造业以及技术密集型制造业，划分标准参考OECD按照技术划分产品的标准。

表8-6列（1）和列（2）是生产性服务进口对传统制造业就业技能结构和现代制造业就业技能结构影响的估计结果。可以发现，生产性服务进口并没有显著优化纺织、服装、家具等传统制造业就业技能结构，但生产性服务进口对现代制造业就业技能结构有显著的优化作用。可能的原因是相比传统制造业，现代制造业融入了更多现代科学技术，受到服务贸易自由化政策影响，现代制造业能够以低成本引进各种高质量生产性服务，消化吸收这些高级生产性服务助力现代制造业发展需要与高技能劳动力匹配结合，增加了科研人员、工程师、管理人才等高技能劳动力需求，因此生产性服务进口促进了现代制造业技能结构升级。第（3）列、（4）列和（5）列是按制造业要素密集度分类回归结果。第（3）列为生产性服务进口对劳动密集型制造业就业技能结构影响估计结果，交互项系数虽为正，但不显著，说明在服务贸易自由化这一政策冲击下生产性服务进口并没有明显优化劳动密集型制造业就业技能结构。可能的原因是食品制造、纺织、服装等制造业投入的要素主要为低技能劳动力，对劳动力自身知识、能力要求不高，而我国对生产性服务进口需求主要集中在研发、设计、品牌、咨询等高级生产性服务行业，这些生产性服务既不是劳动密集型制造业迫切需要，也不能与劳动密集型制造业低技能劳动力有效结合。第（4）列是关于资本密集型制造业样本的回归结果，交互项估计结果显著为正，说明在这一政策影响下，生产性服务进口增加促进了资本密集型制造业就业技能结构优化。其原因可能是，石油加工、化学纤维、金属冶炼等资本密集型制造业能够较好地吸收投入的进口生产性服务中的知识和技术，通过改进生产工艺、产品升级以及提高增加值进入国际分工高端环节，增加高技能岗位供给。第（5）列是关于技术密集

型制造业样本的估计结果，交互项系数估计结果显著为正，表明受这一政策影响，生产性服务进口促进了技术密集型制造业就业技能结构向高级化发展。其可能的原因是，电子及通信设备工业、飞机和宇宙航天工业、机密机床等制造业需要投入大量的研发、设计等生产性服务，而我国的高级生产性服务发展相对落后，还不能有效支持技术密集型制造业建立领先优势，通过进口国内相对稀缺的研发、设计、咨询等高级生产性服务，能够一定程度上解决国内相关生产性服务对技术密集型制造业支撑不足问题，促进技术密集型制造业转型升级，优化就业技能结构。

表 8-6　制造业行业异质性检验

变量	传统制造业	现代制造业	劳动密集型	资本密集型	技术密集型
	(1)	(2)	(3)	(4)	(5)
treatment . post 2007	−0.081 (−0.82)	0.353 *** (2.81)	0.088 (0.77)	0.255 *** (2.71)	0.242 *** (2.94)
wage	1.569 *** (5.08)	0.861 *** (3.31)	1.111 *** (6.47)	0.841 *** (5.43)	0.957 *** (4.27)
AK	0.305 *** (3.23)	0.632 *** (2.99)	0.781 *** (3.13)	0.459 *** (2.80)	0.332 *** (2.66)
rdk	1.173 *** (8.09)	0.310 ** (2.53)	0.594 *** (3.40)	0.586 *** (6.03)	0.295 *** (3.64)
export	0.336 (1.34)	0.351 *** (5.33)	0.326 (2.77)	0.353 *** (3.24)	0.137 *** (3.02)
FDI	−1.360 *** (−5.88)	−0.564 *** (−6.69)	−0.722 *** (−4.94)	−0.632 *** (−6.68)	−0.439 *** (−3.58)
GVC	0.383 *** (3.00)	0.689 *** (7.19)	0.445 *** (3.31)	0.394 *** (2.92)	0.207 *** (3.04)
常数项	1.547 (0.99)	−6.894 *** (−8.72)	−1.616 * (−1.81)	−2.257 ** (−2.08)	−5.327 *** (−4.34)
行业固定效应	是	是	是	是	是
年份固定效应	是	是	是	是	是
样本数	98	112	56	84	70
R^2	0.8105	0.8446	0.8602	0.8028	0.5807

注：*** 、** 和 * 分别表示在1%、5%和10%显著性水平上显著；括号内为参数估计的 t 统计量。

（二）进口生产性服务异质性

从上面分析可知，在服务贸易自由化这一政策影响下，生产性服务进口确实促进了制造业就业技能结构优化，且对不同制造业影响存在异质性。由于生产性服务业种类较多，进口生产性服务行业差异对就业技能结构影响可能存在不同，有必要区分进口生产性服务异质性特征，从研发服务进口、电信服务进口、金融服务进口、商业服务进口四个方面考察对就业技能结构的影响及其差异。

首先看在政策影响下，研发服务进口对就业技能结构的影响，估计结果见表8-7第（1）列。交互项估计系数显著为正，说明研发服务进口促进了我国制造业就业技能结构优化。原因可能是，我国的研发、设计能力与发达国家仍有一定差距，通过引进国外一流科研团队，外包研发、设计等环节，能够提高制造业技术创新能力，进入劳动分工高端环节，促进就业技能结构向高级化发展。第（2）列是电信服务进口对制造业就业技能结构的影响估计结果，可知交互项估计系数也是显著为正，这说明制造业通过进口国外电信服务促进了就业技能结构高级化发展。其原因可能是，信息化与制造业深度融合，以信息化带动工业化，是制造业升级的重要路径，进口发达国家的互联网信息、软件开发、信息技术咨询以及集成电路设计等生产性服务，可以促使企业有效管理产、供、销各环节的生产经营，提高企业生产效率，而且制造业产业链信息化有利于消除企业间信息传递障碍，实现市场信息在企业间的共享，提高产业链协同运行效率（刘斌等，2016）。企业生产效率和产业链协同运行效率提升会促进我国制造业国际分工地位升级，为高技能劳动力创造更多就业岗位，实现就业技能结构优化。第（3）列是金融服务进口对制造业就业技能结构的影响估计结果，交互项估计系数显著为正，说明制造业进口国外金融服务促进了就业技能结构向高级化发展。其原因可能是，民营企业作为我国吸收就业的主力军，其在转型升级过程中普遍面临融资约束问题，而进口国外金融服务可以有效缓解资金不足的问题，加快技术创新和产品升级，进入价值链分工的高端环节，在淘汰低技能工作岗位的同时，创造更多的知识、技术密集型就业机会，促进就业技能结构向高级化方向发展。第（4）列是商业服务进口对就业技能结构估计结果，交互项系数估计结果不显著，表明在这一政策影响下，进口商业服务并没有明显促进我国就业技能结构优化。其原因可能是，进口投资管理、咨询调查、会计审计等商务服务虽然在一定程度上为企业开拓市场提供了便利，但由于国际大买家限制我国企业向下游品牌端升级，企业的产出服务化水平不高，不能围绕营销和品牌建设提供足够多的高技能就业岗位，其对就业技能结构的优化作用也不明显。

表 8-7　进口生产性服务异质性检验

变量	研发服务进口	电信服务进口	金融服务进口	商业服务进口
	（1）	（2）	（3）	（4）
$treatment . post$ 2007	0. 124 ***	0. 130 ***	0. 129 ***	0. 093
	（3. 01）	（3. 07）	（3. 07）	（1. 47）
$wage$	0. 722 ***	0. 720 ***	0. 719 ***	0. 749 ***
	（5. 13）	（5. 12）	（5. 12）	（5. 27）
AK	0. 135 **	0. 131 ***	0. 156 ***	0. 145 ***
	（2. 01）	（2. 99）	（3. 96）	（3. 09）
rdk	0. 816 ***	0. 819 ***	0. 819 ***	0. 822 ***
	（13. 13）	（13. 17）	（13. 17）	（12. 93）
$export$	0. 310 ***	0. 310 ***	0. 310 ***	0. 304 ***
	（4. 44）	（4. 45）	（4. 45）	（4. 32）
FDI	−0. 964 ***	−0. 978 ***	−0. 974 ***	−0. 967 ***
	（−10. 74）	（−10. 90）	（−10. 75）	（−10. 67）
GVC	0. 472 ***	0. 469 ***	0. 469 ***	0. 473 ***
	（8. 66）	（8. 61）	（8. 61）	（8. 74）
常数项	−4. 044 ***	−4. 076 ***	−4. 076 ***	−3. 842 ***
	（−4. 48）	（−4. 50）	（−4. 50）	（−4. 21）
行业固定效应	是	是	是	是
年份固定效应	是	是	是	是
样本数	210	210	210	210
R^2	0. 7925	0. 7928	0. 7928	0. 7909

注：*** 、** 和 * 分别表示在1%、5%和10%显著性水平上显著；括号内为参数估计的 t 统计量。

第六节　本章小结

促进就业技能结构不断优化，既是破解中国就业结构性矛盾的关键，也是助力中国产业结构转型升级的重要因素。本章研究以 2007 年发布的《国务院关于加快发展服务业的若干意见》中关于履行加入世贸组织服务贸易领域开放的各项承诺这一政策实施为准自然实验，采用双重差分法系统研究了生产性服务进口对制造业就业技能结构的影响及其作用机制，得出以下研究结论。

第一，生产性服务进口显著促进了就业技能结构向高级化发展，有利于就业技能结构优化。该估计结果不仅通过了平行趋势检验和安慰剂检验的双重差分有效性检验，也通过了改变因变量指标和变换回归样本的多重稳健性检验。

第二，机制检验表明，生产性服务进口提升了制造业技术创新能力和服务创新能力，促进企业向价值链上游和下游服务化转型，通过产品升级推动了就业技能结构优化。

第三，生产性服务进口对不同制造业行业就业技能结构的影响存在明显差异。从现代经济体系视角来看，生产性服务进口没有促进传统制造业就业技能结构优化，但对现代制造业就业技能结构有显著优化作用。就生产中要素投入密集度而言，生产性服务进口没有促进劳动密集型制造业就业技能结构向高级化发展，但明显优化了资本密集型和技术密集型两类制造业的就业技能结构。

第四，生产性服务进口对就业技能结构的影响存在进口服务异质性，研发服务进口、电信服务进口和金融服务进口显著促进了就业技能结构优化，而商业服务进口没有明显优化就业技能结构。

本章研究对于供给侧改革下如何解决中国就业结构性矛盾、促进就业结构优化升级无疑具有非常重要的政策含义。

第一，对于政府相关部门来说，应当继续坚持对外开放政策，加快服务贸易自由化进程。中国生产性服务发展水平与发达国家仍有一定差距，需要通过进口发达国家高级生产性服务来为包括就业结构优化升级在内的经济结构转型提供动力支持。

第二，生产性服务进口应从重数量向重质量转变。虽然加入 WTO之后中国履行了服务贸易领域开放的各项承诺，服务贸易规模不断扩大，对外开放水平不断提升，但是过去一段时间主要关注服务贸易规模，忽视了进口质量，这就要求服务贸易开放战略应当突出质量优先的引进目标，多进口研发、设计、信息技术等知识、技术密集型生产性服务，从过去重视引进规模向质量提升转变，不断提高生产性服务进口质量。

第三，生产性服务进口依存度高的企业应改变要素投入结构，一方面要改变要素投入结构，从过去依靠中低端生产性服务要素模式向以高级生产性服务要素投入为主转变，通过要素投入质量提升带动就业技能结构优化；另一方面，要加大高知识、技能型劳动力的引进力度，加强对在职员工的职业技能培训，不断提高就业劳动力的人力资本水平，促进就业技能结构向高级化发展。

第九章　制造业出口服务化
与就业结构优化

　　国际分工进入全球价值链时代以后，基于传统总值贸易的核算方法不能准确反映一国出口贸易利得，随着全球价值链理论和核算体系的完善，出口贸易增加值更能准确衡量一国的真实出口贸易利得。在全球经济服务化特征趋势不断增强背景下，制造业出口服务化成为国际竞争力提升的关键（吕云龙和吕越，2017），出口增加值内含服务要素含量及来源的变动不仅会影响制造业全球价值链地位和国内生产性服务业发展，还会对劳动力需求结构产生影响，引起就业结构变动。本章主要研究制造业出口服务化对就业技能结构和就业学历结构的影响效应，力图梳理出制造业出口服务化优化就业结构的路径，找到制造业出口服务化不利于就业结构优化的原因，为评估全球价值链中的制造业出口服务化转型的就业影响效应提供理论支撑和经验证据。

第一节　制造业出口服务化驱动就业
技能结构优化的意义

　　改革开放以来，中国制造业依靠劳动力等廉价生产要素参与国际分工，实现了向制造业大国的华丽转身，取得了令人瞩目的"出口奇迹"，依靠出口贸易带动了国内就业增长，解决了大量农民工等低技能劳动力就业问题。但中国制造业大而不强，在全球价值链中处于中低端，在各种要素成本进入集中上升期后，过去依靠出口劳动密集型产品带动低技能劳动力就业的发展模式将难以为继。同时，随着高等教育规模的不断扩大，向劳动力市场供应了大量大学毕业生，出现了"大学生就业难"与"民工荒"并存的就业结构问题。如果中国制造业不能摆脱两端受挤压的局面，向全球价值链附加值高的两端攀升，不但很难解决高技能劳动力就业问题，对低技能劳动力拉动作用也会逐步减弱，容易陷入出口劳动技能的"低端锁定"。同理，如果就业市场对高技能劳动力需求不足，就业技能结构不能得以优化，制造业难以获得攀升全球价值链所需的劳动力要素条件，制造业在全球价值链分工中也面临"低端锁定"困境。就业问题和产业升级一直是实践部门和学术界关切的话题，如何破解嵌入全球价值链中面临的就业技能结构优化和制造业转型升级双重困境具有重要理论与现实意义。

通过制造业出口贸易拉动国内就业是发展中国家嵌入全球价值链的一个重要目标，关于出口贸易对就业结构的影响研究，根据出口产品最终用途，文献主要包括以下两个方面。

一是最终产品出口贸易的就业效应研究。早期的研究大多数是从行业或省级层面展开，Milner 和 Wright（1998）、张川川（2015）等学者指出，扩大出口规模能够显著促进就业增长，但 Greenaway 等（1999）则认为出口贸易并没有显著扩大就业规模。随着微观数据可获得性提高，不少学者开始从微观企业层面进行研究，Helpman 等（2010）从企业异质性视角提出贸易影响就业的机制，Helpman 等（2011）研究发现，国际贸易规模扩大会降低就业水平，但这些研究主要是针对发达国家。史青和李平（2014）使用中国工业企业数据研究发现，出口强度的上升同时促进了技术工人和非技术工人的就业。出口贸易对就业的影响最终表现为劳动力的转移即就业结构的转变，关于出口贸易与就业结构的关系研究，主要围绕出口贸易与就业技能结构、出口贸易与就业性别结构、出口贸易与就业产业结构、出口贸易与就业区域结构以及出口贸易与就业学历结构等方面展开。Melitz（2005）认为，国际贸易增加高技能劳动力需求，优化了就业技能结构。史青和李平（2014）则发现出口恶化了中国工人的就业技能结构。Black 和 Brainard（2002）认为国际贸易缩小了性别工资差距，但 Berik 等（2004）得出了相反的结论，陈昊和刘骞文（2014）研究表明出口贸易不利于女性就业水平提升。张川川（2015）则认为，出口贸易不仅提高中国制造业就业，还间接拉动服务业就业。

二是中间产品出口贸易的就业效应研究。国际贸易中大约 2/3 是中间产品贸易（Johnson 和 Noguera，2012），中间产品出口对就业拉动作用不断提高（卫瑞和张少军，2014）。Feenstra 和 Hanson（1996）提出了中间产品和国际外包的理论，中间产品贸易的就业效应主要从国际外包视角展开分析。国际外包提高了发达国家对高技能劳动力的需求（Hijzen 等，2005），同时，承接跨国外包也改善了发展中国家高技能劳动力就业状况（Lorentowicz 等，2005）。随着数据可获得性的提高，国内学者也逐渐关注中间产品贸易的就业效应。唐东波（2012）利用中国工业企业微观数据研究认为，企业出口比例上升，强化了与 OECD 国家的垂直专业化拉动高技能劳动力就业的效应。毛其淋和许家云（2016）发现中间产品贸易通过"提高就业创造"与"降低就业破坏"两条路径提高了制造业就业水平。卫瑞和张少军（2014）采用投入产出数据和分析方法，从技能结构、来源结构、部门结构三方面考察了中间产品出口与就业结构的关系。

然而，上述研究都是基于传统总值贸易的就业效应研究，国际贸易模式由"产品贸易"进入"任务贸易"后，基于传统研究方法的研究，不能准确衡量一国出口贸易对国内就业的影响效应。因此，有必要从增加值贸易视角重新衡量出口贸易的就业影响效应。国内也有少数学者在全球价值链下探讨了增加值出口贸易与就业的关系（张志明等，2016；杨继军等，2017），但都没有区分制造业出口中增加值的来源，出口中增加值来源的国别差异，特别是服务投入的来源国差异，会对制造业全球价值链分工地位的提升产生不同影响（戴翔等，2019），进而对就业市场也会产生不同影响。

制造业出口服务化是攀升全球价值链的重要路径之一，通过提高出口中内含的服务价值，可以显著提升制造业的国际分工地位（杜运苏和彭冬冬，2018）。随着全球价值链地位提高，出口增加值中低技能劳动比重不断降低（陈雯和孙照吉，2017）。因此，通过制造业出口服务化转型优化促进就业技能结构优化可能是一条可行路径。然而，依托于不同服务投入来源实现的制造业服务化对价值链攀升的影响效应存在差异（戴翔等，2019），从而使制造业出口服务化的就业技能结构影响效应可能不同。鉴于此，本研究基于贸易增加值视角，考察依托于不同服务投入来源实现的制造业出口服务化对就业技能结构的影响，主要探究以下问题：制造业出口服务化对就业技能结构的影响效应及其机制是什么？区分出口增加值中内含服务投入的来源国后，出口服务化对就业技能结构的影响又有哪些差异？制造业出口服务化对就业技能结构的影响是否存在行业要素密集度异质性和服务要素投入异质性？制造业出口服务化是否有助于中国摆脱全球价值链中的就业技能结构"低端锁定"？对这些问题的回答有助于更好理解制造业出口服务化对就业技能结构的影响，破解全球价值链攀升受阻和就业技能结构矛盾双重困境，为实现全球价值链地位升级与就业技能结构优化协调发展，提供理论支持与经验证据。

第二节　制造业出口服务化对就业技能结构影响的作用机理

传统 H-O 理论认为，发展中国家根据比较优势原则，利用低技能劳动力要素禀赋参与国际分工，应生产并出口劳动密集型产品，以获取国际分工收益，促进劳动力就业。但带来的问题是，在国际分工中发展中国家可能面临劳动力就业的"低端锁定"，如果劳动力就业技能结构不能及时调整，发展中国家将长期锁定在价值链低端环节。制造业出口服务化是提升国际竞争力的关键（吕云龙和吕越，2017），全球价值链地位越高，中、高技能劳动力需求越大（陈雯和孙照吉，2017），因此发展中国家通过提高出口中内含的服务要素，有可能摆脱在全球价值链中就业的"低端锁定"，实现就业技能结构优化。

出口服务化主要通过技术创新、生产成本和服务创新三条路径影响就业技能结构。国际分工进入全球价值链时代以后，制造业出口服务化中的服务投入来源也具有全球化特性（戴翔等，2019），这意味着服务投入的来源国不同时，出口服务化对就业技能结构的影响可能具有一定差异。因此，本研究把服务投入的来源区分为国内服务投入和国外服务投入，探讨依托于不同服务投入的出口服务化对就业技能结构的影响机制（见图9-1）。

一　技术创新效应

生产性服务业根据融入制造业价值链位置，可以分为上游生产性服务业、中游生产性服务业以及下游生产性服务业。当制造业出口内含的上游生产性服务增加，表明制造业出口中的研发设计、科技成果转化等服务要素比重提高，制造业技术创新能力不断升级，沿着全球价值链向上游攀升。然而，依托不同服务投入来源的制造业出口服务化，通过技术创新渠道促进全球价值链地位升级效应存在差异，因而对就业技能结构的影响也不同。如果一国出口中内含的研发设计等上游生产性服务来源于国外，根据传统的核算方法，虽然制造业出口技术复杂度和价值链地位有一定程度提升，但本质上仍是被主导和被俘获，一旦发达国家不提供需要大量投入研发、设计等服务生产的核心零部件，加工、组装等制造环节容易陷入生产危机，导致向价值链上游升级困难，部分高技能就业岗位会逐渐消失，就业技能结构优化面临重大挑战。如果一国出口中内含的上游生产性服务来源于国内，说明国内研发、设计等技术创新要素对制造业企业价值链升级具有主导性，获取了更多的价值链分工收益，会催生大量的工程师、设计师以及数据架构师等专业技术和服务岗位需求，说明制造业出口内含的国内上游生产性服务对就业技能结构具有优化作用。

二　服务创新效应

制造业出口服务化的服务创新效应，促进制造业向全球价值链下游攀升，是优化就业技能结构的另一条路径。然而，来源于不同国家的服务投入，在出口服务化影响制造业价值链地位中发挥的作用存在差异，有必要区分依托于不同服务投入来源后，考察制造业出口服务化通过服务创新效应对就业技能结构的影响及差异。来自发达国家的商务服务、咨询策划等下游生产性服务，在品牌、营销端耕耘多年，控制着产品销售渠道和售后服务，如果一国出口增加值中内含的下游生产性服务以国外服务投入为主，那么价值链下游分工收益将被发达国家品牌商以及大购买商攫取，这种依托于国外服务投入的制造业出口下游服务化，难以通过服务创新实现向价值链下游品牌、营销端攀升。因此，制造业出口国外服务化，实际是为他人做"嫁衣"，难以通过功能升级促进咨询、策划及品牌推广等高技能人员就业，会导致就业技能结构的"低端锁定"。如果制造业出口增加值中内含的下游生产性服务，主要依托于国内服务投入，国内品牌、营销服务等生产性服务会通过出口获得发展，制造业也能通过服务创新效应真正实现向价值链下游攀升，增强品牌、营销端的附加值获取能力，进入价值链高端环节拉动高技能劳动力就业，实现就业技能结构优化。

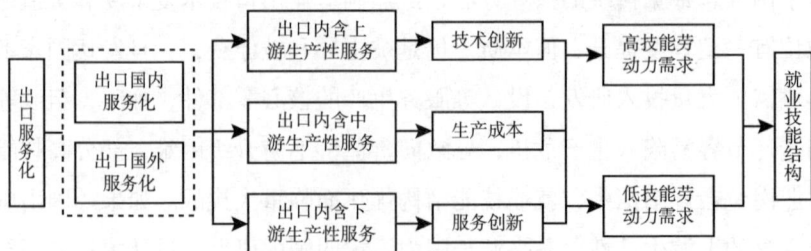

图 9-1　制造业出口服务化影响就业技能结构的作用机理

三　生产成本效应

制造业出口增加值中内含的中游生产性服务增加，意味着依托于货物运输、仓储、设备维修等服务要素投入的制造业出口服务化，会通过生产成本渠道影响劳动力就业技能结构，而对就业技能结构影响效应取决于生产性服务的来源国。具体而言，如果一国制造业出口中内含的中游生产性服务来源于国内服务投入，货物运输和仓储等物流服务为制造业原料采购和产品输出提供专业的服务，设备维修服务使制造企业专注于生产流程的管理和生产工艺的改进，节能服务降低了企业生产成本，使企业能够将更多的收益投入研发、设计以及品牌、营销中，促进了价值链功能升级，能够为高技能劳动力提供更多就业岗位，促进就业技能结构优化。然而，如果制造业出口中内含的中游生产性服务来源于国外服务投入，虽然来自发达国家的货物运输、仓储、设备维修以及节能服务等生产性服务具备较高的专业化水平和资源配置效率，但大部分利润被这些国外生产性服务供应商攫取。因此，从就业技能结构向高级化发展来说，依托于国外中游生产性服务投入的制造业出口服务化的生产成本效应，不如依托于国内中游生产性服务投入的制造业出口服务化的生产成本效应。所以，从生产成本渠道来说，出口增加值中内含的国内中游生产性服务对就业技能结构的优化作用，要大于内含的国外中游生产性服务。

第三节　制造业出口服务化驱动就业技能结构优化的效应分析：国内服务还是国外服务

一　模型的设定

考虑一个出口制造业企业，投入生产的要素包括高技能劳动力、低技能劳动力以及资本，设定生产函数为：

$$Y = \bar{A} \cdot \bar{K}^{\alpha} \cdot \bar{N}_H^{\beta} \cdot \bar{N}_L^{\gamma} \tag{9.1}$$

其中，$\bar{A}$ 是有效技术，$\bar{K}$ 是有效资本、$\bar{N}_H$ 是有效高技能劳动力、$\bar{N}_L$ 是有效低技能劳动力，出口内含服务会影响资本 K、高技能劳动力 N_H 和低技能劳动力 N_L 的效率，由于出口中服务来源对资本效率、高技能劳动力效率和低技能劳动力效率的影响存在差异，本研究把出口内含国内服务 s_d 和出口内含国外服务 s_f 引入生产函数，即 $\bar{A} = e^{(k_1 s_d + v_1)} \cdot e^{(k_2 s_f + v_2)} A$、$\bar{K} = e^{(\theta_1 s_d + \varphi_1)} \cdot e^{(\theta_2 s_f + \varphi_2)} K$、$\bar{N}_H = e^{(\zeta_1 s_d + \eta_1)} \cdot e^{(\zeta_2 s_f + \eta_2)} N_H$、$\bar{N}_L = e^{(\sigma_1 s_d + o_1)} \cdot e^{(\sigma_2 s_f + o_2)} N_L$。出口制造业企业生产技术进步来源于自主创新和吸收外来技术两个方面，自主创新与研发投入 rdk 和人力资本 hum 有关，对外来技术吸收效果与 FDI 企业技术有关，于是假设企业技术 $A = e^{xt} \cdot rdk^{\varphi_1} \cdot hum^{\varphi_2} \cdot FDI^{\varphi_3}$。

出口企业为实现利润最大化，需要在高技能劳动力和低技能劳动力之间做出选择。出口制造业企业为了实现利润最大化，会使劳动力边际收益产品等于工资，即：

$$P \cdot MPN_H = w_H \tag{9.2}$$

$$P \cdot MPN_L = w_L \tag{9.3}$$

其中 w_H 是高技能劳动力工资，w_L 是低技能劳动力工资。

由（9.2）和（9.3）式可得 $N_L = (\gamma W_H N_H) / (\beta W_L)$ 和 $N_H = (\beta W_L N_L) / (\gamma W_H)$，把 $\bar{A}$、$\bar{K}$、$\bar{N}_H$、$\bar{N}_L$、N_H、N_L 代入（9.1）式，两边取对数整理后，分别得到高技能劳动力、低技能劳动力以及技能结构基本计量回归模型：

$$\begin{aligned} \ln N_{it} = {} & \varphi_{11} s_{d_{it}} + \varphi_{12} s_{f_{it}} + \varphi_2 \ln Y_{it} + \varphi_3 \ln K_{it} + \varphi_4 \ln rdk_{it} + \varphi_5 \ln hum_{it} \\ & + \varphi_6 \ln FDI_{it} + \varphi_7 \ln w_{H_{it}} + \varphi_8 \ln w_{L_{it}} + u_i + \psi_t + \varepsilon_{it} \end{aligned} \tag{9.4}$$

其中，被解释变量（N）包括就业高技能劳动力（N_H）、就业低技能劳动力（N_L）和就业技能结构（N_H/N_L）。u_i 为行业固定效应，ψ_t 为时间固定效应，ε_{it} 为随机扰动项。

为了检验制造业出口服务化通过技术创新、服务创新和生产成本影响高技能劳动力、低技能劳动力以及技能结构的机制渠道，加入出口服务化（S）与技术创新（$inno$）、服务创新（$serv$）和生产成本（$cost$）的交互项的计量模型：

$$
\begin{aligned}
\ln N_{it} = {} & \rho_{11} s_{it} \cdot inno_{it} + \rho_{12} s_{it} \cdot serv_{it} + \rho_{13} s_{it} \cdot cost_{it} + \rho_2 \ln Y_{it} \\
& + \rho_3 \ln K_{it} + \rho_4 \ln rdk_{it} + \rho_5 \ln hum_{it} + \rho_6 \ln FDI_{it} \\
& + \rho_7 \ln w_{H_{it}} + \rho_8 \ln w_{L_{it}} + u_i + \psi_t + \varepsilon_{it}
\end{aligned}
\tag{9.5}
$$

二　变量指标选择和数据来源

（一）被解释变量

1. 高技能劳动力就业（N_H）

制造业各行业高技能劳动力就业人数，用制造业各行业规上企业R&D人员表示，数据来源于《中国科技统计年鉴》。

2. 低技能劳动力就业（N_L）

制造业各行业低技能劳动力就业人数，用制造业各行业劳动力总就业人数减去高技能劳动力就业人数表示。制造业各行业劳动力总就业人数用规模以上工业企业平均用工人数表示，数据来源于《中国工业经济统计年鉴》。

3. 就业技能结构（N_H/N_L）

就业技能结构用高技能劳动力就业规模与低技能劳动力就业规模之比表示，该比值越大，说明就业技能结构优化程度越高。

（二）核心解释变量

本研究考察制造业出口服务化对就业技能结构的影响，对制造业出口增加值中的服务投入来源进行分解测算是关键。基于多区域投入产出（Multi-Regional Input and Output，MRIO）模型，借鉴 Koopman 等（2014）、王直等（2015）以及彭水军等（2017）关于出口增加值及其分解的基本框架。假设参与全球价值链的国家有 M 个，每个国家有 N 个行业，每个行业的产品产出用途有两类，一是作为产品被本国和国外消费，二是作为中间产品，被本国和国外再次投入生产。因此，基于 MRIO 模型可得：

$$\begin{bmatrix} X^1 \\ X^2 \\ \vdots \\ X^M \end{bmatrix} = \begin{bmatrix} Y^1 \\ Y^2 \\ \vdots \\ Y^M \end{bmatrix} + \begin{bmatrix} A^{11} & A^{12} & \cdots & A^{1M} \\ A^{21} & A^{22} & \cdots & A^{2M} \\ \vdots & \vdots & \ddots & \vdots \\ A^{M1} & A^{M2} & \cdots & A^{MM} \end{bmatrix} \begin{bmatrix} X^1 \\ X^2 \\ \vdots \\ X^M \end{bmatrix} \quad (9.6)$$

其中，$X^1 = \sum_{r=1}^{M} X^{1r}$，表示国家 1 的所有 N 个行业的总产出价值，$X^{1r}$ 表示国家 1 向国家 r 出口的产品总价值。$Y^1 = \sum_{r=1}^{M} Y^{1r}$，表示国家 1 出口的最终产品价值，$Y^{1r}$ 表示国家 1 向国家 r 出口的最终产品价值。A^{mr} 表示国家 r 对国家 m 的直接消耗系数矩阵。因此，（9.6）式的含义是一国某行业的总产出，一部分作为最终产品被价值链上各国消费［式（9.6）右边第一项］，另一部分作为中间产品被价值链上各国投入再生产［式（9.6）右边第二项］。对（9.6）式进一步变换可得：

$$\begin{bmatrix} X^1 \\ X^2 \\ \vdots \\ X^M \end{bmatrix} = \begin{bmatrix} I-A^{11} & -A^{12} & \cdots & -A^{1M} \\ -A^{21} & I-A^{22} & \cdots & -A^{2M} \\ \vdots & \vdots & \ddots & \vdots \\ -A^{M1} & -A^{M2} & \cdots & I-A^{MM} \end{bmatrix} \begin{bmatrix} Y^1 \\ Y^2 \\ \vdots \\ Y^M \end{bmatrix} = \begin{bmatrix} B^{11} & B^{12} & \cdots & B^{1M} \\ B^{21} & B^{22} & \cdots & B^{2M} \\ \vdots & \vdots & \ddots & \vdots \\ B^{M1} & B^{M2} & \cdots & B^{MM} \end{bmatrix} \begin{bmatrix} Y^1 \\ Y^2 \\ \vdots \\ Y^M \end{bmatrix}$$

$$(9.7)$$

矩阵 B 为 MN×MN 的里昂惕夫逆矩阵，即完全消耗系数矩阵，不仅包含对要素的直接消耗，也包含间接消耗。在得到各行业的总产出分解框架后，容易得出总产出的增加值分解框架：

$$\hat{V}X = \hat{V}BY = \begin{bmatrix} \hat{V}_1 & 0 & \cdots & 0 \\ 0 & \hat{V}_2 & \cdots & 0 \\ \vdots & \vdots & \ddots & \vdots \\ 0 & 0 & \cdots & \hat{V}_M \end{bmatrix} \begin{bmatrix} B^{11} & B^{12} & \cdots & B^{1M} \\ B^{21} & B^{22} & \cdots & B^{2M} \\ \vdots & \vdots & \ddots & \vdots \\ B^{M1} & B^{M2} & \cdots & B^{MM} \end{bmatrix} \begin{bmatrix} Y^1 \\ Y^2 \\ \vdots \\ Y^M \end{bmatrix}$$

$$(9.8)$$

$$= \begin{bmatrix} \hat{V}_1 B^{11} Y^1 & \hat{V}_1 B^{12} Y^2 & \cdots & \hat{V}_1 B^{1M} Y^M \\ \hat{V}_2 B^{21} Y^1 & \hat{V}_2 B^{22} Y^2 & \cdots & \hat{V}_2 B^{2M} Y^M \\ \vdots & \vdots & \ddots & \vdots \\ \hat{V}_M B^{M1} Y^1 & \hat{V}_M B^{M2} Y^2 & \cdots & \hat{V}_M B^{MM} Y^M \end{bmatrix}$$

其中，$\hat{V}$ 为 MN×MN 的对角阵，对角项为各国不同行业的增加值系数。为了得到出口中的增加值分解框架，用出口向量 E 替换（9.8）式中的最终需求向量 Y，可以得到出口贸易的增加值分解框架：

$$\hat{V}\hat{B}\hat{E} = \begin{bmatrix} \hat{V}_1 B^{11} \hat{E}^1 & \hat{V}_1 B^{12} \hat{E}^2 & \cdots & \hat{V}_1 B^{1M} \hat{E}^M \\ \hat{V}_2 B^{21} \hat{E}^1 & \hat{V}_2 B^{22} \hat{E}^2 & \cdots & \hat{V}_2 B^{2M} \hat{E}^M \\ \vdots & \vdots & \ddots & \vdots \\ \hat{V}_M B^{M1} \hat{E}^1 & \hat{V}_M B^{M2} \hat{E}^2 & \cdots & \hat{V}_M B^{MM} \hat{E}^M \end{bmatrix} \tag{9.9}$$

上式中，行向量表示增加值的去向，列向量表示增加值的来源。第 1 列为国家 1 的出口增加值来源，第 M 列是国家 M 的出口增加值来源。为了追踪出口增加值中的服务要素来源，我们从列向量着手，以第 1 列为例，第 1 行元素是国家 1 的出口增加值中来源于本国的国内增加值，第 2 行元素是国家 1 出口增加值中来源于国家 2 的增加值，以此类推，从第 2 行至第 M 行的元素是来源于国外的总增加值。然而，第 1 列出口增加值既包括制造业出口增加值，也包含服务业出口增加值。本研究用 i 表示制造业，j 代表服务业。因此，制造业出口增加值中既包括制造要素的来源国家，也包含服务要素的来源国家，用上标 c 表示本国，本国制造业出口增加值可以表示为：

$$e_i^c = \sum_{i \in \Psi} v_i^c b_{ii}^{cc} e_i^c + \sum_{d \neq c} \sum_{i \in \Psi} v_j^d b_{ii}^{dc} e_i^c + \sum_{j \in \Omega} v_j^c b_{ji}^{cc} e_i^c + \sum_{d \neq c} \sum_{j \in \Omega} v_j^d b_{ji}^{dc} e_i^c \tag{9.10}$$

其中，$\displaystyle\sum_{i \in \Psi} v_i^c b_{ii}^{cc} e_i^c$ 和 $\displaystyle\sum_{d \neq c} \sum_{i \in \Psi} v_j^d b_{ii}^{dc} e_i^c$ 分别为制造业出口增加值中包含的国内制造要素和国外制造要素，$\displaystyle\sum_{j \in \Omega} v_j^c b_{ji}^{cc} e_i^c$ 和 $\displaystyle\sum_{d \neq c} \sum_{j \in \Omega} v_j^d b_{ji}^{dc} e_i^c$ 分别为制造业出口增加值中包含的国内服务要素和国外服务要素。Ψ 是制造业集合，Ω 是服务业集合。根据服务要素来源国的不同，得到制造业出口增加值中服务要素比重（SVAR）、国内服务要素比重（SDVAR）和国外服务要素比重（SFVAR）：

$$SVAR = \left(\sum_{j \in \Omega} v_j^c b_{ji}^{cc} e_i^c + \sum_{d \neq c} \sum_{j \in \Omega} v_j^d b_{ji}^{dc} e_i^c \right) / e_i^c \tag{9.11}$$

$$SDVAR = \sum_{j \in \Omega} v_j^c b_{ji}^{cc} e_i^c / e_i^c \qquad (9.12)$$

$$SFVAR = \sum_{d \neq c} \sum_{j \in \Omega} v_j^d b_{ji}^{dc} e_i^c / e_i^c \qquad (9.13)$$

自变量（S）包括三个指标，制造业出口服务化（s_T）、制造业出口国内服务化（s_d）以及制造业出口国外服务化（s_f）。制造业出口服务化（s_T）用制造业出口增加值中服务要素比重（$SVAR$）表示，制造业出口国内服务化（s_d）用国内服务要素比重（$SDVAR$）表示，制造业出口国外服务化（s_f）用国外服务要素比重（$SFVAR$）表示，数据来源于世界投入产出数据库（WIOD）提供的跨国投入产出表。

（三）其他变量

1. 技术创新（$inno$）

技术创新投入采用按行业分规上工业企业新产品产值表示，数据来源于《中国科技统计年鉴》。

2. 服务创新（$serv$）

企业越重视售后服务和品牌建设，会投入更多的销售费用，故本研究服务创新投入用销售费用表示，采用规模以上工业企业销售费用指标测度，数据来源于《中国工业统计年鉴》。

3. 生产成本（$cost$）

用制造业企业主营业务成本表示，数据来源于《中国工业统计年鉴》。

4. 行业产出（Y）

用制造业各行业工业销售产值表示，数据来源于《中国工业统计年鉴》各期。

5. 行业资本存量（K）

用人均资本存量表示，人均资本＝固定资本存量/行业从业人数，数据分别来源于《中国统计年鉴》和《中国工业统计年鉴》。

6. 研发投入（rdk）

采用制造业各行业研发投入表示，研发投入用规上企业 R&D 经费表示，数据来源于《中国科技统计年鉴》。

7. 人力资本（*hum*）

用研发人员全时当量占总从业人员数的比重表示，数据来源于《中国统计年鉴》。

8. 外商直接投资（*FDI*）

用规模以上工业企业外商资本金表示，数据来源于《中国工业统计年鉴》各期。

9. 高技能劳动力工资（w_H）

用 R&D 经费内部支出中的人员劳务费除以 R&D 人员全时当量表示，数据来源于《中国科技统计年鉴》。

10. 低技能劳动力工资（w_L）

低技能劳动力平均工资等于制造业分行业低技能劳动力工资总额除以低技能劳动力就业人数，低技能劳动力工资总额等于该行业工资总额减去 R&D 人员工资总额，低技能劳动力就业人数等于该行业就业人数减去 R&D 人员数，数据来源于《中国劳动统计年鉴》。

三 制造业出口服务化影响就业技能结构的实证结果分析

（一）基本回归分析

表 9-1 为制造业出口服务化对高技能劳动力就业、低技能劳动力就业以及就业技能结构的基本估计结果。从制造业出口内含的总体服务来看，制造业出口服务化对高技能劳动力就业没有显著影响，但促进了低技能劳动力就业，因此，对就业技能结构优化没有显著影响。为进一步探究其中的具体原因，对制造业出口服务的来源国进行区分，关于高技能劳动力就业、低技能劳动力就业以及就业技能结构影响的估计结果分别见模型（2）、（4）和（6），从中可知：制造业出口中内含的国内服务投入对高技能劳动力就业影响的估计系数显著为正，而出口中内含的国外服务投入对高技能劳动力影响的估计系数显著为负，制造业出口中内含的国内服务投入拉动高技能劳动力就业的正效应，与出口中内含

的国外服务投入抑制高技能劳动力就业的负效应相互抵消，这解释了为什么总体上制造业出口服务化对高技能劳动力就业的拉动作用虽为正，但不显著。制造业出口中内含的国内服务投入显著拉动了低技能劳动力就业，出口中内含的国外服务投入虽然对低技能劳动力就业的影响为正，但只在10%水平上通过显著性检验，从总体来说制造业出口服务化还是促进了低技能劳动力就业。制造业出口中内含的国内服务投入优化了劳动力就业技能结构，而出口中内含的国外服务投入恶化了劳动力就业技能结构，对就业技能结构影响的正负效应相互抵消，故制造业出口服务化对就业技能结构的优化作用不明显。

从上述分析可以得出一个基本结论，虽然制造业出口国内服务化对就业技能结构有优化作用，但出口国外服务化对就业技能结构的负向影响抵消了优化作用，故总体上制造业出口服务化对就业技能结构优化作用不明显。其原因主要是，制造业出口服务化所依托的服务投入来源具有全球化特征，服务投入要素来源国会对出口服务化提升制造业全球价值链地位的效应产生影响（戴翔等，2019），进而影响行业就业技能结构水平。具体而言，制造业出口中国内服务化水平提升，意味着制造业出口增加中内含的国内服务要素增加，既提高了在全球价值链中附加值创造能力，也增强了对全球价值链的掌控能力，国内生产性服务业发展以及制造业全球价值链地位升级，将会带动企业提供就业岗位的技能水平升级，并促进行业就业技能结构优化。如果制造业出口服务化提升主要依托于国外服务要素投入，对价值链中附加值创造能力显然低于依托于国内服务要素，依靠投入国外服务所形成的制造业出口规模优势，不能转化为真实的价值链地位提升，反而被"俘获"和"锁定"在低端环节，不能为我国供给日益增加的大学生等高技能劳动力提供足够就业岗位，产业结构与劳动力供给结构失衡，既不利于制造业全球价值链地位升级，也不利于就业技能结构优化。因此，需大力发展国内生产性服务业，提高制造业出口增加值中内含国内服务要素比重，提升制造业在全球价值链中附加值分配的话语权，进入价值链中高端分工环节，为高技能劳动力就业打下坚实的需求基础，才有可能优化就业技能结构。

表 9-1 基本估计结果

变量	高技能劳动力就业 N_H		低技能劳动力就业 N_L		就业技能结构 N_H/N_L	
	（1）	（2）	（3）	（4）	（5）	（6）
S_T	3.359 (1.52)		2.017** (2.28)		1.342 (0.67)	
S_d		1.239** (2.44)		0.419** (2.30)		1.179** (2.39)
S_f		−1.054** (−2.07)		0.892* (1.82)		−1.162*** (−3.35)
Y	−0.023 (−0.19)	−0.032 (−0.31)	−0.137 (−1.63)	−0.138* (−1.89)	0.115 (1.09)	0.101 (0.95)
K	0.191*** (3.26)	0.186*** (3.21)	0.121 (1.11)	0.103(0.83)	0.313*** (3.28)	0.289*** (3.07)
rdk	0.796*** (5.60)	0.754*** (5.44)	0.165 (1.62)	0.161** (2.08)	0.631*** (4.92)	0.593*** (4.72)
hum	0.161*** (3.73)	0.136*** (3.46)	−0.036 (−0.54)	−0.024 (−0.62)	0.125*** (3.49)	0.113*** (3.33)
FDI	−0.045 (−0.25)	−0.052 (−0.25)	0.488*** (3.81)	0.387** (2.19)	−0.533*** (−3.31)	−0.439** (−2.32)
w_H	−0.889*** (−7.96)	−0.826*** (−7.42)	0.171** (2.14)	0.225*** (4.36)	−1.060*** (−10.53)	−1.051*** (−10.39)
w_L	0.484** (1.99)	0.434* (1.79)	−0.452** (−2.59)	−0.502*** (−3.33)	0.936*** (4.26)	0.968*** (4.47)
常数项	−7.183* (−1.77)	8.540*** (3.24)	7.361*** (4.12)	6.670*** (3.53)	−7.545** (−2.06)	−6.129*** (−3.02)
行业固定效应	是	是	是	是	是	是
年份固定效应	是	是	是	是	是	是
N	117	117	117	117	117	117
调整 R^2	0.7922	0.8959	0.8170	0.5487	0.5867	0.5908

注：括号内为参数估计的 t 或 z 统计量，*** 、 ** 和 * 分别表示在 1%、5%和 10%显著性水平上显著。

（二）制造业出口服务化影响就业技能结构的机制检验

前面研究了制造业出口服务化及服务投入不同来源国对就业及技能结构的影响，为了厘清制造业出口服务化对就业技能结构的影响机制，根据理论研究部分的分析，接下来分别从制造业服务化的技术创新效应、服务创新效应以及生产成本效应三方面，检验制造业出口服务化对就业技能结构的影响机制。表9-2（1）~（3）列是制造业出口服务化对高技能劳动力就业影响的机制检验估计结果；制造业服务化与技术创新交互项估计系数为正，且在5%水平上通过显著性检验，说明总体上我国制造业出口服务化通过技术创新实现价值链地位升级，拉动了高技能劳动力就业。通过把出口中的服务投入来源分解为国内服务投入和国外服务投入，可以发现，制造业出口国内服务化通过技术创新效应拉动了高技能劳动力就业，制造业出口国外服务化与技术创新的交互项估计系数虽为正，但显著性水平较低，说明出口国内服务化是促进高技能劳动力就业的主要原因。由于制造业出口国内服务化的服务创新效应没有明显促进高技能劳动力就业，出口国外服务化的服务创新效应甚至抑制了高技能劳动力就业，故制造业出口服务化的服务创新效应抑制了高技能劳动力就业。制造业出口国内服务化通过生产成本效应优化了就业技能结构，但出口国外服务化的生产成本效应恶化了就业技能结构，故总体上制造业出口服务化没有明显促进就业技能结构优化。

表9-2中（4）~（6）列是关于低技能劳动力就业的机制检验结果：制造业出口国内服务化和出口国外服务化通过技术创新效应、服务创新效应和成本降低效应三条渠道都拉动了低技能劳动力就业，故从总体出口服务来看，制造业出口服务化也通过三条渠道促进了低技能劳动力就业。再看（7）~（9）列关于制造业出口服务化影响就业技能结构的机制检验结果：区分服务投入来源后回归发现，虽然出口国内服务化通过技术创新渠道和生产成本渠道优化了就业技能结构，但出口国外服务化通过服务创新和生产成本两条渠道会恶化就业技能结构。因此，总体上制造业出口服务化通过技术创新渠道优化了就业技能结构，制造业出口服务化通过服务创新以及生产成本两条渠道都没有促进就业技能结构优化。

表 9-2 出口服务化影响就业技能结构的机制检验估计结果

变量	高技能劳动力就业 N_H			低技能劳动力就业 N_L			就业技能结构 N_H/N_L		
	(1)	(2)	(3)	(4)	(5)	(6)	(7)	(8)	(9)
$S_T \cdot inno$	0.109** (2.33)			0.068*** (3.52)			0.119** (2.53)		
$S_T \cdot serv$	-0.275** (-2.17)			0.149*** (3.56)			-0.226* (-1.96)		
$S_T \cdot cost$	0.070 (1.07)			0.436*** (4.79)			0.035 (0.58)		
$S_d \cdot inno$		0.121*** (2.63)			0.031*** (3.14)			0.122*** (2.71)	
$S_d \cdot serv$		-0.009 (-0.19)			0.086*** (2.70)			-0.095 (-1.30)	
$S_d \cdot cost$		0.348*** (3.16)			0.217*** (3.61)			0.431*** (3.84)	
$S_f \cdot inno$			0.062* (1.79)			0.034** (2.33)			0.035 (1.52)
$S_f \cdot serv$			-0.148*** (-3.70)			0.113** (2.28)			-0.162** (-2.01)
$S_f \cdot cost$			-0.164*** (-4.37)			0.250*** (3.55)			-0.114** (-2.33)
Y	-0.029 (-0.25)	-0.053 (-0.45)	-0.025 (-0.21)	-0.166** (-2.08)	-0.164** (-2.01)	-0.156* (-1.87)	0.137 (1.30)	0.110 (1.05)	0.131 (1.23)

续表

变量	高技能劳动力就业 N_H			低技能劳动力就业 N_L			就业技能结构 N_H/N_L		
	(1)	(2)	(3)	(4)	(5)	(6)	(7)	(8)	(9)
K	0.153***	0.145***	0.205***	0.213**	0.175	0.174	0.367***	0.320**	0.379***
	(3.00)	(4.91)	(3.27)	(2.01)	(1.62)	(1.57)	(2.62)	(2.29)	(2.66)
rdk	0.619***	0.690***	0.718***	0.027	0.119	0.062	0.592***	0.571***	0.656***
	(4.37)	(4.76)	(4.96)	(0.28)	(1.20)	(0.62)	(4.59)	(4.47)	(5.12)
hum	0.101**	0.141***	0.154***	0.008	-0.040	-0.023	0.109***	0.101***	0.130***
	(2.08)	(3.47)	(3.62)	(0.12)	(-0.61)	(-0.36)	(3.28)	(3.19)	(3.55)
FDI	-0.156	-0.055	-0.122	0.339***	0.332**	0.322**	-0.496***	-0.387**	-0.443**
	(-0.88)	(-0.27)	(-0.60)	(2.77)	(2.44)	(2.28)	(-3.06)	(-2.20)	(-2.45)
w_H	-0.830***	-0.857***	-0.855***	0.201***	0.176**	0.189**	-1.031***	-1.034***	-1.044***
	(-7.64)	(-7.70)	(-7.56)	(2.69)	(2.32)	(2.44)	(-10.44)	(-10.52)	(-10.56)
w_L	0.159**	0.478***	0.411**	-0.513***	-0.281***	-0.425**	0.672***	0.758***	0.836***
	(2.57)	(2.84)	(2.53)	(-2.66)	(-2.69)	(-2.29)	(2.64)	(3.31)	(3.52)
常数项	1.449	1.716***	1.794***	4.146***	2.905***	4.245***	-3.697***	-4.621***	-5.039***
	(4.28)	(3.17)	(3.44)	(3.74)	(2.92)	(3.36)	(-2.53)	(-3.58)	(-3.12)
行业固定效应	是	是	是	是	是	是	是	是	是
年份固定效应	是	是	是	是	是	是	是	是	是
N	117	117	117	117	117	117	117	117	117
调整 R²	0.8604	0.9078	0.8696	0.7250	0.5438	0.6833	0.5172	0.6898	0.6322

注：括号内为参数估计的 t 或 z 统计量，***、** 和 * 分别表示在 1%、5% 和 10% 显著性水平上显著。

四　制造业出口服务化影响就业技能结构的扩展分析

（一）制造业行业要素密集度的异质性分析

考虑到不同要素密集度的制造业部门，出口增加值中服务要素含量及来源国存在差异，进而导致出口服务化对就业技能结构的影响不同。因此，接下来参考和借鉴戴翔（2016）和樊茂清等（2014）产业的分类方法，按要素密集度特征把制造业分为劳动密集型制造业、资本密集型制造业以及技术密集型制造业三类，考察出口增加值中不同服务投入来源影响就业技能结构的行业差异，估计结果见表9-3。

从劳动密集型制造业出口服务化对就业技能结构影响的估计结果可知：总体上，制造业出口服务化恶化了就业技能结构，从服务投入来源来看，制造业出口国内服务化和国外服务化均不利于就业技能结构优化。主要原因可能是我国劳动密集型制造业投入的国内生产性服务质量有待提高，不能给予传统劳动密集型制造业转型升级有效支持，而出口增加值中内含国外服务要素，由于贸易壁垒和国外服务提供商知识产权保护等原因，依托于国外服务投入的制造业出口服务化也没能给予劳动密集型制造业攀升全球价值链足够支持。

接下来看资本密集型制造业出口服务化对就业技能结构影响的估计结果：总体上，资本密集型制造业出口服务化对就业技能结构影响的估计系数虽为正，但不显著，说明制造业出口服务化没有明显优化就业技能结构。从服务投入来源看，虽然出口国内服务化促进了资本密集型制造业就业技能结构优化，但是出口国外服务化的负向影响起了部分抵消作用。

再看技术密集型制造业出口服务化对就业技能结构影响的估计结果：虽然制造业出口国内服务化促进了就业技能结构优化，但由于制造业出口国外服务化恶化了就业技能结构，最终导致制造业出口服务化影响就业技能结构的总效应虽为正，但不显著。这说明制造业出口服务化没有明显促进就业技能结构优化。主要原因是，随着我国对大数据、云计算、人工智能等生产性服务的重视，投入制造业中的国内服务要素质量不断提升，促进了制造业全球价值链地位升级，进入价值链分工中高端环节，能够为就业技能结构升级提供相匹配的岗位。但国外服务提供商为了保证能够继续攫取大部分附加值和保持对全球价值链的控制，会对相关核心技术以合法名义进行封锁，随着出口增加值中内含的国外服务要素的增加，我国制造业企业对国外服务的路径依赖会逐渐增强，陷入产业结构和就业技能结构双重低端锁定。

表 9-3　基于制造业行业要素密集度异质性的估计结果

变量	劳动密集型		资本密集型		技术密集型	
	（1）	（2）	（3）	（4）	（5）	（6）
S_T	-4.120 *** (-5.30)		3.488 (0.35)		0.243 (0.10)	
S_d		-1.667 *** (-9.00)		0.683 *** (3.49)		0.604 *** (6.91)
S_f		-1.283 *** (-3.18)		-0.353 (-0.21)		-0.894 *** (-2.66)
Y	-0.015 (-0.13)	-0.049 (-0.39)	1.114 *** (3.03)	1.320 *** (7.85)	1.006 *** (4.02)	1.474 *** (5.54)
K	0.823 * (1.90)	0.740 * (1.71)	1.055 *** (2.92)	1.117 *** (3.98)	0.763 *** (5.58)	0.634 *** (8.36)
rdk	1.370 *** (7.73)	1.387 *** (7.02)	0.752 ** (2.45)	0.740 ** (2.33)	0.451 ** (2.42)	0.628 *** (5.82)
hum	0.583 *** (7.51)	0.611 *** (8.10)	0.443 *** (3.72)	0.324 *** (2.95)	0.650 *** (2.73)	0.317 *** (3.09)
FDI	-0.897 *** (-3.19)	-0.731 * (-1.86)	-0.760 *** (-2.71)	-0.452 ** (-2.10)	0.286 ** (2.26)	0.348 ** (2.18)
w_H	-1.137 *** (-6.17)	-1.173 *** (-5.60)	-1.120 *** (-4.92)	-1.106 *** (-7.25)	-1.047 *** (-23.14)	-1.271 *** (-21.87)
w_L	1.465 *** (7.32)	1.485 *** (7.45)	-0.311 (-0.47)	-0.295 (-0.72)	0.576 (0.83)	1.409 *** (7.50)
常数项	-20.651 *** (-8.50)	-22.795 *** (-20.19)	10.395 *** (3.59)	3.129 *** (3.15)	3.971 *** (3.58)	6.172 *** (4.38)

变量	劳动密集型		资本密集型		技术密集型	
	（1）	（2）	（3）	（4）	（5）	（6）
行业固定效应	是	是	是	是	是	是
年份固定效应	是	是	是	是	是	是
N	27	27	54	54	36	36
调整 R^2	0.9154	0.9027	0.8457	0.8238	0.8833	0.9281

注：括号内为参数估计的 t 或 z 统计量，***、** 和 * 分别表示在 1%、5% 和 10% 显著性水平上显著。

（二）生产性服务投入的异质性分析

不同生产性服务业内含的知识、技术等高级要素存在差异，故制造业出口中内含的不同生产性服务对劳动力就业技能结构的影响也会存在区别，为了考察制造业出口中内含不同生产性服务的异质性影响，借鉴参考《生产性服务业分类（2015）》和 WIOD 数据库中关于生产性服务的分类，把制造业出口中内含的生产性服务分为六类，以考察出口中内含不同生产性服务对就业技能结构的异质性影响，估计结果见表 9-4。

出口批发和零售服务化对就业技能结构影响估计系数为负，说明随着制造业出口增加值中批发和零售服务投入的提高，就业技能结构有一定程度的恶化趋势，对出口批发和零售服务来源追踪后发现，制造业出口增加值中来源于国外的批发和零售服务是恶化就业技能结构的主要原因，来源于国内的批发和零售服务投入对就业技能结构影响不明显，说明国内批发和零售服务属于劳动密集型行业，而国外批发和零售等大买家对价值链的控制，阻碍了制造业价值链地位升级，恶化了就业技能结构。

出口交通运输、仓储和邮政服务化也恶化了就业技能结构，对服务来源分解后发现，虽然制造业出口国内交通运输、仓储和邮政服务化促进了就业技能结构优化，但是依托于国外交通运输、仓储和邮政服务投入的制造业出口服务化对就业技能结构的恶化作用更为明显，产生了抵消作用。

出口信息传输、软件和信息技术等服务对就业技能结构影响的估计系数显著为正，促进了就业技能结构优化，优化作用主要来源于制造业出口国内信息传输、软件和信息技术等服务。可能的原因是我国大数据、云计算及互联网的发展为制造业信息化、智能化发展提供了技术支持，传统制造业升级和先进制造业快速发展，产生了更多需求高技能劳动力的岗位，优化就业技能结构。

出口金融服务化也优化了就业技能结构，通过追踪金融服务来源发现，出口国内金融服务是促进就业技能结构优化的主要原因，而依托于国外金融服务投入的制造业出口服务化对就业技能结构没有明显优化作用。

出口租赁和商务服务服务化对就业技能结构的影响虽为正，但只在10%水平上通过显著性检验，主要原因是出口国外租赁和商务服务对就业技能结构的恶化作用，抵消了出口国内租赁和商务服务的促进作用。

值得注意的是，制造业出口国内和国外科学研究和技术服务服务化都促进了就业技能结构优化，故总体上出口科学研究和技术服务服务化显著促进了就业技能结构优化。说明我国通过大力发展和引进研发机构，通过提升自主创新能力和增强对国外技术吸收能力，使相关产业进入国际分工的高附加值环节，就业技能需求层次逐步提高，促进了就业技能结构优化。

表 9-4　基于生产性服务异质性的估计结果

变量	出口批发和零售服务化		出口交通运输、仓储和邮政服务化		出口信息传输、软件和信息技术服务化	
	(1)	(2)	(3)	(4)	(5)	(6)
S_T	-0.131 * (-1.83)		-0.281 *** (-4.60)		0.168 *** (3.19)	
S_d		-0.209 (-1.47)		0.268 *** (2.66)		0.329 *** (2.98)
S_f		-0.427 ** (-2.41)		-0.318 *** (-3.21)		-0.117 *** (-4.50)

续表

变量	出口批发和零售服务化		出口交通运输、仓储和邮政服务化		出口信息传输、软件和信息技术服务化	
	（1）	（2）	（3）	（4）	（5）	（6）
Y	−0.054 （−0.53）	−0.051 （0.52）	0.135* （1.82）	0.122* （1.73）	0.141** （2.10）	0.135** （2.33）
K	−0.338* （−1.77）	−0.297 （−1.58）	−0.300* （−1.79）	−0.267 （−1.58）	0.254** （2.07）	0.207* （1.76）
rdk	0.569*** （2.88）	0.527*** （2.87）	0.634*** （3.07）	0.608*** （2.98）	0.735*** （8.25）	0.771*** （9.03）
hum	−0.119 （−0.80）	−0.094 （−0.66）	−0.160 （−1.15）	−0.151 （−1.12）	0.126* （1.88）	0.169** （2.06）
FDI	−0.541*** （−2.77）	−0.355* （−1.83）	−0.632*** （−3.32）	−0.505*** （−2.65）	−0.399*** （−4.97）	−0.355* （−1.83）
w_H	−1.051*** （−8.65）	−1.050*** （−8.48）	−1.049*** （−8.97）	−1.055*** （−8.83）	−1.058*** （−9.62）	−0.390*** （−5.07）
w_L	1.004*** （3.13）	1.073*** （3.36）	0.976*** （2.95）	0.994*** （2.89）	0.537*** （2.96）	1.106*** （10.50）
常数项	−4.965** （−2.53）	−6.120*** （−2.95）	−7.201** （−3.85）	−8.245*** （−4.05）	−0.936*** （−2.84）	0.752*** （4.14）
行业固定效应	是	是	是	是	是	是
年份固定效应	是	是	是	是	是	是
N	117	117	117	117	117	117
调整 R^2	0.5359	0.8033	0.1096	0.2733	0.9051	0.9188
变量	出口金融服务化		出口租赁和商务服务服务化		出口科学研究和技术服务服务化	
	（1）	（2）	（3）	（4）	（5）	（6）
S_T	0.167** （2.05）		0.123* （1.87）		0.209*** （3.49）	
S_d		0.297** （2.32）		0.174** （2.47）		0.295*** （3.23）
S_f		0.103 （0.84）		−0.159** （−2.46）		0.445*** （5.60）
Y	0.139** （2.08）	0.124** （2.03）	−0.075 （−0.75）	−0.080 （−0.88）	0.117* （1.80）	0.102* （1.68）

变量	出口金融服务化		出口租赁和商务服务服务化		出口科学研究和技术服务服务化	
	(1)	(2)	(3)	(4)	(5)	(6)
K	0.346*** (3.80)	0.307*** (3.60)	−0.323* (−1.80)	−0.291 (−1.44)	0.315*** (2.61)	0.301*** (2.74)
rdk	0.653*** (3.33)	0.632*** (3.33)	0.618*** (3.03)	0.599*** (3.00)	0.760*** (9.12)	0.815*** (11.08)
hum	0.145*** (3.05)	0.163*** (3.00)	0.130 (0.91)	0.117 (0.85)	0.138** (2.52)	0.104** (2.43)
FDI	−0.641*** (−3.64)	−0.492** (−2.56)	−0.561*** (−2.94)	−0.446** (−2.21)	−0.400*** (−5.60)	−0.404*** (−6.73)
w_H	−1.048*** (−8.58)	−1.052*** (−8.45)	−1.052*** (−8.53)	−1.052*** (−8.40)	−1.003*** (−8.90)	−1.075*** (−9.90)
w_L	0.928*** (2.62)	0.948*** (2.59)	0.927** (2.50)	0.938** (2.47)	0.444** (2.55)	0.752*** (4.26)
常数项	−6.235*** (−3.38)	−7.672*** (−4.50)	−5.419*** (−2.82)	−6.217*** (−3.27)	−0.006 (−0.01)	−3.726*** (−2.69)
行业固定效应	是	是	是	是	是	是
年份固定效应	是	是	是	是	是	是
N	117	117	117	117	117	117
调整 R^2	0.2167	0.2716	0.4220	0.6543	0.9107	0.9270

注：括号内为参数估计的 t 或 z 统计量，***、** 和 * 分别表示在 1%、5% 和 10% 显著性水平上显著。

五 结论与启示

本研究在区分制造业出口中内含服务来源地基础上，理论分析了制造业出口服务化影响就业技能结构的机制，并利用 WIOD 数据库相关数据测算的制造业出口服务化指标，实证检验制造业出口服务化对就业技能结构的影响效应。结果发现：第一，制造业出口国内服务化对就业技能结构有优化作用，但出口国外服务化对就业技能结构的负向影响抵消了优化作用，总体上制造业出口服务化对就业技能结构优化作用不明显。第二，机制检验表明，制造业出口国内服务化通过技术创新和成本降低渠道优化了就业技能结构，但由于出口国外服务化通过服务创新和成本降低两条渠道恶化就业技能结构的抵消作用，故总体上制造业出口服务化通过技术创新渠道促进了就业技能结构优化，但制造业出口服务化通过服务创新渠道恶化了就业技能结构。第三，制造业出口服务及其来源国对就业技能结构的影响存在行业要素密集度异质性。劳动密集型制造业出口国内服务化和出口国外服务化均会恶化就业技能结构。资本密集型制造业和技术密集型制造业，出口国内服务化促进了就业技能结构优化，但是出口国外服务化的负向影响起了部分抵消作用。第四，依托于不同服务投入来源国的制造业出口服务化影响就业技能结构存在服务要素投入异质性。制造业出口国内交通运输、信息、金融、租赁和商务、科学技术等服务要素的增加能够优化就业技能结构，制造业出口国外科学研究和技术服务可以促进就业技能结构优化。

以上研究结论对中国摆脱全球价值链中的就业技能结构"低端锁定"，实现制造业出口转型升级和就业技能结构优化双重目标具有重要启示。

第一，加快国内生产性服务业发展，提高制造业出口增加值中国内服务要素含量，为就业技能结构优化打下坚实基础。制造业出口国内服务化是提升制造业全球价值链地位、提高附加值获取能力的重要途径，也是制造业进入高端环节增加高技能劳动力需求、优化就业技能结构的重要方式，提升制造业出口国内服务要素的含量和质量显得尤为重要。因此，要大力发展国内生产性服务业，加快生产性服务业集聚发展，优化生产性服务业人才培养模式，提高生产性服务业供给质量。

第二，在继续强化制造业出口国内服务化通过技术创新渠道和生产成本渠道优化就业技能结构基础上，疏通服务创新渠道，提高制造业出口国内服务优化就业技能结构的效应。降低制造业出口国外服务通过服务创新渠道和生产成本渠道对就业技能结构的负向影响效应。一方面要给予价值链下游品牌、营销和售后服务等国内生产性服务业发展的人才和政策支持，助力制造业通过服务创新进入下游中高端环节，优化就业技能结构。另一方面，通过服务贸易自由化改革，降低国内制造业利用国外高级生产性服务成本，发挥引进国外生产性服务在制造业出口服务提升全球价值链地位和优化就业技能结构中应有作用。

第三，针对制造业出口服务化影响就业技能结构具有行业要素密集度和服务投入异质性特征，要制定差异化的行业发展和要素投入政策。劳动密集型制造业要加快转型升级，资本密集型和技术密集型制造业要加快进入全球价值链中高端环节。促进国内交通、信息、金融、租赁和商务、科学技术等生产性服务业与制造业的深度融合，对科学技术等重点领域的生产性服务国外企业开通"绿色通道"，减少前置审批程序。

第四，稳步推进生产性服务业开放，通过有序合理开放促进国内生产性服务业发展，依托制造业出口服务化促进就业技能结构优化。制造业出口国内服务化是优化就业技能结构的关键，通过引进国外先进生产性服务业倒逼国内生产性服务业改革，是一条可行路径。国外知识、技术等高级生产性服务会通过竞争效应和溢出效应促进国内生产性服务发展，而依托于强大国内生产性服务的制造业出口服务化，才能真正促进价值链升级和就业技能结构优化。因此，要细化研究制定生产性服务业扩大开放的可操作性政策措施，提高引进、消化和吸收效率，把就业技能结构优化建立在坚实的制造业出口服务化基础之上。

第四节　制造业出口服务化驱动就业学历结构优化的意义

2019 年中国毕业大学生人数近 830 万，与此同时，东南沿海地区制造业"招工难"现象愈演愈烈。从就业市场供给侧来看，大学"扩招"后我国高校供给的大学毕业生逐年递增。从就业市场需求侧来看，制造业和服务业对受教育程度较低的劳动力需求量较大。就业市场人力资源供给结构和需求结构不匹配造成的"大学生就业难"与"民工荒"

现象，反映出当前经济转型和产业升级正面临严重的就业结构性矛盾（辜胜阻等，2013）。本质原因是制造业国际分工地位较低和产业结构不合理，无法为学历日益提高的劳动力提供相匹配的工作岗位。国际分工进入全球价值链分工后，高附加值环节是位于全球价值链两端的研发、设计、品牌、营销，而我国大多数制造业企业以加工、组装为主，处于低附加值的生产环节，需求的是大量流水线上从事简单工作的受教育程度较低劳动力。如果不改变在全球价值链中分工地位偏低现实，就难以为日益增加的大学毕业生提供足够的工作岗位，"大学生就业难"问题也就难以解决。如果"大学生就业难"问题不得到有效解决，"读书无用论"等观念出现会降低人们学习新知识提升学历的愿望，没有以高学历人才为代表的大量研发、设计劳动力供给，我国制造业可能陷入全球价值链"低端锁定"。目前国际生产分工已经进入全球价值链时代，各个国家根据自身要素禀赋参与全球价值链分工，附加值较高环节是位于形似"微笑曲线"的全球价值链两端的生产性服务业，只有这些环节才能为受过良好教育的较高学历劳动力提供足够工作岗位。

全球价值链背景下，研发、设计、信息、金融等知识密集型服务价值嵌入出口产品中，既是全球贸易发展的重要特征，也是制造业服务化的重要特征。因此，通过制造业出口服务化增加出口产品中服务要素内容，促进本国产品攀升全球价值链，有利于促进国内受过较高程度教育的高学历劳动者就业，是解决"大学生就业难"的可行方法。中国制造业通过出口服务化转型能否促进大学生就业，进而推动就业学历结构优化，背后的影响机制是什么？制造业出口中内含的服务来源国不同时，对不同受教育程度劳动力就业影响又有哪些差异？深入研究这些问题具有重要意义。

国内外学者就产业转型升级对就业结构的影响进行了广泛深入探讨，主要包括产业转型升级对就业技能结构、就业产业结构、就业空间结构和就业性别结构的影响研究。就产业转型升级对就业技能结构影响研究而言，孙早和侯玉琳（2019）研究发现工业智能化对高技能和低技能劳动力就业有促进作用，但会抑制中等技能劳动力就业，导致中国劳动力就业技能结构出现"两极化"特征。陈雯和孙照吉（2017）基于增加值贸易核算方法，发现随着全球价值链地位提高，内含在出口增加值中的低技能劳动要素占比下降，不同全球价值链地位提高方式对出口增加值中低技能劳动力占比下降效应存在差异。李磊等（2019）发现企业嵌入全球价值链提高了大专及以下受教育程度劳动力的就业风险，即就业风险随着就业劳动力技能降低增加。关于就业产业结构文献，宋锦和李曦晨（2019）检验了我国产业转型的就业影响，发现制造业经历了从资本替代就业到替代过程减缓的过程，服务业对就业的创造能力不断下降。马弘等（2013）考察了中国制造业的就业创造和就业消失现象，发现创造就业最多的行业是消费品行业，就业消失最多的是传统制造业。Moretti（2010）考察美国制造业就业影响服务业就业的弹性，认为制造业就业带动了服务业就业，高端制造业就业对服务业就业的促进作用更强。关于就业空间结构影响研究，吴昊和李萌（2020）使用空间杜宾模型探究技术进步的空间溢出效应，认为自主创新空间溢出效应为负，吸收了相近经济水平区域劳动力。关于就业性别结构影响研究，葛玉好等（2018）研究了大学生就业的性别歧视问题，结果表明女性大学生面试机会要少于男性大学生，学历越高的女性大学生遭遇的性别歧视越严重。魏巍（2018）利用高校毕业生就业调查数据考察发现，男性大学毕业生就业起薪要显著高于女性大学毕业生，在受教育程度为学术型硕士的就业者中表现更为突出。

当前中国正在全力推动制造业由生产型向服务型转变，关于制造业服务化的效应研究主要集中在产业升级效应（Francois 和 Hoekman，2010）和企业绩效效应（刘继国，2008；Neely，2008），考察制造业服务化对劳动力就业影响的文献较少，从开放视角探讨制造业出口服务化转型对不同受教育程度劳动力就业影响的研究几乎没有。鉴于此，本研究考察了出口中内含服务不同来源情况下，制造业出口服务化影响就业学历结构的机制，基于增加值贸易视角分别测度了制造业出口服务化水平、出口国内服务化水平、出口国外服务化水平，并实证研究了制造业出口服务化的就业学历结构影响效应。

第五节　制造业出口服务化对就业学历结构影响的作用机理

制造业服务化路径包括，基于技术能力的服务化路径、基于生产能力的服务化路径，以及基于市场能力的服务化路径（潘秋晨，2019）。依据制造业服务化路径，本研究把制造业出口服务化对就业学历结构的影响机制归纳如下。

一　基于技术能力的制造业出口服务化转型对就业学历结构的影响

基于技术能力的制造业出口服务化路径，即制造业企业通过出口服务化转型向全球价值链上游攀升，进入研发、设计和核心零部件等高端环节，属于价值链地位"功能升级"，能够实现此类价值链升级的企业通过投入科学研究、科技成果转化等生产性服务获得了较强的技术创新能力。在基于技术能力的制造业出口服务化转型过程中，由于相关企业进入全球价值链的中高端环节，其对就业人员的知识和技能会有更高要求，而在劳动力市场传递知识和技能的一个重要信号是劳动力的学历。企业往往会把学历当作一个劳动力是否具备高技能的判断标准，故基于技术能力的制造业出口服务化转型，会增加对大学及以上学历劳动力需求，降低对高中及以下学历劳动力需求，具有优化就业学历结构的作用。

二　基于生产能力的制造业出口服务化转型对就业学历结构的影响

基于生产能力的制造业出口服务化路径，即制造业通过出口服务化在全球价值链生产环节内部实现工艺流程升级和产品升级。工艺流程升级指的是改变生产组织、质量控制流程以及引入新机器和设备。由于中国制造业在全球价值链中依然处于中低端位置，且出口贸易中加工贸易比重较高，从事的多为代工、贴牌等低附加值环节，对就业劳动力的学历要求普遍较低。目前在制造业加工组装环节就业的工人多为高中及以下学历劳动力，甚至一些劳动密集型制造业中很多是初中和小学学历劳动力。然而，如果一直依靠低学历劳动力从事低附加值加工组装环节，中国制造业容易对低技能劳动力产生路径依赖，有被"低端锁定"的风险。随着制造业出口服务化发展，工艺流程升级作为最低层次的价值链升级模式，要求工作在生产一线的工人具备一定的实用性操作技能，这会提高劳动密集型制造业对生产流水线上工人学历的要求，越来越多的高职和大专毕业生会从事生产制造环节。产品升级是指引入更精密的生产线，推出新的产品或改进原有产品的性能，表现为新产品推出速度加快和销售比例提高。产品功能拓展、性能提升以及升级换代，随着生产环节制造业投入产品质量控制、产品设计服务增加，会提高对产品质量工程师、现场服务工程师等劳动力需求，可以吸收更多本科和硕士研究生学历的劳动力就业。

三　基于市场能力的制造业出口服务化转型对就业学历结构的影响

基于市场能力的制造业出口服务化路径，即制造业企业通过出口服务化向全球价值链下游攀升，进入品牌、营销和售后服务等高附加值环节，提高产品品牌知名度获取更多市场份额，属于价值链升级中的"功能升级"。目前，我国很多传统劳动密集型制造业通过代工、加工等方式嵌入跨国公司掌控的全球价值链，没有自主品牌，大部分产品附加值被下游品牌商获取，只获得微薄的加工代工费。随着我国制造业企业加大价值链下游生产性服务投入，从生产型制造向服务型制造转型，制造业产品融入了越来越多的服务内容。品牌战略的实施以及一整套售后服务网络体系的建设，需要战略规划、市场调研和分析、信息技术以及商务服务等相关人才支撑。随着制造业通过出口服务化向全球价值链下游攀升和市场竞争能力的逐渐增强，劳动力市场将会增加对品牌经理、市场策划、营销主管、大数据工程师等人员需求。这些新增就业岗位专业性很强，需要经过长期的学习，一般而言只有经过系统理论学习和具备一定实践经验的大学及以上学历劳动力才能够胜任。因此，基于市场能力的制造业出口服务化转型会拉动大学及以上学历受教育程度较高劳动力就业。

四　依托于不同服务来源的制造业出口服务化影响就业学历结构的机理

随着全球价值链分工的拓展和深化，制造业出口服务化过程中服务投入来源具有全球性特征（戴翔等，2019），显然来源于不同国家的服务投入对制造业出口服务化转型实现的价值链升级模式以及能够攀升到的价值链位置具有明显不同。依托于国内服务投入实现的制造业出口服务化，意味着国内研发设计等技术创新要素以及品牌营销等服务创新要素有较强竞争力，能够促进制造业功能升级，这将催生对具有良好教育背景的工程师、设计师以及数据架构师的需求，从而优化就业学历结构。依托于国外服务投入实现的制造业出口服务化，由于存在价值链依赖效应以及对溢出技术吸收能力弱，导致价值链攀升效应和附加值创造效应不明显，在全球价值链中发展中国家制造业只能实现工艺流程升级和产品升级，难以实现功能升级和链条升级。因此，基于国外服务投入实现的制造业出口服务化，很难进入全球价值链的中高端环节，不能对高学历劳动力产生足够需求，促进就业学历结构优化作用不显著。

因此，基于国内服务投入的制造业出口服务化，通过技术创新和服务创新两条路径实现功能升级进入全球价值链中高端，增加大学以上学历受教育程度较高劳动力需求，具有优化就业学历结构作用。基于国外服务投入的制造业出口服务化，由于存在价值链依赖效应和技术吸收能力弱效应，在全球价值链中只能实现产品升级和工艺流程升级，对大学以上学历受教育程度较高劳动力需求有限，促进就业学历结构优化作用有限。制造业出口服务化能否优化就业学历结构，取决于出口中内含的国内服务比重，随着国内服务投入比重增加，制造业出口服务化对就业学历结构优化作用不断提升。

第六节　制造业出口服务化对就业学历结构的影响效应分析：不同服务国别来源的比较分析

一　制造业出口服务化对就业学历结构影响的研究设计

（一）模型设定

接下来从经验层面考察制造业出口服务化对不同受教育程度劳动力就业的影响是否符合理论分析的相应趋势，构建如下计量模型：

$$L_{it} = \alpha_0 + \alpha_1 \cdot S_{it} + \alpha_2 \cdot Controls_{it} + \lambda_i + \eta_t + \varepsilon_{it} \qquad (9.14)$$

其中，L 包括小学及以下、初中、高中、专科、本科、研究生（硕士研究生和博士研究生）六类受教育程度劳动力。自变量（S）表示三种指标测算的制造业出口服务化水平，S_T 表示制造业出口服务化，S_d 代表制造业出口国内服务化，S_f 表示制造业出口国外服务化。$Controls$ 为控制变量集合，具体包括：行业人均产出（y），行业资本密集度（k），行业工资（w），研发经费投入（rdk），行业生产效率（res），外商直接投资（FDI）。λ_i 和 η_t 分别为行业固定效应变量与时间固定效应变量，ε_{it} 是随机误差项。

为考察出口中内含的国内服务对解决"大学生就业难"问题的重要性，以出口国内服务占比作为门槛变量，探究出口国内服务占比要达到什么样的比重，制造业出口服务化才能促进就业学历结构优化。借鉴Hansen（1999）面板门槛模型，以制造业出口国内服务占比作为门槛变量，建立以下单一门槛模型，双重以及多重门槛模型在此基础上拓展即可。

$$L_{it} = \alpha_0 + \alpha_{11} S_{T_{it}} \cdot I(RS_d \leq \sigma_1) + \alpha_{12} S_{T_{it}} \cdot I(RS_d > \sigma_1)$$
$$+ \beta \cdot Controls_{it} + \lambda_i + \eta_t + \varepsilon_{it} \tag{9.15}$$

其中，RS_d 是出口国内服务占比，σ_1 是其对应的估计门槛值，$I(\cdot)$ 是示性函数，如果括号中的式子成立，则 I 取 1，反之 I 取 0。

从理论分析部分可知，制造业出口国内服务之所以能够促进受教育程度较高的劳动力就业，优化就业学历结构，是因为制造业出口国内服务能够通过技术创新和服务创新两条渠道提升全球价值链地位。下面分别构建制造业出口国内服务与技术创新（tech）交叉项、出口国内服务与服务创新（pro）交叉项，建立计量模型以探究出口国内服务优化就业学历结构的机制：

$$L_{it} = \alpha_0 + S_{d_{it}} \cdot tech_{it} + \alpha_2 S_{d_{it}} \cdot pro_{it} + \beta \cdot Controls_{it} + \lambda_i + \eta_t + \varepsilon_{it} \tag{9.16}$$

制造业出口国外服务促进较高受教育程度劳动力就业效应不明显，主要原因是存在价值链依赖效应和吸收能力不足等，导致被出口国外服务低端锁定。价值链依赖程度用中间产品进口表示，一国中间产品进口越多，表明对全球价值链依赖程度越大。技术吸收能力用人力资本表示，一般来说东道国人力资本水平越高，对国外技术吸收能力越强。下面建立出口国外服务化与中间品进口交互项（import）、出口国外服务化与人力资本（hum）的交互项，加入计量模型，以探究出口国外服务不利于就业学历结构优化升级的机制：

$$L_{it} = \alpha_0 + \alpha_1 S_{f_{it}} \cdot import_{it} + \alpha_2 S_{f_{it}} \cdot hum_{it} + \beta \cdot Controls_{it} + \lambda_i + \eta_t + \varepsilon_{it} \tag{9.17}$$

（二）指标选择与数据

1. 因变量

不同受教育程度劳动力就业指标（L）。本研究把劳动力按照学历划分为小学及以下、初中、高中、专科、本科、研究生（包括硕士研究生和博士研究生）六种教育程度，其中小学及以下是较低受教育程度劳动力，初中和高中是中等受教育程度劳动力，专科、本科和研究生是较高受教育程度劳动力。

2. 制造业服务化（S）

本研究考察制造业出口服务化对就业技能结构的影响，对制造业出口增加值中的服务投入来源进行分解测算是关键。基于多区域投入产出（Multi-Regional Input and Output，简称 MRIO）模型，借鉴 Koopman 等（2014）、王直等（2015）以及彭水军等（2017）关于出口增加值及其分解的基本框架，根据服务要素来源的不同，得到制造业出口增加值中服务要素比重（$SVAR$）、国内服务要素比重（$SDVAR$）和国外服务要素比重（$SFVAR$）：

$$SVAR = \left(\sum_{j\in\Omega} v_j^c b_{ji}^{cc} e_i^c + \sum_{d\neq c} \sum_{j\in\Omega} v_j^d b_{ji}^{dc} e_i^c \right) / e_i^c \tag{9.18}$$

$$SDVAR = \sum_{j\in\Omega} v_j^c b_{ji}^{cc} e_i^c / e_i^c \tag{9.19}$$

$$SFVAR = \sum_{d\neq c} \sum_{j\in\Omega} v_j^d b_{ji}^{dc} e_i^c / e_i^c \tag{9.20}$$

因变量包括制造业出口服务化（S_T）、制造业出口国内服务化（S_d）以及制造业出口国外服务化（S_f），制造业出口服务化（S_T）用制造业出口增加值中服务要素比重表示，制造业出口国内服务化（S_d）用国内服务要素比重表示，制造业出口国外服务化（S_f）用国外服务要素比重表示。数据来源于世界投入产出数据库（WIOD）提供的跨国投入产出表。

3. 其他变量

①行业人均产出（y），用制造业各行业工业销售产值除以从业人数表示。②行业资本密集度（k），用人均资本存量表示，人均资本＝固定资本存量/行业从业人数。③行业工资（w），用分行业年平均劳动报酬表示。④研发经费投入（rdk），用规上企业 R&D 经费表示。⑤行业

生产效率（*res*），用全要素生产率表示。⑥外商直接投资（*FDI*），用规模以上工业企业外商资本金表示。⑦技术创新（*tech*），技术创新投入采用按行业分规上工业企业新产品产值表示。⑧服务创新（*pro*），一般来说，企业越重视售后服务和品牌建设，就会投入更多的销售费用，故服务创新投入采用销售费用表示，使用规模以上工业企业销售费用指标测度。⑨中间品进口（*import*），计算指标为制造业细分行业中间产品进口额占行业产出值的比重。先将制造业细分行业中间产品进口额归结到联合国 BEC 分类中的中间产品门类，再根据 BEC-HS 转化标准从联合国 Comtrade 数据库中查得属于各行业中间产品的进口数据。⑩人力资本（*hum*），用研发人员全时当量占总行业从业人员数的比重表示。

本研究数据来源于《中国工业统计年鉴》、《中国科技统计年鉴》、《中国劳动统计年鉴》、《中国人口和就业统计年鉴》、《中国统计年鉴》和联合国 Comtrade 数据库。

二　制造业出口服务化对就业学历结构影响的实证结果分析

（一）基本估计结果

为了检验制造业出口服务化对就业学历结构的影响，把劳动力按照受教育程度划分为小学及以下、初中、高中、专科、本科以及研究生六类，制造业出口服务化对各受教育程度劳动力就业的影响估计结果见表9-5。从估计结果来看，对小学及以下、本科以及研究生学历就业影响估计系数为正，且在1%水平上通过显著性检验，对专科学历就业影响估计系数则在10%水平上为正，但对初中和高中学历就业影响估计系数没有通过显著性检验。这说明制造业出口服务化对就业的拉动作用主要体现在小学及以下、专科及以上受教育程度劳动力，而对初中和高中两类中等受教育程度劳动力就业促进作用不明显，故制造业出口服务化对不同受教育程度劳动力就业的影响出现"两极化"趋势。从制造业出口服务化对专科及以上学历劳动力就业促进作用来看，促进专科、本科和研究生三种较高受教育程度劳动力就业的估计系数分别为 0.301、

0.445 和 0.756，表明随着劳动力受教育程度的提升，制造业出口服务化对劳动力就业的拉动作用愈明显。制造业出口服务化既拉动专科及以上学历等受教育程度较高劳动力就业，也增加小学及以下较低受教育程度劳动力需求，但会抑制初中和高中两类中等受教育程度劳动力就业，出现所谓就业"极化"现象。

表 9-5　制造业出口服务化对不同学历劳动力就业影响的基本估计结果

变量	小学及以下	初中	高中	专科	本科	研究生
	（1）	（2）	（3）	（4）	（5）	（6）
S_T	1.606 ***	0.271	0.360	0.301 *	0.445 ***	0.756 ***
	（2.77）	（1.40）	（0.70）	（1.75）	（2.90）	（2.93）
y	0.505 ***	0.813 ***	0.708 ***	0.638 ***	0.791 ***	0.604 ***
	（3.51）	（3.13）	（4.33）	（6.28）	（5.57）	（3.17）
k	1.943 ***	0.657 ***	0.804 ***	0.952 ***	1.213 ***	1.610 ***
	（4.77）	（4.27）	（6.21）	（4.71）	（4.96）	（4.36）
w	−0.641 ***	−1.209 ***	0.852 ***	−0.732 ***	−0.609 **	−0.931 **
	（−3.49）	（−6.00）	（4.60）	（−3.06）	（−2.23）	（−2.18）
rdk	−0.546 **	−0.672 ***	−0.167 **	0.168 *	0.763 ***	0.931 ***
	（−1.98）	（−3.08）	（−2.39）	（1.75）	（4.57）	（5.18）
res	0.270 ***	0.243 ***	0.214 ***	0.173 ***	0.154 ***	0.449 ***
	（3.08）	（7.49）	（6.10）	（4.23）	（3.67）	（5.30）
FDI	1.266 ***	1.203 ***	0.382 ***	0.848 ***	0.864 ***	0.978 ***
	（5.05）	（4.25）	（5.27）	（3.23）	（2.78）	（2.83）
常数项	−9.227 **	4.027 ***	−4.331 ***	−7.444 ***	−11.777 ***	−15.946 ***
	（−2.57）	（2.82）	（−4.30）	（−5.51）	（−7.32）	（−5.01）
行业固定效应	是	是	是	是	是	是
年份固定效应	是	是	是	是	是	是
N	117	117	117	117	117	117
R^2	0.1417	0.6155	0.7470	0.3697	0.2966	0.3198

注：*** 、** 和 * 分别表示在 1%、5% 和 10% 显著性水平上显著，括号内为参数估计的 t 统计量。

（二）出口内含服务的来源国异质性分析

从上面分析可知，制造业出口服务化对不同受教育程度劳动力就业的影响存在"极化"现象，这有可能是由制造业出口中内含服务的来源国不同造成的。接下来，把制造业出口内含的服务划分为国内服务和国外服务，以探究产生"极化"现象的原因。表9-6是区分制造业出口内含服务的来源国后，出口服务化对不同受教育程度劳动力就业影响的估计结果。在区分出口服务来源国情况下，制造业出口国外服务显著促进了小学及以下较低受教育程度劳动力就业，这是制造业出口服务化拉动小学及以下学历劳动力就业的原因。出口国外服务能促进小学及以下劳动力就业需求，主要是因为出口国外服务，制造业都能实现基于生产能力的价值链工艺升级和产品升级，而这两种升级模式正是需要大量低学历劳动力的生产环节。

再看专科、本科和研究生三类大学以上较高受教育程度劳动力就业影响的估计结果。制造业出口国内服务拉动了大学专科及以上学历劳动力就业，但出口国外服务对大学专科及以上学历劳动力就业促进作用不明显。这说明总体上制造业出口服务化虽然增加了对大学专科及以上较高受教育程度劳动力需求，但主要是依靠出口国内研发、设计和商务服务等拉动的，出口国外服务对大学专科及以上学历劳动力就业贡献很小。可能的原因是：制造业出口服务的来源不同，导致我国制造业在全球价值链中实现的升级模式以及能够达到的分工地位出现差异，对不同受教育程度劳动力需求也会有所不同。具体来说，出口国外服务化意味着出口中内含的服务大部分来源于国外，依靠出口国外服务难以促进制造业实现功能升级达到国际分工高端位置，故出口国外服务促进国内大学专科及以上较高受教育程度劳动力就业的作用有限，主要促进高中及以下受教育程度劳动力就业增长。出口国内服务化则可以拉动国内研发设计、信息技术等知识密集型服务发展，促进大学专科及以上较高受教育程度劳动力就业增长。

从对初中和高中等中等教育程度劳动力就业影响的估计结果来看，

制造业出口国内服务估计系数不显著，出口国外服务也仅对初中学历劳动力就业有促进作用，且仅在10%水平上显著，这表明制造业出口中内含服务来源于国内或国外，均对初中和高中等中等受教育程度劳动力就业没有明显促进作用。

表9-6　制造业出口中内含服务来源国的不同对劳动力就业影响的估计结果

变量	小学及以下	初中	高中	专科	本科	研究生
	（1）	（2）	（3）	（4）	（5）	（6）
S_d	0.049 (0.21)	0.173 (1.29)	0.104 (0.32)	0.528*** (2.96)	0.503** (2.42)	0.595** (2.52)
S_f	1.391*** (4.53)	0.415* (1.67)	0.313 (1.04)	0.257 (0.67)	-0.425 (-1.54)	0.209 (0.60)
y	0.443*** (3.35)	0.558*** (3.72)	0.649*** (3.44)	0.589*** (3.70)	0.643*** (4.29)	0.475*** (3.14)
k	2.001*** (4.20)	0.707*** (3.76)	0.681*** (4.17)	1.019*** (5.10)	1.279*** (5.50)	1.655*** (4.22)
w	-0.637** (-2.28)	-1.287*** (-6.00)	-1.175*** (-6.58)	-0.841*** (-3.86)	-0.719*** (-2.83)	-1.027** (-2.29)
rdk	-0.495* (1.78)	0.098 (1.60)	0.193** (2.23)	0.697*** (3.87)	0.789*** (4.73)	0.843*** (5.25)
res	0.478*** (3.29)	0.250*** (8.94)	0.221*** (5.87)	0.182*** (3.95)	0.162*** (3.03)	0.255*** (4.87)
FDI	1.475*** (4.60)	1.029*** (3.35)	1.142*** (4.11)	0.467*** (3.00)	0.578*** (3.19)	0.519*** (2.86)
常数项	-7.461*** (-2.82)	3.700*** (2.80)	-4.816*** (-2.95)	-4.236** (-2.13)	-8.442*** (-3.64)	-13.366*** (-4.86)
行业固定效应	是	是	是	是	是	是
年份固定效应	是	是	是	是	是	是
N	117	117	117	117	117	117
R^2	0.1568	0.5334	0.4085	0.2132	0.1502	0.2247

注：***、**和*分别表示在1%、5%和10%显著性水平上显著，括号内为参数估计的t统计量。

三 制造业出口服务化对就业学历结构影响的扩展分析

（一）制造业出口服务化影响不同学历劳动力就业的门槛效应分析

从前面分析可知，制造业出口服务化对不同受教育程度劳动力的影响存在"两极化"现象，即出口服务化拉动了大学专科及以上学历劳动力和小学及以下学历劳动力就业增长，其中大学专科及以上学历劳动力就业是制造业出口国内服务化带动的，出口国外服务化则促进了小学及以下学历劳动力就业。因此，一个可能的事实是制造业出口国内服务化可以优化中国劳动力就业学历结构，出口国外服务化会恶化中国劳动力就业学历结构，在不同的出口国内服务比重下，制造业出口服务化对就业学历结构的影响方向和大小可能不同。究竟出口国内服务占比多少可以实现出口服务优化就业学历结构？下面以出口国内服务占比为门槛变量，探讨制造业出口服务化对不同受教育程度劳动力就业影响的门槛效应。

门槛效应检验和估计结果分别见表9-7和表9-8。首先来看制造业出口服务化影响小学及以下受教育程度劳动力的门槛效应检验，双重门槛模型在5%水平上显著，而单一门槛和三重门槛均不显著，应选择出口国内服务占比双重门槛模型进行估计。结果显示，当出口国内服务占比低于第一个门槛值0.293时，制造业出口服务化促进了小学及以下学历劳动力就业，当出口国内服务占比跨越第一个门槛值处于0.293~0.361区间时，随着出口国内服务占比的提升，制造业出口服务化促进小学及以下学历劳动力就业的作用降低，当出口国内服务占比跨越第二个门槛值0.361后，制造业出口服务化对小学及以下学历劳动力就业拉动作用已经不明显。

制造业服务化对初中和高中学历劳动力就业需求影响都存在单一门槛效应，当出口国内服务占比低于第一个门槛值时，制造业出口服务化对初中和高中学历劳动力就业有一定程度的拉动作用，但当出口国内服务占比分别跨越各自第一个门槛值后，制造业出口服务化对初中和高中学历劳动力就业促进作用均不明显。

再看制造业出口服务化影响大学专科、本科和研究生学历劳动力就业的出口国内服务占比门槛效应，制造业出口服务化对专科、本科以及研究生三类较高受教育程度劳动力影响均存在出口国内服务占比双重门槛，各自双重门槛值见表9-7。从表9-8中报告的估计结果看，当出口国内服务占比低于第一个门槛值时，制造业出口服务化对专科、本科和研究生学历劳动力就业没有显著影响，随着出口国内服务占比提高到处于第一个门槛值和第二个门槛值之间时，制造业出口服务对专科、本科和研究生学历劳动力就业有一定促进作用，当出口国内服务占比跨越第二个门槛值后，制造业出口服务化对专科、本科以及研究生学历劳动力就业促进作用进一步增加。这说明，随着出口国内服务占比的提升，制造业出口国内服务化对大学专科及以上学历劳动力就业的促进作用逐步增强。

表9-7 门槛效应自抽样检验与门槛估计值

变量	门槛数	F 值	门槛模型	门槛值
小学及以下	单一门槛	2.310 *	双重门槛模型	0.293
	双重门槛	2.325 **		0.361
	三重门槛	0.763		
初中	单一门槛	18.217 **	单一门槛模型	0.392
	双重门槛	8.106		
	三重门槛	3.743		
高中	单一门槛	8.330 **	单一门槛模型	0.432
	双重门槛	10.395		
	三重门槛	4.834		
专科	单一门槛	10.205		0.328
	双重门槛	13.959 **	双重门槛模型	0.466
	三重门槛	11.473 *		
本科	单一门槛	11.525		0.328
	双重门槛	12.757 ***	双重门槛模型	0.466
	三重门槛	10.102 **		
研究生	单一门槛	4.106		0.361
	双重门槛	5.986 **	双重门槛模型	0.472
	三重门槛	2.409		

注：***、** 和 * 分别表示在1%、5%和10%显著性水平上显著，临界值是由采用 Bootstrap 法反复抽样400次得到。

表9-8 出口国内服务占比的门槛效应估计结果

单一门槛模型			双重门槛模型				
变量	初中	高中	变量	小学及以下	专科	本科	研究生
	(1)	(2)		(3)	(4)	(5)	(6)
$S_T \cdot I(RS_d \le \sigma_1)$	0.742* (1.94)	0.669** (2.27)	$S_T \cdot I(RS_d \le \sigma_1)$	1.997*** (4.17)	-0.160 (-0.84)	-0.188 (-0.54)	-0.601 (-0.81)
$S_T \cdot I(RS_d > \sigma_1)$	0.103 (0.07)	0.153 (0.41)	$S_T \cdot I(\sigma_1 < RS_d \le \sigma_2)$	0.922** (2.08)	0.916*** (2.61)	0.199*** (2.74)	0.708* (1.91)
y	0.727*** (3.30)	0.682*** (4.81)	$S_T \cdot I(RS_d > \sigma_2)$	0.582 (0.05)	1.122*** (2.89)	1.804** (2.84)	1.446** (1.98)
k	0.663*** (8.78)	0.554*** (3.42)	y	0.607*** (3.25)	0.506*** (2.92)	0.748*** (4.35)	0.849*** (5.30)
w	0.460*** (4.40)	-0.896*** (-5.11)	k	1.999*** (2.65)	0.735*** (3.94)	0.983*** (4.42)	1.634*** (3.92)
rdk	-0.081* (-1.71)	0.139 (1.63)	w	-0.516*** (-3.62)	-0.450*** (-3.18)	-0.678*** (-4.13)	-0.641*** (-3.38)
res	0.395*** (3.82)	0.234*** (6.37)	rdk	-0.617*** (-3.51)	0.861*** (4.67)	0.738*** (4.33)	0.572*** (3.32)

续表

	单一门槛模型			双重门槛模型			
变量	初中	高中	变量	小学及以下	专科	本科	研究生
	(1)	(2)		(3)	(4)	(5)	(6)
FDI	0.524***	0.215***	res	0.212***	0.185***	0.166***	0.402***
	(11.07)	(2.87)		(3.63)	(4.40)	(3.31)	(5.03)
			FDI	1.223**	0.223***	0.254***	0.211***
				(2.25)	(2.93)	(2.99)	(3.37)
常数项	-6.279***	3.328***	常数项	-13.151***	-5.753***	-10.042***	-14.901***
	(-3.54)	(4.22)		(-3.89)	(-2.42)	(-5.01)	(-3.87)
N	117	117	N	117	117	117	117
R^2	0.8396	0.5836	R^2	0.1406	0.4376	0.3978	0.4224

注：***、**和*分别表示在1%、5%和10%显著性水平上显著；括号内为参数估计的t统计值。

从上述分析可知，制造业出口服务化影响就业学历结构存在明显的出口国内服务占比门槛效应，随着出口国内服务占比的提升，制造业出口服务化对小学及以下、初中、高中学历等中低受教育程度劳动力就业促进作用逐渐减小，但对大学专科、本科和研究生等较高受教育程度劳动力就业促进作用逐渐增强。通过提高制造业出口服务中国内服务占比，增加对较高受教育程度劳动力的需求，是优化劳动力就业学历结构的一条可行路径。

（二）服务来源不同下制造业出口服务化影响就业学历结构的机制分析

从前面分析可知，制造业出口国内服务可以促进大学专科、本科以及研究生等较高受教育程度劳动力就业，而出口国外服务会增加小学及以下、初中、高中学历等较低受教育程度劳动力就业，提高制造业出口中的国内服务占比可以优化就业学历结构。接下来要回答的一个问题是出口国内服务优化就业学历结构的机制是什么？出口国外服务恶化就业学历结构的机制又是什么？

1. 制造业出口国内服务优化就业学历结构的机制

根据理论分析部分，制造业出口国内服务会通过价值链上游技术创新和下游服务创新两条路径优化就业学历结构。下面构建包含出口国内服务与技术创新交互项、出口国内服务与服务创新交互项的计量模型，检验中国制造业出口国内服务化优化就业学历结构的机制，估计结果见表9-9。

从对小学及以下学历劳动力就业的影响机制来看，制造业出口国内服务化通过技术创新渠道和服务创新渠道对小学及以下劳动力就业影响的总效应分别为"$3.983-0.276 \cdot tech$"和"$1.175-0.152 \cdot pro$"，这说明随着中国技术创新和服务创新水平的提升，制造业出口国内服务对小学及以下学历劳动力就业的促进作用越来越小，之后会转而抑制小学及以下学历劳动力就业。

制造业出口国内服务影响初中和高中学历劳动力就业影响机制也表现出同样趋势，随着技术创新和服务创新水平提升，出口国内服务对初中和高中学历劳动力就业促进作用逐渐降低，直至最终产生负向影响。

　　制造业出口国内服务化对大学专科、本科和研究生等较高受教育程度劳动力就业影响的机制检验结果表现出不同趋势。具体而言，出口国内服务化通过技术创新渠道对专科、本科以及研究生学历劳动力就业的总体影响效应分别为"$-2.454+0.179 \cdot tech$"、"$-2.701+0.196 \cdot tech$"和"$-2.191+0.158 \cdot tech$"，这表明随着中国技术创新能力的提升，制造业出口国内服务化对大学专科及以上的较高受教育程度劳动力就业的促进作用是不断增强的。同样，随着中国服务创新水平的升级，制造业出口国内服务化通过服务创新渠道对大学专科及以上学历等较高受教育程度劳动力就业的促进作用也呈现不断增强趋势。

　　因此，制造业出口国内服务通过技术创新渠道和服务创新渠道，促进了大学专科及以上学历等较高受教育程度劳动力就业，对高中及以下学历等较低受教育程度劳动力就业有抑制效应，优化了就业学历结构。

表 9-9　出口国内服务优化就业学历结构的机制检验

变量	小学及以下		初中		高中	
	（1）	（2）	（3）	（4）	（5）	（6）
S_d	3.983 ***	1.175 ***	1.006 **	1.191 ***	1.591 ***	1.781 ***
	（4.67）	（2.89）	（2.20）	（2.70）	（2.71）	（4.24）
$tech$	−0.986 ***		−0.170 *		−0.266 ***	
	（−3.48）		（−1.82）		（−2.86）	
Pro		−0.457 ***		−0.285 ***		−0.374 ***
		（−2.92）		（−5.19）		（−7.19）
$S_d \cdot tech$	−0.276 ***		−0.081 ***		−0.119 ***	
	（−4.20）		（−2.65）		（−3.17）	
$S_d \cdot pro$		−0.152 ***		−0.079 ***		−0.111 ***
		（−3.28）		（−3.70）		（−5.51）
控制变量	是	是	是	是	是	是
行业固定效应	是	是	是	是	是	是
年份固定效应	是	是	是	是	是	是
N	117	117	117	117	117	117
R^2	0.1574	0.6819	0.5917	0.6638	0.1318	0.1485

变量	专科		本科		研究生	
	(7)	(8)	(9)	(10)	(11)	(12)
S_d	−2.454 ***	−2.678 ***	−2.701 ***	−2.868 ***	−2.191 ***	−2.551 ***
	(−4.14)	(−5.75)	(−4.89)	(−5.35)	(−3.48)	(−3.56)
tech	0.409 ***		0.453 ***		0.277 ***	
	(4.33)		(4.88)		(2.65)	
Pro		0.520 ***		0.561 ***		0.555 ***
		(9.51)		(8.76)		(6.37)
$S_d \cdot tech$	0.179 ***		0.196 ***		0.158 ***	
	(4.68)		(5.44)		(3.79)	
$S_d \cdot pro$		0.163 ***		0.174 ***		0.155 ***
		(7.46)		(6.58)		(4.13)
控制变量	是	是	是	是	是	是
行业固定效应	是	是	是	是	是	是
年份固定效应	是	是	是	是	是	是
N	117	117	117	117	117	117
R^2	0.2410	0.2992	0.1602	0.2004	0.1985	0.2288

注：*** 、** 和 * 分别表示在1%、5%和10%显著性水平上显著；括号内为参数估计的 t 统计量。

2. 制造业出口国外服务恶化就业学历结构的机制

从理论分析部分可知，如果制造业出口服务中以国外服务为主，由于存在价值链依赖效应和技术吸收能力弱效应，不利于就业学历结构优化。接下来，用中间产品进口表示价值链依赖程度，人力资本衡量技术吸收能力，构建包含出口国外服务与价值链依赖程度、出口国外服务与技术吸收能力的计量模型，对中国制造业出口国外服务恶化就业学历结构的机制进行检验，估计结果见表9-10。制造业出口国外服务化通过价值链依赖渠道和技术吸收能力渠道对小学及以下学历劳动力就业影响的总效应分别为"−2.367+0.209*import*"和"1.794−0.579*hum*"，说明进口中间产品增加和价值链依赖程度的提高，促进了小学及以下劳动力就业，对技术的弱吸收能力也有利于小学及以下劳动力就业。同样地，制造业出口国外服务对初中和高中学历两类中等受教育程度劳动力影响机制也呈现相同趋势，随着价值链依赖程度提高以及技术吸收能力弱化，出口国外服务对初中和高中学历两类中等受教育程度劳动力就业有促进作用。制造业出口国外服务化对大学专科及以上学历劳动力就业影响机制呈现不同趋势，随着进口中间产品增加，价值链依赖效应增强，会抑制大学专科、本科和研究生学历三类较高受教育程度劳动力就业，而随着人力资本水平提高和技术吸收能力增强，制造出口国外服务化促进了三类较高学历劳动力就业水平的提升。

表 9-10　出口国外服务恶化就业学历结构的机制检验

变量	小学及以下		初中		高中	
	（1）	（2）	（3）	（4）	（5）	（6）
S_f	-2.367 *** (-4.14)	1.794 *** (2.91)	-0.323 ** (-2.42)	0.861 ** (2.25)	-0.433 *** (-3.42)	1.067 ** (2.45)
import	0.434 *** (4.33)		0.111 ** (2.33)		0.199 *** (3.33)	
hum		-0.602 *** (2.59)		-0.392 ** (-1.99)		-0.502 ** (-2.22)
$S_f \cdot import$	0.209 *** (4.68)		0.225 *** (3.46)		0.198 *** (4.72)	
$S_f \cdot hum$		-0.579 *** (-3.28)		-0.182 ** (-1.98)		-0.272 *** (-2.71)
控制变量	是	是	是	是	是	是
行业固定效应	是	是	是	是	是	是
年份固定效应	是	是	是	是	是	是
N	117	117	117	117	117	117
R^2	0.1035	0.4943	0.4776	0.7266	0.7402	0.4860

变量	专科		本科		研究生	
	（1）	（2）	（3）	（4）	（5）	（6）
S_f	0.763 *** （2.63）	-1.311 *** （-2.98）	1.059 *** （2.80）	-1.360 *** （-3.63）	1.915 *** （3.41）	-1.153 ** （-2.22）
import	-0.520 *** （-3.06）		-0.692 *** （-3.24）		-0.590 *** （-4.55）	
hum		0.592 ** （2.02）		0.618 ** （2.36）		0.626 ** （2.27）
$S_f \cdot import$	-0.385 *** （-4.66）		-0.518 *** （-3.84）		-0.221 *** （-3.46）	
$S_f \cdot hum$		0.334 *** （2.88）		0.345 *** （3.52）		0.264 *** （2.67）
控制变量	是	是	是	是	是	是
行业固定效应	是	是	是	是	是	是
年份固定效应	是	是	是	是	是	是
N	117	117	117	117	117	117
R^2	0.2125	0.2944	0.1879	0.2194	0.3698	0.2488

注：***、** 和 * 分别表示在1%、5%和10%显著性水平上显著；括号内为参数估计的 t 统计量。

因此，制造业出口国外服务通过价值链依赖渠道和技术吸收能力弱化渠道，促进了高中及以下学历等中低受教育程度劳动力就业，对大学专科及以上学历等较高受教育程度劳动力的就业有抑制效应，恶化了就业学历结构。应该通过降低价值链依赖，提高技术吸收能力，缓解制造业出口服务化对就业学历结构的不利影响。

四　结论与政策启示

本研究在"大学生就业难"与"民工荒"就业结构矛盾背景下，从理论和经验两个层面探讨了制造业出口服务化转型对不同受教育程度劳动力就业的影响效应。研究结果表明：第一，制造业出口服务化既拉动专科及以上学历等较高受教育程度劳动力就业，也增加小学及以下学历等较低受教育程度劳动力需求，但会抑制初中和高中学历等中等受教育程度劳动力就业，出现就业"极化"现象；第二，进一步区分出口服务的来源国后，制造业出口国内服务和出口国外服务均拉动了小学及以下学历劳动力就业，而专科及以上学历劳动力就业增长主要依靠出口国内服务化，但是制造业出口国内服务和国外服务都没有有效促进初中和高中两类中等受教育程度劳动力就业；第三，随着出口国内服务占比的提升，制造业出口服务化对小学及以下、初中、高中等受中低教育程度劳动力就业促进作用逐渐减小，对大学专科、本科和研究生学历等较高受教育程度劳动力就业促进作用逐渐增强；第四，制造业出口国内服务化通过技术创新渠道和服务创新渠道，促进了大学专科及以上学历等较高受教育程度劳动力就业，对高中及以下学历等中低受教育程度劳动力就业有抑制效应，优化了就业学历结构。制造业出口国外服务通过价值链依赖渠道和技术吸收能力弱化渠道，促进了高中及以下学历等中低受教育程度劳动力就业，对大学专科及以上学历等较高受教育程度劳动力就业有抑制效应，恶化了就业学历结构。

上述研究结论对于促进不同受教育程度劳动力就业、解决"大学生就业难"与"民工荒"问题具有重要的启示。第一，大力发展国内生产性服务业，提高制造业国内服务投入质量。只有依托于国内生产性服务的制造业出口服务化才能实现国际分工地位升级，进入需要大量受过较高教育程度劳动力的价值链环节。因此，要建立专业化生产性服务业体系，推动国内研发、设计、品牌和营销等生产性服务的应用，加快国内信息技术服务与生产制造融合。第二，为技术创新和服务创新提供制度保障，利用制造业出口国内服务化促进就业学历结构优化。要建立和完善保护技术创新和服务创新的法律法规，促进创新人才优化配置，营造良好的创新人才发展环境。第三，降低中国制造业全球价值链依赖效应，提高技术吸收能力，减轻制造业出口国外服务化对就业学历结构的恶化效应。通过大力发展国内大数据、云计算、物联网等生产性服务业，缓解制造业中间投入对国外知识、密集型高级生产性服务进口需求，同时继续加大高等教育经费投入，扩大高等教育招生特别是研究生以上学历招生规模，提高对国外高级生产性服务溢出知识、技术的吸收能力。

第七节　本章小结

出口服务化是制造业出口中内含服务要素不断增加的过程，是企业攀升全球价值链、提高出口增加值中技能劳动比重的重要方式，是优化就业结构的可行路径。本章从全球价值链视角，分析了制造业出口服务化对就业技能结构和就业学历结构的影响机制及影响效应，发现制造业出口国内服务化优化了就业技能结构，制造业出口国外服务化恶化了就业技能结构，制造业出口服务化导致就业学历结构出现"极化"现象，制造业出口国内服务化优化了就业学历结构，但制造业出口国外服务化使中国就业学历结构陷入"低端锁定"。

本章研究内容可能在以下方面推进相关领域研究。

第一，在全球价值链视角下，分析制造业出口服务化对就业技能结构和就业学历结构的影响机制，推进了相关领域理论研究。随着中国"大学生就业难"与"民工荒"就业结构矛盾的显现以及生产型制造向服务型制造战略推进的深化，考察制造业出口服务化转型对不同技能和不同学历劳动力就业影响具有十分重要意义。

第二，从增加值贸易视角，区分制造业出口中内含服务的国别来源，实证研究制造业出口国内服务和出口国外服务对不同技能劳动力和不同学历劳动力的就业影响及其差异。

第三，分别检验了制造业出口国内服务优化就业技能结构和就业学历结构的机制，以及出口国外服务恶化就业技能结构和就业学历结构的机制，为有效制定相关政策，利用制造业出口服务化转型优化就业技能结构和就业学历结构，解决"大学生就业难"与"民工荒"等就业结构性矛盾提供现实依据。

第十章 研究结论与政策建议

就业作为中国最大的民生,其主要矛盾已从总量矛盾转为结构性矛盾,劳动力资源供给与岗位需求不相匹配现象表现在行业、区域、技能等方面。产生就业结构性矛盾的重要原因在于以要素成本优势嵌入全球价值链的中国制造业国际分工地位较低,虽然为解决劳动力就业特别是中低技能劳动力就业做出了很大贡献,但随着1999年大学扩招政策的实施,中国大学毕业生人数不断攀升,使劳动力资源供给结构发生了很大变化,必须尽快进行产业结构升级向劳动力市场供给更多适合大学及以上学历毕业生的知识、技能型就业岗位。另外,目前我国要素成本的比较优势受到了来自东南亚等发展中国家冲击,未来在全球价值链中的加工、组装等制造环节也面临激励竞争,以农民工为代表的低技能劳动力就业必将面临严峻挑战。由于全球价值链的研发、设计以及营销、售后都是高附加值的生产性服务业,制造业只有通过服务化转型向全球价值链上游和下游延伸,进入国际分工的更高端环节,才能向劳动力市场提供足够的高技能就业岗位解决大学生就业难问题,同时通过制造业服务化转型带动服务业的就业吸纳能力提升,吸收更多加工、组装等生产制造环节转移出来的低技能劳动力。鉴于此,制造业服务化转型不仅是攀升全球价值链的重要途径,也为缓解就业结构矛盾提供了可能。

本书从产业关联、空间互动以及全球价值链三个视角,研究了中国制造业服务化转型对就业结构的影响机制及效应，揭示了一个客观规律：制造业服务化转型在优化就业结构中有积极作用。当然，从实证研究中也发现，在三个不同研究视角下，制造业服务化转型对就业结构的影响效应会受到行业要素密集度异质性、服务投入异质性、空间溢出效应、进口服务国别来源以及出口内含服务来源的影响。因此，本章从产业关联、空间互动以及全球价值链三个视角，得出本书的研究结论和主要观点，并有针对性提出促进制造业服务化转型与就业结构优化协调发展的政策建议，最后对政策效果进行了讨论和展望。

第一节　研究结论

本书从产业关联、空间互动以及全球价值链三个视角全面分析发现，制造业服务化转型不仅是占据价值链高端以及提高国际分工地位的重要方式，而且能够有效缓解就业结构性矛盾。制造业服务化转型对就业结构的优化作用体现在以下方面。

一　制造业投入服务化和产出服务化具有优化就业结构的作用

（一）制造业投入服务化优化就业结构的作用

从制造业投入端来看，投入服务化优化了就业结构，但不同制造业以及投入服务差异又会影响到优化作用的发挥。本书制造业投入服务化影响就业结构的观点如下。

第一，从总体来看，制造业投入服务化促进了就业技能结构优化，促进就业技能结构优化的渠道是制造业价值链地位升级，投入服务化通过改变要素投入结构对就业技能结构的影响效应并不明显。

第二，就分行业而言，投入服务化对就业技能结构的影响存在制造业要素密集度异质性，劳动密集型制造业投入服务化没有促进就业技能结构优化，资本密集型制造业投入服务化只通过提升价值链地位促进就业技能结构优化，技术密集型制造业投入服务化通过价值链地位升级和改善要素结构两条渠道优化就业技能结构。投入服务化对就业技能结构的影响存在服务投入异质性，批发零售服务投入和交通运输服务投入没有促进就业技能结构优化，信息、金融、租赁、商务、科学技术等服务的投入促进了就业技能结构优化。

第三，生产性服务效率和贸易自由化在投入服务化对就业技能结构影响中具有重要的调节作用。随着生产性服务效率的提升，投入服务化对就业技能结构的优化作用不断增强。随着贸易自由化进程的推进，投入服务化对就业技能结构的优化作用逐渐增强。

（二）制造业产出服务化优化就业结构的作用

从制造业产出端来看，产出服务化拉动了高技能劳动力就业，优化了就业结构，但不同产出服务化类型、不同影响路径的促进作用存在差异，企业自身特征以及所处环境也会对制造业产出服务化的就业优化效应产生差异化作用。本书制造业产出服务化影响就业结构的观点如下。

第一，制造业企业产出服务化既促进了高技能劳动力就业，也拉动了就业总人数增长。从产出服务化分类型看，嵌入服务化促进了包括高技能劳动力在内的就业人数增长，混入服务化却对高技能劳动力就业拉动作用不显著。

第二，企业自身特征以及所处环境会对制造业产出服务化的就业影响效应产生作用。从不同企业所有制类型来看，民营企业和外资企业服务化能够推动中国就业数量增长，而国有企业和外资企业服务化则是提升就业质量的关键。就企业所属行业不同而言，劳动密集型制造业产出服务化能够促进中国就业数量增长，而资本密集型和技术密集型两类制造业企业服务化则是提升就业质量的关键。从企业地区异质性看，北部沿海地区、东部沿海地区和南部沿海地区的制造业企业产出服务化转型促进了就业质量和数量双提升，其他地区的企业产出服务化转型对就业促进作用有待进一步提高。企业规模不同，制造业企业产出服务化对就业的影响效应也存在差异，企业规模越大，产出服务化对高技能劳动力就业以及就业总数促进作用越大。具体而言，中型企业和大型企业产出服务化转型既拉动了高技能劳动力就业，也促进了就业总人数增长，但小型企业产出服务化转型对就业增长的拉动作用有限。

第三，利润、交易成本和工资是制造业企业产出服务化促进就业人数增长的可能渠道。制造业企业产出服务化的利润增加效应已经成为促进就业增长的重要因素，产出服务化的交易成本降低效应对拉动就业人数增长发挥积极作用，产出服务化的工资提升效应是促进高技能劳动力就业人数增加的重要力量。

第四，市场化程度和国际化程度在制造业企业产出服务化对就业的影响中发挥重要调节作用。随着企业市场化程度和国际化程度提高，制造业企业产出服务化、嵌入服务化以及混入服务化对就业人数增长促进作用不断增强。

二　制造业服务化地区内溢出效应和空间溢出效应具有优化就业结构的作用

（一）制造业服务化的地区内溢出效应优化了就业结构

从地区内溢出效应来看，制造业服务化是一条提高本地服务业这个就业"压舱石"吸纳就业能力的有效路径，但促进作用会受到服务业异质性、区域差异以及城市特征的影响。本书制造业服务化地区内溢出效应对服务业就业影响效应的观点如下。

第一，城市制造业服务化提高了本地生产性服务业和公共服务业就业吸纳能力，但没有促进本地生活性服务业就业能力提高，总体上制造业服务化转型促进了本地区服务业就业。

第二，制造业服务化转型促进本地区生产性服务业就业主要是通过拉动交通运输、信息服务、金融服务、租赁和商业服务、房地产服务以及科学研究等细分行业就业实现。促进公共服务业就业主要是通过拉动水利、教育、卫生以及公共管理等行业就业吸纳能力提升实现。由于对批发、住宿、居民服务以及文化体育等细分行业就业拉动作用不明显，故没有促进生活性服务业就业吸纳能力的提高。

第三，城市制造业服务化转型对本地服务业就业影响存在明显的区域差异。制造业服务化转型对东部沿海地区和南部沿海地区的生产性服务业、生活性服务业和公共服务业就业都有明显促进作用，故东部沿海地区和南部沿海地区制造业服务化转型对服务业就业拉动作用最大。北部沿海地区、长江中游地区和黄河中游地区制造业服务化转型通过促进生产性服务业和公共服务业就业拉动了整体服务业就业吸纳能力提升。西南地区服务业就业吸纳能力提升主要通过促进生活性服务业就业实现。然而，东北地区和西北地区制造业服务化转型对服务业就业没有带动作用。

第四，城市特征在制造业服务化转型对本地区服务业就业影响中有重要调节作用。随着城镇化率的提升、城市经济规模的扩大以及市场化程度的提高，制造业服务化转型对服务业就业拉动作用逐步提高。

（二）制造业服务化的空间溢出效应优化了就业结构

从空间溢出效应来看，制造业服务化转型优化了周边地区就业结构，但空间溢出效应随着距离增加呈衰减特征。本书制造业服务化空间溢出效应对就业结构的影响效应观点如下。

第一，制造业服务化转型不仅对本地就业结构产生地区内溢出效应，对其他地区就业结构也有空间溢出效应，制造业服务化同时优化了本地区就业结构和周边地区就业结构。

第二，制造业服务化空间溢出效应具有城市特征异质性，沿海地区城市、经济规模越大城市以及市场化程度高的城市，制造业服务化对就业结构优化的正向空间溢出越大。

第三，技术创新和服务创新既强化了制造业服务化转型对本地就业结构的优化作用，也放大了促进周边地区就业结构向高级化发展的空间溢出效应。

第四，制造业服务化对就业结构的空间溢出效应具有衰减规律且存在一定区域边界，超过一定距离范围后空间溢出效应不再显著。

三 制造业进口服务化和出口国内服务化具有优化就业结构的作用

（一）生产性服务进口促进了就业结构优化

从进口服务化来看，生产性服务进口优化了中国就业技能结构，但优化效果受到进口服务类别以及制造业行业特征影响。本书以2007年发布的《国务院关于加快发展服务业的若干意见》中关于履行加入世贸组织服务贸易领域开放的各项承诺这一政策实施为准自然实验，研究生产性服务进口对就业结构的影响效应后，得出观点总结如下。

第一，生产性服务进口显著促进了就业技能结构向高级化发展，有利于就业技能结构优化。

第二，生产性服务进口提升了制造业技术创新能力和服务创新能力，促进企业分别向价值链上游服务化转型和下游服务化转型，通过产品升级推动了就业技能结构优化。

第三，生产性服务进口对不同制造业行业就业技能结构的影响存在明显差异。从现代经济体系视角来看，生产性服务进口没有促进传统制造业就业技能结构优化，但对现代制造业就业技能结构有显著优化作用。就生产中要素投入密集度而言，生产性服务进口没有促进劳动密集型制造业就业技能结构向高级化发展，但优化了资本密集型和技术密集型两类制造业的就业技能结构。

第四，生产性服务进口对就业技能结构的影响存在进口服务异质性。研发服务进口、电信服务进口和金融服务进口显著促进了就业技能结构优化，但商业服务进口没有明显优化就业技能结构。

（二）制造业出口国内服务化能够优化就业结构，出口国外服务化不利于就业结构优化

从出口服务化来看，制造业出口服务化对就业技能结构优化作用不明显，使就业学历结构出现"极化"现象。本书制造业出口服务化对就业技能结构影响效应的观点总结如下。

第一，制造业出口国内服务化对就业技能结构有优化作用，但出口国外服务化对就业技能结构的负向影响抵消了优化作用，总体上制造业出口服务化对就业技能结构优化作用不明显。

第二，总体上制造业出口服务化通过技术创新渠道促进了就业技能结构优化，但制造业出口服务化通过服务创新渠道恶化了就业技能结构。

第三，制造业出口服务及其来源对就业技能结构的影响存在行业要素密集度异质性。劳动密集型制造业出口增加值中内含国内服务投入和内含国外服务投入的增加均会恶化就业技能结构。资本密集型制造业和技术密集型制造业，出口增加值中内含国内服务投入促进了就业技能结构优化，但是出口增加值中内含国外服务投入的负向影响起了部分抵消作用。

第四，依托于不同服务投入来源的制造业出口服务化影响就业技能结构存在服务要素投入异质性。制造业出口增加值中来自国内的交通运输、信息、金融、租赁和商务、科学技术等服务要素投入的增加能够优化就业技能结构，而制造业出口增加值中只有国外科学技术服务要素投入的增加可以促进就业技能结构优化。

本书制造业出口服务化对就业学历结构影响效应的观点如下。

第一，制造业出口服务化既拉动专科及以上学历等较高受教育程度劳动力就业，也增加小学及以下学历等较低受教育程度劳动力需求，但会抑制初中和高中学历等中等受教育程度劳动力就业，出现就业"极化"现象。

第二，制造业出口国内服务和出口国外服务均拉动了小学及以下学历劳动力就业，而专科及以上学历劳动力就业增长主要依靠出口国内服务化，制造业出口国内服务化和出口国外服务化都没有有效促进初中、高中两类中等受教育程度劳动力就业。

第三，随着出口国内服务占比的提升，制造业出口服务对小学及以下、初中、高中等受中低教育程度劳动力就业促进作用逐渐减小，但对大学专科、本科和研究生学历等较高受教育程度劳动力就业促进作用逐渐增强。

第四，制造业出口国内服务化通过技术创新渠道和服务创新渠道，促进了大学专科及以上学历等较高受教育程度劳动力就业，对高中及以下学历等中低受教育程度劳动力就业有抑制效应，优化了就业学历结构。制造业出口国外服务化通过价值链依赖渠道和技术吸收能力弱化渠道，促进了高中及以下学历等中低受教育程度劳动力就业，对大学专科及以上学历等较高受教育程度劳动力就业有抑制效应，恶化了就业学历结构。

第二节　政策建议

本书从产业关联、空间互动以及全球价值链三个视角的系统研究发现，制造业服务化转型能促进中国就业结构优化，是一条解决"大学生就业难"和"民工荒"等结构性就业矛盾的可行路径。因此，应该深入推进生产性服务业供给侧结构性改革以及生产性服务业高质量发展，推动制造业从生产型向生产服务型转变，优化要素投入结构和增加产品中服务含量，不断提高制造业服务化水平，从而推动中国生产性服务业高质量发展和制造业全球价值链地位升级，向就业市场供给更多高质量就业岗位，促进就业结构向高级化发展。在制造业服务化转型过程中优化就业结构，同时迈向制造强国和人力资本大国，需要着力落实以下对策建议。

一　加快生产性服务业发展，优化制造业的要素投入结构

生产性服务是制造业攀升全球价值链的"翅膀"与"聪明的脑袋"，是把专业化的知识资本和人力资本导入制造业生产过程的飞轮。只有加快生产性服务业发展，不断提高投入制造业中的生产性服务质量，才能优化制造业要素投入结构。将研发服务、设计服务、信息服

务、咨询服务、品牌服务、融资服务等高级生产性服务内含的知识、技术导入制造业，促进价值链地位升级，进入对劳动力素质要求更高的国际分工环节，不仅能解决中国大学毕业生就业等问题，同时也能倒逼教育体系改革，以适应制造业服务化转型对劳动力技能提出的新要求。因此，要不断优化制造业要素投入结构，促进就业结构优化，应着重从以下几个方面制定政策。

（一）稳步推进生产性服务供给侧结构性改革

高质量的生产性服务业是制造业要素投入结构优化的关键。要大力发展面向制造业的研发设计、信息技术、电子商务、金融保险以及品牌营销等生产性服务，实现与制造业全产业链深度融合，提高制造业投入要素的知识、技术密集度，提升投入劳动力技能水平。

第一，鼓励开展研发设计服务，提高科技成果转化效率。为企业、科研院所、大专院校开展科学研究、新产品研发、工业设计等生产性服务活动提供相关配套支持，发挥高层次人才、创新资源在创新活动中的引领作用，突破我国在价值链上游基础研究、软件设计、核心零部件等关键环节被"卡脖子"问题。同时大力发展专利、商标、软件、技术等知识产权交易市场，完善知识产权保护相关法律法规，严厉打击侵犯企业和个人知识产权的犯罪行为。要提高科技成果转移转化成效，推进产学研协同创新，加快研发平台和转移机构建设。

第二，抢占信息技术服务先机，加快推动信息技术与制造业深度融合。以互联网、软件开发等为代表的信息技术既是服务业发展的重要载体，又为制造业发展提供强大的动力。要大力发展大数据、云计算、物联网、系统集成等信息技术服务，借助互联网提升传统制造业，推动制造业的智能化和柔性化，促进制造业向全球价值链高附加值的两端攀升，引导大学生进入价值链上游的研发设计、核心零部件环节以及价值链下游的商务服务、信息咨询环节就业。

第三，推动商贸企业开展电子商务活动，深化制造企业电子商务应用。鼓励互联网企业在交易平台、电子认证、电子支付等服务领域不断创新，为电子商务发展提供技术支撑和安全保障。支持有条件的商贸企业利用互联网开办网上店铺，通过线上线下融合，拓宽营销网络提升销售效率。鼓励制造业企业积极参与电子商务应用，通过互联网电子商务综合服务平台采购原材料、核心零部件等中间投入品，同时企业产品通过网上定制、网络营销、远程服务等形式向消费者提供"产品+服务"。

第四，加大生产性服务发展的金融服务支持。建立健全促进生产性服务高质量发展的投融资机制，制定支持知识、技术密集型生产性服务企业上市的有关政策，进一步拓宽生产性服务业企业融资渠道。

第五，大力发展商务咨询和售后服务。支持会计、审计、工程咨询等专业咨询服务发展，降低企业经营风险和运营成本。推进市场调查、品牌营销、售后服务等咨询服务与企业深度融合，依据市场需求和消费者偏好来调节产品生产，发展产品定制服务。

（二）完善促进制造业加大服务要素投入的政策

在大力促进生产性服务业高质量发展背景下，还要制定相应政策措施鼓励、支持制造业企业积极增加服务要素投入。

第一，建立健全推动制造业投入服务化发展的体制机制。激励企业增加研发、设计、核心零部件等环节研究经费投入，通过技术创新引领制造业向价值链上游攀升，进入附加值更高的国际分工环节，提高吸纳大学生等高技能劳动力就业的能力。完善支持制造业加大服务要素投入的财税政策。制造业服务要素投入达到一定比例的企业，可申请认定为转型升级示范企业，享受一定比例的企业所得税优惠税率。针对出口导向型制造业，出口产品中服务要素投入达到一定比例可以将产品纳入退税目录。建立支持制造业加大服务要素投入的金融服务体系，研发、设计、品牌营销、商务咨询等服务市场价格较高，要为积极进行要素投入服务化转型的制造业企业建立信贷风险补偿机制，支持制造业投入服务化转型企业通过银行贷款、发行股票、发行债券等多重手段，拓宽融资渠道。

第二，强化制造业企业在资源、环境方面的义务，倒逼企业进行投入服务化转型。制造业投入要素逐渐从物质要素向服务要素转变是生态环境日益恶化和自然资源紧缺的要求，只有更多地依靠服务要素投入优化制造业投入结构，才能在企业转型和攀升全球价值链的同时，实现就业结构优化发展。适时开征以保护生态环境和节约自然资源为目的的生态税和环保税，建立制造业投入服务化企业税收补偿机制，引导企业中间投入从以物质资料为主转向以服务要素为主，促进企业重视技术进步和服务创新的投入，突出科学研究、设计、知识以及人才在制造中的关键作用，倒逼制造业企业主动进行服务化转型，进入中高端国际分工环节，为就业市场创造知识、技能密集型工作岗位，优化中国就业结构。

二　推进制造业产出服务化转型，促进高质量就业

产出服务化刻画的是制造业企业从单一产品制造商向"产品+服务"提供商转变，表现为制造业向产业链下游高附加值品牌、营销端攀升。制造业企业通过提高产品中服务含量，不仅能够实现功能升级进入中高端分工环节，而且会带动市场咨询、品牌营销、售后服务等对劳动力学历和技能要求较高行业发展，促进高质量就业和就业结构优化。推进制造业产出服务化转型，实现高质量就业，应着重从以下几个方面制定政策。

（一）加快推进制造业从生产型制造向服务型制造转变

服务型制造是制造业产品以"产品+服务"形式提供给消费者，可以更加精准满足消费者个性化需求，增强客户体验，企业也可以借助融入产品中的服务获取更高市场份额以及更多利润，进入产业链分工中高端环节，促进就业结构优化。为了促进制造业产出服务化发展，可以从以下方面着手。

第一，建立健全支持制造业企业向产业链下游延伸，进行产出服务化转型的体制机制。对安装、使用复杂的制造业产品，特别是科技含量高和升级速度快的智能产品，要鼓励企业提供既系统又个性化的"产品+服务"方案。

第二，把产出服务化作为产业结构升级的方向和落脚点。投入服务化是制造业服务化的一条路径，制造业加大服务要素投入的最终目标是要从仅提供单一产品向"产品+服务"提供商转变，只有成功实现产出服务化，投入服务化才可持续。因此，要深化金融体制改革，为企业向服务型制造业企业转变提供便利，鼓励商业银行向服务型制造企业提供低息贷款，允许有条件的服务型制造企业到资本市场发行股票和债券。要完善支持服务型制造企业发展的财税政策，当企业服务收入达到一定比重，可申请认定为转型升级示范企业，享受一定比例的企业所得税优惠税率。

（二）制造业产出服务化优化就业结构的推进路径

推动制造业产出服务化转型既是建设制造强国、实现生产性服务业高质量发展的客观要求，也是优化就业结构的关键。通过制造业产出服务化转型优化就业结构，有以下几条政策建议。

第一，根据企业特征制定差异化政策，提升制造业企业产出服务化转型的就业拉动作用。做大做强国有企业，提高国有企业就业吸纳能力。鼓励民营企业进行技术创新和转型升级，为高技能劳动力到民营企业就业提供保障。适当放开外资准入领域，鼓励外资企业创造更多就业岗位。鼓励劳动密集型企业通过产出服务化创造更多就业岗位，充分发挥资本密集型和技术密集型企业产出服务化优化就业结构的作用。继续提高北部沿海地区、东部沿海地区和南部沿海地区制造业企业产出服务化吸纳高技能劳动力就业的能力，制定政策鼓励其他地区提升产出服务化的就业促进作用。通过税收减免等措施，持续提高小型企业就业吸纳能力。

第二，制定增加企业利润、降低交易成本和提高企业工资的有效措施，强化制造业产出服务化促进就业及优化结构作用。一方面要继续落实供给侧改革降低企业交易成本和提高企业利润，另一方面应加快实现高质量就业，建立健全科学的工资增长机制和高技能人才薪酬体系，发挥收入分配政策激励作用。

第三，优化产出服务化转型市场环境，增强制造业企业产出服务化转型的就业促进效应。应围绕制造业企业产出服务化转型要求，提升企业市场化程度和国际化程度，加快落实要素和产品配置的市场化改革，持续提高对外开放水平。通过企业市场化和国际化，通过制造业企业产出服务化转型实现就业数量增长和就业质量提升的目标。

三　建立统一的产品和要素市场，充分发挥制造业服务化转型的空间溢出效应

制造业企业在服务化转型过程中，通过对周边地区生产要素产生需求，会带动劳动力在地区间的流动，从而影响周边地区产业结构和就业结构。发挥制造业服务化转型的空间溢出效应，促进就业结构优化，可以从以下方面制定政策。

（一）打破行政区划壁垒，建立统一产品市场和要素市场

统一的产品和要素市场，有助于制造业服务化转型企业利用其他地区生产要素，实现包括劳动力在内的生产要素在地区间优化配置，促进就业结构高级化发展。因此，可以从下几个方面着手。

第一，破除制约生产要素合理流动的堵点，优化资源要素配置。取消限制、阻碍劳动力流动的户籍、医保、教育等制度藩篱，破除劳动力跨省、市空间流动障碍。深化商品和服务流通渠道改革，畅通劳动力根据经济规律自由流动渠道，降低生产要素跨区域交易成本，最大限度减少劳动力资源配置扭曲，缓解就业结构性矛盾。

第二，建立统一的行业标准、流动规则以及协调政策。要建立统一的生产要素质量标准，提高生产要素供给质量和效率，完善要素跨区域流动的减税降费政策，健全统一规范的生产要素流通协调政策。

（二）构建区域协同发展机制，增强制造业服务化转型的空间溢出效应

只有区域协同发展，才能有效增强制造业服务化转型的空间溢出效应。应从以下几个方面着手。

第一，强化区域联动发展，建立城市协作机制，延伸地区间空间互动半径。各级政府要摒弃地方保护主义，促进区域经济一体化发展，加强社会信用体系建设以降低交易成本，扩大制造业服务化转型优化就业结构的空间溢出效应边界。

第二，根据城市区位、经济规模以及市场化程度等特征因城施策，充分发挥制造业服务化对就业结构的正向空间溢出。东北地区、北部沿海地区、黄河中游地区以及长江中游地区城市群要加强区域经济合作，小城市要与周边大中城市形成产业分工互补，市场化程度较低城市要继续扩大市场开放力度。

第三，构建区域创新共同体，依托创新链提升制造业服务化水平和价值链分工地位，优化就业结构。

四 扩大服务业对外开放水平，助力制造业服务化转型

目前，中国生产性服务业发展水平与发达国家相比仍有一定差距，通过引进国外高质量生产性服务既有利于国内生产性服务业发展，也能促进制造业服务化转型带动就业结构优化。

（一）提高制造业投入的进口生产性服务质量，优化就业结构

第一，继续坚持对外开放政策，加快服务贸易自由化进程。进一步放开生产性服务业市场准入条件，对研发、设计、信息技术、核心零部件等生产性服务进口给予政策配套和资金支持，推进金融、通信、电子商务等领域有序开放，降低国内急需知识、技术密集型生产性服务的进口成本，助力制造业服务化转型升级，进而带动就业结构优化。

第二，生产性服务进口要从重数量向重质量转变。虽然加入 WTO 之后我国履行了服务贸易领域开放的各项承诺，服务贸易规模不断扩大，对外开放水平不断提升，但是过去一段时间主要关注服务贸易规模，忽视了进口质量。这就要求我国服务贸易开放战略应当突出质量优先的引进目标，多进口研发、设计、信息技术等知识、技术密集型生产性服务，从过去重视引进规模向质量提升转变，不断提高生产性服务进

口质量。

第三，就生产性服务进口依存度高的国内企业而言，要从过去依靠中低端生产性服务要素模式，向以高级生产性服务要素投入为主转变，通过要素投入质量提升带动就业技能结构优化。

（二）提高制造业出口增加值中国内服务要素含量，促进就业结构优化

第一，加快国内生产性服务业发展，提高制造业出口增加值中的国内服务要素含量和质量。制造业出口国内服务化是促进制造业企业价值链地位升级、优化就业结构的重要方式，出口中内含国内服务的数量和质量对就业结构优化起到关键性作用。要大力发展国内生产性服务业，加快生产性服务业集聚发展，优化生产性服务业人才培养模式，提高生产性服务业供给质量。一方面应加快国内知识、技术密集型生产性服务要素的培育，创新人才培养体系，为高端生产性服务要素培育提供智力支持，给予行业领军企业财税、金融等方面的优惠政策，鼓励制造业企业加大国内生产性服务要素投入，增加出口增加值中国内服务要素特别是高级生产性服务投入比重；另一方面，进一步推进生产性服务扩大开放，引进国外生产性服务，完善知识产权保护制度，鼓励跨国公司把研发、设计成果本土化，提高引进技术的溢出效应和关联效应，提升国内生产性服务在出口中的国际竞争力。

第二，依托国内服务含量增加实现制造业出口服务化，促进就业结构优化。制造业出口增加值中内含国内服务投入是优化就业技能结构的关键，在继续强化制造业出口国内服务通过技术创新渠道和生产成本渠道优化就业技能结构基础上，疏通服务创新渠道，提高制造业出口国内服务优化就业技能结构效应。只有依托国内服务要素含量增加实现的制造业出口服务化转型，才能在促进我国制造业出口竞争力提升的同时，缓解就业结构性矛盾，优化就业结构。

五 建立适应制造业服务化转型需求的劳动力供给体系

本书研究结论已经充分说明，制造业服务化转型能够促进中国就业

结构优化。但如果劳动力供给结构长期与产业结构变动趋势不一致，将会成为产业结构升级的"绊脚石"，不利于制造业服务化转型。如果制造业服务化转型升级遭遇困难，企业会被锁定在国际分工的低端环节，不利于就业结构优化。因此，建立适应制造业服务化需求的劳动力供给体系，提高两者匹配程度，实现制造业服务化与就业结构协调发展，需从以下几方面着手。

第一，对企业而言，要引培并举，优化劳动力资源配置。人才是生产性服务企业高质量发展和制造业企业进行服务化转型的驱动力和关键要素。要为生产制造过程中投入的科学研究、工业设计、软件开发、信息技术、互联网数据、金融保险、商务咨询等高级服务要素配套相应人才，为引进的高层次人才提供住房、医疗、教育全方位保障，给予配套经费鼓励引进人才创新创业。制订企业现有人才培养计划，支持重点人才参加进修培训，提升专业能力。建立健全企业用人制度，以专业能力作为发放薪酬待遇和提拔任用的标准。通过引培结合，优化劳动力资源配置，建立与制造业服务化转型相适应的劳动力技能结构体系。

第二，对人才培养单位来说，要以产业升级导向为目标，进行教育培养体制改革。大学本科及以上学历人才是我国技术创新的主力军，是制造业利用知识、技术密集型服务要素实现转型升级的完成主体。高校在专业设置和人才培养方案制定时要主动对接市场需求，注重大学生理论与实践结合能力的培育，提高大学生基础研究能力和实际应用能力。要大力发展职业技术教育，培养大国工匠。创新培养模式，深化产教融合，鼓励职业技术学院采取订单培养模式，适应制造业服务化转型升级要求，培育与产业链具体环节对接的新型产业工人。

第三，就政府工作而言，要完善就业市场服务体系，搭建职业技能培训平台，提高劳动力技能结构与岗位需求结构的匹配度。一方面要尽快建立全国统一、联网的劳动力市场服务平台，打通出现"有人无岗"和"有岗无人"现象的堵点，降低劳动力在就业市场的搜寻成本，缓解就业结构性矛盾。另一方面要为产业结构升级过程中转移出来的劳动力提供再就业技能培训，提升再就业劳动力素质，使其更好地适应新工作岗位对知识和技能的要求。

第三节　讨论与展望

本书的主题是制造业服务化转型进程中的就业结构优化问题。从产业关联、空间互动以及全球价值链三个视角的研究已经说明，如果我们能够打通资源配置扭曲的堵点，顺利实现制造业服务化转型，就业结构性矛盾会得到有效缓解，就业结构能够不断优化，必将促进中国迈向人力资本大国。同时，持续优化的就业结构会推动人力资本不断积累，又为制造业服务化转型提供源源不断的智力支持，进一步加快了制造业服务化转型，促进了国际分工地位升级。正如协同论指出，各子系统之间能够依靠有目的自组织动力和协同效应，实现从低级到高级的协同演化。制造业服务化转型与就业结构优化两个系统之间，制造业服务化转型能够带动就业结构优化，优化的就业结构又能为制造业进一步服务化转型提供人才支撑，两个系统协同演进，可以实现制造业服务化转型与就业结构优化协同发展，这是中国迈向制造强国和人力资本大国的关键。

从历史看，制造业服务化转型已经在优化就业结构中发挥了一定作用，只要我们制定合理的政策，沿着制造业服务化转型与就业结构优化协同发展这条道路不断前行，就可以收获制造业服务化转型与就业结构优化双重红利，未来必将成为制造强国和人力资本大国。

参考文献

[1] 安筱鹏，2012，《制造业服务化路线图：机理、模式与选择》，商务印书馆。

[2] 保罗·克鲁格曼，2000，《地理和贸易》，北京大学出版社。

[3] 蔡秀玲、高文群，2017，《中国智能制造对农业转移劳动力就业的影响》，《福建师范大学学报》（哲学社会科学版）第 1 期。

[4] 陈昊、刘骞文，2014，《中国出口贸易的女性就业效应：基于筛选—匹配模型的再检验》，《经济评论》第 1 期。

[5] 陈洁雄，2010，《制造业服务化与经营绩效的实证检验——基于中美上市公司的比较》，《商业经济与管理》第 4 期。

[6] 陈丽娴、沈鸿，2017，《制造业服务化如何影响企业绩效和要素结构——基于上市公司数据的 PSM-DID 实证分析》，《经济学动态》第 5 期。

[7] 陈丽娴、杨望成、郝泽林，2019，《迈入服务利润区：制造业服务化模式与案例》，中国财富出版社。

[8] 陈丽娴、魏作磊，2019，《地区制造业服务化程度与劳动者工资收入——基于 CHIP 数据的经验研究》，《财经论丛》第 5 期。

[9] 陈丽娴，2019，《制造业投入服务化是否改善劳动收入份额——基于中国制造业企业数据的经验分析》，《当代财经》第 9 期。

[10] 陈丽娴、沈鸿，2019，《制造业产出服务化对企业劳动收入份额的影响：理论基础与微观证据》，《经济评论》第 3 期。

[11] 陈丽娴、魏作磊，2020，《制造业企业产出服务化有利于出口吗——基于 Heckman 模型的 PSM-DID 分析》，《国际经贸探索》第 5 期。

[12] 陈漫、张新国，2016，《经济周期下的中国制造企业服务转型：嵌入还是混入》，《中国工业经济》第 8 期。

[13] 陈梅、周申，2018，《动态外资进入与企业技能就业结构优化》，《世界经济研究》第 1 期。

[14] 陈启斐、刘志彪，2014，《生产性服务进口对我国制造业技术进步的实证分析》，《数量经济技术经济研究》第 3 期。

[15] 陈启斐、张为付、唐保庆，2017，《本地服务要素供给与高技术产业出口——来自中国省际细分高技术行业的证据》，《中国工业经济》第 9 期。

[16] 陈雯、孙照吉，2017，《全球价值链地位、出口劳动含量与技能构成》，《国际贸易问题》第 10 期。

[17] 陈艳莹、叶良柱，2009，《制造业服务化的环境效应》，《商业研究》第 8 期。

[18] 程大中，2004，《中国服务业增长的特点、原因及影响——鲍莫尔—富克斯假说及其经验研究》，《中国社会科学》第 2 期。

[19] 程大中、程卓，2015，《中国出口贸易中的服务含量分析》，《统计研究》第 3 期。

[20] 程大中、汪蕊，2006，《服务消费偏好、人力资本积累与"服务业之谜"破解：Pugno 模型拓展及基于中国的数值模拟》，《世界经济》10 期。

[21] 戴翔，2015，《中国制造业国际竞争力——基于贸易附加值的测算》，《中国工业经济》第 1 期。

[22] 戴翔，2016，《中国制造业出口内涵服务价值演进及因素决定》，

《经济研究》第 9 期。

［23］戴翔、李洲，2017，《服务出口能否成为"稳增长"的动力源——基于增加值测算的比较研究》，《国际经贸碳素》第 11 期。

［24］戴翔、李洲、何启志，2018，《中国制造业出口如何突破"天花板约束"》，《统计研究》第 6 期。

［25］戴翔、李洲、张雨，2019，《服务投入来源差异、制造业服务化与价值链攀升》，《财经研究》第 5 期。

［26］刁莉、朱琦，2018，《生产性服务进口贸易对中国制造业服务化的影响》，《中国软科学》第 8 期。

［27］丁翠翠、郭庆然，2014，《外商直接投资对我国就业影响的动态效应与区域差异——基于动态面板数据模型的 GMM 估计》，《经济经纬》第 1 期。

［28］丁守海、陈秀兰、许珊，2014，《服务业能长期促进中国就业增长吗》，《财贸经济》第 8 期。

［29］杜传忠、金文翰，2020，《制造业服务化转型的就业规模效应》，《当代财经》第 12 期。

［30］杜新建，2019，《制造业服务化对全球价值链升级的影响》，《中国科技论坛》第 12 期。

［31］杜运苏、彭冬冬，2018，《制造业服务化与全球增加值贸易网络地位提升——基于 2000~2014 年世界投入产出表》，《财贸经济》第 2 期。

［32］杜运苏、彭冬冬，2018，《内涵服务与中国制造业分工地位提升：出口增加值视角》，《经济理论与经济管理》第 5 期。

［33］范爱军、李菲菲，2011，《服务贸易对我国就业的影响研究——基于 1982~2010 年数据的协整分析》，《福建论坛》（人文社会科学版）第 9 期。

［34］范洪敏，2017，《环境规制会抑制农民工城镇就业吗》，《人口与经济》第 5 期。

[35] 樊茂清、黄薇，2014，《基于全球价值链分解的中国贸易产业结构演进研究》，《世界经济》第2期。

[36] 方观富、许嘉怡，2020，《数字普惠金融促进居民就业吗——来自中国家庭跟踪调查的证据》，《金融经济学研究》第2期。

[37] 方建国、尹丽波，2012，《技术创新对就业的影响：创造还是毁灭工作岗位——以福建省为例》，《中国人口科学》第6期。

[38] 方鸣，2015，《投入服务化对工业行业环境技术效率的影响研究》，《江淮论坛》第6期。

[39] 冯永春、崔连广、张海军、刘洋、许晖，2016，《制造商如何开发有效的客户解决方案?》，《管理世界》第10期。

[40] 高春明、于潇、陈世坤，2020，《人工智能对中国未来劳动力就业的影响——基于劳动力供给视角的分析》，《社会科学战线》第10期。

[41] 高翔、袁凯华，2020，《中国企业制造业服务化水平的测度及演变分析》，《数量经济技术经济研究》第11期。

[42] 葛玉好、邓佳盟、张帅，2018，《大学生就业存在性别歧视吗?——基于虚拟配对简历的方法》《经济学（季刊）》第4期。

[43] 耿伟、王亥园，2019，《制造业投入服务化与中国出口企业加成率》，《国际贸易问题》第4期。

[44] 龚静、盛毅、袁鹏，2019，《制造业服务化与企业出口国内附加值率——基于制造企业微观数据的实证分析》，《山西财经大学学报》第8期。

[45] 顾乃华、夏杰长，2010，《生产性服务业崛起背景下鲍莫尔—富克斯假说的再检验——基于中国236个样本城市面板数据的实证分析》，《财贸研究》第6期。

[46] 辜胜阻、王敏、李睿，2013，《就业结构性矛盾下的教育改革与调整》，《教育研究》第5期。

［47］ 郭克莎，2005，《我国技术密集型产业发展的趋势、作用和战略》，《产业经济研究》第 5 期。

［48］ 韩先锋、宋文飞、刘若江，2019，《中国对外直接投资的母国异质动态就业效应》，《中国人口·资源与环境》第 8 期。

［49］ 何冰、周申，2019，《贸易自由化与就业调整空间差异：中国地级市的经验证据》，《世界经济》第 6 期。

［50］ 胡翠、纪斑、陈勇兵，2019，《贸易自由化与非正规就业——基于 CHNS 数据的实证分析》，《南开经济研究》第 2 期。

［51］ 胡晓丹、顾乃华，2020，《制造业服务化改善了资源错配吗？——基于中国 309 个城市面板数据的经验研究》，《商业经济与管理》第 8 期。

［52］ 胡玉琴、胡玉萍、薛留根，2017，《产业结构与就业结构协调系数测度方法的改进》，《统计与决策》第 9 期。

［53］ 胡永远、周洋、王峰，2018，《产业结构升级是否促进了大学生就业？》，《北京师范大学学报》（社会科学版）第 5 期。

［54］ 胡昭玲、夏秋、孙广宇，2017，《制造业服务化、技术创新与产业结构转型升级——基于 WIOD 跨国面板数据的实证研究》，《国际经贸探索》第 12 期。

［55］ 胡昭玲、刘旭，2007，《中国工业品贸易的就业效应——基于 32 个行业面板数据的实证分析》，《财贸经济》第 8 期。

［56］ 黄乾，2009，《国际贸易、外国直接投资与制造业高技能劳动力需求》，《世界经济研究》第 1 期。

［57］ 黄群慧、霍景东，2015，《中国制造 2025 战略下制造业服务化的发展思路》，《中国工业评论》第 11 期。

［58］ 赫伯特·C. 格鲁伯、迈克尔·A. 沃克，1993，《服务业的增长：原因与影响》，上海三联书店。

［59］ 贾根良、刘书瀚，2012，《生产性服务业：构建中国制造业国家价值链的关键》，《学术月刊》第 12 期。

[60] 贾妮莎、申晨、雷宏振、兰娟丽，2019，《中国企业对外直接投资的"就业效应"：理论机制与实证检验》，《管理评论》第6期。

[61] 简兆权、伍卓深，2011，《制造业服务化的路径选择研究——基于微笑曲线理论的观点》，《科学学与科学技术管理》第12期。

[62] 简兆权、刘晓彦、李雷，2017，《制造业服务化组织设计研究述评与展望》，《经济管理》第8期。

[63] 蒋冠宏，2016，《我国企业对外直接投资的"就业效应"》，《统计研究》第8期。

[64] 蒋勇，2017，《环境规制、环境规制竞争与就业——基于省际空间杜宾模型的分析》，《贵州财经大学学报》第5期。

[65] 姜巍，2017，《中国OFDI对国内就业影响的整体效应与区域差异研究》，《国际经贸探索》第12期。

[66] 姜铸、李宁，2015，《服务创新、制造业服务化对企业绩效的影响》，《科研管理》第5期。

[67] 江小涓、李辉，2004，《服务业与中国经济：相关性和加快增长的潜力》，《经济研究》第1期。

[68] 景建军，2016，《中国产业结构与就业结构的协调性研究》，《经济问题》第1期。

[69] 景跃军、张昀，2015，《我国劳动力就业结构与产业结构相关性及协调性分析》，《人口学刊》第5期。

[70] 赖德胜、高曼，2017，《地区就业岗位的创造——制造业对服务业的就业乘数效应》，《中国人口科学》第4期。

[71] 赖德胜、李长安、孟大虎、陈建伟，2018，《2017中国劳动力市场发展报告——迈向制造强国进程中的劳动力市场挑战》，北京师范大学出版社。

[72] 李斌、詹凯云、胡志高，2019，《环境规制与就业真的能实现"双重红利"吗？——基于我国"两控区"政策的实证研究》，

《产业经济研究》第 1 期。

[73] 李方静，2020，《制造业投入服务化与企业创新》，《科研管理》第 7 期。

[74] 李宏、刘玲琦，2019，《制造业服务化促进出口产品质量升级机制研究》，《山西大学学报》（哲学社会科学版）第 6 期。

[75] 李宏兵、郭界秀、翟瑞瑞，2017，《中国企业对外直接投资影响了劳动力市场的就业极化吗?》，《财经研究》第 6 期。

[76] 李宏兵、文磊、赵春明，2016，《外资进入改善了我国服务业就业结构吗——基于微观企业数据的实证研究》，《国际贸易问题》第 10 期。

[77] 李捷瑜、王美今，2009，《FDI、技术进步与就业：国际经验的启示》，《中山大学学报》（社会科学版）第 5 期。

[78] 李俊、马风涛，2015，《中国制造业产品服务增加值的测算及其产出效应——基于世界投入产出表的研究》，《中南财经政法大学学报》第 6 期。

[79] 李磊、白道欢、冼国明，2016，《对外直接投资如何影响了母国就业?——基于中国微观企业数据的研究》，《经济研究》第 8 期。

[80] 李磊、盛斌、刘斌，2017，《全球价值链参与对劳动力就业及其结构的影响》，《国际贸易问题》第 7 期。

[81] 李磊、韦晓珂、郑妍妍，2019，《全球价值链参与增加了劳动力就业风险吗?：基于中国工业企业的经验分析》，《世界经济研究》第 6 期。

[82] 李梦洁，2016，《环境规制、行业异质性与就业效应——基于工业行业面板数据的经验分析》，《人口与经济》第 1 期。

[83] 李梦洁、杜威剑，2014，《环境规制与就业的双重红利适用于中国现阶段吗?——基于省际面板数据的经验分析》，《经济科学》第 4 期。

[84] 李强，2014，《企业嵌入全球价值链的就业效应研究：中国的经验分析》，《中南财经政法大学学报》第1期。

[85] 李珊珊，2015，《环境规制对异质性劳动力就业的影响——基于省级动态面板数据的分析》，《中国人口·资源与环境》第8期。

[86] 李珊珊，2016，《环境规制对就业技能结构的影响——基于工业行业动态面板数据的分析》，《中国人口科学》第5期。

[87] 李天柱、刘小琴、李潇潇，2018，《对当前"制造业服务化"研究的若干理论辨析》，《中国科技论坛》第6期。

[88] 李天柱、刘小琴、李潇潇，2020，《VCC视角下的制造业服务化模式及其演进》，《科研管理》第9期。

[89] 李巍、蔡纯，2013，《地区金融发展协同性与国内就业状况的改善——中西部金融发展优先次序的再思考》，《世界经济研究》第12期。

[90] 李小萌、陈建先、师磊，2016，《进出口贸易对中国就业结构的影响》，《国际商务（对外经济贸易大学学报）》第3期。

[91] 李杨、张鹏举、黄宁，2015，《中国服务业开放对服务就业的影响研究》，《中国人口科学》第6期。

[92] 李杨、蔡卓哲、邱亮亮，2017，《中国服务业FDI对就业影响的区域差异》，《人口与经济》第1期。

[93] 李逸飞、李静、许明，2017，《制造业就业与服务业就业的交互乘数及空间溢出效应》，《财贸经济》第4期。

[94] 李元旭、黄平，2011，《战略网络场域、社会资本与国际服务接包企业绿色竞争优势获取研究》，《中国工业经济》第8期。

[95] 李志龙，2019，《FDI对中国制造业劳动力就业技能结构的影响研究》，《财经理论与实践》第3期。

[96] 梁敬东、霍景东，2017，《制造业服务化与经济转型：机理与实证》，《首都经济贸易大学学报》第2期。

[97] 林春，2017，《金融发展对产业就业结构差异性影响——基于省

际面板数据分析》，《人口与发展》第 3 期。

[98] 林春、康宽、孙英杰，2019，《普惠金融与就业增加：直接影响与空间溢出效应》，《贵州财经大学学报》第 3 期。

[99] 林风霞、刘仁庆，2017，《中国制造业服务化的模式选择与对策研究》，《中州学刊》第 11 期。

[100] 刘斌、王乃嘉，2016，《制造业投入服务化与企业出口的二元边际——基于中国微观企业数据的经验研究》，《中国工业经济》第 9 期。

[101] 刘斌、魏倩、吕越、祝坤福，2016，《制造业服务化与价值链升级》，《经济研究》第 3 期。

[102] 刘斌、赵晓斐，2020，《制造业投入服务化与女性就业》，《中南财经政法大学学报》第 1 期。

[103] 刘会政、丁媛，2017，《基于 MRIO 模型的中国参与全球价值链就业效应研究》，《国际商务（对外经济贸易大学学报）》第 6 期。

[104] 刘海云、廖庆梅，2017，《中国对外直接投资对国内制造业就业的贡献》，《世界经济研究》第 3 期。

[105] 刘慧、彭榴静、陈晓华，2020，《生产性服务资源环节偏好与制造业出口品国内增加值率》，《数量经济技术经济研究》第 3 期。

[106] 刘继国、李江帆，2007，《国外制造业服务化问题研究综述》，《经济学家》第 3 期。

[107] 刘继国，2008，《制造业企业投入服务化战略的影响因素及其绩效：理论框架与实证研究》，《管理学报》第 2 期。

[108] 刘维刚、倪红福，2018，《制造业投入服务化与企业技术进步：效应及作用机制》，《财贸经济》第 8 期。

[109] 刘艳，2013，《中国现代制造业体系的构建及集聚度影响因素研究》，《山西财经大学学报》第 10 期。

[110] 刘奕辰、栾维新、万述林，2018，《制造业服务化是否匹配制造

业生产效率——基于联立方程的多重中介效应实证》，《山西财经大学学报》第 1 期。

[111] 刘玉荣、刘芳，2018，《制造业服务化与全球价值链提升的交互效应——基于中国制造业面板联立方程模型的实证研究》，《现代经济探讨》第 9 期。

[112] 刘玉荣、查婷俊、陈东，2016，《服务业就业能力提升与经济发展"阈值效应"的国际经验——基于世界 43 个主要发达国家和部分发展中国家的实证分析》，《世界经济研究》第 7 期。

[113] 刘玉海、张默涵，2017，《贸易技术含量、偏向型技术进步与中国就业结构》，《国际贸易问题》第 7 期。

[114] 刘志彪，2020，《产业经济学》，机械工业出版社。

[115] 刘志彪，2008，《生产者服务业及其集聚：攀升全球价值链的关键要素与实现机制》，《中国经济问题》第 1 期。

[116] 刘志彪、张杰，2007，《全球代工体系下发展中国家俘获型网络的形成、突破与对策》，《中国工业经济》第 5 期。

[117] 龙飞扬、殷凤，2019，《制造业投入服务化与出口产品质量升级——来自中国制造企业的微观证据》，《国际经贸探索》第 11 期。

[118] 罗建强、赵艳萍、程发新，2013，《我国制造业转型方向及其实现模式研究——延迟策略实施的视角》，《科学学与科学技术管理》第 9 期。

[119] 罗军，2018，《服务化发展与制造业全球价值链地位——影响机制与门槛效应》，《当代财经》第 11 期。

[120] 罗军，2019，《生产性服务进口与制造业全球价值链升级模式——影响机制与调节效应》，《国际贸易问题》第 8 期。

[121] 罗军、陈建国，2014，《FDI、人力资本门槛与就业——基于门槛效应的检验》，《世界经济研究》第 7 期。

[122] 罗知，2012，《工业品贸易、技术进步与就业》，《世界经济文

汇》第 1 期。

［123］吕延方、宇超逸、王冬，2017，《服务贸易如何影响就业——行业产出与技术效率双重视角的分析》，《财贸经济》第 4 期。

［124］吕越、李小萌、吕云龙，2017，《全球价值链中的制造业服务化与企业全要素生产率》，《南开经济研究》第 3 期。

［125］吕越、吕云龙、莫伟达，2018，《中国企业嵌入全球价值链的就业效应——基于 PSM-DID 和 GPS 方法的经验证据》，《财经研究》第 2 期。

［126］吕云龙、吕越，2017，《制造业出口服务化与国际竞争力——基于增加值贸易的视角》，《国际贸易问题》第 5 期。

［127］马弘、乔雪、徐嫄，2013，《中国制造业的就业创造与就业消失》，《经济研究》第 12 期。

［128］马述忠、许光建，2019，《出口制造业服务化与实际工资水平》，《浙江大学学报》（人文社会科学版）第 1 期。

［129］马盈盈、盛斌，2018，《制造业服务化与出口技术复杂度：基于贸易增加值视角的研究》，《产业经济研究》第 7 期。

［130］毛其淋，2019，《人力资本推动中国加工贸易升级了吗？》，《经济研究》第 1 期。

［131］毛其淋、许家云，2016，《中间品贸易自由化与制造业就业变动》，《经济研究》第 1 期。

［132］闵连星、罗茜、林明辉，2016，《制造企业服务化的生态效应、驱动因素和发展对策研究》，《生态经济》第 2 期。

［133］毛日昇，2009，《出口、外商直接投资与中国制造业就业》，《经济研究》第 11 期。

［134］穆怀中、范洪敏，2016，《环境规制对农民工就业的门槛效应研究》，《经济学动态》第 10 期。

［135］聂飞，2020，《制造业服务化抑或空心化——产业政策的去工业化效应研究》，《经济学家》第 5 期。

［136］聂辉华、江艇、杨汝岱，2012，《中国工业企业数据库的使用现状和潜在问题》，《世界经济》第 5 期。

［137］潘秋晨，2019，《全球价值链嵌入对中国装备制造业转型升级的影响研究》，《世界经济研究》第 9 期。

［138］彭水军、袁凯华、韦韬，2017，《贸易增加值视角下中国制造业服务化转型的事实与解释》，《数量经济技术经济研究》第 9 期。

［139］戚聿东、刘翠花、丁述磊，2020，《数字经济发展、就业结构优化与就业质量提升》，《经济学动态》第 11 期。

［140］乔小勇、凌鑫，2020，《贸易壁垒与中国制造业产出服务化——基于国外对华反倾销经验数据》，《中国科技论坛》第 11 期。

［141］钱学锋、王胜、何娟，2020，《制造业服务化与中国出口——步入服务红利时代》，《财经问题研究》第 5 期。

［142］饶畅，2013，《制造业投入服务化对碳生产率影响的理论建模和实证检验——以珠三角为例》，《经济与管理》第 6 期。

［143］单良、张涛，2018，《中国产业结构与就业结构协调性时空演变研究》，《中国人口科学》第 2 期。

［144］邵帅、李欣、曹建华、杨莉莉，2016，《中国雾霾污染治理的经济政策选择——基于空间溢出效应的视角》，《经济研究》第 9 期。

［145］盛斌，2002，《中国对外贸易政策的政治经济分析》，上海人民出版社。

［146］盛斌、马涛，2008，《中国工业部门垂直专业化与国内技术含量的关系研究》，《世界经济研究》第 8 期。

［147］沈能、赵增耀、周晶晶，2014，《生产要素拥挤与最优集聚度识别——行业异质性的视角》，《中国工业经济》第 5 期。

［148］施炳展、邵文波，2014，《中国企业出口产品质量测算及其决定因素——培育出口竞争新优势的微观视角》，《管理视角》第 9 期。

［149］石敏俊、夏梦寒、张红霞，2020，《制造业服务化对制造业劳动
生产率的影响》，《社会科学战线》第 11 期。

［150］史青、李平，2014，《再议中国企业出口的就业效应》，《财贸经
济》第 10 期。

［151］宋锦、李曦晨，2019，《产业转型与就业结构调整的趋势分析》，
《数量经济技术经济研究》第 10 期。

［152］宋林、谢伟、何红光，2017，《对外直接投资对我国就业影响的
实证研究——基于门限面板模型的分析》，《当代经济科学》第
5 期。

［153］苏丹妮、邵朝对，2021，《服务业开放、生产率异质性与制造业
就业动态》，《财贸经济》第 1 期。

［154］舒杏、王佳，2018，《生产性服务贸易自由化对制造业生产率的
影响机制与效果研究》，《经济学家》第 3 期。

［155］孙庆刚，2009，《外商直接投资对我国就业结构的影响》，《山东
社会科学》第 9 期。

［156］孙平、侯风云，2019，《非金融企业金融化对劳动就业的影
响——基于沪深 A 股上市公司数据的研究》，《当代经济研究》
第 9 期。

［157］孙文远、周寒，2020，《环境规制对就业结构的影响——基于空
间计量模型的实证分析》，《人口与经济》第 3 期。

［158］孙早、侯玉琳，2019，《工业智能化如何重塑劳动力就业结构》，
《中国工业经济》第 5 期。

［159］唐东波：2012，《垂直专业化贸易如何影响了中国的就业结构》，
《经济研究》第 8 期。

［160］唐时达、巴曙松、刘睿、侯敬雯，2015，《金融结构、劳动力市
场特征与就业——基于中国省际面板数据的实证研究》，《江淮
论坛》第 2 期。

［161］唐志芳、顾乃华，2018，《制造业服务化、全球价值链分工与劳

动收入占比——基于 WIOD 数据的经验研究》,《产业经济研究》第 1 期。

[162] 王厚双、盛新宇、赵鲁南,2020,《生产性服务进口、服务化与制造业出口增加值》,《贵州财经大学学报》第 6 期。

[163] 王美今、钱金保,2008,《外商直接投资对我国就业的影响——基于误差成分联立方程模型的估计》,《中山大学学报》(社会科学版)第 6 期。

[164] 王庆丰,2013,《中国产业结构与就业结构协调发展研究》,经济科学出版社。

[165] 王群勇、陆凤芝,2019,《环境规制影响农民工城镇就业的空间特征》,《经济与管理研究》第 6 期。

[166] 王思语、郑乐凯,2018,《制造业出口服务化与价值链提升——基于出口复杂度的视角》,《国际贸易问题》第 5 期。

[167] 王思语、郑乐凯,2019,《制造业服务化是否促进了出口产品升级——基于出口产品质量和出口技术复杂度双重视角》,《国际贸易问题》第 11 期。

[168] 王向进、杨来科、钱志权,2018,《制造业服务化、高端化升级与碳减排》,《国际经贸探索》第 7 期。

[169] 王小鲁、樊纲、胡李鹏,2019,《中国分省份市场化指数报告(2018)》,社会科学文献出版社。

[170] 王艳、张洪振,2017,《对外直接投资对小微企业的就业效应分析——基于企业规模异质性视角的实证研究》,《贵州财经大学学报》第 6 期。

[171] 王勇、施美程、李建民,2013,《环境规制对就业的影响——基于中国工业行业面板数据的分析》,《中国人口科学》第 3 期。

[172] 王勇、谢婷婷、郝翠红,2019,《环境成本上升如何影响企业就业增长?——基于排污费修订政策的实证研究》,《南开经济研究》第 4 期。

[173] 王直、袁凯华、韦韬，2015，《总贸易核算法：官方贸易统计与全球价值链的度量》，《中国社会科学》第5期。

[174] 王志华、董存田，2012，《我国制造业结构与劳动力素质结构吻合度分析——兼论"民工荒"、"技工荒"与大学生就业难问题》，《人口与经济》第5期。

[175] 魏浩、李晓庆，2018，《进口投入品与中国企业的就业变动》，《统计研究》第1期。

[176] 魏浩、连慧君，2020，《来自美国的进口竞争与中国制造业企业就业》，《财经研究》第8期。

[177] 魏巍，2018，《大学生就业起薪性别差异的实证分析》，《教育学术月刊》第6期。

[178] 魏作磊，2004，《对第三产业发展带动我国就业的实证分析》，《财贸经济》第3期。

[179] 卫瑞、张少军，2014，《中间品出口对中国就业结构的影响——基于技能、来源地和部门视角的分析》，《财经研究》第11期。

[180] 卫瑞、庄宗明，2015，《生产国际化与中国就业波动：基于贸易自由化和外包视角》，《世界经济》第1期。

[181] 吴昊、李萌，2020，《技术引进、自主创新与就业——基于动态空间面板模型的实证研究》，《财经理论与实践》第1期。

[182] 吴永亮、王恕立，2018，《增加值视角下的中国制造业服务化再测算：兼论参与GVC的影响》，《世界经济研究》第11期。

[183] 夏杰长、刘奕、顾乃华，2007，《制造业的服务化和服务业的知识化》，《国外社会科学》第4期。

[184] 夏秋，2020，《产品内分工下制造业服务化与出口二元边际——基于系统GMM的经验研究》，《南方经济》第3期。

[185] 夏秋、胡昭玲，2018，《制造业投入服务化能提高全要素生产率吗——基于成本和风险的视角》，《当代财经》第7期。

[186] 夏四友、赵媛、许昕、刘笑杰，2020，《中国就业结构与产业结

构协调性的时空格局演化》，《华东经济管理》第 5 期。

［187］肖龙铎、张兵，2017，《金融可得性、非农就业与农民收入——基于 CHFS 数据的实证研究》，《经济科学》第 2 期。

［188］肖挺，2015，《中国制造业服务化的就业效应影响》，《系统管理学报》第 6 期。

［189］肖挺、蒋金法，2016，《全球制造业服务化对行业绩效与全要素生产率的影响——基于国际投入产出数据的实证分析》，《当代财经》第 6 期。

［190］肖挺，2018，《高管团队特质与制造业服务化介入：基于中国制造业上市公司的实证分析》，《现代财经》第 1 期。

［191］肖挺、聂群华、刘华，2014，《制造业服务化对企业绩效的影响研究》，《科学学与科学技术管理》第 4 期。

［192］解韬、任拓宇，2020，《广东省劳动年龄人口变动特征及其成因分析》，《南方人口》第 4 期。

［193］许晖、张海军，2016，《制造业企业服务创新能力构建机制与演化路径研究》，《科学学研究》第 2 期。

［194］许和连、成丽红、孙天阳，2017，《制造业投入服务化对企业出口国内增加值的提升效应——基于中国制造业微观企业的经验研究》，《中国工业经济》第 10 期。

［195］许建伟、郭其友，2016，《外商直接投资的经济增长、就业与工资的交互效应——基于省级面板数据的实证研究》，《经济学家》第 6 期。

［196］徐章星、张兵、刘丹，2020，《数字金融发展、企业信贷错配与劳动力就业——一个有调节的中介效应》，《财经论丛》第 12 期。

［197］徐振鑫、莫长炜、陈其林，2016，《制造业服务化：我国制造业升级的一个现实性选择》，《经济学家》第 9 期。

［198］宣烨、陈启斐，2017，《生产性服务品进口技术复杂度与技术创

新能力——来自全球高科技行业的证据》,《财贸经济》第9期。

[199] 薛敬孝、韩燕,2006,《服务业 FDI 对我国就业的影响》,《南开学报》(哲学社会科学版)第2期。

[200] 闫雪凌、朱博楷、马超,2020,《工业机器人使用与制造业就业:来自中国的证据》,《统计研究》第1期。

[201] 闫文娟、郭树龙、史亚东,2012,《环境规制、产业结构升级与就业效应:线性还是非线性?》,《经济科学》第6期。

[202] 杨蕙馨、孙孟子、杨振一,2020,《中国制造业服务化转型升级路径研究与展望》,《经济与管理评论》第1期。

[203] 杨蕙馨、李春梅,2012,《中国信息产业技术进步对劳动力就业及工资差距的影响》,《中国工业经济》第1期。

[204] 杨继军、袁敏、张为付,2017,《全球价值链融入与中国制造业就业:基于非竞争型投入产出模型的分析》,《国际经贸探索》第11期。

[205] 杨恺钧、潘娟、王舒,2015,《金融发展、技术进步与区域内就业结构变迁——基于我国东部地区省级面板数据的实证研究》,《经济经纬》第1期。

[206] 杨玲,2015,《生产性服务进口贸易促进制造业服务化效应研究》,《数量经济技术经济研究》第5期。

[207] 杨仁发、刘勤玮,2019,《生产性服务投入与制造业全球价值链地位:影响机制与实证检验》,《世界经济研究》第4期。

[208] 杨伟国、邱子童、吴清军,2018,《人工智能应用的就业效应研究综述》,《中国人口科学》第5期。

[209] 姚小远,2014,《论制造业服务化——制造业与服务业融合发展的新型模式》,《上海师范大学学报》(哲学社会科学版)第11期。

[210] 叶灵莉、赵林海,2008,《进口贸易结构与技术进步的实证研究》,《科学学与科学技术管理》第8期。

[211] 俞伯阳、丛屹，2020，《京津冀协同发展视域下产业结构与就业结构互动机制研究》，《当代经济管理》第 5 期。

[212] 于晗，2015，《产业结构与就业结构演进趋势及预测》，《财经问题研究》第 6 期。

[213] 余官胜、王玮怡，2013，《海外投资、经济发展水平与国内就业技能结构——理论机制与基于我国数据的实证研究》，《国际贸易问题》第 6 期。

[214] 余泳泽、刘大勇、宣烨，2016，《生产性服务业集聚对制造业生产效率的外溢效应及其衰减边界——基于空间计量模型的实证分析》，《金融研究》第 2 期。

[215] 袁志刚、高虹，2015，《中国城市制造业就业对服务业就业的乘数效应》，《经济研究》期 7 期。

[216] 殷德生、唐海燕、黄腾飞，2021，《FDI 与中国的高技能劳动需求》，《世界经济》第 9 期。

[217] 曾湘泉、杨涛，2018，《贸易开放对城镇非正规就业的影响——基于 CHNS 数据的倍差法分析》，《社会科学战线》第 12 期。

[218] 张伯超、靳群来，2020，《制造业服务化对企业研发创新积极性的影响——基于制造业服务化率"适度区间"的视角》，《中国经济问题》第 1 期。

[219] 张川川，2015，《出口对就业、工资和收入不平等的影响——基于微观数据的证据》，《经济学（季刊）》第 4 期。

[220] 张川川，2015，《地区就业乘数：制造业就业对服务业就业的影响》，《世界经济》第 6 期。

[221] 张建刚、康宏、康艳梅，2013，《就业创造还是就业替代——OFDI 对中国就业影响的区域差异研究》，《中国人口·资源与环境》第 1 期。

[222] 张娟，2019，《中国出口增加值的服务要素贡献率提高了吗?》，《世界经济研究》第 4 期。

[223] 张军，2003，《中国的工业改革与经济增长：问题与解释》，上海三联书店。

[224] 张志明、崔日明，2014，《服务贸易对中国服务业就业的影响》，《云南财经大学学报》第 1 期。

[225] 张志明、代鹏、崔日明，2016，《中国增加值出口贸易的就业效应及其影响因素研究》，《数量经济技术经济研究》第 5 期。

[226] 赵玉焕、史巧玲、尹斯祺、姚海棠，2019，《中国参与全球价值链分工的测度及对就业的影响研究》，《经济与管理研究》第 2 期。

[227] 郑月明、董登新，2008，《外商直接投资对我国就业的区域差异与动态效应——基于动态面板数据模型的分析》，《数量经济技术经济研究》第 5 期。

[228] 朱轶、熊思敏，2009，《技术进步、产业结构变动对我国就业效应的经验研究》，《数量经济技术经济研究》第 5 期。

[229] 庄德林、吴靖、杨羊、晋盛武，2017，《生产性服务业与制造业协同集聚能促进就业增长吗》，《贵州财经大学学报》第 5 期。

[230] 周大鹏，2013，《制造业服务化对产业转型升级的影响》，《世界经济研究》第 9 期。

[231] 周念利、郝治军、吕云龙，2017，《制造业中间投入服务化水平与企业全要素生产率——基于中国微观数据的经验研究》，《亚太经济》第 1 期。

[232] 周申、廖伟兵，2006，《服务贸易对我国就业影响的经验研究》，《财贸经济》第 11 期。

[233] 周昕，2017，《全球价值链分工如何影响高技术劳动力相对工资？——基于我国制造业部门的研究》，《财经论丛》第 4 期。

[234] 邹国伟、纪祥裕、胡晓丹、胡品平，2018，《服务贸易开放能否带来制造业服务化水平的提升》，《产业经济研究》第 6 期。

[235] 邹洋、谭萱、叶金珍，2015，《中国 R&D 投入与就业结构——

基于存量数据的实证研究》，《山西财经大学学报》第9期。

[236] 朱金生、李蝶，2020，《环境规制、技术创新与就业增长的内在联系——基于中国34个细分工业行业 PVAR 模型的实证检验》，《人口与经济》第3期。

[237] 祝树金、谢煜、吴德胜，2020，《制造业服务化的节能效应及其中介机制研究》，《财贸经济》第11期。

[238] Acemoglu, D., Restrepo, P. 2017. "Robots and Jobs: Evidence from US Labor Markets". *NBER Working Paper*, No. 23285.

[239] Acemoglu, D. 2002. "Technical Change, Inequality, and the Labor Market". *Journal of Economic Literature* 40 (1), pp. 7–72.

[240] Acemoglu, D., Zilibotti, F. 2001. "Productivity Differences". *Quarterly Journal of Economics* 116 (2), pp. 563–606.

[241] Acosta, P., Montes–Rojas, G. 2014. "Informal Jobs and Trade Liberalization in Argentina". *The Journal of Development Studies* 50 (8), pp. 1104–18.

[242] Aghion, P., Howitt, P. 1994. "Growth and Unemployment". *Review of Economic Studies* 61 (3), pp. 477–494.

[243] Agrawal, V. V., Ferguson, M., Toktay, L. B, et al. 2012. "Is Leasing Greener than Selling?". *Management Science* 58 (3), pp. 523–533.

[244] Aitchison, J. 2003. *The Statistical Analysis of Compositional Data*. London: Blackburn Press.

[245] Alexopoulos, M., Cohen, J. 2016. "The medium is the Measure: Technical Change and Employment, 1909 – 1949". *Review of Economics and Statistics* 98 (4), pp. 792–810.

[246] Amiti, M., Konings, J. 2007. "Trade Liberalization, Intermediate Inputs, and Productivity: Evidence from Indonesia". *American Economic Review* 97 (5), pp. 1611–1638.

[247] Amiti, M. , Wei, S. 2005. "Fear of Service Outsourcing: Is it Justied?". *Economic Policy* 42 (20), pp. 308 -347.

[248] Andersson, L. , Karpaty, P. 2008. "Offshoring and Relative Labor Demand in Swedish Firms". *American Economic Review* (5), pp. 241-245.

[249] Anderton, B. , Bernton, P. 1999. "Outsourcing and Low-skilled Workers in the UK". *Bulletin of Economic Research* 51 (4), pp. 267-285.

[250] Antonelli, C. 1998. "Localized Technological Change, New Information Technology and the Knowledge-based Economy: the European Evidence". *Journal of Evolutionary Economics* 8 (2), pp. 177-198.

[251] Arndt, S. W. , Kierzkowski, H. 2001. *Fragmentation: New Production Patterns in the World Economy.* New York: Oxford University Press. .

[252] Arnold, J. , Javorcik, B. S. , Mattoo, A. 2007. *Does Services Liberalization Benefit Manufacturing Firms? Evidence from the Czech Republic.* The World Bank.

[253] Arnold, J. M. , Rnold, J. M. , Javorcik, B. Lipscomb, M. 2016. "Services Reform and Manufacturing Performance: Evidence from India". *The Economic Journal* 126 (590), pp. 1-39.

[254] Arnold, J. M. , Mattoo, A. , Narciso, G. 2008. "Services Inputs and Firm Productivity in Sub-Saharan Africa: Evidence from Firm-Level Data". *Journal of African Economies* 17 (4), pp. 578-99.

[255] Autor, D. H. 2014. *Polanyi's Paradox and the Shape of Employment Growth.* Cambridge, MA: National Bureau of Economic Research.

[256] Autor, D. H. , Dorn, D. 2008. "Inequality and Specialization: The Growth of Low - Skill Service Jobs in the United States". *MIT*

Working paper.

［257］Autor, D. H. , Dorn, D. , Hanson, G. H. 2013. "The China Syndrome: Local Labor Market Effects of Import Competition in the United States". *American Economic Review* 103 (6), pp. 2121-2168.

［258］Autor, D. H. , Dorn, D. , Hanson, G. H. 2016. "The China Shock: Learning from Labor Market Adjustment to Large Changes in Trade". *NBER Working Paper*, No. 21906.

［259］Autor, D. H. , Katz. , L. F. , Kearney, M. S. 2006. "The Polarization of the U. S. Labor Market". *American Economic Review* 96 (2), pp. 189-194.

［260］Baines, T. S. , Lightfood, H. W. , Benedettini, O. , Kay, J. M. 2009. "The Servitization of Manufacturing: A Review of Literature and Reflectionon Future Challenges". *Journal of Manufacturing and Technology Management* 20 (5), pp. 547-567.

［261］Balsvik, R. , Jensen, S. , Salvanes, K. G. 2015. "Made in China, Sold in Norway: Local Labor Market Effects of an Import Shock". *Journal of Public Economics* 127, pp. 137-144.

［262］Barquet, A. P. B. , Oliveira, M. G. D. , Amigo, C. R. , Cunha, V. P. , Rozenfeld, H. 2013. "Employing the Business Model Concept to Support the Adoption of Product - Service Systems (PSS)". *Industrial Marketing Management* 42 (5), pp. 693- 704.

［263］Bas, M. , Strauss-Kahn, V. 2014. "Does Importing More Inputs Raise Exports? Firm Level Evidence from France". *Review of World Economics* 150 (2), v241-275.

［264］Baumol, W. J. 1967. "Macro Economics of Unbalanced Growth-The Anatomy of Urban Cities". *The American Economic Review* 57 (3), pp. 415-426.

［265］Benedettini, O. , Swink M. , Neely, A. 2017. "Examining the Influence of Service Additions on Manufacturing Firms'Bankruptcy Likelihood ". *Industrial Marketing Management* 60 (1), pp. 112- 125.

［266］Benmelech, E. , Bergman, N. , Seru, A. 2011. " Financing labor". *NBER Working Papers*, No. 17144.

［267］Berman, E. , Bound, J. , Machin, S. 1997. "Implications of Skill2Biased Technological Change: International Evidence". *QuarterlyJournal of Economics* 113 (4), pp. 1245 -1279.

［268］Berman, E. , Bound, J. , Griliches, Z. 1994. "Changes in the Demand for Skilled Labor within U. S. Manufacturing: Evidence from the Annual Survey of Manufacturers". *The Quarterly Journal of Economics* 109 (2), pp. 367-397.

［269］Berman, E. , Bui, L. 2001. "Environmental Regulation and Labor Demand: Evidence from the South Coast Basin". *Journal of Public Economics* 79 (2), pp. 265-95.

［270］Berik, G. , Rodgers, Y. , Zveglich, J. 2004. " International Trade and Gender Wage Discrimination: Evidence from East Asia". *Review of Development Economics* 8 (2), pp. 237-254.

［271］Bernard, A. B. , Jensen, J. B. , Schott, P. K. 2006. "Survival of the Best Fit: Exposure to Low-wage Countries and the (Uneven) Growth of U. S. Manufacturing Plants". *Journal of International Economics* 68 (1), pp. 219-237.

［272］Bezdek, R. H. , Wendling, R. M. , Diperna, P. 2008. "Environmental Protection, the Economy, and Jobs: National and Regional Analyses". *Journal of environmental management* 86 (1), pp. 63-79.

［273］Bianchi, M. 2010. " Credit Constraints, Entrepreneurial Talent,

and Economic Development". *Small Business Economics* 34 （1），
pp. 93–104.

［274］Bikfalvi, A., Lay, G., Maloca, S., Waser, B. R. 2013.
"Servitization and Networking: Large-scale Survey Findings on
Product-related Services". *Service Business* 7 （1）, pp. 61–82.

［275］Biscourp, P., Kramarz, F. 2007. "Employment, Skill Structure
and International Trade: Firm-level Evidence for France". *Journal of
International Economics* 72 （1）, pp. 22–51.

［276］Black, S., Brainerd, E. 2004. "Importing Equality? The Impact
of Globalization on Gender Discrimination". *Industrial and Labor
Relations Review* 57 （4）, pp. 540–559.

［277］Bloom, N., Draca, M., Van Reenen, J. 2016. "Trade Induced
Technical Change? The Impact of Chinese Imports on Innovation, IT
and Productivity". *The Review of Economic Studies* 83 （1），
pp. 87–117.

［278］Blomstrom, M., Fors, G., Lispey, R. 1997. "Foreign Direct
Investment and Employment: Home Country Experience in the United
States and Sweden". *Economic Journal* 107 （445）, pp. 1787–1797.

［279］Boren, E., Lee, J. W. 1998. "How Does Foreign Direct
Investment Affect Economic Growth?". *Journal of International
Economics* 45 （1）, pp. 115–135.

［280］Braconier, H., Ekholm, K. 2000. "Swedish Multinationals and
Competition from High and Low – Wage Locations". *Review of
International Economics* 8 （3）, pp. 448– 461.

［281］Brax, S. 2005. "A Manufacturer Becoming Service Provider –
Challenges and a Paradox". *Managing Service Quality* 15 （2），
pp. 142–155.

［282］Brouwer, E., Kleinknecht, A., Reijnen, JON. 1993. "Employment

Growth and Innovation at the Firm Level – An Empirical Study". *Journal of Evolutionary Economics* 3 (2), pp. 153–159.

[283] Brown, J. D. , Earle, J. S. 2017. "Finance and Growth at the Firm Level: Evidence from SBA Loans". *Journal of Finance* 72 (3), pp. 1039–1080.

[284] Bruhn, M. , Love, I. 2014. "The Real Impact of Improved Access to Finance: Evidence from Mexico". *The Journal of Finance* 69 (3), pp. 1347–1376.

[285] Cai, X. , Lu, Y. , Wu, M. , Yu, L. 2016. "Does Environmental Regulation Drive Away Inbound Foreign Direct Investment? Evidence from a Quasi-Natural Experiment in China". *Journal of Development Economics* 123, pp. 73–85.

[286] Campbell, D. 1994. "Foreign Investment, Labor Immobility and the Quality of Employment". *International Labor Review* 133 (2), pp. 185–204.

[287] Cook, M. B. , Bhamra, T. A. , Lemon, M. 2006. "The Transfer and Applicacion of Product Service Systems: form Academia to UK Manufacturing Firms". *Journal of Cleaner Production* 14 (17), pp. 1454–1465.

[288] Correa, H. L. , Ellram, L. M. , Scavarda, A. , Cooper, M. 2013. "An Operations Management View of the Service and Goods Mix". *International Journal of Operations and Production Management* 27 (5), pp. 444–463.

[289] Crozet, M. , Milet, E. 2014. "The Servitization of French Manufacturing Firms". *CEPII Working Paper*, No. 3577.

[290] Curtis, E. M. 2014. "Who Loses Under Power Plant Cap – and – Trade Programs?". *NBER working paper*, NO. 20808.

[291] Datta, P. , Roy, R. 2011. "Operations Strategy for the Effective

Delivery of Integrated Industrial Product – Service Offerings: Two Exploratory Defence Industry Case Studies". *International Journal of Operations and Production Management* 31 (5), pp. 579 – 603.

[292] Davies, A. 2003. "Are Firms Moving 'Downstream' into High-value Services?". *World Scientific Book Chapters*, pp. 321–340.

[293] Davis, S. J., Haltiwanger, J. C. 1992. "Gross Job Creation, Gross Job Destruction, and Employment Reallocation". *Quarterly Journal of Economics* 107 (3), pp. 819–863.

[294] Dauth, W., Findeisen, S., Jens, S., et al. 2017. "German Robots – The Impact of Industrial Robots on Workers". *CEPR Discussion Papers*.

[295] Desai, M. A., Hines, F. J. R. 2009. "Domestic Effects of the Foreign Activities of US Multinationals". *American Economic Journal: Economic Policy* 1 (1), pp. 181–203.

[296] Dissou, Y., Sun, Q. 2013. "GHG Mitigation Policies and Employment: A CGE Analysis With Wage Rigidity and Application to Canada". *Canadian Public Policy* 39 (S2), pp. 53–65.

[297] Doni, F., Corvino, A., Bianchi, S. B. 2019. "Servitization and Sustainability Actions. Evidence from European Manufacturing Companies". *Journal of Environmental Management* 234, pp. 367–378.

[298] Dyer, J. H., Singh, H. 1998. "The Relational View a Cooperative Strategy and Sources of Inter – Organizational Competitive Advantage". *Academy of Management Review* 23 (4), pp. 660–679.

[299] Elhorst, J. P. 2014. "Matlab Software for Spatial Panels". *International Regional Science Review* 37 (3), pp. 389–405.

[300] Elia, S., Mariotti, I., Piscitello, L. 2009. "The Impact of

Outward FDI on the Home Country's Labour Demand and Skill Composition". *International Business Review* 18 (4), pp. 357-372.

[301] Ernst, C. 2005. "The FDI - Employment Link in AGlobalizing World: the Case of Argentina, Brazil and Mexico". International Labour Office, Employment Strategy Paper.

[302] Eswaran, M., Kotwal, A. 2002. "The Role of the Service Sector in the Process of Industrialization". *Journal of Development Economics* 68 (2), pp. 401-420.

[303] Evangelista, R., Savona, M. 2003. "Innovation, Employment and Skills in Services. Firm and Sectoral Evidence". *Structural Change and Economic dynamics* (14), pp. 449-474.

[304] Falk, M., Peng, F. 2011. "The Increasing Service Intensity of European Manufacturing". *The Service Industries Journal* 2 (7), pp. 1-21.

[305] Fang, E., Palmatier, R. W., Steenkamp, J. E. M. 2008. "Effect of Service Transition Strategies on Firm Value". *Journal of Marketing* 72 (3), pp. 1-14.

[306] Feenstra, R. C., Hanson, G. H. 1996. "Globalization, Outsourcing and Wage Inequality". *American EconomicReview* 86 (2), pp. 240-245.

[307] Feenstra, R. C., Hanson, G. H. 1997. "Foreign Direct Investment and Relative Wages: Evidence from Mexico's Maquiladoras". *Journal of International Economics* 42 (3-4). pp. 371-393.

[308] Feenstra, R. C., Hanson, G. H. 1999. "The Impact of Outsourcing and High-Technology Capital on Wages: Estimates for the United States, 1979-1990". *The Quarterly Journal of Economics* 114 (3), pp. 907- 940.

[309] Foote, N. W., Galbraith, J., Hope, Q., et al. 2001. "Making

Solutions the Answer". *The McKinsey Quarterly* 3（3）, pp. 84–93.

［310］ Francois, J., Hoekman, B. 2010. "Services Trade and Policy". *Journal of Economic Literature* 48（3）, pp. 642–692.

［311］ Francois, J. 1990. "Trade in Producer Services and Returns Due to Specialization under Monopolistic Competition". *CanadianJournalofEconomics* 23（1）, pp. 109–124.

［312］ Fuchs, V. 1968. *The Service Economy.* Columbia ： Columbia University Press.

［313］ Gebauer, H., Friedli, T., Fleisch, E. 2006. "Success Factors for Achieving High Service Revenues in Manufacturing Companies". *Benchmarking*： *An International Journal*13（3）, pp. 374–386.

［314］ Gebauer, H., Fleisch, E., Friedli, T. 2005. "Overcoming the Service Paradox in Manufacturing Companies". *European Management Journal* 23（1）, pp. 14–26.

［315］ GoldSmith, R. W. 1969. *Financial Structure and Development.* New Haven： Yale University Press.

［316］ Goos, M., Manning, A. 2007. "Lousy and Lovely Jobs： the Rising Polarization of Working Britain". *Review of Economics and Statistics* 89（1）, pp. 118–133.

［317］ Graetz, G., Michaels, G. 2018. "Robots at Work". *Review of Economics and Statistics*100（5）, 753–768.

［318］ Gray, W. B., Shadbegian, R. J., Wang, C. 2014. "Do EPA Regulations Affect Labor Demand? Evidence from the Pulp and Paper Industry". *Journal of Environmental Economics & Management* 68（1）, pp. 188–202.

［319］ Greenstone, M. 2002. "The Impacts of Environmental Regulations on Industrial Activity： Evidence from the 1970 and 1977 Clean Air

Act Amendments and the Census of Manufactures". *Journal of Political Economy* 110 (6), pp. 1175-1219.

[320] Goldberg, P. , Pavcnik, N. 2003. "The Response of the Informal Sector to Trade Liberalization". *Journal of Development Economics* (72), pp. 463-96.

[321] Greenaway, D. , Hine, R. C. , Wright, P. 1999. "An Empirical Assessment of the Impact of Trade on Employment in the United Kingdom". *European Journal of Political Economy* 15 (3), pp. 485-500.

[322] Gregory, M. J. 2007. "Servitization in Manufacturing Companies: a Conceptualization, Critical Review, and Research Agenda".

[323] Gross, D. M. 2002. " Financial Intermediation: A Contributing Factor to Economic Growth and Employment". *International Labor Organization*, pp. 1-39.

[324] Grossman, G. M. 2010. "Rossi - Hansberg, E. External Economics and International Trade Redux ". *The Quarterly Journal of Economics*125 (2), pp. 829-858.

[325] Grossman, G. M. , Rossi hansberg, E. 2008. "Trading Tasks: A Simple Theory of Offshoring". *The American EconomicReview* 98 (5), pp. 1978-1997.

[326] Grubel, H. G. , Walker, M. A. 1989. *Service Industry Growth: Causes and Effects.* Fraser Institute.

[327] Gustafsson, A. , Edvardsson, B. , Brax, S. 2005. " A manufacturer Becoming Service Provider - challenges and a Paradox". *Managing Service Quality: An International Journal.*

[328] Hansen, B. E. 1999. "Threshold Effects in Non - dynamic Panels: Estimation, Testing and Inference". *Journal of Economics* 93 (2), pp. 345-368.

［329］Harrigan, J., Reshef, A. 2015. "Skill – biased Heterogeneous Firms, Trade Liberalization and the Skill Premium". *Canadian Journal of Economics/revue Canadienne Déconomique* 48 (3), pp. 1024-1066.

［330］Harrison, A., Mcmillan, M. 2011. "Offshoring Jobs? Multinationals and US Manufacturing Employment". *Department of Economics, Tufts University*, pp. 857-875.

［331］Hausmann, D., Hwang, J., Rodrik, D. 2007. "What You Export Matters". *Journal of Economic Growth* 12 (1), pp. 1-25.

［332］Helpman, E., Itskhoki, O., Redding, S. 2010. "Inequality and Unemployment in a Global Economy". *Econometrica* 78 (4), pp. 1239-1283.

［333］Helpman, E., Itskhoki, O., Redding, S. J. 2011. "Trade and Labor Market Outcomes". *NBER Working Paper*, No. 16662.

［334］Henderson, V. 1997. "The Impact of Air Quality Regulation on Industrial Location". *Annales déconomie et de statistique* 45 (45), pp. 123-137.

［335］Hijzen, A., Görg, H., Hine, R. C. 2005. "International Outsourcing and the Skill Structure of Labor Demand in the United Kingdom". *Economic Journal* 115 (506), pp. 860-878.

［336］Humphrey, J., Schmitz, H. 2002. "How Does Insertion in Global Value Chains Affect Upgrading in Industrial Clusters?". *Regional Studies* 36 (9), pp. 1017-1027.

［337］Imbriani, C., Rosanna, P., Reganati, F. 2011. "Outward Foreign Direct Investment and Domestic Performance: the Italian Manufacturing and Services Sectors". *Atlantic Economic Journal* 39 (4), pp. 369 -381.

［338］Jasay, A. E. 1960. "The Social Choice Between Home and Oversea

Investment". *Economic Journal* 33 (7), pp. 277–285.

[339] Jenkins, R. 2003. "Vietnam in the Global Economy". *Journal of International Development* (16), pp. 13–28.

[340] Jenkins, R. 2006. "Globalization, FDI and employment in Viet Nam". *Transnational Corporations* 15 (1), pp. 115–142.

[341] Johnson, R. C., Noguera, G. 2012. "Accounting for Intermediates: Production Sharing and Trade in Value Added". *Journal of international Economics* 86 (2), pp. 224–236.

[342] Jones, R. W., Kierzkowski, H. 1988. "The Role Of Services In Production And International Trade: A Theoretical Framework". *RCER Working Papers* 165 (6), pp. 1485–1686.

[343] Kahn, M. E., Mansur, E. T. 2013. "Do Local Energy Prices and Regulation Affect the Geographic Concentration of Employment?". *Journal of Public Economics* 101 (1), pp. 105–114.

[344] Kasahara, H., Liang, Y. W., Rodrigue, J. 2016. "Does Importing Intermediates Increase the Demand for Skilled Workers? Plant-level Evidence from Indonesia". *Journal of International Economics* 102 (1), pp. 242–261.

[345] Kastalli, I. V., Looy, B. V. 2013. "Servitization: Disentangling the Impact of Service Business Model Innovation on Manufacturing Firm Performance". *Journal of Operations Management* 31 (4), pp. 169–180.

[346] Keller, W. 2002. "Geographic Localization of International Technology Diffusion". *American Economic Review* 92 (1), pp. 120–142.

[347] Klapper, J., Amit, R., Guillén, M., Quesada, J. 2007. "Entrepreneurship and Firm Formation Across Countries". *The World Bank Policy Research Working Paper*, No. 4313.

[348] Klenow Peter, J. 1997. "Andrés Rodríguez-Clare. The Neoclassical Revival in Growth Economics: Has it Gone too Far?". *NBER Macroeconomics Annual*. Cambridge, MA: MIT Press, pp. 73-103.

[349] Kohtamäki, M., Partanen, J., Möller, K. 2013. "Making a Profit With R&D Service - The Critical Role of Relational Capital". *Industrial Marketing Management* 42 (1), pp. 71-81.

[350] Kohtamäki, M. Partanen, J., Parida, V., Wincent, J. 2013. "Non-linear Relationship Between Industrial Service Offering and Sales Growth: The Moderating Role of Network Capabilities". *Industrial Marketing Management* 42 (8), pp. 1374-1385.

[351] Kommerskollegium. 2012. "Everybody is in Services: the Impact of Servicification in Manufacturing on Trade and Trade Policy". Stockholm: The National Board of Trade, pp. 1-40.

[352] Konings, J., Murphy, A. P. 2006. "Do Multinational Enterprises Relocate Employment to Low Wage Regions? Evidence from European Multinationals". *Review of World Economics* 142 (2), pp. 267-286.

[353] Koopman, R., Powers, W., Wang, Z., Wei, S-J. 2010. "Give Credit to Where Credit is Due: Tracing Value Added in Global Production Chains". *NBER Working Papers*, No. 16426.

[354] Koopman, R., Wang, Z., Wei, S. J. 2014. "Tracing Value-added and Double Counting in Gross Exports". *American Economic Review* 104 (2), pp. 459-494.

[355] Kravis, I. B., Lipsey, R. E. 1993. "The Effect of Multinational Firms'Operations on Their Domestic Employment". *NBER Working Papers*.

[356] Matuzeviciute, K., Butkus, M., Karaliute, A. 2017. "Do Technological Innovations Affect Unemployment? Some Empirical

Evidence from European Countries". *Economies*5 (4), pp. 48-67.

[357] Krueger, L. E. 1970. "Effect of Stimulus Probability on Two-choice Reaction Time". *Journal of Experimental Psychology* 84 (2), pp. 377-379.

[358] Krugman, P. 1991. "Increasing Returns and Economic Geography". *Journal of Political Economy* 99 (3), pp. 483-499.

[359] Kuznets, S. 1973. "Modern Economic Growth: Findings and Reflections ". *The American Economic Review* 69 (12), pp. 247-258.

[360] Lanz, R., Maurer, A. 2015. "Services and Global Value Chains: Some Evidence on Servicification of Manufacturing and Services Networks". *WTO Staff Working Papers*.

[361] Lay, G., Copani, G., Jager, A., Biege, S. 2010. "The Relevance of Service in European Manufacturing Industries ". *Journal of Service Management* 21 (5), pp. 715-726.

[362] Lee, H., Makino, S., Hong, E. 2015. "Outward FDI Does Not Necessarily Cost Domestic Employment of MNEs at Home: Evidence from Japanese MNEs". *Coumbia FDI Perspectives, Working Paper*, No. 148.

[363] Leichenko, R. M. 2000. "Exports, Employment, and Production: A Causal Assessment of U. S . States and Regions". *Economic Geography* 76 (4), pp. 303-325.

[364] Leontief, W. W. 2010. *Input-output Economics*. UK: Oxford University Press.

[365] LeSage, P., Pace, R. 2009. *Introduction to Spatial Econometrics*. Florida: CRC Press, Taylor and Francis Group.

[366] Lipsey, R. E. 1996. *Outward Direct Investment and the US Economyin The Effects of Taxation on Multinational Corporations*. Chicago:

University of Chicago Press.

[367] Lipworth, Bayoumi. 1997. *Japanese Foreign Direct Investment and Regional Trade*. International Monetary Fund.

[368] Livesey, F. 2006. *Defining High Value Manufacturing*. University of Cambridge.

[369] Lodefalk, M. 2014. "The Role of Services for Manufacturing Firm Exports". *Review of World Economics*150 (1), pp. 59-82.

[370] Lordan, G., Neumark, D. 2018. "People Versus Machines: The Impact of Minimum Wages on Automatable Jobs". *NBER Working Paper*, No. 23667.

[371] Lorentowicz, A., Dalia, M., Raubold, A. 2005. "Is Human Capital Losing from Outsourcing? Evidence for Austria and Poland". *University of Munich Discussion Paper*, No. 2005-22.

[372] Low, P. 2013. "The Role of Services in Global Value Chains". *Fung Global Institute Real Sector Working Paper*.

[373] Mariotti, S., Mutinelli, M., Piscitello, L. 2003. "Home Country Employment and Foreign Direct Investment: Evidence from the Italian Case". *Cambridge Journal of Economics* 27 (3), pp. 419-431.

[374] Carnoy, M. 1997. "The New Information Tech-nology International Diffusion and Its Impact on Employment and Skills". *International Journal of Manpower* 18 (1/2), pp. 119-159.

[375] Mathieu, V. 2001. "Service Strategies within the Manufacturing Sector: Benefits, Costs and Partnership". *International Journal of Service Industry Management* 12 (5), pp. 451- 475.

[376] Mathieu, V. 2001. "Product Services: from a Service Supporting the Product to AService Supporting the Client". *Journal of Business & Industrial Marketing*16 (1), pp. 39-58.

[377] Mathur, V. K. 1974. "Regional Employment Mutiplier: A New

Approach". *Land Economics* 50 (1), 93-96.

[378] Melitz, M. J. 2005. "When and How Should Infant Industries be Protected?". *Journal of International Economics*66 (1), pp. 177-196.

[379] Mckinnon, R. I. 1973. *Money and Capital in Economic Development.* Washington: Brookings Institution.

[380] Melitz, M. J., Ottavino, G. I. P. 2008. "Market Size, Trade and Productivity". *Review of Economic Studies* 75 (1), pp. 295-316.

[381] Mendez, O. 2015. "The effect of Chinese Import Competition on Mexican Local Labor Markets". *The North American Journal of Economics and Finance* 34 (11), pp. 364-380.

[382] Merton, R. C. 1992. "Financial Innovation and Economic Performance". *Journal of Applied Corporate Finance* 4 (4), pp. 12-22.

[383] Milner, C., Wright, P. 1998. "odelling Labour Market Adjustment to Trade Liberalisation in An Industrialising Economy". *The Economic Journal* 108 (447), pp. 509-528.

[384] Mishra. V., Smyth, R. 2012. "Environmental Regulation and Wages in China". *Journal of Environmental Planning & Management* 55 (8), pp. 1075-1093.

[385] Mitra, A. 2011. "Trade in Services: Impact on Employment in India". *The Social Science Journal* 48 (1), pp. 72-93.

[386] Mo, J. P. T. 2012. "Performance Assessment of Product Service System from System Architecture Perspective". *Advances in Decision Sciences*, pp. 1- 19.

[387] Moretti, E. 2010. "Local Multipliers". *American Economic Review* 100 (2), pp. 373-377.

[388] Moretti, E., Thulin, P. 2013. "Local Multipliers and Human

Capital in the United States and Sweden". *Industrial and Corporate Change* 22 (1), pp. 339- 362.

[389] Moreno, R., Lopez - Bazo, E. Artis, M. 2002. "Public Infrastructure and the Performance of Manufacturing Industries: Short and Long-run Effects". *Regional Science and Urban Economics* 32 (1), 97-121.

[390] Moretti, E. 2010. "Local Multipliers". *The American Economic Review* 100 (2), pp. 373-377.

[391] Morgenstern, R. D., Pizer, W. A., Shih, J. S. 2002. "Jobs Versus the Environment: An Industry-level Perspective". *Journal of Environmental Economics & Management* 43 (3), pp. 412-436.

[392] Neely, A. 2009. "Exploring the Financial Consequences of The Servitization of Manufacturing". *Operations Management Research* 1 (2), pp. 103-118.

[393] Nordås, H. K., Kim, Y. 2013. "The Role of Services for Competitiveness in Manufacturing". OECD Trade Policy Papers, No. 148, OECD Publishing.

[394] Novy, D. 2013. "Gravity Redux: Measuring International Trade Costs with Panel Da-ta". *Economic Inquiry* 51 (1), pp. 101-121.

[395] Nykvist, J. 2008. "Entrepreneurship and Liquidity Constraints: Evidence from Sweden". *The Scandinavian Journal of Economics* 110 (1), pp. 23-43.

[396] Nudurupati, S. S., Lascelles, D., Wright, G., Yip, N. 2016. "Eight Challenges of Servitisation for the Configuration, Measurement and Management of Organisations". *Journal of Service Theory and Practice*, 26 (6), pp. 45- 763.

[397] Nunnenkamp, P. J., Bremont, E. A., Waldkirch, A. 2007. "FDI in Mexico: an Empirical Assessment of Employment

Effects". *Kiel Working Paper*.

[398] Oliva, R. Kallenberg, R. 2003. "Managing the Transition from Products to Services". *International Journal of Service Industry Management* 14 (2), pp. 160 –172.

[399] Paz, L. S. 2014. "The Impacts of Trade Liberalization on Informal Labor Market: A Theoretical and Empirical Evaluation of the Brazilian Case". *Journal of International Economics* (92), pp. 330– 48.

[400] Pavitt, K. 1984. "Sectoral Patterns of Technical Change: Towards a Taxonomy and a Theory". *Research Policy* 13 (6), pp. 343–373.

[401] Panzar, J. C. , Willig, R. D. 1981. "Economies of Scope". *The American Economic Review* 71 (2), pp. 268–272.

[402] Park, S. H. 1994. " Intersectoral Relationships between Manufacturing and Services: New Evidence from Selected Pacific Basin Countries ". *ASEAN Economic Bulletin* 10 (3), pp. 45–263.

[403] Picado, A. 2017. " The Real Reason Manufacturing Jobs are Disappearing". https: / /www. ted. com/talks/augie _ picado _ the _ real _ reason _ manufacturing _ jobs _ are _ disappearing.

[404] Pissarides, C. A. 1990. *Equilibrium Unemployment Theory*. London: Basil Blackwell.

[405] Porter, M. E. , Millar, V. E. 1985. "How Information Gives You Competitive Advantage". *Harvard Business Review* 63 (4).

[406] Rajan R. G. , Zingales, L. 1998. " Financial Development and Growth". *American Economic Review* 88 (3), pp. 559–586.

[407] Reinartz, W. , Ulage, W. 2008. "How to Sell Services More Profitably". *Harvard Business Review* 86 (5), pp. 90–96.

[408] Reiskin, E. D. , White, A. L. , Kauffman, J. , Votta, T. J. 2000. "Servicizing the Chemical Supply Chain". *Journal of Industrial*

Ecology 3 （2-3）, pp. 19-31.

[409] Robinson, T., Clarke - Hill, C. M., Clarkson, R. 2002. "Differentiation through Service: A Perspective from the Commodity Chemicals Sector". *Service Industries Journal* 22 （3）, pp. 149-166.

[410] Rodrik, D. 2006. "What's So Special about China's Exports". *China & World Economy* 14 （2）, pp. 1-19.

[411] Rothenberg, S. 2007. "Sustainability Through Servicizing". *MIT Sloan Management Review* 2 （48）, pp. 83-91.

[412] Salonen, A. 2011. "Service Transition Strategies of Industrial Manufacturers". *Industrial Marketing Management* 40 （5）, pp. 683-690.

[413] Schott. 2008. "The Relative Sophistication of Chinese Exports". *Economic Policy* 53 （1）, pp. 5-49.

[414] Shen, L., Silva, P. 2018. "Value-added Exports and U. S. Local Labor Markets: Does China Really Matter?". *European Economic Review* 101, pp. 479-504.

[415] Slaughter, M. J. 1995. "Multinational Corporations, Outsourcing, and American Wage Divergence". *National Bureau of Economic Research*.

[416] Smolny, W. 1998. "Innovations, Prices and Employment: A Theoretical Model and an Empirical Application for West German Manufacturing Firms". *Journal of Industrial Economics* 46 （3）, pp. 359-381.

[417] Stevens, G., Lipsey, R. E. 1992. "Interactions Between Domestic and Foreign Investment". *Journal of International Money and Finance* 11 （1）, pp. 40-62.

[418] Szalavetz, A. 2003. "Tertiarization of Manufacturing Industry in the

New Economy: Experience in Hungarian Companies". *Hungarian Academy of Science Working Papers.*

[419] Timmer, M. P. , Erumban, A. A. , Los, B. , Stehrer, R. , de Vries, G. J. 2014. "Slicing Up Global Value Chains". *Journal of Economic Perspectives* 28（2）, pp. 99-118.

[420] Toffel, M. W. 2008. *Contracting for Servicizing.* Boston: Harvard Business School.

[421] Vandermerwe, S. , Rada, J. 1988. "Servitization of Business: Adding Value by Adding Services". *European Management Journal* 6（4）, pp. 314-324.

[422] Vargo, S. L. , Lusch, R. F. 2004. "Evolving to a New Dominant Logic for Marketing". *Journal of Marketing* 68（1）, pp. 1-17.

[423] Wise, R. , Baumgartner, P. 1999. "Go Downstream: The New Imperative in Manufacturing". *Harvard Business Review* 77（5）, pp. 133-141.

[424] Wolfmayr, Y. 2008. "Producer Services and Competitiveness of Manufacturing Exports". FIW.

[425] Zeithaml, V. A. , Brown, S. W. , Bitner, M. J. , et al. 2014. *Profiting from Service and Solutions.* New York: Business Expert Press.

图书在版编目（CIP）数据

制造业服务化驱动就业结构优化研究／罗军著 . --
北京：社会科学文献出版社，2022.12
　ISBN 978-7-5228-1340-0

　Ⅰ.①制…　Ⅱ.①罗…　Ⅲ.①制造工业-服务经济-
影响-就业结构-研究-中国　Ⅳ.①F249.214

　中国版本图书馆 CIP 数据核字（2022）第 254276 号

制造业服务化驱动就业结构优化研究

著　　者／罗　军

出　版　人／王利民
责任编辑／张　超
责任印制／王京美

出　　　版／社会科学文献出版社·皮书出版分社（010）59367127
　　　　　　地址：北京市北三环中路甲 29 号院华龙大厦　邮编：100029
　　　　　　网址：www. ssap. com. cn
发　　　行／社会科学文献出版社（010）59367028
印　　　装／三河市龙林印务有限公司

规　　　格／开　本：787mm×1092mm　1/16
　　　　　　印　张：26.25　字　数：377 千字
版　　　次／2022 年 12 月第 1 版　2022 年 12 月第 1 次印刷
书　　　号／ISBN 978-7-5228-1340-0
定　　　价／158.00 元

读者服务电话：4008918866

▲ 版权所有 翻印必究